国家社科基金后期资助项目

# 钱锺书译论译艺研究

杨全红 著

2019年·北京

图书在版编目(CIP)数据

钱锺书译论译艺研究/杨全红著.—北京:商务印书馆,2019
ISBN 978-7-100-15345-4

Ⅰ.①钱… Ⅱ.①杨… Ⅲ.①钱锺书(1910—1998)—翻译理论—研究 Ⅳ.①H059

中国版本图书馆 CIP 数据核字(2017)第 226639 号

**权利保留,侵权必究。**

**钱锺书译论译艺研究**
杨全红 著

商 务 印 书 馆 出 版
(北京王府井大街36号 邮政编码100710)
商 务 印 书 馆 发 行
北京艺辉伊航图文有限公司印刷
ISBN 978-7-100-15345-4

2019年5月第1版　　　　　开本 710×1000　1/16
2019年5月北京第1次印刷　　印张 17¾
定价:49.00元

# 国家社科基金后期资助项目
# 出版说明

后期资助项目是国家社科基金设立的一类重要项目,旨在鼓励广大社科研究者潜心治学,支持基础研究多出优秀成果。它是经过严格评审,从接近完成的科研成果中遴选立项的。为扩大后期资助项目的影响,更好地推动学术发展,促进成果转化,全国哲学社会科学工作办公室按照"统一设计、统一标识、统一版式、形成系列"的总体要求,组织出版国家社科基金后期资助项目成果。

全国哲学社会科学工作办公室

# 目　　录

序言 ……………………………………………………………… 1
前言 ……………………………………………………………… 3
第一章　钱锺书论翻译及其本质属性 ………………………… 5
　　一、钱锺书论翻译 ………………………………………… 5
　　二、翻译本质认知 ………………………………………… 10
　　三、当翻译本质遇上钱锺书 ……………………………… 15
　　四、钱锺书的翻译本质属性观 …………………………… 18
第二章　钱锺书"化境"译论 …………………………………… 27
　　一、"化境"之来源 ………………………………………… 27
　　　（一）此"化"与彼"化" …………………………………… 28
　　　（二）此"化境"与彼"化境" ……………………………… 30
　　　（三）"化通"与"化境" …………………………………… 32
　　　（四）"神韵""神似"与"化境" …………………………… 34
　　　（五）"投胎转世"等与"化境" …………………………… 36
　　二、"化境"之内涵 ………………………………………… 38
　　　（一）"化"之诠释 ………………………………………… 38
　　　（二）"化境"之诠释 ……………………………………… 40
　　　（三）"化境"之内涵 ……………………………………… 40
　　三、"化境"之定位 ………………………………………… 43
　　　（一）"化境"：无足轻重？举足轻重？ ………………… 43
　　　（二）"化境"：传统译论？现代译论？ ………………… 47
　　　（三）"化境"：最高标准？最高理想？ ………………… 57
　　　（四）"化境"：零星琐碎？译论体系？ ………………… 65
第三章　钱锺书论诗歌翻译 …………………………………… 75
　　一、诗歌翻译选材 ………………………………………… 75
　　　（一）宜采信权威版本 …………………………………… 76

1

（二）唯"恶"诗之务去 ················································· 76
　　（三）宜选择"大诗人"的"好诗" ································ 77
　　（四）宜译介"好样品"和"最高尚的人物和东西" ········· 77
　　（五）选材不当之原因 ················································· 78
二、诗歌翻译方法 ······························································ 79
　　（一）关于意译与直译 ················································· 79
　　（二）关于逐字对译 ···················································· 80
　　（三）关于剪裁 ··························································· 80
　　（四）关于写作与润色 ················································· 82
三、诗歌翻译原则 ······························································ 83
　　（一）"文理通,平仄调" ············································· 83
　　（二）"词适调谐,宜于讽诵" ······································ 84
　　（三）"宁失之拘,毋失之放" ······································ 85
　　（四）"求真"而不"求美" ········································ 86
四、诗歌（不）可译性 ······················································· 86
　　（一）诗歌难译 ··························································· 86
　　（二）诗歌不可译 ······················································· 88
　　（三）诗歌可译 ··························································· 90
　　（四）译诗可出原文头地 ············································· 91

# 第四章　钱锺书与翻译批评 ················································· 93
一、林译批评 ···································································· 93
　　（一）林译之"媒" ···················································· 94
　　（二）林译之"讹" ···················································· 95
　　（三）林译之"化" ···················································· 97
　　（四）林译之"体" ···················································· 98
二、严译批评 ·································································· 100
　　（一）严复其论 ························································ 101
　　（二）严复其译 ························································ 108
三、零散批评 ·································································· 113
　　（一）译论批评 ························································ 113
　　（二）译者批评 ························································ 116
　　（三）译作批评 ························································ 119
四、钱锺书翻译批评特色 ·················································· 122
五、对钱锺书翻译批评之批评 ············································ 127

## 第五章　钱锺书与翻译历史 ······ 131
一、钱锺书与翻译历史 ······ 131
二、钱锺书与文学翻译史 ······ 132
三、钱锺书与翻译史考证 ······ 134

## 第六章　钱锺书其他译论 ······ 143
一、翻译与语言 ······ 143
二、翻译困难 ······ 146
三、翻译功用 ······ 149
四、风格的翻译 ······ 153

## 第七章　钱锺书从译条件 ······ 156
一、语言功底 ······ 156
二、专业知识 ······ 160
三、职业道德 ······ 162

## 第八章　钱锺书与政论文献翻译 ······ 166
一、亚太会议文件翻译 ······ 166
二、中共八大文件翻译 ······ 167
三、国庆文稿翻译 ······ 167
四、《毛选》翻译 ······ 167
　（一）关于准入 ······ 168
　（二）所为何事 ······ 169
　（三）译作质量 ······ 173
　（四）翻译是非 ······ 178

## 第九章　钱锺书与术语及专名翻译 ······ 182
一、术语翻译 ······ 182
　（一）术语翻译举例 ······ 183
　（二）术语翻译解说 ······ 185
　（三）术语翻译注意事项 ······ 186
二、专名翻译 ······ 189
　（一）人名翻译 ······ 189
　（二）书名翻译 ······ 194
　（三）它名翻译 ······ 199
　（四）译名统一 ······ 201

## 第十章　钱锺书与诗词及名言翻译 ······ 205
一、诗词翻译 ······ 205

（一）毛泽东诗词英译 ………………………………………… 206
　（二）英诗中译 ………………………………………………… 209
二、名言翻译 ………………………………………………………… 210
　（一）英汉名言翻译 …………………………………………… 211
　（二）汉英名言翻译 …………………………………………… 213
三、译文比较 ………………………………………………………… 220

## 附录：相关论文 3 篇

壹　翻译研究须"小心的求证"——以钱锺书翻译思想研究为例 ……… 227

贰　钱锺书翻译思想中有"矛盾"？——与《钱锺书翻译思想中的
　　矛盾》一文作者商榷 ……………………………………………… 240

叁　他们仨：翻译连着你我他——傅雷、钱锺书、杨绛之间的翻译
　　轶事 ………………………………………………………………… 250

主要参考书目 …………………………………………………………… 264
后记 ……………………………………………………………………… 271

# 序　言

蓝仁哲

　　钱锺书的名字，我最初是从吴宓先生口里听说的。他说"钱锺书君，人中之龙也。"那是20世纪60年代初的时候，我大学尚未毕业，课余常陪着老先生散步，听了人中之龙的比喻，当时颇为茫然。"文革"之后，逐渐有了机会接触钱先生的著述，才印证"人中之龙"的说法。90年代"钱学"兴起，而今"钱学"已演成"钱锺书研究"，钱先生及其学问已享誉国内国外。

　　我不治"钱学"，只零散地读过钱先生的一些著作。我的学生和同事杨全红君有志于翻译研究，选了钱锺书的译论为题撰写博士论文，我有机会在他撰写过程中同他探讨切磋。他的博士论文在答辩时获得肯定和好评。现在，他在博士论文的基础上进一步充实扩展，完成了这部书稿，要我在书前写几句话，只好勉力应诺。

　　卓然一家的"钱学"，天地广阔。虽然钱先生的译论、译艺、译品并非"钱学"的主体，但却是"钱学"不可缺少的组成部分。在翻译界，钱先生的"化境"说几乎是人人皆知的，探讨钱氏译论、译艺的文章零零散散，加起来已然不少。然而，以之为一个课题或领域，严谨认真、深入探究的人似乎未见。杨全红的这部专著可谓是对钱先生翻译思想与艺术的可贵探索。

　　《钱锺书译论译艺研究》体现了钱先生治学的特色："拾穗靡遗，扫叶都净，网罗理董，俾求全征献。"也许是多年浸润于钱先生的著述，全红也感染和效法钱先生的治学之法，将钱先生散及于其诸多著作的译论、译艺的论述，甚至相关的趣闻轶事，统统采撷，然后分门别类梳理，既以翔实的引证托出钱氏译论、译艺的全貌，又不忘提及此前的研究文献与议论，也不回避自己的见解与品评。

　　本书内容充实，似有"管锥"之迹，"七缀"之影。钱锺书译论研究基于作者的博士论文，构成了本书的主体，是值得读者关注的章节。尤其"钱锺书'化境'译论"一章，将钱氏"化境"论的来源，与其他类似概念"化通""脱胎转世""神似"等一一比较，"化境"的实质内涵，"化境"的定位，"化境"作为翻译

1

标准,"化境"的范畴,方方面面,逐一缕析,林林总总,蔚为大观。

  我相信,本书问世会是翻译界的又一部力作,也可以当之无愧地纳入"钱学"之林。

二〇〇九年三月十五日

# 前　言

在今天，一说到"理论"，人们几乎总会想到逻辑性、客观性、可验证性、系统性等特征或要素。当今意义上的"理论"极可能译自英语单词 theory，而 theory 又源自希腊文 theoria。theoria 原意为所看到的东西或情景，可引申为"看法"或"认识"。本书取名"钱锺书译论译艺研究"，其中"译论"二字即主要指相关当事人对翻译的看法或认识。

一段时间里，学界普遍认为钱锺书并无多少翻译理论。《围城内外》认为："钱先生的全部翻译理论，可以用'诱'（或'媒'）'讹''化'三个字来概括。"《20 世纪中国翻译思想史》也认为钱氏译论仅有"化境"和"出原著头"。究其原因，这与人们对钱氏译论文献的掌握不全或密切相关。举例来说，《20 世纪中国翻译思想史》认为钱锺书的译论文字"只有《林纾的翻译》一文和《管锥编》中一些有关翻译的论述片段"，而《翻译论集》和《中国译学理论史稿》等文献也仅比《20 世纪中国翻译思想史》多收录《汉译第一首英语诗〈人生颂〉及有关二三事》一文。事实上，钱锺书对翻译多有论述。除开上述文献中所罗列或收录的文章，中文类文章至少还有《论不隔》《英译千家诗》《〈围城〉日译本序》以及《天择与种变》（译文）末所附《译余赘语》和《补白》，英语类文章则至少包括 Great European Novels and Novelists, A Chapter in the History of Chinese Translation, Foreword to the Prose-poetry of Su Tung-P'o, China in the English Literature of the Seventeenth and Eighteenth Centuries, Critical Notice III, An Early Chinese Version of Longfellow's "Psalm of Life"。此外，在致郑朝宗、傅雷、宋淇、夏志清、许渊冲、罗新璋、张隆溪、周汝昌、黄裳、许景渊、李景端、何新、林子清等人的信函中，钱锺书也有相当数量的翻译言论。值得补充的是，钱锺书论述翻译的时间极早，从现有文献看，他在就读初三时即已涉笔翻译，而且提出了应避免"失真"和"保存原文风味"等重要理念。

阅读相关文献可以发现，钱锺书的翻译理论并不少，所涉论题也非常宽泛，仅《林纾的翻译》一文便至少涉及翻译的定义、翻译的本质、翻译的境界、翻译的功用、翻译的方法、翻译的特点、翻译的文体、可译性、译者地位、译者伦理、译者主体性、译本出原著头地、翻译与创作之关系，等等。怀着查漏补缺之初衷，本书对钱锺书的以下主要翻译理论尝试进行探讨或跟进：翻译的界定，翻译的本质属性，"化境"译论，诗歌翻译思想，翻译批评，等等。从这些探究中，人们还可感知到钱氏翻译理论的周密与价值。以诗歌翻译研究中的选材为例，钱氏即有这么一些意见：宜采信权威版本；唯"恶"诗之务去；宜选择"大诗人"的"好诗"；宜译介"好样品"和"最高尚的人物和东西"。即便是放到今天，以上观点也并不过时。

关于翻译究竟是科学还是艺术，学界时有争论。在钱锺书看来，翻译（主要是文学翻译）无疑是艺术，这从其笔下的"艺业"（即英语 art，钱亦译作"术业"）"艺术化的翻译（translation as an art）""翻译者的艺术"等表达中不难缕出。钱锺书还曾使用"译艺"二字，从相关语境来看，它主要指翻译实践。本书标题中的"译艺"二字亦即翻译实践。借用"译艺"之说，原因之一是钱氏不少译文已臻艺境，可与原作并传不朽。

客观而言，钱锺书没有什么大部头的翻译作品。就翻译实践而言，钱氏工作量最大的是参与《毛泽东选集》和《毛泽东诗词》英译定稿工作，其次是与人合作翻译 32 位外国理论批评家论"形象思维"之资料（大约 3、4 万字）。钱氏独立翻译的作品以零星文章（片段）居多，主要包括威尔斯《天择与种变》、海涅《精印本〈堂吉诃德〉引言》、德·桑克提斯《三论》、古希腊大史家希罗多德《史记》里叙述埃及古王拉姆泼西尼德斯的一桩趣闻（据英译本转译）、马太奥·邦戴罗《短篇小说集》。

关于钱锺书的翻译实践，学界曾有如下评说："所译语种之多，文体之众，笔力之高，人所难及"。从这句话来分析，钱氏翻译实践可从多个维度进行研究，如语种、文体、笔力等。自然，有关研究也还可从其他角度切入，比如，对某部著述里的翻译进行个案分析，恰如陆谷孙所示："钱先生在《管锥编》内的西文雅言翻译，可以作为哪位翻译专业研究生的论文题目，尚绰绰有余。"本书对钱锺书翻译实践的研究主要以原文题材或文类为线索，具体包括诗歌的翻译、名言的翻译、政论文献的翻译、术语及名称的翻译，等等。

笔者对钱锺书翻译思想与翻译实践研究已有些年头，可始终拿不出什么像样的成果来，殊为惭愧。为了结题相关科研项目，也为了对多年的学习暂时有个交代，兹将拙稿（含附录文章 3 篇）先行出版，真诚地欢迎广大读者批评指正。

# 第一章　钱锺书论翻译及其本质属性

有论者指出："翻译名称的由来和词源探讨，应该是建立翻译理论体系的基础性问题，这个核心术语来龙去脉弄不清楚，也就无从论说翻译。"①而在张佩瑶看来，"就何谓翻译这个最基本、最重要的命题而言，传统译论其实在不同历史时期做过不少精彩论述，提供了重新界定翻译的视角，值得重读和研究。"②对于何为翻译，以及翻译的本质是什么，中外皆不乏探讨。如张氏所言，"传统译论"中亦有不少。笔者发现，钱锺书即曾从中西译论（主要是传统译论）中寻觅"翻译"（含"翻""译"）一词的来历及其含义，并对其本质和本质属性等进行讨论。

## 一、钱锺书论翻译

威尔斯（Wolfram Wilss）在《翻译学：问题与方法》（*The Science of Translation: Problems and Methods*）曾经表示："一部翻译理论史实际上相当于对'翻译'这个词的多义性的一场漫长的论战。"③有人指出，钱锺书在《林纾的翻译》一文中即曾"以一连串的术语带出'翻译'这个概念的多义性"④。《林纾的翻译》中"翻译"这个概念的多义性其实就体现在引出该概念的那"一连串的术语"本身，即"诱""媒""讹""化"。威氏所谓"翻译"的多义性是否包含了"诱""媒""讹""化"等，不得而知。在平时，人们说"翻译"是个多义词，主要是说它可同时指代翻译主体、翻译行为或过程、翻译产品、翻

---

① 傅慧生：《佛经汉译译论体系主体结构的完善》，《外语研究》2012年第3期，第62页。
② 张佩瑶：《传统与现代之间：中国译学研究新途径》，湖南人民出版社2012年版，第90页。
③ 威尔斯著，祝珏、周治谟译：《翻译学——问题与方法》，中国对外翻译出版公司1988年版，第19页。
④ 张佩瑶：《传统与现代之间：中国译学研究新途径》，湖南人民出版社2012年版，第92页。

译行业等多层意思。翻译产品和翻译行业的意思不言自明，下面对钱锺书笔下表示主体和行为动作意义的"翻译"简作钩沉。需要说明的是，这里所谓"什么是翻译"，并非为"翻译"寻求严格意义上的定义，更多的是对"翻译"的不同意思进行爬梳。

我国早在周代已有关于翻译活动的记载，比如，《礼记·王制》中有言："五方之民，言语不通，嗜欲不同。达其志，通其欲，东方曰寄，南方曰象，西方曰狄鞮，北方曰译。"①本句引言中有"言语不通"和"通其欲"等表达，这既说明了翻译诞生的必要性，也揭示出翻译应该具有的作用。在论及翻译人员的职责时，钱锺书曾说："夫'译'一名'通事'，尤以'通'为职志。"②"达其志，通其欲"或许正是"译"被叫作"通事"的缘故。遗憾的是，"通"之职志并不容易实现，恰如钱锺书在《焦氏易林·乾》中所述："道陟石阪，胡言连謇，译瘖且聋，莫使道通。请谒不行，求事无功。"③为便于和加深读者理解，钱氏为这两句话写了按语，他说："'胡言'者，胡人之言，即外国语，非译莫解；而舌人既聋且哑，道心之路榛塞，得意之缘圮绝。徒居象寄狄鞮之名，全失通欲达志之用。"④至此，钱锺书先后点出了我国翻译史上对翻译主体的六种称谓——"译""通事""舌人""象""寄""狄鞮"。在钱氏看来，不论唤作什么名称，"通其欲""使道通"始终是翻译人员的本职工作。现实中的译者往往才疏学浅，其对"通欲达志"每每徒唤奈何。对此，钱锺书辄生感慨，即便是引《渐》中有关文字（即"鸟飞无翼，兔走折足，虽欲会同，未得所欲。"），仍不忘捎带一句："正如《乾》之'译'为通华夷两家之邮者，而'瘖且聋'也。"⑤

关于表示行为动作意义上的"翻译"，其实应同时包含"翻"和"译"这两个表述。什么是"翻"呢？钱锺书曾建议人们"参看"爱伦·坡（E. Allan Poe）的《书边批识》（*Marginalia*），内中说，翻译的"翻"就是"颠倒翻覆"（turned topsy-turvy）的"翻"⑥。爱伦·坡的上述解读与国人对"翻"字的理解颇有相似甚至相通之处。《说文新附》里说："翻，飞也。从羽，番声"。苏轼还曾把"翻"字写作"飜"，将鸟类藉羽翼而翻飞于长空之情状表现得活灵活现。⑦除了可以表示"颠倒翻覆"和"翻飞"，"翻"字是否还可表达其他类

---

① 陈福康：《中国译学理论史稿》（修订本），上海外语教育出版社 2000 年版，第 3 页。
② 钱锺书：《管锥编》，中华书局 1986 年版，第 540 页。
③ 同上。
④ 同上。
⑤ 钱锺书：《管锥编》，中华书局 1986 年版，第 549 页。
⑥ 钱锺书：《钱锺书散文》，浙江文艺出版社 1997 年版，第 272 页。
⑦ 罗新璋：《翻译发端》，湖南人民出版社 2013 年版，第 158 页。

似或不同之意呢？钱锺书曾串通中外两个比喻,他说:"塞万提斯谓翻译如翻转花毯,仅得见背(el traducir de una lengua en otra... es como quien mira los tapices flamencos por el revés);可持较(校?)《高僧传》三集卷三:'翻也者,如翻锦绮,背面俱花,但其花有左右不同耳'。"①引言中后一意见源自赞宁,对赞宁的有关说法,钱锺书有诠释如下:"中国古人也说翻译的'翻'等于把绣花纺织品的正面翻过去的'翻',展开了它的反面。"②而对于赞宁和塞万提斯有关比喻之使用语境及二者之异同,钱锺书也有注解,他说:"赞宁在论理论著作的翻译,原来形式和风格的保持不像在文学翻译里那么重要;锦绣的反面虽比正面逊色,走样还不厉害,所以他认为过得去。塞万提斯是在讲文艺翻译,花毯的反面跟正面差得很远,所以他认为要不得了。"③上述引文中有"翻转地毯"一说,值得补充的是,"翻转"二字也可直接表示行为动作意义上的翻译,僧祐《出三藏记集卷第一序》中即有如下文字:"原夫经出西域,运流东方,提挈万里,翻转胡汉。"④

什么是"译"呢？对于这一问题,钱锺书引汉代文字学家许慎《说文解字》中有关翻译的一节训诂道:"囮,译也。从'口','化'声。率鸟者系生鸟以来之,名曰'囮',读若'譌'。"⑤与此同时,他又参考南唐文字学家许锴《说文解字系传》四十卷中有关文字:"译者,传四夷及鸟兽之语。囮者,诱禽鸟也,即今鸟媒也。又化也。"在此基础上,钱氏作结道:"'譌''讹''化'和'囮'是同一个字。"⑥钱锺书不仅指出"译""诱""媒""讹""化"等字眼一脉通连,还曾将中文之"囮"与西文之"逆"冶于一炉,他在一则日札中写道:"余读《说文》至《口部》第二十六字'囮,译也',尝叹洨长真圣人,殆遇知'Traduttore traditore'。"⑦一般人是难以入钱锺书法眼的,可他竟称许慎为"圣人",足见其对"囮,译也"这一意见的首肯。在论及道安"五失本"译论时,钱锺书又推衍说:"此'本'不失便不成翻译。"他并引英国作家巴特勒(Samuel Butler)的话佐证道:"误解作者,误告读者,是为译者"(commonly mistakes the one and misinforms the other)。⑧ 如果说"译者,传四夷及鸟兽之语"是人们对常规意义上"译"的描述,"囮""误解""误告"等应该是就"译"的某些本

---

① 钱锺书:《管锥编》,中华书局1986年版,第1264—1265页。
② 钱锺书:《钱锺书散文》,浙江文艺出版社1997年版,第271页。
③ 钱锺书:《钱锺书散文》,浙江文艺出版社1997年版,第272页。
④ 朱志瑜、朱晓农:《中国佛籍译论选辑评注》,清华大学出版社2006年版,第57页。
⑤ 钱锺书:《钱锺书散文》,浙江文艺出版社1997年版,第269页。
⑥ 同上。
⑦ 范旭仑:《容安馆品藻录·鲁迅》,《万象》2005年第3期,第116页。
⑧ 钱锺书:《管锥编》,中华书局1986年版,第1264页。

质属性了。

上文提到过钱锺书对赞宁翻译比喻的引用，但引文不全，赞宁《高僧传》卷三《译经篇·论》中那则比喻还提到"翻"和"译"两个字首度连用的问题，有关文字如下："懿乎东汉，始译《四十二章经》，复加之为翻也。翻也者，如翻锦绮，背面俱花，但其花有左右不同尔。由是翻译二名行焉。"①也就是说，自那之后，"翻""译"二字便联袂而用了。对于"翻译"这一概念，钱锺书不曾直接定义，但从《林纾的翻译》一文可看出他的基本认知，诸如"把作品从一国文字变成另一国文字"以及"翻译总是以原作的那一国语文为出发点而以译成的这一国语文为到达点"。② 可以看出，有关表述主要是从语言角度观照翻译。事实上，翻译总是或首先跟语言文字相关。钱锺书曾讲述这么一则译事："德译 Ulysses 被认为最好，我十年前曾承西德朋友送一本，我略翻了一下，但因我德语不精通，许多语言上的'等价交换'（equivalence，不扣住原文那个字的翻译，……），领略不来，就送给人了。"③无独有偶，叶君健谈《尤利西斯》的翻译时关注的也主要是语言，他说："中国只有钱锺书能译《尤利西斯》，因为汉字不够用，钱锺书能边译边造汉字。"④在回应叶君健的上述看法时，钱锺书间接表达了他对"翻译"的某些思考，他说："承叶君健同志抬举，我惶恐万分。Ulysses 是不能用通常所谓的'翻译'来译的。"⑤"通常所谓的'翻译'"都是什么样的翻译？钱锺书曾分析中西文评之不同，指出："西洋文评里，人体跟文章还是二元的，虽然是平行的二元。在我们的文评里，文跟人无分彼此，混同一气。"⑥他接着说："从比喻的'比'字，望文生义，我们便推想得出平行的二元性；在拉丁文里，比喻唤作 translatio，就是我们现在所谓翻译，更明白地流露出被比较的两桩事物的对抗。"⑦白纸黑字，在钱锺书心目中，通常意义或今人常说的"翻译"即拉丁文里的 translatio。Translatio 又具体何指？据查，该词源自 transferre 的完成被动分词 translatum，transferre 中的 trans 表示"横越"（across），ferre 表示"携带"（to carry 或 to bring）。换句话说，translatio 指的是"带过去"（carrying across 或 bringing across）。值得一提的是，现代英语里的 metaphor（隐比、

---

① 朱志瑜，朱晓农：《中国佛籍译论选辑评注》，清华大学出版社 2006 年版，第 129 页。
② 钱锺书：《钱锺书散文》，浙江文艺出版社 1997 年版，第 269、271 页。
③ 李景端：《如沐清风——与名家面对面》，百花文艺出版社 2006 年版，第 104 页。
④ 李景端：《如沐清风——与名家面对面》，百花文艺出版社 2006 年版，第 105 页。
⑤ 李景端：《如沐清风——与名家面对面》，百花文艺出版社 2006 年版，第 104 页。
⑥ 钱锺书：《钱锺书散文》，浙江文艺出版社 1997 年版，第 397 页。
⑦ 同上。

隐喻)的希腊字源为 metaphora，也表示"带过去"(to carry over)或"转移"(to transfer)。《尤利西斯》有"天书"之称，它无论如何难以轻易地"带过去"，而要"转移"成与原文迥异的中文，或许只有诉诸非常译。如果说"带过去"是"翻译"的原初意义，"改变"或"变化"则是其引申意义。《仲夏夜之梦》第三幕第一景，昆斯(Quince)见到自己的伙伴巴顿(Bottom)遭魔术禁咒而被套上驴首时惊叫道："Bless thee, Bottom! Bless thee! Thou are translated."有论者指出，"此处的 translated 可说是'改变'之意的最佳示范"①。钱锺书对上句英文的中文解释是："天呀！你是经过了翻译了！"②从相关上下文来看，钱氏解释文字中的"翻译"其实也是改头换面之意。"翻译"蕴含着"改变"，是否也意味着某些不变呢？钱锺书曾引 19 世纪德国希腊学家维拉莫维茨(Ulrich v. Wilamowitz-Moellendorff)《什么是翻译？》(Was ist Übersetzen?)中的话说："真正的翻译是灵魂转生。"③经查，钱氏上述表达系节译，维拉莫维茨原话如下："质言之，存其魂灵，易其肉身：翻译之精义乃灵魂转注。"(Noch schärfer gesprochen, es bleibt die Seele, aber sie wechselt den Leib: die wahre Übersetzung ist Metempsychose.)④从"存其灵魂，易其肉身"来看，"真正的翻译"是有变而又有所不变的，这与钱氏笔下的"化境"译文("躯体换了一个，而精魂依然故我")正相契合。

值得说明的是，除开"翻""译"和"翻译"，钱锺书文字中还有一些字眼也可表示行为动作意义上的"翻译"。比如，张德彝当年出使英国期间，曾将讽世预言书《格列佛游记》视为"人皆以为妄言"，对此，钱锺书感叹道："当他在伦敦写下这个幼稚意见时，一句洋文不懂、一辈子没出过洋的林纾和大学没毕业的魏易在中国正释《格列佛游记》呢。"⑤引言中的"释"显然就是"译"，钱氏本人后来将"释"字改定为"翻译"⑥，洵为明证。说到"释"("解释")即"译"，钱锺书的下段文字也可参考："金隄同志曾翻译一些章节，承他送给我，并说他是最早汉译 Ulysses 的人；我一时虚荣心，忍不住告诉他我在《管锥编》395 页早已'洋为中用'，把 Ulysses 的一节来解释《史记》的一句了！"⑦从钱锺书有关记述来看，不仅"释"和"解释"可以表示"译"，特定语境

---

① 陈宏淑：《论"译"之义》，《东吴外语学报》2010 年第 30 期，第 6 页。
② 钱锺书：《钱锺书散文》，浙江文艺出版社 1997 年版，第 289 页。
③ 钱锺书：《钱锺书散文》，浙江文艺出版社 1997 年版，第 270、445 页。
④ 张治：《钱锺书的佛典笔记及其修辞比较研究》，《中山大学学报》(社会科学版)2017 年第 5 期，第 131 页。
⑤ 钱锺书：《七缀集》(修订本)，上海古籍出版社 1994 年版，第 157 页。
⑥ 钱锺书：《钱锺书散文》，浙江文艺出版社 1997 年版，第 363 页。
⑦ 李景端：《如沐清风——与名家面对面》，百花文艺出版社 2006 年版，第 104 页。

中的"治"亦然,请看相关文字:"远在刘禹锡前,有一位公认的'文雅雄'搞过翻译——谢灵运。他对'殊俗之音,多所通解';传布到现在的《大般涅槃经》卷首明明标出:'谢灵运再治';抚州宝应寺曾保留'谢灵运翻经台'古迹。"①据考证,谢灵运当年对《大般涅槃经》的"再治"主要是对法显的译本"加以调整润色"②。需要说明的是,"改治""再治"在我国译论文字中并不鲜见。隋朝费长房《历代三宝记卷第十》中谈到《泥桓》旧译本,说其"文有过质,颇亦改治,结为三十六卷"③。近人梁启超在批评道安的佛经直译方法时,说其监译的《鞞婆沙》"非久便劳再治"④。

## 二、翻译本质认知

本质是事物成为其自身的根本规定性,正是该规定性使该事物得以与其他事物相区别。关于翻译的本质,学界一直不乏探讨,只是迄今意见纷纷。兹对相关意见略作梳理与跟进,权作探讨钱锺书翻译本质属性观之序曲。

有论者指出,对翻译本质的认识,集中起来有两点:"一是关于翻译是一种怎样的活动,一是关于翻译是一种什么性质的活动;前一点讨论翻译的定义,后一点涉及翻译的概念和分类。"⑤不难看出,翻译本质与翻译定义密切相关。要揭示翻译本质,势必定义翻译;而要定义翻译,须首先承认翻译是可以定义的。有论者指出:"翻译没有一个统一的定义,也不需要一个统一的定义,翻译的不可定义性正在于它有无数个定义。翻译是一个大家族,其中每一个成员只有家族的相似性,没有共同的本质。"⑥对于此一说法,也有人不以为然并商榷道:"在特定的前提下(如认识的特定阶段、特定社会范围等),翻译只能有一个确定的定义,因为在一定的时空限制下,翻译作为翻译只有一个确定的本质。"⑦

翻译是有着确定本质的,翻译是可以定义的,翻译定义是应该反映翻译

---

① 钱锺书:《钱锺书散文》,浙江文艺出版社1997年版,第308页。
② 张治:《"译述"与"译注"》,《文汇报》2018-01-05。
③ 朱志瑜、朱晓农:《中国佛籍译论选辑评注》,清华大学出版社2006年版,第91页。
④ 梁启超:《佛学研究十八篇》,上海古籍出版社2001年版,第276页。
⑤ 王克非:《关于翻译本质的认识》,《外语与外语教学》1997年第4期,第47页。
⑥ 陈大亮:《翻译本质的形而上反思》,《天津外国语学院学报》2007年第1期,第25页。
⑦ 王瑞东:《关于翻译本质和定义的若干哲学问题与逻辑学问题》,《外语研究》2011年第1期,第85页。

本质的,这是学界的主流意见。为了准确揭示翻译之本质,人们一直希冀能给翻译下一个理想的定义。历史上是否有过比较理想的翻译定义呢? 唐高宗时,太学博士贾公彦在义疏"象胥"之职时,训"译即易,谓换易言语使相解也。"对于此一注疏,罗新璋褒奖有加,他说:"从时间上,可奉为世界上第一条翻译定义,在学理上,或为世界第一翻译定义。"①对于上述注疏,黄忠廉的评价也很高,他说:"对翻译本质揭示精辟,一字见义,一语中的,一言穷理;而且大道至简,基本抓住了'译'的本质:有动作,有对象,有目的。"②在谢天振看来,贾公彦关于译(翻译)的上述定义既"最为简洁明了"又"最为全面完整",他甚至慨叹道:"令人不禁汗颜的是,与这个千年之前的翻译定义相比,我们今人对翻译的几则定义反倒在某种程度上表现出我们对翻译本质目标问题认识的'偏离'和'迷失'。"③所谓今人对"翻译"的几则定义,"中文以《辞海》和《中国大百科全书·语言文字》卷里对翻译的释义为代表。前者称:'翻译:把一种语言文字的意义用另一种语言文字表达出来。'后者说:'翻译:把已说出或写出的话的意思用另一种语言表达出来的活动'。"④有关论者之所以认为《辞海》和《中国大百科全书·语言文字》等工具书中对翻译的定义比之贾公彦当年的注疏竟要格格不入许多,主要是"都不约而同地把它们的目光仅仅集中在翻译行为或活动的本身即'换易言语'上,却舍弃了我们古已有之的本质目标的阐释——'使相解'。"⑤对此,笔者曾有保留意见如下:"某些权威工具书在释义'翻译'时不曾将其本质目标一并写出兴许事出有因:或认为其并非翻译之最本质属性,或认为促进交流与了解乃翻译活动应有之义,又或认为初始目标与本质目标并不相悖,再或认为在别处单独论及更为理想。"⑥

从以上叙述来看,学界对贾公彦的有关注疏是首肯的,认为其既言简意赅,又切中翻译之本质(目标)。不过,也有人不这么看,他们认为贾公彦与相关工具书中的翻译定义并无实质差异,不仅如此,二者皆有所不足,即均

---

① 罗新璋:《译艺发端》,湖南人民出版社2013年版,第2页。
② 黄忠廉:《"翻译"定位及其名实谈》,《东方翻译》2015年第3期,第15页。
③ 谢天振:《关于翻译与翻译研究的本质目标——2012年国际翻译日主题解读》,《东方翻译》2012年第5期,第5页。
④ 谢天振:《现行翻译定义已落后于时代的发展——对重新定位和定义翻译的几点反思》,《中国翻译》2015年第3期,第14页。
⑤ 谢天振:《关于翻译与翻译研究的本质目标——2012年国际翻译日主题解读》,《东方翻译》2012年第5期,第5页。
⑥ 杨全红:《谁在"偏离"与"迷失"?——从他人对贾公彦有关疏之诠释及评价说起》,《当代外语研究》2014年第2期,第34页。

未充分地反映出翻译的本质特征。有鉴于此,有关论者将翻译重新定义如下:"翻译是译者将一种语言文字所蕴含的意思用另一种语言文字表述出来的文化活动。"①与以往的表述相比,本定义突出了译者和文化。有关论者为何要凸显译者呢?其所给理由如次:"我们过去论翻译,往往更多地注意译出语、译入语,对译者在翻译活动中的特殊意义注意不够。"②至于为何要一并突出文化,相关论者解释道:"由于突出译者的作用,我们又能认识到定义中'文化'的因素,因为人(译者)是一定社会的产物,他的活动必定反映出一定的文化意义,甚至往往是社会文化的原因决定了译者译什么,怎么译。"③笔者注意到,相关论者在谈及文学翻译与一般文字翻译在语言文化等方面的差别时,认为二者之间并无本质上的不同,"它们的本质仍是将一种语言文字所蕴含的意思用另一种语言文字表述出来"④。证之以上文提到的《辞海》等工具书,"将一种语言文字所蕴含的意思用另一种语言文字表述出来"无疑是常见的翻译定义,而既然该定义能反映出文学翻译及一般文字翻译之本质,是否有必要对翻译进行重新界定?重新定义翻译时强调译者和文化,翻译本质是否因此而得到丰富或补足?如果是,相关丰富或补足是否必需而且正好适度?关于这些,或许还有待继续探讨。

为翻译下定义,主要是要回答何为译的问题。而从上文来看,部分人士并不拘泥或专注于何为译,而是希望同时还要涉及何来译(翻译主体)、译为何(翻译目的)等因素。从坊间文献来看,学界在定义翻译时,也有一并探讨为何译(翻译的发生条件)以及如何译(翻译质量或标准)者。蓝红军即认为,以往最常见的翻译定义一般是从形态维(内容与表现形态)入手,其次是从功能维(翻译是用来做什么的活动)进行描写,偶尔也有从形态维与功能维兼顾的视角切入。在蓝氏看来,"既有的翻译定义明显不能解释新的翻译现象,……还缺乏从活动的发生与条件维度对翻译进行的界定"⑤,于是尝试将翻译重新定义如下:"为跨语信息传播与跨文化交流过程中遭遇异语符号理解与表达障碍的人们提供的语言符号转换与阐释服务。"⑥正是"理解了翻译本质是一种服务",相关论者才给出了上述新定义。笔者本能地以为,服务不大可能是翻译的本质,说服务是翻译行业的本质倒还差不多。关

---

① 王克非:《关于翻译本质的认识》,《外语与外语教学》1997年第4期,第47页。
② 王克非:《关于翻译本质的认识》,《外语与外语教学》1997年第4期,第49页。
③ 同上。
④ 王克非:《关于翻译本质的认识》,《外语与外语教学》1997年第4期,第48页。
⑤ 蓝红军:《何为翻译:定义翻译的第三维思考》,2015年第3期,第28页。
⑥ 蓝红军:《何为翻译:定义翻译的第三维思考》,2015年第3期,第29页。

于翻译的定义及本质之探讨,蔡毅曾告诫说:"应当把'翻译的定义'与'对翻译质量的要求'区别开来,这两者属于不同的范畴。'忠实''全面''等值'等是对翻译质量的要求。"①王克非也认为,翻译定义中"加上完整、等值等修饰词反而模糊了定义与标准、质量的区分"②。现实生活中,将"对翻译质量的要求"写入"翻译的定义"者并不鲜见。比如,有人曾这样诠释翻译本质(实际也在为翻译下定义):"翻译是跨语言、跨文化的交流。翻译是把具有某一文化背景的发送者用某种语言(文字)所表述的内容尽可能充分地、有效地传给使用另一种语言(文字)、具有另一种文化背景的接受者。"③引言中"尽可能充分地、有效地传给……"无疑是"对翻译质量的要求"。再比如,泰特勒曾有行文如下:"I would therefore describe a good translation to be, that in which the merit of the original work is so completely transfused into another language, as to be as distinctly apprehended, and as strongly felt, by a native of the country to which that language belongs, as it is by those who speak the language of the original work."④从引言中的 a good translation 及实际内容来看,泰氏明显也是在谈"好翻译"的标准,可也有人将其视为翻译定义并表示:"这则定义表明'翻译'的本质是'the merit of the original is so completely transfused into another language...。"⑤

在讨论翻译的本质和定义时,还有一点也颇值得注意,即对判断和定义应该进行有意识的区分。翻译定义是认识的一种逻辑形式,而认识的逻辑形式包括概念、判断、推理等。定义属于判断的一种,定义也都表现为判断,但判断并不都是定义。判断是对事物的性质、属性、此事物与它事物的联系、事物发展变化的原因及趋向等所作的断语。如果只是断定某物具有其所属的类的性质,此种判断并非定义。定义这种判断不只是指出被定义的事物所属的类,还要说出其在类中的特殊性。因此,定义一般采用属(被定义事物所属的类)加种差(被定义的事物在其所属类中的特殊性)的方式。在定义中,定义项和被定义项必须等值。早期谈翻译本质,经常见到的论题是:翻译是科学?翻译是艺术?翻译既是科学又是艺术?近年谈翻译本质,听到较多的论题包括:翻译是复制?翻译是叛逆?翻译是改写?翻译是重述?翻译是解释?翻译是救赎?等等。其实,翻译是文化、翻译是政治、翻译是科学、翻译是解构等

---

① 沈苏儒:《论信达雅——严复翻译理论研究》,商务印书馆1998年版,第156页。
② 王克非:《关于翻译本质的认识》,《外语与外语教学》1997年第4期,第47页。
③ 沈苏儒:《论信达雅——严复翻译理论研究》,商务印书馆1998年版,第156页。
④ 文军:《论翻译的定义与分类》,《西安外国语学院学报》2000年第2期,第27页。
⑤ 同上。

表述只是判断而非翻译定义,自然也不能揭示翻译的本质。

　　前文多次提到人们对翻译的重新定义。近年来,我国学界不时可以听到重新定位和定义翻译之呼声。为了回应这一关切,《中国翻译》和《东方翻译》曾于2015年3月及2016年5月先后在广州和上海发起并举办了"何为翻译？——翻译的重新定位与定义"高层论坛。两次会议皆强调,在今天的语境下,必须以新的视角,也即主要从"文化"的、超越"语言"的视角去审视翻译,进而对翻译进行重新定位和定义。相关成果发表后产生了不小的影响,但也引来较多争议,而争论的焦点最终都落脚到翻译本质上。谭载喜认为,"对翻译本质之所在"应"做到始终坚持不动摇"。① 谭氏进而从两个方面对翻译本质进行探寻。关于翻译本质的文化性和语言性,他认为,既要强调翻译本质的"文化"性,但更要强调其"语言"性。他说:"从本质上看,翻译本体(指'语际翻译',如英译中或中译英)只能是或首先是一种语言转换,而不是文化转换,即便可以把它说成是文化之间的转换,这个所谓'文化转换'也首先必然是通过语言作为载体来实现的。"② 谭氏进一步指出:"就文本承载的文化而言,语言是文化的基本载体,抛离这个载体来凸显文化,并以此来印证翻译即'文化'行为,在根本上是不适宜的。"③ 关于翻译本质的绝对性与相对性,谭氏表示:"就其所涉及的'对等'或'忠实'原则而言,翻译是一项具有'绝对'和'相对'两重属性的活动。其'绝对性'体现在我们定义翻译时所倚重的'对等'概念中:假如在所作目标文本与源文本之间,根本不存在'对等'或某种程度上的'对等'关系,或曰'相同''相似'关系,那这个文本就根本称不上是翻译或够格的翻译;另一方面,其'相对性'则体现在翻译'对等'的多层级、多程度的特征上。即是说,必须以相对的眼光和尺度,来理解和解读何为'对等'的问题。"④ 许钧参加了前述2015年3月的高层论坛并在《中国翻译》上发表《关于新时期翻译与翻译问题的思考》一文,之后又与人进行对谈,内中也涉及翻译本质的坚守,他说:"如果我们从翻译历史来看,会发现不管人类社会如何发展,也不论翻译形式、内容、手段、媒介等如何变化,翻译的本质都不会发生改变。无论是语言翻译,还是图像翻译,翻译都具有转换性和建构性。从形式上看,翻译是一种'转换',从目标上看,翻译是一种'建构',这些本质特征是亘古不变的,目前没有改变,未来也不

---

① 谭载喜:《破除翻译"转向"的迷思》,《社会科学报》2016-09-08。
② 同上。
③ 同上。
④ 同上。

会改变。"①许氏同时指出:"翻译最本质的特征,就是符号转换性。一切翻译活动都是以符号的转换为手段的。"②在周领顺看来,为了认清翻译的本质,有必要区分作为名物的原型翻译和作为活动的翻译(翻译活动)。他指出:"'翻译'是被叫作'翻译'的原型。原型不需要读者的参与,也不受意志和环境的影响,原文永远是唯一客观的存在,译文和原文之间永远是'如影随形'的关系。原型是本,本不会随环境的变化而变化。"③周氏同时指出:"作为名物的'翻译'有两个基本条件,一个是语码转换,一个是意义再现。"④贯通来看,以上几位学人对翻译本质的认知不无共通之处,皆认为翻译有着确定不变的本质,皆认为语言(语码、符号)转换是翻译最本质的特征,谭与周皆认为翻译须获得意义的"对等"或"再现"。

提倡对翻译进行重新定义和定位,这是学术上与时俱进的表现,可尽管如此,合理的继承也是必需的。在周领顺看来,《辞海》与《中国大百科全书·语言文字》卷等工具书中对翻译的定义"或许不够全面,但一定是本能想到的'翻译',也是最接近原型'翻译'的翻译定义"⑤。言下之意,历史上一些看似简单的翻译定义迄今并未过时,非但如此,他们似乎还更能揭示翻译之本质,恰如王瑞东所言:"我们认为,'翻译'作为区别于任何其他一切事物的特殊本质在于:翻译是以译语表达原语意义的活动,或者,翻译是把一种语言表达的意义用另一种语言表达出来。凡是这样的语言活动,我们就称之为翻译。'翻译'这个概念在这里是清楚的,翻译的本质在这里也是确定的。"⑥

## 三、当翻译本质遇上钱锺书

钱锺书不曾给翻译直接下过定义,其笔下也不见翻译本质字眼,但从其

---

① 刘云虹,许钧:《如何把握翻译的丰富性、复杂性与创造性——关于翻译本质的对谈》,《中国外语》2016年第1期,第96页。
② 刘云虹,许钧:《如何把握翻译的丰富性、复杂性与创造性——关于翻译本质的对谈》,《中国外语》2016年第1期,第97页。
③ 周领顺:《论葛浩文翻译本质之论——兼谈译学界"翻译本质"之争及其启示》,《当代外语研究》2016年第5期,第79页。
④ 同上。
⑤ 周领顺:《论葛浩文翻译本质之论——兼谈译学界"翻译本质"之争及其启示》,《当代外语研究》2016年第5期,第80页。
⑥ 王瑞东:《关于翻译本质和定义的若干哲学问题与逻辑学问题》,《外语研究》2011年第1期,第84页。

对古今中外有关翻译概念所做评述来看,他对于翻译的定义及其本质皆心知肚明。笔者注意到,不少学人在讨论钱锺书的译论时往往会涉及翻译的本质又或钱氏之翻译本质观,而激活相关讨论的主要是钱锺书的下段文字:

> 汉代文字学者许慎有一节关于翻译的训诂,义蕴颇为丰富。《说文解字》卷六《口》部第二十六字:"囮,译也。从'口','化'声。率鸟者系生鸟以来之,名曰'囮',读若'譌'。"南唐以来,小学家都申说"译"就是"传四夷及鸟兽之语",好比"鸟媒"对"禽鸟"的引"诱"。"譌""讹""化"和"囮"是同一个字。"译""诱""媒""讹""化"这些一脉通连、彼此呼应的意义,组成了研究诗歌语言的人所谓"虚涵数意"(polysemy, manifold meaning),把翻译能起的作用("诱")、难于避免的毛病("讹")、所向往的最高境界("化"),仿佛一一透示出来了。文学翻译的最高理想可以说是"化"。把作品从一国文字转变成另一国文字,既能不因语文习惯的差异而露出生硬牵强的痕迹,又能完全保存原作的风味,那就算得入于"化境"。①

如钱锺书所说,许慎关于翻译的那节训诂确乎义蕴丰富,但由于引文比较简洁,一般人要从"囮"字说文解出"译""诱""媒""讹""化"似乎并不容易。为便于大家理解,兹转引许慎原文及段玉裁相关注解(括号中文字)如下:

> 囮,译也。(译、疑当作诱。一说周礼貉隶掌与兽言。夷隶掌与鸟言。是其事也。)从口。化声。(今小徐本有声字。是。五禾切。十七部。)率鸟者系生鸟来之名曰囮。(率、捕鸟毕也。将欲毕之。必先诱致之。潘安仁曰。暇而习媒翳之事。徐爰曰。媒者少养雉子,至长狎人,能招引野雉,因名曰媒。)读若譌。(囮者、误之也。故读若譌。)②

用今天的话说,上段话的意思大致如下:囮即译。译疑为诱。有一种说法,据《周礼》:貉隶掌握兽语且能与兽交流;夷隶掌握鸟语且能与鸟交流。囮指的是貉隶夷隶所行之事,以诱兽鸟。率鸟者(以网捕鸟者)拴活鸟诱惑招来同类鸟,此种人称之为囮,也叫鸟媒。从口化声,今盛行的徐锴《说文解字系

---

① 钱锺书:《钱锺书散文》,浙江文艺出版社1997年版,第269页。
② (汉)许慎,(清)段玉裁:《说文解字注》,http://kanji-database.sourceforge.net/dict/swjz/v12.html。

传》有"声"字。的确如此。五禾切。十七部。以网捕鸟者要想网住鸟儿,必先诱惑鸟儿过来。潘安仁说,闲暇之时,练习射猎之事。徐爰说,鸟媒培养幼雉,等其长大可近人,也可招诱野雉到来,因此可以称这些人为媒。囮字若读为譌(讹),则有误的含义。

从以上叙述可以看出,释"囮"以"译",原为人之误传,误写。但囮与译确有异曲同工之处。鸟媒懂鸟兽之言而可诱鸟兽。译者懂外语而可诱不懂外语之人。欲诱国人,必施以譌言,譌言即讹言;欲讹言惑众,必先化外语诱然如己出;既为讹言,必有真谬,真中有谬,谬中有真。可见译事难免有谬。所谓化外语诱然已出,使其美善貌,自然而不做作,此为化境。是故,舌人译事如鸟媒,鸟媒者,囮也,诱也,譌也,讹也,化也。

回到上文钱锺书的那段引文,它都触动了什么样的翻译本质(及钱氏翻译本质观)思考呢?从引文末尾一句,有人得出意见如下:"这段陈述指出了翻译的本质,即翻译是不同国家、不同语言、代表不同文化的文字间的相互转换。"[①]钱氏相关原文谈的是"化境",也即文学翻译的"最高理想",将其解读为对翻译本质的揭示,或许还有商榷的余地。笔者发现,将钱锺书的"化境"译论与翻译本质进行关联者不在少数。有人说:"在'化境'论中,讹与译不可分割,讹是译之本质。"[②]也有人认为:"从钱锺书的'化境'论,我们能够窥探到翻译'失本成译,讹化相生'的本质。"[③]还有人指出:"就钱锺书的'化境'论而言,它涉及文学翻译的作用('诱'和'媒')、难以避免的毛病('讹')和所向往的最高境界('化'),厘清了文学翻译'诱''媒'与'讹''化'的辩证关系,揭示了文学翻译的本质。"[④]值得注意的是,末一论者同时认为:"翻译的本质就是'失本成译',失于原文而得于译文,译文不可能与原文完全对等。"[⑤]同一论者还表示:"'媒'和'诱'体现了'译即通'的翻译本质和功能观。"[⑥]如此看来,不仅不同的论者对于翻译本质(或钱锺书的翻译本质观)看法不一,就是同一论者,其意见也往往不统一。导致此一情况的原因或许主要有二:一是大家对究竟什么才是事物的本质意见不一;二是认为翻译本

---

[①] 聂友军:《〈林纾的翻译〉与钱锺书的翻译观》,《粤海风》2015年第2期,第96页。
[②] 罗选民:《翻译与中国现代性》,清华大学出版社2017年版,第184页。
[③] 王军平,赵睿:《钱锺书"化境"翻译思想新探》,《上海翻译》2014年第3期,第15页。
[④] 于德英:《"隔"与"不隔"的循环:钱锺书"化境"论的再阐释》,上海译文出版社2009年版,第42页。
[⑤] 于德英:《"隔"与"不隔"的循环:钱锺书"化境"论的再阐释》,上海译文出版社2009年版,第187页。
[⑥] 于德英:《"隔"与"不隔"的循环:钱锺书"化境"论的再阐释》,上海译文出版社2009年版,第204页。

质并不确定。说到翻译本质的不确定,以下一说较具代表性:"翻译在本质上就是一个矛盾体,它就在'化''诱''媒''讹'的对立统一中求生存,在意义的相反相成中体现出翻译的存在。"①上段钱氏引文中有"虚涵数意"一说,有论者认为该表达有着"极为丰富的哲学含义","能够捕捉到'翻译'在中国传统译论中显现出来的特质"②。所谓"翻译"在中国传统译论中的特质,实际是指中国传统译论中"寄""象""狄鞮""译"以及"出""释""易""翻"等表达对翻译性质的揭示,其结论为"虚涵数意是翻译"③。此一结论也表明,在一些学人心目中,翻译的本质(特质、性质)并非有且只有一个。顺便补充一句,同样是"诱""化""讹"三个字,有人透过他们看到的却是翻译过程之实质:"一言以蔽之,翻译的过程实质就是一个引诱、求化、避讹的过程。"④而关于翻译过程,又有人认为:"翻译的过程可以概括为'失本成译,讹化相生'。"⑤

从上文来看,他人对钱锺书翻译本质观的归结可谓林林总总,究竟谁才是真正的解人?从有关引文可知,钱锺书本人对"诱""讹""化"三字所贴标签分别为"翻译能起的作用""难于避免的毛病""所向往的最高境界"。笔者以为,在"媒""讹""化"三者之中,"媒"与"化"不大适合用以形容翻译本质,说"讹"及与其相关的"失"与"逆"是翻译的本质大致说得过去,但并不准确。

## 四、钱锺书的翻译本质属性观

上节末尾处说,将"讹""失""逆"等视作翻译本质尚不够准确,那么,说他们是翻译的什么才稳妥呢?笔者以为,"讹""失""逆"乃翻译的本质属性,也即与翻译本质不可分割的然而是第二义的存在。事实上,一些学人当初在讨论"媒""讹""化"等概念时已经使用过翻译本质属性等表述。于德英即曾明确指出:"'失本成译'意味着'讹'是翻译难以避免的毛病;'失而复得'意味着'失'与'讹'是翻译的本质属性。"⑥类似地,有人在讨论"化"之境界

---

① 陈大亮:《重新认识钱锺书的"化境"理论》,《上海翻译》2006年第4期,第2页。
② 张佩瑶:《传统与现代之间:中国译学研究新途径》,湖南人民出版社2012年版,第100页。
③ 同上。
④ 郑延国:《钱锺书的翻译论——〈林纾的翻译〉解读》,冯芝祥:《钱锺书研究集刊》第三辑,上海三联书店2002年版,第453页。
⑤ 王军平,赵睿:《钱锺书"化境"翻译思想新探》,《上海翻译》2014年第3期,第12页。
⑥ 于德英:《"隔"与"不隔"的循环:钱锺书"化境"论的再阐释》,上海译文出版社2009年版,第68页。

时也表示:"钱锺书的'酿得蜜成花不见'的'化'的境界,一方面强调作者隐形后译文的'归化',另一方面则说破了'有化必有讹''无失不成本'的翻译本质属性。"①又比如,有人不仅认为钱锺书在《林纾的翻译》一文中对翻译本质进行过"全面探讨",而且指出:"钱锺书翻译思想应视为一个由'化、讹、媒'组成的'一分为三'的体系,三者各有侧重,相辅相成,较为全面而深刻地阐述了翻译的本质属性。"②本句引文事实上是将"化""讹""媒"当作了翻译的本质属性。再比如,上文曾谈到"讹与译不可分割,讹是译之本质",可相关论者同时表示:"在钱锺书的理念中,'忠实'不是评判译作优劣的唯一标准,'失'是一种常态,无失不成译,'失'乃翻译文本的固有属性。"③如此一来,有人说"讹"是翻译的本质属性,有人说"失"系翻译的固有属性,还有人说"失"与"讹"及至"化""讹""媒"等共为翻译的本质属性,究竟孰是孰非呢?笔者以为,将"失"与"讹"看作翻译的本质属性比较稳妥,但还可外加一个"逆"字。"逆"也可以是翻译的本质属性么?不妨来看有关论者的一句话:"作为翻译结果的'翻译文学',不可能百分之百地再现原文,总有对原文的有意无意地背离、丢弃和叛逆,所以从文学翻译的最终文本'翻译文学'上看,'叛逆'是其基本属性之一。"④

钱锺书对翻译之"讹""失""逆"等本质属性皆有论及,先来看这么一句话:"然而'欧化'也好,'汉化'也好,翻译总是以原作的那一国语文为出发点而以译成的这一国语文为到达点。从最初出发以至终竟到达,这是很艰辛的历程。一路上颠顿风尘,遭遇风险,不免有所遗失或受些损伤。因此,译文总有失真和走样的地方,在意义或口吻上违背或不很贴合原文。那就是'讹',西洋谚语所谓'翻译者即反逆者'(Traduttore traditore)"。⑤本句话中同时可拈出"失"("遗失""失真")、"讹"和"逆"("反逆者")等字眼儿,他们显然是一脉通连的。在"讹""失""逆"三者之中,钱氏对前二者的论述更多一些,下面对它们分别略作梳理。

钱锺书对"讹"的讨论,主要见诸《林纾的翻译》一文。关于什么是"讹",钱氏的界定很清楚,即"失真和走样""在意义或口吻上违背或不很贴合原

---

① 葛中俊:《"失本成译"和译之"化境":钱锺书的翻译文本观》,《同济大学学报》(社会科学版)2012年第4期,第95页。
② 施佳胜、王心洁:《超越"化境",一分为三——对钱锺书翻译思想的再思考》,《外语研究》2013年第1期,第76页。
③ 罗选民:《翻译与中国现代性》,清华大学出版社2017年版,第184—185页。
④ 王向远:《坐而论道》,中央编译出版社2014年版,第297页。
⑤ 钱锺书:《钱锺书散文》,浙江文艺出版社1997年版,第271页。

文"。举例来说,林纾在翻译中碰到自认为是原作的弱笔或败笔时,他会抢过作者的笔代他去写。对于此一现象,钱锺书说:"从翻译的角度判断,这当然也是'讹'。即使添改得很好,毕竟变换了本来面目,何况添改未必一一妥当。"①在钱氏心目中,"讹"是"难于避免的毛病",其原始表述如下:"彻底和全部的'化'是不可实现的理想,某些方面、某种程度的'讹'又是不能避免的毛病。"②情况何以如此呢?钱氏分析道:"一国文字和另一国文字之间必然有距离,译者的理解和文风跟原作品的内容和形式之间也不会没有距离,而且译者的体会和自己的表达能力之间还时常有距离。"③原来,翻译中存在着这样和那样难以逾越的"距离",这便注定了翻译不可能保持原模原样也不可能做到原汁原味。需要指出的是,"讹"在我国翻译话语中自古有之。僧祐《胡汉译经文字音义同异考》中有言:"自前汉之末,经法始通,译音胥讹,未能明练。……案中夏彝典,诵《诗》执《礼》,师资相授,犹有讹乱。"④"译音胥讹"揭示出佛经音译中的失真或偏离。道宣在《续高僧传》中也曾有言:"译从方俗,随俗所传,多陷浮讹,所失多矣。"⑤这句话不仅谈到佛经翻译中难免有"讹",而且将其与"失"并而论之,从中似可见出钱锺书"讹"论之根苗。客观而言,我国对"讹"虽早有论及,但不论是对"讹"进行精确界定,还是对"讹"进行必要分类,再或是对"讹"之当事人进行责任区分,钱锺书皆可谓敢为人先,相关内容后文将有专节论及,兹不赘。

关于翻译之"失",钱锺书的论述更多,而且往往借助他人(前人、洋人)之比喻说法。比如,道安《比丘大戒》中有这么一说:"诸出为秦言,便约不烦者,皆葡萄酒之被水者也。"⑥又比如,道朗《大涅槃经序》中有如下一说:"随意增损,杂以世语,缘使违失本正,如乳之投水。"⑦上述二说,钱锺书不仅称引,而且给出评价,他说:"皆谓失其本真,指质非指量;因乳酒加水则见增益,而'约不烦'乃削减也。"⑧在古人的相关比喻中,钱锺书似乎特别青睐鸠摩罗什《为僧睿论西方辞体》中的"嚼饭"语:"天竺国俗,甚重文藻。……但改梵为秦,失其藻蔚,虽得大意,殊隔文体,有似嚼饭与人,非徒失味,乃令呕

---

① 钱锺书:《钱锺书散文》,浙江文艺出版社1997年版,第279—280页。
② 钱锺书:《钱锺书散文》,浙江文艺出版社1997年版,第272页。
③ 钱锺书:《钱锺书散文》,浙江文艺出版社1997年版,第270页。
④ 朱志瑜、朱晓农:《中国佛籍译论选辑评注》,清华大学出版社2006年版,第62页。
⑤ 朱志瑜、朱晓农:《中国佛籍译论选辑评注》,清华大学出版社2006年版,第105页。
⑥ 钱锺书:《管锥编》,中华书局1986年版,第1264页。
⑦ 同上。
⑧ 同上。

秽(哕?)也。"①对于此一比喻,钱锺书赞其"寻常而奇崛"②,因为其"专为'文藻'而发,尤属知言"③。对于罗什的有关比喻,钱锺书还曾给出一个按语,有关文字如下:"又按罗什'嚼饭'语,亦见《高僧传》卷二本传,文廷式《纯常子枝语》卷一三申之约:'今以英法文译中国诗、书者,其失味更可知'。"④而说到诗歌翻译之"失",在钱锺书笔下,"尤属知言"者或许非弗罗斯特(Robert Frost)不由分说为诗歌所下定义莫属。弗氏将诗歌定义为"在翻译中丧失掉的东西"(What gets lost in translation)⑤。对于此说,钱锺书不仅屡屡有引,而且时有评说,本书钱氏诗歌翻译思想讨论一章将有跟进,此不详述。而说到诗歌翻译之"失",钱锺书对蔡廷幹在英译《千家诗》中的"矜尚格律"所作评价也颇值得一提,他说:"至其遗神存貌,践迹失真,斯又译事之难,译诗为甚。"⑥

钱锺书在论述翻译之"失"时往往巧借他人相关比喻,这或许事出有因。钱氏曾提醒说:"在拉丁文里,比喻唤作 translatio,就是我们现在所谓翻译。"由此观之,翻译与比喻之间或许不无渊源。谭载喜曾明确表示:比喻文化内蕴丰富,是描述翻译的独特手段,透过比喻,人们可以清楚地认识翻译的本质(属性)。在相关文章中,谭氏共罗列中西翻译比喻十个大类:绘画、雕刻类;音乐、表演类;桥梁、媒婆类;奴隶、镣铐类;叛逆、投胎转世类;商人、乞丐类;酒水、味觉类;动物、果实、器具类;竞赛、游戏类;比喻本身及其他类。⑦ 对于以上翻译比喻,钱锺书先后引用和点评者不在少数,诸如:"葡萄酒之被水""乳之投水""如翻锦绮""如翻转花毯""以宽颈瓶中水灌注狭颈瓶中""以此种乐器演奏原为他种乐器所谱之曲调""驴蒙狮皮""蜡制偶人""点金成铁""嚼饭与人""沸水煮过之杨梅""羽毛拔光之飞鸟""隔被嗅花香",等等;⑧此外还有"投胎转世""癞蟆的叫声""学生应外语考试的一匹'小马'",等等。⑨ 从钱氏所引所评各种翻译比喻中,译必有"失"这一本质属性在在可感。

从上述文字来看,中外古今译论话语中皆不乏译必有"失"之论述。值

---

① 钱锺书:《管锥编》,中华书局 1986 年版,第 1263 页。
② 钱锺书:《管锥编》,中华书局 1986 年版,第 1266 页。
③ 钱锺书:《管锥编》,中华书局 1986 年版,第 1264 页。
④ 同上。
⑤ 钱锺书:《钱锺书散文》,浙江文艺出版社 1997 年版,第 347 页。
⑥ 钱锺书:《钱锺书散文》,浙江文艺出版社 1997 年版,第 154 页。
⑦ 谭载喜:《翻译比喻衍生的译学思索》,《中国翻译》2006 年第 2 期,第 7 页。
⑧ 钱锺书:《管锥编》,中华书局 1986 年版,第 1264—1266 页。
⑨ 钱锺书:《钱锺书散文》,浙江文艺出版社 1997 年版,第 270、311、347 页。

得说明的是,道安于《摩诃钵罗密经抄序》中所提"五失本,三不易"思想对我国译学界的影响可谓深远,钱锺书评其为"吾国翻译术开宗明义,首推此篇"①。对于"五失本",钱锺书进行过精研详论,并借此而推衍出一些具有普适性的翻译思想。鉴于相关评论文字至为重要,兹不厌其烦地转引其中要者如下:

"五失本"之一曰:"梵语尽倒,而使从秦";而安《鞞婆沙序》曰:"遂案本而传,不合(令?)有损言游字;时改倒句,余尽实录也",又《比丘大戒序》曰:"于是案梵文书,惟有言倒时从顺耳。"故知"本"有非"失"不可者,此"本"不"失",便不成翻译。道宣《高僧传》二集卷五《玄奘传之余》:"自前代以来,所译经教,初从梵语,倒写本文,次乃回之,顺向此俗";正指斯事。"改倒"失梵语之"本",而不"从顺"又失译秦之"本"。安言之以为"失"者而自行之则不得不然,盖失于彼乃所以得于此也,安未克圆览而疏通其理矣。"失本"之二曰:"梵经尚质,秦人好文,传可众心,非文不合";卷一六六阙名《首楞严后记》亦曰:"辞旨如本,不加文饰,饰近俗,质近道。"然卷一六〇释僧叡《小品经序》:"梵文雅质,案本译之,于丽巧不足,朴正有余矣,幸冀文悟之贤,略其华而几其实也",又《毗摩罗诘提经义疏序》:"烦而不简者,贵其事也,质而不丽者,重其意也";卷一三六鸠摩罗什《为僧叡论西方辞体》:"天竺国俗,甚重文藻。……但改梵为秦,失其藻蔚,虽得大意,殊隔文体,有似嚼饭与人,非徒失味,乃令呕秽(哕?)也。"则梵自有其"雅"与"文",译者以梵之"质"润色而为秦之"文",自是"失本",以梵之"文"损色而为秦之"质",亦"失本"耳。意蕴悉宣,语迹多存,而"藻蔚"之致变为榛莽之观,景象感受,非复等类(the principle of equivalent or approximate effect)。安仅讥"斫凿而混沌终",亦知其一而未知其二也。……"失本"之三、四、五皆指译者之削繁删冗,求简易明了。梵"叮咛反复,不嫌其烦","寻说向语,文无以异","反腾前辞,已乃后说。"比如蜀葵之"动人嫌处只缘多",真译者无可奈何之事;苟求省净无枝蔓,洵为"失本"耳。欧阳修《文忠集》卷一三〇《试笔》:"余尝听人读佛经,其数十万言,谓可数言而尽",语固过当,未为无故。②

---

① 钱锺书:《管锥编》,中华书局1986年版,第1262页。
② 钱锺书:《管锥编》,中华书局1986年版,第1263—1264页。

道安"五失本"之一的内容为"胡语尽倒,而使从秦",钱锺书对其进行了细化,他说:"'改倒'失梵语之'本',而不'从顺'又失译秦之'本'",进而又推衍道:"'本'有非失不可者,此'本'不'失',便不成翻译。"关于"五失本"之二,道安认为"梵经尚质,秦人好文",认为梵、汉两种语言在文、质上泾渭分明,钱锺书对此进行了纠偏,指出梵文与汉语各有其"雅"与"质",不论是以梵之"质"润色而为秦之"文",又或是以梵之"文"损色而为秦之"质",皆为"失本"。"五失本"之末尾三条主要涉及删削繁冗,经过删削,枝蔓没了,"本"也因此而失去,实在是无可奈何。

关于翻译必有"失"这一本质属性,钱锺书在其英文著述中也有所论及。比如,在评论英国人李高洁(Cyril Drummond Le Gros Clark)所译《苏东坡作品选》(*Selections from the Works of Su Tung-P'o*)时,他即指出,苏氏原作中有些是"赋"有些是"记",而这些不同的文学样式在翻译中全然丧失(This book contains nineteen "prose-poems" selected and translated from the works of Su Tung-P'o, the great poet of the Sung Dynasty. In the original, they belong to different genres, some of them being "赋", and others being "记"; this distinction, however, is lost through translation.)①。在为凯德琳·扬(Clara M. Candlin Young)所译《中国的爱国诗——陆游的剑诗》(*The Rapier of Lu, Patriot Poet of China*)所写书评中,钱氏特地转引了译者的一个注解,意思是说译者根本不曾尝试要保留中文诗歌的固有形式,因为诗歌翻译没有不失真走样的(I have abandoned any attempt to adhere to the pattern of the Chinese Classical Form in translation as in each case the poem lost its original quality.)②。在为扬氏所写书评中,钱锺书自己还曾表示:诗之为诗,主要是其思想或内容本身具有诗意,而不在乎其用什么语言来表达,故而诗歌可译且不失其美学价值;此说不免荒谬,却深得黑格尔的认可(That the idea or content of a poem is poetical in itself regardless of its verbal expression, and therefore can be conveyed from one language to another without any aesthetic loss is a view which, absurd as it is, has the authority of Hegel.)③。

从上文叙述可见,翻译之"失"是普遍存在的,而且有着多种样式(如"失真""失其本真""失本""违失本正""失味""失其藻味"等)。特别值得一提

---

① 钱锺书:《钱锺书英文文集》,外语教学与研究出版社 2005 年版,第 9 页。
② 钱锺书:《钱锺书英文文集》,外语教学与研究出版社 2005 年版,第 339 页。
③ 同上。

是,钱锺书对翻译必有"失"这一本质属性的认识极早。还在苏州桃坞中学就读初三之时,钱氏将威尔斯(H. G. Wells)《世界史纲》(The Outline of History)中的《天择与种变》(Natural Selection and Changes of Species)一章译为中文发表于《桃坞学期报》,译文后附有"补白"两节,第一节所写为"译者既译毕此文,有内疚者三",其中第一条如下:"因欲使读者明了之故,于原文词句颇有增损,次序(指原文词句之次序)亦稍更易,读者苟以失真见斥,无所逃罪。"①一个初三的学生能主动为自己译文中可能的"失真"进行说明和设防,这在中国译学界恐怕绝无仅有,而钱氏后来对翻译必有"失"这一本质属性的深刻认知或许正发端于此。

最后再来看看钱锺书论翻译之"逆"。从上文可知,钱锺书引用意大利那句谚语或警句(即 traduttore, traditore)意在衬托翻译之"讹"。在钱氏笔下,翻译之"讹"与"逆"常常联袂出现。又比如,他曾说:"一部作品读起来很顺利容易,译起来马上出现料想不到的疑难,而这种疑难并非翻翻字典、问问人就能解决。不能解决而回避,那就是任意删节的'讹';不敢或不肯躲闪而强作解人,那更是胡乱猜测的'讹'。可怜翻译者给扣上'反逆者'的帽子。"②从前文还可知道,钱锺书不仅引用"traduttore, traditore",还曾将其译成中文——"翻译者即反逆者"。说到上述意大利警句的翻译,美国语言学家雅各布森(Roman Jakobson)曾表示:"如果我们把'traduttore, traditore'这一流传已久的警句译成英文'the translator is a betrayer'(翻译者就是叛逆者),那末(那么?)这句富有韵律感的意大利名言就完全失去了它原有的文字价值了(We would deprive the Italian rhyming epigram of all its praronomastic value)。"③如此看来,翻译必有失在"traduttore, traditore"的英译中也备有体现。下面再来看一个翻译必有"逆"的实例。翟尔斯(Herbert Giles)著有《中国文学史》(A History of Chinese Literature)一书,钱锺书说,翟氏在该图书中犯了一个有趣的错误(an amusing mistake)。这个好玩的错误是什么呢? 在该书第五卷第一章末尾,翟氏将司空图的《诗品》全译而出,但他认为原文是一首哲理诗,共由 24 个显然并不相关的诗节组成(Professor Giles gives a complete version of Su-K'ung Tu's "philosophical poem, consisting of twenty-four apparently unconnected stanzas".)。大家知道,司空图的《诗品》(《二十四诗品》)系用诗性语言写成的

---

① 钱之俊:《钱锺书生平十二讲》,上海社会科学院出版社 2013 年版,第 23 页。
② 钱锺书:《钱锺书散文》,浙江文艺出版社 1997 年版,第 287 页。
③ 沈苏儒:《论信达雅——严复翻译理论研究》,商务印书馆 1998 年版,第 187 页。

关于诗的美学风格的 24 组诗。翟氏精神可嘉,也颇心灵手巧,但他误读了篇目,错将印象批评主义诗歌译成了神秘篇什,十足的"翻译者即反逆者"(Professor Giles has, at his own peril, ignored the title and then, with an ingenuity quite admirable in itself, translated a piece of impressionistic criticism into mystical poetry *par excellence. Traduttori traditori*!)①。值得强调的是,钱锺书不仅翻译中有"逆",有时甚至还会出现"双重'反逆'"。在评论林纾翻译中的"欧化"成分时,他说林译中"好些字法、句法简直不像不懂外文的古文家的'笔达',倒像懂得外文而不甚通中文的人的狠翻蛮译",而这种"生硬的"甚至毋宁说"死硬的"翻译"构成了双重'反逆',既损害原作的表达效果,又违背了祖国的语言习惯"。②

或许正是认识到翻译必有"讹""失""逆"等本质属性,钱锺书这才不愿动辄采信译作。他当年在牛津大学撰写学位论文时即是这么对待译作的。他说,常理和文学伦理皆认为编撰比翻译更近于原著的创作过程,虽然严谨的翻译很可能比草率的编撰更需要大脑的耕耘(Common sense and literary ethics seem to agree on the point that compilation is one move less from original compostition than translation, notwithstanding that there may be more fundamental brainwork in a conscientious translation than in a perfunctory compilation.)。③ 而在多年后发表的《林纾的翻译》一文中,他仍坚持认为:"一个人总觉得,和翻译比起来,创作更亲切地属于自己,尽管实际上他的所谓'创作'也许并非出自心裁,而是模仿或改编,甚至竟就是偷天换日的翻译。"④

或许是对翻译具有"讹""失""逆"等本质属性笃信不疑,对于他人要翻译自己的著述,钱锺书也往往比较保守。在谈到《围城》的英译时,他在给夏志清的信函中即曾写道:"此书是珍妮·凯利翻译,茅国权审校的。凯利女士六年前曾经给我写过信,现在她勇敢地把这任务完成了。我希望她该是个漂亮的女人。"⑤"我希望她该是个漂亮的女人"或许话中有话。"漂亮的女人"借自法语 belle infidele,钱氏在给许渊冲的信件中也曾引用,说刘禹锡《竹枝词》中那句双关(即"东边日出西边雨,道是无晴却有晴")"确乎无法

---

① 钱锺书:《钱锺书英文文集》,外语教学与研究出版社 2005 年版,第 21 页。
② 钱锺书:《钱锺书散文》,浙江文艺出版社 1997 年版,第 296 页。
③ 钱锺书:《钱锺书英文文集》,外语教学与研究出版社 2005 年版,第 203 页。
④ 钱锺书:《钱锺书散文》,浙江文艺出版社 1997 年版,第 310 页。
⑤ 海龙:《钱锺书致夏志清的英文信》,《文汇报》2018-01-18。

译,只好 belle infidele 而已"①。又比如,据节译过钱锺书《管锥编》的美国人艾朗诺(Ronald Egan)回忆,钱锺书当年考察哈佛大学时喜遇清华同窗方志彤。方氏获赠《管锥编》一套,便命自己的学生艾朗诺翻译。艾氏托人向钱锺书去信以便获准翻译,钱氏答应了,但附有要求如下:"翻译中遇到任何问题,都不要来问他。"②按照常理,作者可以甚至应该为译者给予力所能及的解惑、答疑等帮助,钱锺书却给出那么个"都不要来问"的君子协定,原因也许很多,不大相信《管锥编》可以忠实地译作他国语言很可能是其中之一。

---

① 许渊冲:《续忆逝水年华》,湖北人民出版社 2008 年版,第 105 页。
② 赵一凡:《〈管锥编〉大小结裹——纪念钱锺书先生之二》,《书城》2017 年第 7 期,第 38 页。

# 第二章　钱锺书"化境"译论

论及中国传统译论，钱锺书的"化境"译论是绕不开的核心内容之一。罗新璋曾将我国传统译论概括为八个字，煞尾的便是"化境"（其他六字分别为"案本""求信""神似"）。对于钱氏"化境"译论，学界多有研究，成果颇丰，不仅有专文和专著，在著述中专门或顺带论及者也不少。相关成果中，有的仅作理论探讨，有的理论与实践相结合；有的从宏观层面切入，有的见微知著；有的天马行空，有的则不离钱氏文本半步。鉴于现有成果既多，灼见不乏，本章拟有所不为而有所为，即仅对某些问题或研究做力所能及的补充或跟进。

## 一、"化境"之来源

关于钱锺书"化境"译论之来源，学人一直在路上，现有结论主要有以下几种：或来自佛经文献；或来自中国古典美学与文艺学；或来自金圣叹"化境"说；或来自王国维"境界说"。也有论者指出，"化境"译论估计不自某一具体学说而生。在这方面，罗新璋的一段话较具代表性，他说：

> 谚曰："酿得蜜成花不见"。蜂采群芳而酿花成蜜，莫辨其来自某花某卉。若要硬找酿蜜之花，则此句之上，有一节许慎关于翻译的训诂；此句之下，有英人 George Savile 所设 the transmigration of souls 的比喻。假如以为参酌两说，就能开派立宗，提出一条翻译标准，那就把做学问看得太容易了。治学贵在"博览群书而匠心独运，融化百花以自成一味，皆有来历而别具面目"。①

---

① 罗新璋：《钱锺书的译艺谈》，范旭仑、李洪岩：《钱锺书评论》（卷一），社会科学文献出版社1996年版，第163页。

引言中的"此句"即钱锺书界定"化境"那句话。笔者也认为,钱锺书的"化境"译论很难说具体来自哪里或具体发端于某家某说,它极可能源自多种知识与学问。兹从形而下的角度看看"化境"译论都可能源自哪里。

## (一) 此"化"与彼"化"

译界有人追根溯源,认为钱锺书的"化境"译论很可能来自佛教文献中一些含有"化"字的特殊意义词汇,具体意见如次:

> "化"本是佛经中具有特殊意义的词汇,本义为变化、改变或教化。如惟则《大佛顶首楞严经会解序》所说,"世尊成道以来五时设化",另如"化土"(佛国净土)、"化身"(佛的法身的变现)、化城(幻化之城)等。……在慧远《沙门不敬王者论》中,将"化"从哲学领域引入了美学范畴,他说:"论旨以化尽为至极,故造极者必违化而求宗。求宗不由于顺化,是以引历代君主,使同之佛教,令体极之至,以权居统。"他在《明报应论》中还说:"因兹以谈,夫神形虽殊,相与而化,内外诚异,浑为一体,自非达观,孰得其际邪?""化"的论述达到这一步,再进入文学与翻译理论就是很容易的事了。[①]

钱氏本人对包括佛经文献里的"化"字曾进行讨论,比如,在解读"生者不能不生,化者不能不化"以及"故生物者不生,化物者不化"等句时,他引《荀子·正名》:"状变而实无别而为异者,谓之'化',有'化'而无别,谓之'一实'。"[②] 值得说明的是,钱锺书笔下的"化"似大致包括"形体变化"(metamorphosis)和佛教所谓"转世轮回"(metempsychosis)两类,二者之间有着明显之区别,用钱锺书的话说就是:"盖状变形改之'化',是处即有,夫人尽观。……生死轮回之于形气变化,弥近似而乱真。变化只言形不常存,轮回则主神不终灭;变化只有形一端而已,轮回则剖形神为两橛,形体可更而昭灵不昧,元神无改。"[③] 关于"轮回"之旨,钱氏引《太平广记》卷三八七《圆观》(出《甘泽谣》)载牧竖歌竹枝词云:"三生石上旧精魂,赏月吟风不要论;惭愧情人远相访,此身虽异性长存;"[④] 在钱氏看来,"轮回之旨尽于一、四两句中矣"[⑤]。上述

---

① 赵秀明、姜春兰:《佛教与中国翻译学》,《上海翻译》2006 年第 2 期,第 8 页。
② 钱锺书:《管锥编》,中华书局 1986 年版,第 471—472 页。
③ 钱锺书:《管锥编》,中华书局 1986 年版,第 472 页。
④ 同上。
⑤ 同上。

文字中有"精魂""形体可更而昭灵不昧、元神无改"等文字,其与"化境"在旨趣上不无共通之处。

对于表示"变化""蜕化"意思的"化"字,钱锺书也多有探讨。比如,《笑林广记》中曾记南人说:"南方热时,有赶猪道行者,行稍迟,猪成烧烤,人化灰尘。"①比较而言,钱氏认为英国诗人《罗杰士语录》(Table Talk of Samuel Rogers)中所记印度天热而人化灰尘之事(pulverised by a coup de solei)"似更诙谐"。"似更诙谐"的故事梗概如下:"略谓一印度人请客,骄阳如灼,主妇渴甚,中席忽化为焦灰一堆;主人司空见惯,声色不动,呼侍者曰:'取箕帚来,将太太扫去(Sweep up the mistress)'。"②如果说上述引文中的"化"还主要是本义,下段引文中的"化"则进了一步,从中似不难见出钱锺书"化境"译论及其相关演绎(如"得意忘言""借尸还魂""the transmigration of the soul")的部分"物证"。有关文字如下:

> 民族学者尝考生人离魂,形态幻诡(Inkorporierungen der Psyche),有化爬虫者,如蛆、蛇之属(sind es kriechende Tiere, besonders der Wurm, die Schlange),有化物之能飞跃者,如鸟、如蝴蝶、如鼠(sind es fliegende und springende Tiere, der Vogel, der Schmetterling, die Maus)。古埃及人即以蝴蝶象示灵魂(One of the emblems among the Egyptians was Psyche, who was originally no other than the Aurelia, or butterfly);古希腊人亦然(the soul's fair emblem, and its only name)。西方昔画灯炷火灭,上有蝴蝶振翅(a butterfly on the extremity of an extinguished lamp),寓灵魂摆脱躯骸之意(the transmigration of the soul);……皆言"神"亦有"形",顾为身之变"形",傍人醒者有目共睹其异形,而梦者浑不觉己形之异,非若庄周之自知化蝶栩栩然。③

早在1929年6月,陈西滢论及翻译时使用过"化而为一"及"同化之境"等表达。④ 傅雷在讨论翻译时也曾使用"化"字,"要求将原作(连同思想、感情、气氛、情调等)化为我有"。⑤ 在1962年4月1日写给傅聪的家书中,傅

---

① 钱锺书:《钱锺书散文》,浙江文艺出版社1997年版,第514页。
② 同上。
③ 钱锺书:《管锥编》,中华书局1986年版,第1425—1427页。
④ 陈子善、范玉吉:《西滢文录》,辽宁教育出版社2000年版,第59页。
⑤ 怒安:《傅雷谈翻译》,辽宁教育出版社2005年版,第85—86页。

雷更曾有感叹如下:"来信说到中国人弄西洋音乐比日本人更有前途,因为他们虽用苦功而不能化。……在翻译工作上也苦于化得太少,化得不够,化得不妙。艺术创造与再创造的要求,不论哪一门都性质相仿。"①钱锺书"化境"论之提出略晚于上述有关"化"论,其是否多少受到前人之影响或启发,似不能断然否定。有一点是确切的,即钱锺书也曾用"化"字点评他人译作。严复某诗中有"吾闻过缢门,相戒勿言索",钱氏揭秘并评述道:该句乃直译法国谚语 Il ne faut pas parler de corde dans la maison d'un pendu 而成,译者"点化熔铸,真烽炉日炭之手"。②

说到此"化"与彼"化",似还应一并谈谈此"划"与彼"化"。在笔者看来,钱锺书"化境"之"化"与其同音字"划"或存在着某种联系,而在意思上"划"较之于"化"或许还更接近"化境"译论。请看僧肇为罗什译《百论》所作序言中的一段话:

> 有天竺沙门鸠摩罗什,器量渊弘,俊神超邈,钻仰累年,转不可测,常味咏斯论,以为心要。先虽亲译,而方言未融,致令思寻者,踌躇于谬文;标位者,乖迕于归致。大秦司隶校尉安城侯姚嵩……每抚兹文,所慨良多。以弘始六年,岁次寿星,集理味沙门与什考校正本,陶练覆疏,务存论旨,使质而不野,简而必诣,宗致划尔,无间然矣。③

有人将"划尔"解为"清楚",这自然不错,从引文末一句来看,它其实就是"无间然"。所谓"无间然",当即是"不隔",而"不隔"又十有八九与"化境"紧密相关甚至可以通约。此一推演似乎牵强,不过钱锺书笔下确有类似文字可查。在评论相关人士的画作时,他曾引董其昌《容台别集》里的话说:"……要之摩诘所谓'云峰石迹,迥出天机,笔意纵横,参乎造化'者。东坡赞吴道子、王维画壁亦云:'吾于维也无间然。'知言哉!"④

### (二)此"化境"与彼"化境"

"化境"二字,我国相关文献中自古有之:既有常见的"禅悟化境"之说,《华严经疏六》中还有"十方国土,是佛化境"等表达。只不过,这里的"化境"

---

① 傅敏:《傅雷家书》(精选注释本),天津社会科学院出版社 2008 年版,第 218 页。
② 钱锺书:《谈艺录》,中华书局 1984 年版,第 24 页。
③ 许抗生:《僧肇评传》,南京大学出版社 2001 年版,第 102 页。
④ 钱锺书:《钱锺书散文》,浙江文艺出版社 1997 年版,第 196 页。

指的是艺术造诣达到自然精妙之境界。中国古代画论中也常能见到"化境"二字,王昱即曾说过:"惟以性灵运成法,到得熟外熟时,不觉化境顿生。"①此一语境中的"化境"指的是"化之境"。明清之际,小说评点家金圣叹在《〈水浒传〉序一》中曾把文学创作上的境界分为三种,即"圣境""神境""化境"。金氏进而从心与手的关系来说明上述三种境界:"心之所至,手亦至焉者,文章之圣境也;心之所不至,手亦至焉者,文章之神境也;心之所不至,手亦不至焉,文章之化境也。"②金氏笔下的"化境"具体何指?他本人是这样阐述的:"夫文章至于心手皆不至,则是其纸上无字、无句、无局、无思者也,而独能令千万世下人之读吾文者,其心头眼底乃宵宵有思,乃摇摇有局,乃铿锵有句,乃烨烨有字。"③不难见出,金氏所谓"化境"系创作中的不写之写,属于最高境界。此外,王国维也曾推出"境界"说,大家对其所指谅必早已耳熟能详,此不赘。

由于上述文字中不乏"化境"二字,不少学人认为钱锺书之"化境"译论或可能是从前人那里直接拿来。具体而言,认为来自"禅悟化境"者有之,④认为可能源于金圣叹三境说中的"化境"者有之,⑤认为可能来自王国维之"境界说"者亦有之。这些看法是否站得住脚呢?在笔者看来,有的尚可存疑。比如,所谓来自王国维之"境界"说或许就还值得推敲,因为钱氏本人曾明确表示其"不隔"论"不曾顾及"王氏"境界"说,⑥而钱氏"化境"译论与其"不隔"说两者之间是有渊源的。

如果见到在钱锺书之前已有人使用"化境"表达便认为钱氏"化境"译论可能其来有自,我们也许更有理由认为"化境"译论还有更好的源头,须知,在钱锺书之前业已有人直接使用"化境"以言翻译。李季在《鲁迅对于翻译工作的贡献》一文中曾这样评论鲁迅之译书:"没有一点坏的气息,简直到了化境","换句话来说,他的译文大都达到了信达化的标准,这也就是说,无形之中已经替我们产生了一种翻译的规律。"⑦李氏此文写于1951年9月15日,发表于1952年1月号《翻译通讯》,比钱锺书《林纾的翻译》早问世十余年。李、钱二人笔下的"化境"在内涵上虽相去甚远,但两者之间是否一点关

---

① 李淑辉:《中国古代文艺理论"化"范畴试绎》,《殷都学刊》2003年第3期,第66页。
② 王宏印:《中国传统译论经典诠释——从道安到傅雷》,湖北教育出版社2003年版,第178页。
③ 王宏印:《中国传统译论经典诠释——从道安到傅雷》,湖北教育出版社2003年版,第179页。
④ 朱鸿亮:《化境的缺场与在场》,《解放军外国语学院学报》2006年第2期,第81页。
⑤ 王宏印:《中国传统译论经典诠释——从道安到傅雷》,湖北教育出版社2003年版,第177页。
⑥ 钱锺书:《钱锺书散文》,浙江文艺出版社1997年版,第497页。
⑦ 郑延国:《翻译方圆》,复旦大学出版社2009年版,第287页。

系都没有,不得而知。

说到此"化境"与彼"化境",还有一点也值得一提,即钱锺书的两位好友也曾使用"化境"字眼。宋淇在写给钱氏的一封信中有如下文字:"读来示是人生一乐,妙语层出不穷,智慧与幽默共存,而书法圆浑自如,已臻化境,赏心乐事,莫过于此。"① 有论者曾经指出:"傅雷不仅提倡,也确实达到了'化境'。"② 说傅雷也提倡过"化境"译论迄无据可查,但他在谈论其他事情时倒是不止一次使用过"化境"二字。在《观画答客问》一文中,他对黄宾虹及其画作有如下评说:"常人专尊一家,故形貌常同,黄氏兼采众长,已入化镜,故家数无穷。"③ 据傅聪回忆,在1957年3月的一封家书中,傅雷曾激动地讲到自己应邀列席中央全国宣传工作会议,在会上亲耳听到毛泽东主席的重要讲话以及主席在最高国务会议上报告的录音,内容为正确处理人民内部矛盾的问题和百花齐放、百家争鸣的方针,主席的阐述精彩绝伦,众心惬服,素来自负的傅雷也佩服得五体投地,认为毛主席"运用马列主义已入化境","是真正把古今中外的哲理都融会贯通了的人"。④

钱锺书治学讲究融化百花以自成一味,从此一角度去为其"化境"译论探源当无可厚非。臧仲伦认为:"化境说,也是中国古代画论、诗论、文论的古老命题。即刘勰所说'神与物游',苏轼说的'身与物化',以及金圣叹的'圣境''神境'与'化境'说。"⑤ 郑海凌也指出:"'化境'作为一个翻译美学概念,与我国古典美学里的意境、境界以及言意理论、形神理论有密切的关系。"⑥

### (三)"化通"与"化境"

在讨论"化通"之前,先来讲讲"隔"与"通"的关系。钱锺书撰有《论不隔》一文,专事探讨翻译与艺术技巧方面的"不隔"。在该文中,作者对翻译中的"不隔"多有阐说,认为"在翻译学里,'不隔'的正面就是'达'",也就是严复《天演论·译例言》中"信达雅"中的"达"。⑦ 翻译中的"不隔"究竟是一种什么状态呢?钱氏进一步阐释道:一篇好翻译即是"在原作和译文之间,

---

① 宋以朗:《我的父亲宋淇与钱锺书》,《东方早报》,2011-10-09。
② 施康强:《文学翻译:后傅雷时代》,吴芝麟:《苹果的报复》,文汇出版社2007年版,第49页。
③ 金圣华:《江声浩荡话傅雷》,当代世界出版社2006年版,第166页。
④ 刘光华:《傅雷外论》,《万象》2001年第7期,第78页。
⑤ 臧仲伦:《当代中国的翻译》,孔慧怡,杨承淑:《亚洲翻译传统与现代动向》,北京大学出版社2000年版,第155页。
⑥ 郑海凌:《文学翻译学》,文心出版社2000年版,第95—96页。
⑦ 钱锺书:《钱锺书散文》,浙江文艺出版社1997年版,第498页。

不得障隔着烟雾"①。在谈及翻译的功用时,钱锺书也指出,读者"总觉得读翻译像隔雾赏花,不比读原作那么情景真切"②。此外,钱锺书还说过:"好的翻译,我们读了如读原文。"③不难看出,在钱氏心目中,"不隔"的翻译即"好的翻译",也就是与原文之间不障隔着烟雾的翻译,或者读来如读原作那么情景真切的翻译。而在论说"化境"时,他将入于"化境"的翻译描写为"造诣高的翻译"④。所谓"造诣高的翻译",条件之一便是"译本对原作应该忠实得以至于读起来不像译本"⑤。凭常识,钱锺书笔下"好的翻译"与"造诣高的翻译"之间不可能没有关系。情况既如此,以下说法当不无道理:如果将"化境"与钱锺书早年提出的"不隔"通读,"或许可以发现'不隔'其实已经透出了'化境'说的胎息"。⑥

在笔者看来,钱锺书笔下的"不隔"或许还可解为"通"。《台湾版〈钱著七种〉前言》开篇有这么一个比喻:"水是流通的,但也可能阻隔:'君家门前水,我家门前流'往往变为'盈盈一水间,脉脉不得语'。……由通而忽隔,当然也会正反转化,由隔而复通。"⑦在这里,钱锺书所谈虽非译事,但分明可以感到,"水"之"隔"与"译"之"隔"之间其实也是"不隔"的。说到"不隔"就是"通",这也让人联想到翻译的功能。钱锺书在《管锥编》中说过:"夫'译'一名'通事',尤以'通'为职志。"他并引《焦氏易林·乾》中的话解释道:"道陟石阪,胡言连謇;译喑且聋,莫使道通。请谒不行,求事无功。"⑧僧叡对罗什及其翻译曾有评价如下:"法师于秦语大格,唯译[识]一往,方言殊好犹隔而未通。"⑨评语中"方言殊好犹隔而未通"虽说的是语言含蕴不甚了解,其实,正因为"隔"而"未通",翻译才有存在的必要。对此,钱锺书是认同的,否则,他也许就不会同意彦琮引他人的话:"正当以不关异言,传令知会通耳。"不仅如此,他还进一步解释道:"'关'如'交关'之'关','通'也,'传'如'传命'之'传',达也。"⑩上文中才引述过钱氏"在翻译学里,'不隔'的正面就是'达'",将上述有关意见合而观之,或不难得出如下结论:"隔"即不"通",欲

---

① 钱锺书:《钱锺书散文》,浙江文艺出版社1997年版,第496页。
② 钱锺书:《钱锺书散文》,浙江文艺出版社1997年版,第272页。
③ 钱锺书:《钱锺书散文》,浙江文艺出版社1997年版,第500页。
④ 钱锺书:《钱锺书散文》,浙江文艺出版社1997年版,第270页。
⑤ 同上。
⑥ 季进:《简论钱锺书与翻译》,《镇江师专学报》(社会科学版)1999年第4期,第66页。
⑦ 钱锺书:《钱锺书散文》,浙江文艺出版社1997年版,第465页。
⑧ 钱锺书:《管锥编》,中华书局1986年版,第540页。
⑨ 吕澂:《中国佛学源流略讲》,中华书局1979年版,第89页。
⑩ 钱锺书:《管锥编》,中华书局1986年版,第1263页。

"通"需"传","传"即"达","达"意在实现"不隔"。

值得一提的是,我国佛经译论文字中早有"隔"与"通"等表达。僧祐《胡汉译经文字音义同异记》中即有这么一说:"是以义之得失由乎译人,辞之质文系于执笔。或善胡义而不了汉旨,或明汉文而不晓胡意,虽有偏解,终隔圆通。若胡、汉两明,意义四畅,然后宣述经奥,于是乎正。"①因为有"隔",所以不"通"。要实现"通","化"似乎不失一法。僧祐《出三藏记集卷第一序》中有言:"然道由人弘,法待人显。有道无人,虽文存而莫悟;有法无缘,虽并世而弗闻。闻法资乎时来,悟道藉于机至。机至然后理感,时来然后化通矣。"②刘勰《灭惑论》在论及翻译时也说:"大乘圆极,穷理尽妙,故明二谛以遣有,辨三空以标无……权教无方,不以道俗乖应;妙化无外,岂以华、戎阻情?是以一音演法,殊译共解;一乘敷教,异经同归。经典由权,故孔、释教殊而道契;解同由妙,故梵、汉语隔而化通。"③可以看出,"化通"不失为翻译之一种境界,从中似也隐约可见出钱锺书"化境"论之端倪。

### (四)"神韵""神似"与"化境"

有论者指出,当钱锺书将"化境"解为"原作的'投胎转世',躯壳换了一个,而精神姿致依然故我"时,其与当年陈西滢的"神韵"说,傅雷的"神似"说可谓"如出一辙"。④还有人指出:"从看到文学作品的'不可译'性,到意识到翻译只能得其'似',再到在'似'中追求'神似'——这就是'神似''化境'说的理论逻辑。"⑤上述意见是否言之有理呢?不妨先来看看《新月》1929年6月第2卷第4号陈西滢《论翻译》中的一段文字:

> 英国的大批评家倭诺尔特在《论荷马的翻译》一书中,说过只有译者与原文化而为一才能产生良好的译文,而要达到这同化之境,必须把二者中间的迷雾消去,所谓迷雾,便是译者方面的与原文不一致的思想,吐属,感觉的方式。他又举了好些例,比如古波译的荷马,因为他用了精心结构的米尔顿式的格调,便完全与荷马的行文流畅背驰;蒲柏因

---

① 朱志瑜,朱晓农:《中国佛籍译论选辑评注》,清华大学出版社2006年版,第63页。
② 朱志瑜,朱晓农:《中国佛籍译论选辑评注》,清华大学出版社2006年版,第56页。
③ 赵秀明,姜春兰:《佛教与中国翻译学》,《上海翻译》2006年第2期,第8页。
④ 许建平:《钱锺书"化境"说新释》,《清华大学学报》(哲学社会科学版)1997年第1期,第92页。
⑤ 王向远:《翻译文学导论》,北京师范大学出版社2004年版,第201页。

为用了雅饰的文调,又完全违反了荷马的平易自然。①

可以看出,陈西滢也曾使用"化而为一"和"同化之境"等表达,而他们很容易让人联想到钱锺书笔下的"化""化境""入于化境"等。有意思的是,钱锺书《论不隔》一文也曾引用阿诺德(Matthew Arnold)《论荷马史诗的翻译》(*On Translating Homer*),而且附有评论:"柯尔律治的两句诗,写的是神秘经验;安诺德断章取义,挪用为好翻译的标准,一拍即合,真便宜了他!我们能不能索性扩大这两句诗的应用范围,作为一切好文学的翻译标准呢?便记起王国维《人间词话》所谓'不隔'了。"②如上文所述,钱锺书的"不隔"说其实已经透出"化境"译论之胎息。如果进行代换,我们似乎可以说,钱氏建基于"不隔"的"化境"译论与陈西滢的"神韵"译论都依傍和借鉴了阿诺德"好翻译的标准",从这个意义上讲,两种学说可谓"如出一辙"。值得一提的是,陈西滢与钱锺书两人对翻译的看法还有不少大同:都主张翻译应该"得意忘言"(虽则陈氏没有明确使用那四个字);皆认为文学翻译一个"信"字足矣;钱锺书认为翻译必有"讹",也就是"译文总有失真和走样的地方"③,而陈西滢也认为"译文终免不了多少的折光,多少的歪曲"④;钱氏曾引孟德斯鸠"首先要通晓拉丁语,然后再把它忘记"⑤,陈氏则引英国近代文学界怪杰巴特勒(Samuel Butler),说要保存某个作家之精神,"你得把他吞下肚去,把他消化了,使他活在你肚子里"⑥。钱、陈两人对翻译(及文艺)有着如此雷同的看法甚至惊人相似的表达,而陈氏有的意见先于钱锺书面世,其是否"下启"过"化境"等译论,似不能断然否定。

傅雷的"神似"译论对钱锺书的"化境"是否也曾有过启发或借鉴呢?有一点同样很明确,即傅、钱两人对翻译的看法也不无相同之处。比如,傅雷主张"把原作神味与中文流利漂亮结合"⑦,而钱锺书倡导既不露出生硬牵强的"痕迹",又能完全保存原作的"风味"。⑧ 又比如,钱氏认为"彻底和全部的'化'是不可实现的理想"⑨,而傅氏以为"真正要和原作铢两悉称,可以

---

① 陈子善,范玉吉:《西滢文录》,辽宁教育出版社2000年版,第58—59页。
② 钱锺书:《钱锺书散文》,浙江文艺出版社1997年版,第497页。
③ 钱锺书:《钱锺书散文》,浙江文艺出版社1997年版,第271页。
④ 陈子善,范玉吉:《西滢文录》,辽宁教育出版社2000年版,第64页。
⑤ 钱锺书:《管锥编》,中华书局1986年版,第1101页。
⑥ 陈子善,范玉吉:《西滢文录》,辽宁教育出版社2000年版,第64页。
⑦ 怒安:《傅雷谈翻译》,辽宁教育出版社2004年版,第34页。
⑧ 钱锺书:《钱锺书散文》,浙江文艺出版社1997年版,第269页。
⑨ 钱锺书:《钱锺书散文》,浙江文艺出版社1997年版,第272页。

说是无法兑现的理想"①。此外,傅雷主张"神似",而在他看来,传神之第一要义是"将原作(连同思想、感情、气氛、情调等)化为我有"②。林以亮在《翻译的理论与实践》一文中表示:"……译者和原作达到了一种心灵上的契合,这种契合超越了空间和时间上的限制,打破了种族和文化上的樊笼,在译者而言,得到的是一种创造上的满足;在读者而言,得到的则是一种新奇的美感经验。"③在有关学人看来,林氏这几句话可以作为钱锺书"化"的注解。④如果说钱氏之"化"确可作如是理解(即"心灵上的契合"),那么,它与傅雷所说"将原作化为我有"以及"精神上彻底融化"的提法便也有相通之处。

### (五)"投胎转世"等与"化境"

就实质而言,钱锺书的"化境"译论与其"投胎转世"及"脱胎换骨"等言论是"一脉通连"又"彼此呼应"的。大家如果注意到钱氏在那么多场合如此频繁地使用"投胎转世"与"借尸还魂"等概念并以其阐释自己的核心译论,大抵会同意此一看法。钱锺书在提出"化境"译论时,后面紧跟了一个例释,即"十七世纪一个英国人赞美这种造诣高的翻译,比为原作的'投胎转世'(the transmigration of souls),躯体换了一个,而精魂依然故我。"⑤原来,"化境"译文即原作的"投胎转世",躯体虽有变化,精魂却不曾改变。在《〈围城〉日译本序》中,钱锺书不仅使用了"投胎转世",同时还有"借尸还魂""脱去凡胎,换成仙体""灵魂转生"等表达。他说:

十九世纪末德国最大的希腊学家(Ulrich von Wilamowitz-Moellendorff)在一部悲剧(Euripides' *Hippolytus*)译本的开头,讨论翻译艺术,说:"真正的翻译是灵魂转生",譬如古希腊语原著里的实质换上了德语译文的外形。他用的比喻是我们中国人最熟悉不过的,而且我们知道它可以有形形色色的涵义。几千年来,笔记、传奇、章回小说里所讲投胎转世和借尸还魂的故事真是无奇不有;往往老头子的灵魂脱离了衰朽的躯壳而假借少年人的身体再生,或者丑八怪的灵魂抛弃了自惭形秽的臭皮囊而转世为美人胚子。我相信,通过荒井先生、中岛夫

---

① 怒安:《傅雷谈翻译》,辽宁教育出版社2004年版,第39页。
② 怒安:《傅雷谈翻译》,辽宁教育出版社2004年版,第85—86页。
③ 张柏然,许钧:《译学论集》,译林出版社1997年版,第90页。
④ 张柏然,张思洁:《中国传统译论的美学辨》,张柏然,许钧:《译学论集》,译林出版社1997年版,第90页。
⑤ 钱锺书:《钱锺书散文》,浙江文艺出版社1997年版,第269—270页。

妇的译笔,我的原著竟会在日语里脱去凡胎,换成仙体。①

在论及古希腊诗人译写的《牧歌》时,钱氏还曾使用"夺胎换骨"。钱氏虽然说那并非严格意义上的翻译,但从中仍可感知到"化境"译论之气息。他说:

……古罗马诗人的《牧歌》亦写女郎风情作张致,见男子,急入柳林中自匿,然回身前必欲邀男一盼(Malo me Galatea petit, lasciva puella,/ et fugit ad salices, et se cupit ante videri);谈者以此篇拟希腊旧什而作,遂谓译诗可以取则,足矫逐字蛮狠对翻之病(violentius transferantur)。夫希腊原作只道女以苹果掷男,兹数语直是夺胎换骨,智过其师,未宜仅以移译目之。②

在有关回忆中,许景渊说自己曾用章回小说笔法翻译了林语堂的英文小说《朱门》,送钱锺书过目后得如下好评:"语堂何幸,得此高手翻译,借体复活矣。"③就笔者所见,在我国学界,将"投胎转世""借尸还魂""借体复活"等表达与翻译如此频繁挂钩者并不多见。值得补充的是,对于"脱胎换骨"及相关表达,钱氏可谓情有独钟,不仅谈论翻译时屡屡使用,其他场合也不时可见。比如,他认为温源宁所著《不够知己》(Imperfect Understanding)在体裁和方法等方面都是从夏士烈德(William Hazlitt)的《时代精神》(The Spirit of the Age)"脱胎换骨"而来,因为二者"同样地从侧面来写人物,同样地若嘲若讽,同样地在讥讽中不失公平"。④ 又比如,冯梦龙《广笑府》中有这么一则故事:"或人命其子曰:'尔一言一动皆当效师所为。'子领命,侍食于师。师食亦食,师饮亦饮;师嚏,生不能强为,乃揖而谢曰:'吾师此等妙处,其实难学也!'"钱氏认为:"冯氏此则,即脱胎换骨之一例。"⑤在点评《列子》一书时,钱锺书也曾说,现存《列子》从其所受佛教思想可知它绝非先秦古籍,而是魏晋时代的伪书,但除了《汤问篇》中的偃师故事明显剿袭佛经中傀儡子或机关木人故事外,《列子》全书窜取佛说,声色不动,"能脱胎换骨,不粘皮带骨"⑥。

钱锺书笔下不仅有"投胎转世""脱胎换骨"等,还有相应的英语表达,上

---

① 钱锺书:《钱锺书散文》,浙江文艺出版社1997年版,第445—446页。
② 钱锺书:《管锥编》,中华书局1986年版,第874页。
③ 沉冰:《琐议钱锺书先生——许景渊(劳陇)先生访谈录》,沉冰:《不一样的记忆:与钱锺书在一起》,当代世界出版社1999年版,第7页。
④ 钱锺书:《钱锺书散文》,浙江文艺出版社1997年版,第157页。
⑤ 钱锺书:《钱锺书散文》,浙江文艺出版社1997年版,第523页。
⑥ 钱锺书:《管锥编》,中华书局1986年版,第533页。

文中的 the transmigration of souls 即是。曾有学人提醒说："投胎转世"这一说法假定了一个灵魂两种躯壳的可能，而不是思想永远不能脱离其所诞生的语言。接着上句话，有关论者补充注解道："然而'投胎转世'英译文里的'灵魂'一词是复数。"①就笔者所见，"投胎转世"英译文里的"灵魂"一词可以是复数也可以是单数。在论及民族学者对生人离魂之考证时，钱锺书曾写道："西方昔画灯炷火灭，上有蝴蝶振翅，寓灵魂摆脱躯骸之意（the transmigration of the soul）。"②句中的 soul 就用了单数。不妨再来看钱锺书英文文章中的一个例句：Two English merchants in China... once talked about "the surprising opinion among the ancient Chinese of the transmigration of the soul from one body to another".③ 这句话说的是两个在中国做生意的英国商人曾谈及中国古人对"投胎转世"的看法，句中"灵魂"的英语表达也用的是单数。

## 二、"化境"之内涵

综而观之，钱锺书的"化境"译论当有广义和狭义之分：广义上的"化境"是同时统摄了"化""诱""讹"等"数意"的翻译思想，而狭义上的"化境"主要是就文学翻译的最高理想而言。本节所说"化境"内涵，主要是就狭义而言。关于狭义上的"化境"，钱锺书的界定如下："文学翻译的最高理想可以说是'化'。把作品从一国文字转变成另一国文字，既能不因语文习惯的差异而露出生硬牵强的痕迹，又能完全保存原有的风味，那就算得入于'化境'。"④按理说，上述"化境"的内涵是明确的，主要包括两点：一是不露生硬牵强之痕迹，一为保存原作之风味。对于"化境"之内涵，学界虽也有人认为其并不高深复杂，甚至认为"只是偏重于语句序列和结构的重新组织"⑤，但综而观之，更多的人却不这么认为，这从其纷纷诠释中可以见出。

### （一）"化"之诠释

有人认为，"化境"中的"化"字含有双重意义，即有形变化义和无形变化

---

① 王宏印：《中国传统译论经典诠释——从道安到傅雷》，湖北教育出版社 2003 年版，第 181 页。
② 钱锺书：《管锥编》，中华书局 1986 年版，第 1426—1427 页。
③ 钱锺书：《钱锺书英文文集》，外语教学与研究出版社 2005 年版，第 215 页。
④ 钱锺书：《钱锺书散文》，浙江文艺出版社 1997 年版，第 269 页。
⑤ 张治：《杨绛译〈堂吉诃德〉功过申辩》，http://mini.eastday.com/a/180904095959001.html。

义,前者指语符的变化,后者指意义的迁移。当钱锺书说"把作品从一国文字转变成另一国文字"的时候,他使用了"化"的有形变化义;当他使用"化境"时,则采用了"化"的无形变化义。① 持类似意见者不止一人,比如说:化即转化(conversion),也就是"将一国文字转成另一国文字";化即归化(adaptation),"既能不因语文习惯的差异而露出牵强的痕迹,又能保存原有的风味","读起来不像译本";化即"化境",所指有二:一是入于"化"之境,即"原作的'投胎转世',躯壳换了一个,而精神姿致依然故我",二是尽善尽美(perfection)。② 在笔者看来,"化境"之"化"更多的应该指无形变化义,含义上则多为"入于'化'之境",即躯壳有变,精魂却依旧。

又有论者认为,从哲学——美学的角度来讲,"化境"之"化"就是要求译者具有艺术的审美素养和艺术的思维方式。"化"在这个意义上与我国传统诗论及佛家的"顿悟见性"一脉相传。禅家的"顿悟"和佛家的"顿悟见性"即为"化"。③ 王宏印也认为钱氏"化境"论来源于佛教里的"化",但具体指教化与迁化,要求达至"羚羊挂角,无迹可求"之高度,在文学创作中强调浑然天成,在翻译中就是没有翻译腔的意思。④ 此外,还有论者认为,"化境"之"化"其实就是严羽所说的"妙悟"和"透彻玲珑"⑤。将"化"诠释为"顿悟""妙悟""顿悟见性""透彻玲珑""教化与迁化",个人觉得其与"化境"在内涵上并不完全等同。

从以上行文中可以发现,在溯源和诠释"化"或"化境"之时,人们颇喜引经据典。不妨再罗列一些:有人引清人贺怡孙在《诗筏》中所言:"清空一气,搅之不碎,挥之不开,此化境也"。⑥ 有人认为"化"也许含有"笔补造化"之意并引中唐诗人李贺诗中的"笔补造化天无功"相申说。⑦ 有人引《随园诗话》所谓:"读书如吃饭,善吃者长精神,不善吃者生痰瘤。"⑧也有人以为,"化境"之"化"可能来自《中子化盘》《周易·离象传》《庄子·齐物论》《管子·七法篇》等多种古书,以此为据,有关论者对"化"字释义道:"化"是易与不

---

① 彭发胜:《融通化生——翻译过程的现象学描述》,《中国翻译》2006年第5期,第35页。
② 许建平:《钱锺书"化境"说新释》,《清华大学学报》(哲学社会科学版)1997年第1期,第92页。
③ 张柏然,张思洁:《中国传统译论的美学辨》,张柏然,许钧:《译学论集》,译林出版社1997年版,第90页。
④ 王宏印:《文学翻译批评论稿》,上海外语教育出版社2006年版,第221页。
⑤ 黄邦杰:《译艺谭》,中国对外翻译出版公司·三联书店香港分店1990年版,第15页。
⑥ 张柏然,张思洁:《中国传统译论的美学辨》,张柏然,许钧:《译学论集》,译林出版社1997年版,第92页。
⑦ 余光中:《创作与翻译》,舒乙,傅光明:《在文学馆听讲座 挑战与和解》(精华本),华艺出版社2003年版,第256页。
⑧ 胡范铸:《钱锺书学术思想研究》,华东师范大学出版社1993年版,第265页。

易、得失兼备的量变过程;"化"包含理想之"化"与实际之"讹";"化"是"真"和"美"的有机统一。① 如此引经据典,颇有些百"化"齐放。这样做固然无错,但也可能因此而解构"化"之真实内涵。

### (二)"化境"之诠释

关于"化境",常见的一种解读意见是"出神入化"②。所谓"出神入化",即技艺达至绝妙之境界。许是因为此,学界有人直接以"境界"或艺术之"极致"诠释"化境":或说"'化境'即'化'的境界",③或说"'翻译'追求的境界是'化'"④。也有论者表示,"化境"论"是钱氏推崇的一种最高的理想和境界",它"如同潜移默化的'化'一样,就连翻译者本身都不知不觉,这正是翻译艺术的极致"。⑤ 罗新璋对"化境"的诠释也主要从翻译艺术角度切入,他说:"'化境'是指艺术上臻于精妙超凡之境,以言翻译,就是得心应手,至善尽美"。⑥钱锺书既然将"化境"定位为文学翻译之"最高理想",说其为"翻译艺术的极致"和"至善尽美"之"翻译",应无大碍。

与"化"的情况类似,学界也多认为"化境"的内涵并不单一。有论者甚至认为,"化境"至少包含以下含义:一是"改变"或"变化",翻译需要得意忘言、出神入化;二是"消除",出神入化意味着"讹"的消失;三是"造化",翻译的功能是对人本性中追求自然而然的心性的发挥或再创造,因而它印证了人类精神中的"大化流行";四是"死亡",用钱锺书本人的话说便是:"好译本的作用是消灭自己;它把我们向原作过渡,而我们读到了原作,马上掷开了译本。"⑦"化境"的内涵很丰富,这应该是大家的共识,但是否分别表示"变化""造化""消除""死亡",那或许还值得商榷。

### (三)"化境"之内涵

上文转引了学界对"化"和"化境"的诠释意见,对于相关解读,学界反应

---

① 余承法,黄忠廉:《化——全译转换的精髓》,《华中科技大学学报》(社会科学版)2006年第2期,第90—91页。
② 方梦之:《译学词典》,上海外语教育出版社2004年版,第63页;陈宏薇,李亚丹:《新编汉英翻译教程》,上海外语教育出版社2004年版,第5页。
③ 郑海凌:《钱锺书"化境说"的创新意识》,《北京师范大学学报》(人文社科版)2001年第3期,第71页。
④ 胡范铸:《钱锺书学术思想研究》,华东师范大学出版社1993年版,第265页。
⑤ 朱宏清:《从〈林纾的翻译〉看钱锺书先生的翻译观》,《东南大学学报》(哲学社会科学版)2001年第2期,第104页。
⑥ 罗新璋:《翻译论集》,商务印书馆1984年版,第14页。
⑦ 蔡新乐:《文学翻译的艺术哲学》,河南大学出版社2001年版,第83—84页。

不尽一致。有的认为"阐发得似不够,满足于钱氏本人的界说"①;有的则说"目下的解释也似无甚新异之处"②。回顾一下前文,满足于钱氏本人界说的并不多,主要是自我发挥和各抒己见。笔者以为,对于"化境"内涵的求解,正确的路径或许就在于以钱证钱,也就是以钱氏本人的界定或其他相关文字为考察对象。比如,本章第一节中即引有钱氏本人意见若干,其对"化境"内涵的解读不失为第一手材料。

关于"化境"(及"神似""神韵")之内涵,学界还有这么一种声音:"文学翻译中的神似、化境概念不明,不能说清楚,自然无法用来指导实践。"③有人更表示:"化境的意义是难以确定的,即便是钱锺书本人也无法彻底阐释清楚。"④"化境"是否"概念不明"以至于"不能说清楚"?"化境"的意义是否又"难以确定"以至于连钱锺书本人都"无法彻底阐释清楚"?对于这些问题,学界持否定意见者不少,不妨再来看他人评述"化境"的一段文字:

> 怎样才算没有"露出生硬牵强的痕迹"?什么才叫"风味"?怎样才算"完全"保存了原有的"风味"?为什么翻译不能"生硬牵强"?为什么翻译要"保存原有的风味"?为什么"既能不因语文习惯的差异而露出生硬牵强的痕迹,又能完全保存原有的风味"就"算得"入于化境?为什么不把这样的翻译称为别的——例如"神似的""信、达、雅"兼备的——翻译?⑤

对于上述连珠炮似的发问,笔者无力一一作答,兹就其中一点尝试给予回应。上段引言中,"风味"是一个高频词,先后出现4次。有关论者首先对什么叫"风味"提出了质疑。什么才叫"风味"呢?钱锺书最早何时将其与翻译相联系的呢?就笔者所见,翻译"风味"观是钱锺书就读初三时提出的,具体见于其译作《天择与种变》后所附"补白"。补白共两节,其中第一节聚焦译事,有关文字如下:

> 译者既译毕此文,有内疚者三:(一)因欲使读者明了之故,于原文词句颇有增损,次序(指原文词句之次序)亦稍更易,读者苟以失真见斥,无所逃

---

① 罗新璋:《钱锺书译论简说》,《中华读书报》,2001-01-23。
② 王宏印:《文学翻译批评论稿》,上海外语教育出版社2006年版,第124页。
③ 朱志瑜:《实用翻译理论解说》,《中国翻译》2017年第5期,第5页。
④ 朱鸿亮:《化境的缺场与在场》,《解放军外国语学院学报》2006年第2期,第80页。
⑤ 王宏志:《重释"信、达、雅"——20世纪中国翻译研究》,清华大学出版社2007年版,第5—6页。

罪。(二)原文为鸿篇巨著中之一章,与前后文皆有关系,不读前后文而骤读是文原作,必有数处不能明了。译者欲此文成为一独立之著作,故于与前后文相系属处悉略而不译。鲁莽割裂,主臣主臣。(三)原作文章佳妙,译者才浅,既不能保存原文风味,又不能使译文在国文中与原文在英文处有同等地位,至于死译式的保存原文风味法,译者不敏,殊未之学。①

以上文字极可能是钱锺书最早的翻译言论,钱氏在翻译研究上的起点之高、潜力之大,从上段文字中足可见出。具体来说,第一"内疚"涉及词句增损和原文词句次序更易,同时旁涉自己译作可能的"失真"。大家知道,钱锺书后来点评道安有关译论时说过这么一句话:"故知'本'有非'失'不可者,此'本'不'失',便不成翻译。……'改倒'失梵语之'本',而不'从顺'又失译秦之'本'。"②将本句话与前述"内疚"相对读,两者之渊源与共性再明显不过。钱氏第三个"内疚"同样不可小觑,不仅论及"保存原作风味",还强调"译文在国文处与原文在英文处有同等地位"。"风味"之说已露出"化境"之部分端绪,"同等地位"云云则可与西方译论中的"等效""对等"为伍。钱锺书那么早就提出翻译中应"保存""风味",这"风味"究为何物? 钱氏在《天择与种变》后所附"译余赘语"中的几句话或许能提供部分答案,他说:"抑威氏善为小说家言,职是此书文笔虽纯用白描(白描指其无 Johnsonism 之习气而言)而清丽异常,读之娓娓忘倦,其亦犹柏拉图(Plato)所谓'纯美如净水,无丝毫特别色味'(La beaute parfaite est comme l'eau pur, fuin'aponit de saveur particuliere)者欤。"③从这句话来分析,钱氏所谓"风味"应该跟"文笔"(风格)有关,而引语中的"清丽""纯美"当就是相关原文的(某种)"风味"。如此看来,由于在知识和认知等方面存在差异,我们说不清道不明的东西他人未必会莫名其妙。再比如,不少论者将"神韵""神似"与"化境"并而论谈,而且不时将他们一并纳入不可解之列。对于"神韵""神似",有人慨叹道:"神者,神幻无方,不可捉摸也,及至翻译,自然令人倍觉踟蹰。"④根据研究,"神"最早见于《易经·系辞》:"阴阳不测之谓神","精义入神,以致用也。"⑤有意思

---

① 钱之俊:《钱锺书生平十二讲》,上海社会科学院出版社 2013 年版,第 23 页。
② 钱锺书:《管锥编》,中华书局 1986 年版,第 1263 页。
③ 钱之俊:《钱锺书生平十二讲》,上海社会科学院出版社 2013 年版,第 21 页。
④ 潘纯琳:《译释并举——论钱锺书对中国古代文论术语的翻译方法及其意义》,《社会科学研究》2006 年第 2 期,第 186 页。
⑤ 曹顺庆、芦思宏:《再论钱锺书对"神韵说"的误解》,《武汉大学学报》(人文科学版)2016 年第 5 期,第 9 页。

的是,这里的"神"正是变化莫测之意。即便如此,在某些人看来,"神韵"并非不可捉摸。曾虚白也研究"神韵",在他看来,"神韵"并不是怎样了不得的东西,"只不过是作品给予读者的一种感应"①。周克希也曾表示:"文学艺术中,到底有没有'神韵'这个看不见摸不着的东西。我想是有的,它是存在的,是可以用心去感觉到的。王国维在《人间词话》中说:'红杏枝头春意闹'一句中,著一'闹'字而境界全出;'云破月来花弄影',著一'弄'字而境界全出。这两字就是最传神之处,这一点我们用心体会,是可以感觉到的。"②行文至此,笔者以为,钱锺书对"化境"的界定是清楚的,而在他的心目中,不论是"风味"还是"生硬牵强的痕迹",其含义也一定是明确的。

## 三、"化境"之定位

在平日的学习中,笔者发现学界对"化境"译论的看法聚讼纷纭,莫衷一是。比如,有人认为"化境"并非钱锺书的"翻译观",有人认为它不能叫作"理论";又比如,有人认为,"化境"在《林纾的翻译》一文中只是个配角,或为"过渡",或为"引子";再比如,不少人视"化境"为中国传统译论,但也有一些人认为其已经超过传统。分析起来,上述种种皆涉及"化境"的定位问题,下面分别简作讨论。

### (一)"化境":无足轻重?举足轻重?

标题中所谓轻重,主要指"化境"在《林纾的翻译》一文中的地位或重要性。有论者指出:"根据中国知网的统计,至 2015 年 6 月 25 日,主题为'钱锺书翻译'的文章有 148 篇,其译论的影响之大,由此可见。学界对钱锺书先生的译论研究主要集中在《林纾的翻译》一文上,而对该文的讨论大都停留在'化境'说之上。"③"化境"与《林纾的翻译》之关系可谓密切。在讨论"化境"在《林纾的翻译》一文中的地位之前,不妨先对《林纾的翻译》略作介绍。

1.《林纾的翻译》及其解读

从本书其他章节可知,钱锺书谈论翻译为时甚早,最晚在 1926 年,也就是还在就读初三时即已发表过翻译言论,而且涉及"失真"与"风味"等重要

---

① 朱志瑜:《中国传统翻译思想:"神化说"(前期)》,《中国翻译》2001 年第 2 期,第 7 页。
② 周克希:《草色遥看集》,华东师范大学出版社 2017 年版,第 43—44 页。
③ 罗选民:《翻译与中国现代性》,清华大学出版社 2017 年版,第 175—176 页。

概念与内容。1934年,钱锺书发表《论不隔》和"A Chapter in the History of Chinese Translation",两文在学理上密切关联,后者"全面反映了早期钱锺书的翻译观"[①]。1948年,钱锺书发表"An Early Chinese Version of Longfellow's 'Psalm of Life'"。对于该文,钱氏本人很看重,曾于1982年应张隆溪之建议将其重写为中文《汉译第一首英语诗〈人生颂〉及有关二三事》并发表。《林纾的翻译》一文发表于1964年,后来陆续有过增订和修订。事实表明,在《林纾的翻译》一文发表之前,钱锺书的译论(相关言论)并未产生应有的影响,《林纾的翻译》却不同,"发表之初,即令有识之士瞩目"[②],后来更成为译学经典,甚至被允推为"传统译论中最精彩的一篇"[③]。

关于《林纾的翻译》一文,不仅阅读者众,重读和细读者亦不少。由于种种原因,人们阅读《林纾的翻译》所获"读后感"不尽相同。郑延国说,是文中"那种戛戛独造的卓见,至今似无出其右者"[④]。所谓"戛戛独造的卓见",其针对的是文章的理论价值与贡献。《林纾的翻译》一文的理论贡献主要有哪些呢?郑氏说:"窃以为最关键的是论析了翻译中的'诱'(或曰'媒')'化''讹'三者之间的辩证关系。"[⑤]在许钧看来,《林纾的翻译》一文"可以说是对林纾翻译的一种文化批评"[⑥]。很显然,许氏是从翻译批评的视角,又主要是从文化批评的视角对《林纾的翻译》进行观照的。孙致礼也认为《林纾的翻译》侧重于翻译批评,是一篇"历史的、辩证的、马克思主义的""好的翻译批评"[⑦]。在王向远看来,《林纾的翻译》一文"廓清了很多过去对林译小说的误解,新见迭出,为后人树立了翻译家及翻译研究的楷模"[⑧]。王氏的意思是,钱锺书纠偏了学界以往对林译的误解并因此而创新了翻译家及翻译研究模式。罗新璋是我国研究钱锺书译论的领军人物,其对《林纾的翻译》一文屡有评说,意见之一是:"钱氏译论之什,此篇最为钜观。文章集翻译批评与理论建树于一炉。"[⑨]此说不仅点出了《林纾的翻译》之重,也道出了该

---

[①] 秦亚勋、杨雯秦:《理查兹的修辞思想与钱锺书翻译观的衍变》,《中国翻译》2017年第3期,第33页。
[②] 罗新璋:《钱锺书的译艺谈》,《中国翻译》1990年第6期,第8页。
[③] 张佩瑶:《传统与现代之间:中国译学研究新途径》,湖南人民出版社2012年版,第90页。
[④] 郑延国:《翻译方圆》,复旦大学出版社2009年版,第149页。
[⑤] 郑延国:《钱锺书的翻译论——〈林纾的翻译〉读解》,冯芝祥:《钱锺书研究集刊》(第三辑),上海三联书店2002年版,第449页。
[⑥] 许钧:《翻译论》,湖北教育出版社2003年版,第408页。
[⑦] 孙致礼:《翻译:理论与实践探索》,译林出版社1999年版,第79页。
[⑧] 王向远:《翻译文学导论》,北京师范大学出版社2004年版,第254页。
[⑨] 罗新璋:《钱锺书的译艺谈》,《中国翻译》1990年第6期,第8页。

文的主要贡献。有道是,"一千个读者就有一千个哈姆雷特",从《林纾的翻译》读出不同或不尽相同之意见,自也正常。

笔者发现,少许学人对《林纾的翻译》一文的解读似不能自圆其说。比如,有人认为:"必须指出,钱锺书在此文中并没有把视野局限在'化境',以提出一种超越的翻译理论,而是从翻译出发,进一步申发出对林译小说背后隐藏的中西对话问题的讨论。"①这里明明是在说钱氏对"林译小说背后隐藏的中西对话问题""申发"了"讨论",可有关论者又表示:"似乎钱锺书写这篇文章的初衷并不是要讨论林纾译文好坏或者翻译准则等问题,而仅仅是为了展现林译对他的吸引力。"②前后对照,有关论者究竟要强调什么,读者似乎有些吃不准了。再比如,上述同一论者一方面说,"钱锺书先生自己在后文中解构了'化境'",另一方面又说,"这样的'讹'又未必不是一种'化'"。③ 两相对读,前后也彼此扞格。

2. "化境"之于《林纾的翻译》

学界对《林纾的翻译》一文虽有不少研究,张佩瑶却说:"我认为《林纾的翻译》一文在认知层面所涵盖的意义,尚未充分发掘出来。论者每每把'化境'从文章中抽取出来,然后附加于'信、达、雅'的概念中。于是,原来精妙之处就这样给掩埋了。"④相关论者是否每每把"化境"从《林纾的翻译》一文中抽出并附加于"信、达、雅"的概念之中,似还有待考证,但认为《林纾的翻译》一文在认知层面所涵盖的意义尚未得到充分挖掘,这应该是言之有理的。仅以"化境"与《林纾的翻译》之关系而论,部分研究成果似还值得探讨。说到"化境",首先想到的是承载此一译论的那段文字。有人认为,它是"文中最重要的一段文字"⑤;也有人表示,《林纾的翻译》全文中"最为璀璨的当数如此一节"⑥。"最重要""最为璀璨"等字样,其所传达的是"化境"在相关文章以及相关论者心目中的分量。出人意料的是,近年的相关研究中频频出现不同甚或相反的声音,可分析起来,他们并不怎么让人信服。比如,有人认为:"重读《林纾的翻译》一文,发现钱锺书在提'化境'的时候,并非像严复那样将'信、达、雅'旗帜鲜明地当作翻译标准来倡导,只不过是对译者翻

---

① 张钰珣:《翻译的兴味——读钱锺书〈林纾的翻译〉》,《文史知识》2013年第7期,第60页。
② 张钰珣:《翻译的兴味——读钱锺书〈林纾的翻译〉》,《文史知识》2013年第7期,第64页。
③ 张钰珣:《翻译的兴味——读钱锺书〈林纾的翻译〉》,《文史知识》2013年第7期,第60—62页。
④ 张佩瑶:《传统与现代之间:中国译学研究新途径》,湖南人民出版社2012年版,第92页。
⑤ 罗新璋:《钱锺书的译艺谈》,《中国翻译》1990年第6期,第8页。
⑥ 郑延国:《翻译方圆》,复旦大学出版社2009年版,第149页。

译素养和译文可读性的顺便提及。"①笔者要问,对于"信、达、雅",严复何时将"译事三难""旗帜鲜明地当作翻译标准来倡导"过？说"化境"是钱锺书的"顺便提及"而且是针对"译者翻译素养"和"译文可读性",根据何在？又比如,有人指出:"钱锺书对'化境'的讨论实为通往'讹'和'媒'的过渡,'化'并不是《林纾的翻译》一文的中心议题。"②如果说钱氏对"化境"的讨论是为"讹"和"媒""过渡"铺路搭桥,"化"的重要性自然不及后者,可同一论者又表示:"'化境'说只是钱锺书翻译思想的一个组成部分,而不是其核心内容的全部,钱锺书翻译思想是一个由'化、讹、媒'构成的'一分为三'的体系。"③"不是核心内容的全部",说明"化境"终究在核心内容之列,乃"一分为三"中的一分子。情况既然如此,"化境"当然是相关文章的"中心议题"之一。不妨再来看一则基调比较类似的点评:"《林纾的翻译》一文中钱锺书要讨论的重点无疑是林纾的翻译,作为引子的'化境'说却似乎喧宾夺主,几十年来在译学界获得了持续关注。'化境'说作为钱氏重要的译学观点固然值得关注,但由此若遮蔽了钱氏其他重要的翻译思想则得不偿失。"④本引言认为"林纾的翻译"才是《林纾的翻译》一文关注的重点,而"化境"仅仅是个"引子"。有意思的是,在王宏印看来,钱锺书所撰《林纾的翻译》一文"是以林纾的翻译为'引子'而借题发挥和旁征博引(故名为《林纾的翻译》)"⑤。上文曾提到《林纾的翻译》一文"集翻译批评与理论建树于一炉",笔者于是想,"林纾的翻译"与"化境"在《林纾的翻译》一文中可不可能同等重要,而且彼此支撑并"抱团取暖"？

从上述有关叙述中不难看出,不少论者有意无意中将"化"与"讹""媒"对立了起来,这是很值得商榷的。钱锺书说过,"译""诱""媒""讹""化"乃"一脉通联"而又"彼此呼应"的;⑥钱氏又指出:"彻底和全部的'化'是不可实现的理想,某些方面、某种程度的'讹'又是不可避免的毛病,于是'媒'和'诱'产生了新的意义。"⑦就从以上钱氏文字,我们当可拈出"化""讹""媒"

---

① 葛中俊:《"化境"背后:钱锺书的文本价值论》,《云南民族大学学报》(哲学社会科学版)2007年第1期,第150页。
② 施佳胜,王心洁:《超越"化境",一分为三——对钱锺书翻译思想的再思考》,《外语研究》2013年第1期,第77页。
③ 施佳胜,王心洁:《超越"化境",一分为三——对钱锺书翻译思想的再思考》,《外语研究》2013年第1期,第76页。
④ 梁新军:《对〈林纾的翻译〉一文中钱锺书的"矛盾"的反思》,《翻译论坛》2018年第1期,第86页。
⑤ 王宏印:《中国传统译论经典诠释——从道安到傅雷》,湖北教育出版社2003年版,第178页。
⑥ 钱锺书:《林纾的翻译》,《翻译通讯》1985年第11期,第2页。
⑦ 钱锺书:《林纾的翻译》,《翻译通讯》1985年第11期,第3页。

乃不可分割(他人所谓"一分为三"之体系),而在三者之中,"化"既是打头的,当属重中之重。换言之,广义的"化"论("化境"译论)是统摄了"讹"与"媒"的。笔者认为,不论是广义上的"化",还是狭义上的"化"(即作为文学翻译"最高理想"的"化"),它都是钱锺书的核心译论,值得"持续关注"。对于人们将"化"作为钱氏核心译论而进行研究的个中原因,有人分析如下:"将'化'从《林纾的翻译》一文中抽离出来,冠之以钱锺书翻译思想的核心,是研究者为了契合国内某个时期的宏观学术语境而采取的一种片面的解读,偏离了钱锺书翻译思想的本来面貌。"①从相关语境来看,引文中的"化"当是狭义上的。所谓"国内某个时期",指的是20世纪的大部分时间;所谓"宏观学术语境",指的是以"信"的理念一统天下。② 当年,相关论者将"化境"从《林纾的翻译》中抽离而出,是否一定是为了契合上述宏观学术语境,似还有待求证。须知,钱锺书一段时间里一直是将狭义上的"化境"描述为文学翻译的"最高标准",而相关论者专注讨论中国传统译论之翻译标准时,自然可以将"化境"从《林纾的翻译》中拈出并与"案本""求信""神似"等并列。至于相关论者的上述做法是否属于"片面的解读",则还应结合其对钱氏译论的整个研究来观察。

### (二)"化境":传统译论? 现代译论?

对于钱锺书的"化境"译论,大多数人认为它是中国传统译论的接续与发展,可近年来也有一些人每每拿其与西方现代译论相比较或阐发,得出一些比较大胆的结论。还有一种情况,少许论者承认"化境"属于中国传统译论,但已经具有了一定的现代性。

1. "化境"对中国传统译论的接续与发展

要认定"化境"译论是否属于中国传统译论范畴,首先得确认中国传统译论最根本的论题或内容是什么。在罗选民看来,我国学界对"化境"的理解一直众说纷纭,其中,争论的焦点之一是"化境"与传统译论之关系:"有学者认为,'化境'是中国传统翻译思想的延续,有学者却认定'化境'实际上是对传统'忠信'论的反叛。"③在谈及钱锺书译论中的某些说法时,张佩瑶评论道:"与建基于'信'的翻译观相比,'诱''媒''讹''化'呈现了一种相关但

---

① 施佳胜,王心洁:《超越"化境",一分为三——对钱锺书翻译思想的再思考》,《外语研究》2013年第1期,第77页。
② 施佳胜,王心洁:《超越"化境",一分为三——对钱锺书翻译思想的再思考》,《外语研究》2013年第1期,第76页。
③ 罗选民:《翻译与中国现代性》,清华大学出版社2017年版,第176页。

不相同的观念。"①关于"化境"与中国传统译论之关系,谢天振也有如下意见:"一方面,他在其著名的'化境'说和《林纾的翻译》一文中的一些地方延续着自马建忠、严复、傅雷以来的中国传统译学观点,即对译者的现身并不持肯定态度。"②经查阅,句中的"中国传统译学观点"实际指的是"原文至上"和"翻译必须忠实原文"。③ 从以上各家论述来看,"原文至上"和"忠实原文"乃中国传统译论之内核。以此为标准,钱氏"化境"译论无疑是传统的。有人甚至认为,"钱锺书完完全全是'原著中心论'者"④。笔者以为,不论是"原文至上"还是"忠实原文",钱锺书对"化境"描述中的那句"译本对原作应该忠实得以至于读起来不像译本"⑤已经很能说明问题。本书附录《钱锺书翻译思想中有"矛盾"?》一文对于钱氏"忠实"翻译观有着较多探讨,可参考。

要确定钱锺书的"化境"是否属于中国传统译论,还可从相关定义入手。朱志瑜是这样界定"中国传统翻译思想"的:"所谓'中国传统翻译思想'既包括从汉末到本世纪六七十年代翻译家和学者提出的有关翻译理论与方法的论述,还指近年来发表的一些在理论上沿袭和发展古代、近代翻译思想的文章和专著。换句话说,就是不涉及语言学、比较文学、符号学、双语研究、传意学(传播学)、美学以及解构主义等西方现代学科的中国本土翻译思想。"⑥这一定义主要从"传统"与"现代"的对举切入。以此为标准,有关论者作结道:"'案本'与'求信'实是中国传统翻译理论的核心。……'神似'与'化境'两个观念从时间上说相去不远,旨趣也无大异,同为中国传统美学思想在翻译研究上的延伸,可以视为同一体系的两种不同的说法。"⑦按照上述标准,有关论者不仅认为"神似"与"化境"二论属于"中国传统翻译思想",而且不无"中国特色":"如果真有具'中国特色'的翻译理论体系的话,'神化说'就是了。"⑧

钱锺书的"化境"都赓续了哪些中国传统译论呢?上文中有人说其延续了自马建忠、严复、傅雷以来的有关翻译思想。罗新璋的看法是:"'神似'与

---

① 张佩瑶:《钱锺书对翻译概念的阐释及其对翻译研究的启示》,《中国翻译》2009年第5期,第28页。
② 谢天振:《钱锺书翻译思想中的矛盾》,《文汇读书周报》,2014-06-27。
③ 同上。
④ 王宏志:《重释"信、达、雅"——20世纪中国翻译研究》,清华大学出版社2007年版,第20页。
⑤ 钱锺书:《林纾的翻译》,《翻译通讯》1985年第11期,第2页。
⑥ 朱志瑜:《中国传统翻译思想:"神话说"(前期)》,《中国翻译》2001年第2期,第3页。
⑦ 同上。
⑧ 朱志瑜:《中国传统翻译思想:"神话说"(前期)》,《中国翻译》2001年第2期,第4页。

'化境',一方面固然可以说是对'信达雅'的一个突破,从另一角度看,亦未尝不是承'译事三难'余绪的一种发展。"①不过罗氏又跟进道:"倘若我们再追本溯源一下,则可以发现,精神姿致依然的'故我',也即是'趣不乖本'的'本',也即是'当包达、雅'的'信',也即是'获致原作精神'的'神似'"。② 于德英也认为,"化境"译论最早可溯及佛经翻译中的"五失本,三不易"等论述,继而借鉴了"信、达、雅"之养分,再而发展了20世纪20年代以来文学翻译"神韵""神似""气韵"论的"人化"观。③ 要说明"化境"都继承了哪些具体的中国传统译论也许并不容易,但可以肯定,它一定根植于中国传统译论之沃土。比如,钱锺书说过:"夫'译'一名'通事',尤以'通'为职志。"④对于钱氏上述看法,罗新璋评其"著语不多,谈言维中"⑤。钱锺书的上述"通"论在中国传统译论中是否能见出端倪呢? 不妨来看看以下种种描述⑥:"达其志,通其欲,东方曰寄,南方曰象,西方曰狄鞮,北方曰译。"(《礼记·王制》)"周公居摄六年,制礼作乐,天下和平,越裳以三象重译而献白雉,曰:'道路悠远,山川岨深,音使不通,故重译而朝。'"(《后汉书·卷86》)"东蛮有谢氏,冠带理海中。自言我异世,虽圣莫能通……睢旰万状乖,咿嗢九译重。"(《乐府诗集·卷第20》)"夫胡、粤之人,生而同声,嗜欲不异,及其长而成俗,累数译而不能相通,行者[有]虽死而不相为者,则教习然也。"(《汉书·贾谊传》)"又从葱岭出而东北流……应劭曰:'反舌左衽,不与华同,须有译言,乃通也。"(《水经注·卷2》)"山川长远,习俗不齐,言语同异,重译乃通。"(《后汉书·卷53》)"海蛮闻有明天子,驱犀乘传来万里。一朝得谒大明宫,欢呼拜舞自论功。五年驯养始堪献,六译语言方得通。"(《乐府诗集·卷第98》)"越人(夷吾)[子臧]、戎人由余,待译而后通,而并显齐、秦,人之心于善恶同也。"(《盐铁论·卷5》)"汉世西译遐通,兼途累万,跨头痛之山,越绳度之险,生行死径,身往魂归。"(《宋书·卷97》)评曰:"《史》、《汉》著朝鲜、两越……爰及东夷,使译时通,记述随事,岂常也哉!"(《三国志·卷30》)史臣曰:"三代之隆,畿服有品,东渐西被,无迹遐荒。及汉氏辟土,通译四方,风教浅深,优劣已远"。(《宋书·卷64》)以上种种,涉及《宋书》《汉

---

① 罗新璋:《译艺发端》,湖南人民出版社2013年版,第49页。
② 罗新璋:《译艺发端》,湖南人民出版社2013年版,第52页。
③ 于德英:《"隔"与"不隔"的循环:钱锺书"化境"论的再阐释》,上海译文出版社2009年版,第55页。
④ 钱锺书:《管锥编》,中华书局1986年版,第540页。
⑤ 罗新璋:《钱锺书的译艺谈》,《中国翻译》1990年第6期,第9页。
⑥ 孔慧怡:《重写翻译史》,香港中文大学出版社2005年版,第30—55页。

书》《后汉书》《三国志》《乐府诗集》等众多中国古典文献,其中对"译"与"通"关系之揭示可谓明晰而丰裕。

上段文字前半部分有"突破""发展"等字眼儿,这说明"化境"译论并非简单地继承中国传统译论,而是有所批判和超越。以"忠实"观为例,"化境"论下的"忠实"其实已经演化为"高层次的忠实"和"创造性的忠实",因为它涵盖了风格的忠实,要求译文引起的感受与原文在源语文化中引起的感受一样。① 说到"化境"译论对中国传统译论的发展与超越,不妨来看少许实例。钱锺书曾指出道安《摩诃钵罗若波罗蜜经钞序》中有错:"琼引:'正当以不关异言,传令知会通耳',今为:'正当以不闻异言'云云"。钱氏认为上述讹误"殊失义理",他进而阐发道:"正因人不通异域之言,当达之使晓会而已,'关'如'交关'之'关','通'也,'传'如'传命'之'传','达'也。"② 翻译即通达,通达即沟通不同语言文化。这一阐释与钱氏"化境"论中的"诱"或"媒"可相互发明,因为"媒"和"诱"同样说明了"翻译在文化交流里所起的作用"。③ 又比如,对于严复的"信、达、雅",钱锺书也是批判性地继承。通过对"雅"的批判,他重新梳理了"信、达、雅"之间的关系并由此提出自己的翻译风格观。他说:"译事之信,当包达、雅;达正以尽信,而雅非为饰达。依义旨而传,而能如风格以出,斯之为信。"④ 经过这么一点化,"雅"不复为与原文无关的、外在的东西,而已上升到风格的高度。

2. "化境"对传统"忠信"论的所谓反叛

从坊间文献来看,一段时间里,人们几乎一致认为钱锺书的"化境"论属于中国传统译论。后来,随着西方译论,又特别是西方现当代译论在中国的大量译介和研究,部分学人对钱氏"化境"译论的定位有了动摇甚或改变。比如,张佩瑶本来明确表示《林纾的翻译》是"传统译论中最精彩的一篇"⑤,言下之意,诞生于此文的"化境"自然也属于中国传统译论,可她又说:

> 与建基于"信"的翻译观相比,"诱""媒""讹""化"呈现了一种相关但不相同的观念。相关,是由于化境之说可视为"信"的一种变奏;不同,是因为钱先生虽然认为"化境"是翻译的理想,但他并没有以此为绝

---

① 于德英:《"隔"与"不隔"的循环:钱锺书"化境"论的再阐释》,上海译文出版社2009年版,第48、49、68页。
② 钱锺书:《管锥编》,中华书局1986年版,第1263页。
③ 钱锺书:《钱锺书散文》,浙江文艺出版社1997年版,第272页。
④ 钱锺书:《管锥编》,中华书局1986年版,第1101页。
⑤ 张佩瑶:《传统与现代之间:中国译学研究新途径》,湖南人民出版社2012年版,第90页。

对标准。反之,他接受存在的现实,并坦言:有翻译就有讹误、有曲解;翻译是借体寄生,是加工再造。对于翻译乃违反、重写、叛逆的说法,他显然抱持包容的态度。这背后隐含一种想法,就是所谓译者乃附庸以及与之紧紧相随的忠信观念,对他来说并不是绝对的不证自明的公理。相反,译者可以操纵或背叛原文,与它嬉戏,或借着它展现创意、显露译者的存在,又或赢得他人的欣赏。①

钱锺书的笔下确有"讹误""改写""反逆""借体寄生"等表达,对于"改写""反逆"等做法,他也比较包容,有时候甚至还有点纵容(如"译笔正无妨出原著头地"),但对于译者可以"操纵"或"背叛"原文,他总的说来并不怎么认可。笔者以为,"失""讹""逆"是钱锺书的翻译本质属性观,或"失"或"讹"或"逆"实为翻译中的无奈罢了。从骨子里来讲,钱氏译论之底色依然是"忠于原作"。

上述引文中有"显露译者的存在"一说,这实际是在为译者现身张目。谢天振说:"就某种意义上而言,我们甚至可以把对待译者的隐身和现身问题的态度和立场作为区分传统译论与现代译论的一个依据。"②从前文可知,谢氏认为钱锺书的"化境"论延续了"原文至上"和"翻译必须忠实原文"等中国传统译学观,他并将钱氏定位为"中国传统翻译思想的最后一位代表人物"③。不过,在谢氏看来,"钱先生的伟大在于他没有被翻译界的教条牵着鼻子走,而是坦然承认并肯定以林译为代表的译者的现身的事实及其价值"④。传统译论是否已沦为"教条",或许还可商榷。对于林纾等的所谓译者现身,钱氏又是否"坦然"承认并"肯定",似也还有待理性考察。

从以上叙述来看,张佩瑶和谢天振皆认为钱锺书大抵是中国传统译论向现当代译论进阶的摆渡人物。易言之,钱氏"化境"译论有其传统的一面,但也表现出较为明显的反传统性。有意思的是,在几乎相同的论据面前,有人甚至看到了"化境"与传统译论的"断裂":"钱先生对林纾的翻译提出批评,却赞扬他的主动性和创造性,从而凸显了译者可视的一面,暗示了与传统译论的断裂。"⑤句中出现了"主动性"和"创造性"等表述。一些人之所以

---

① 张佩瑶:《钱锺书对翻译概念的阐释及其对翻译研究的启示》,《中国翻译》2009年第5期,第28页。
② 谢天振:《钱锺书翻译思想中的矛盾》,《文汇读书周报》,2014-06-27。
③ 谢天振:《三读钱锺书的〈林纾的翻译〉》,《东方翻译》2013年第6期,第54页。
④ 谢天振:《钱锺书翻译思想中的矛盾》,《文汇读书周报》,2014-06-27。
⑤ 崔永禄:《传统的断裂——围绕钱锺书先生'化境'理论的思考》,《外语与外语教学》2006年第3期,第46页。

判定钱锺书的译论出现了对传统译论的"反叛",最核心的证据就是它对林译中"讹"表现出了包容甚至认可,也即对译者的现身及其"创造性"予以了肯定。这固然没有什么不妥,但也必须指出,并非所有的"叛逆"都是"创造性叛逆","破坏性的叛逆"也是存在的。林纾的翻译中有着大量的篡改和增删,是很"叛逆"的翻译。但是,我们也要看到,林译在"创造性叛逆"之外,其实有着更多的"破坏性叛逆"。①

关于钱氏译论,也有论者认为,它虽来源于中国传统译论却也与其有着大不同乃至于质的区别:"钱锺书对语言意义的不确定性,三种翻译距离和译文超过原文的观点是他区别于传统理论的地方,特别是对'讹'的阐释已达到当代译学的前沿。"②引言中"三种翻译距离"其实是翻译之"讹"的起因。熟悉钱锺书译论者或许不得不承认,钱氏对翻译本质属性以及译笔可以甚至不妨"出原著头地"等的看法(可分别参见本书第一章及第三章相关讨论)在在有别于传统的"忠信"翻译观,相关阐释也可谓深中肯綮。可即便如此,笔者依然要说,如果没有"忠信"这个根和本,"讹""失""逆"也将失去存在的前提和土壤。

上段话中提到钱锺书对"讹"的阐释已达至当代译学前沿,这实际将钱氏有关译论与(西方)现当代译论联系了起来。笔者发现,确有部分学人已不再纠缠于"化境"之于中国传统译论,而是放眼让其与西方译文,尤其是部分现当代西方译论直接对话,得出些许比较异样的观点,请看他人的一段综述:

> 有学者将钱氏翻译观与西方的翻译理论家如奈达相提并论,认为"化境"说与奈达的"动态对等"虽处于不同时期,却有着"异曲同工"之妙;也有不少学者将钱锺书的译学理论与西方哲学思想如德里达、海德格尔等学说相结合,认为钱锺书的翻译思想从根本上来说是反传统的,他比西方以德里达为代表的解构主义学派更早地形成了一种中国式的解构翻译思想。黄汉平甚至还认为钱在《林纾的翻译》中所阐发的翻译思想与当代"多元系统论"多有不谋而合之处,还有学者将钱先生的"化境"等同于施耐尔马赫的"归化"。③

从本段引文来看,认为钱氏译论与西方某个(现当代)译论契合者有之,等同

---

① 王向远:《坐而论道》,中央编译出版社2014年版,第302—303页。
② 陈大亮:《重新认识钱锺书的"化境"理论》,《上海翻译》2006年第4期,第5页。
③ 罗选民:《翻译与中国现代性》,清华大学出版社2017年版,第177—178页。

者有之,敢为人先者亦有之。类似观点在平日的学习中还可见到一些。比如,有人认为:"钱氏具有描写翻译学倾向的翻译观点在上世纪七八十年代的推出,应该说是与国际同步,在国内则具有前瞻性。"①又比如,钱锺书对"讹"进行过分类,其中之一是译者碰到认为是原作的"弱笔"或"败笔"而"抢过作者的笔代他去写"。对于此类"讹",有论者以为其"相当于斯坦纳在论述翻译的'补偿'(compensation/restitution)环节时提到的'放大型翻译'(magnification)或'优化型叛逆'(betrayal upward)"。②

如果将上述有关论者的意见叠加,那么,就译论价值或贡献而言,钱锺书当可以功同奈达、德里达、海德格尔、左哈尔、施耐尔马赫、图里、斯坦纳等众多西方译论家了,这恐怕有些过甚其辞。笔者注意到,部分学人在评价钱锺书译论时似有主观拔高之嫌。比如,钱锺书在点评道安"五失本"译论时曾推衍出一句"'本'有非'失'不可者,此'本'不'失'便不成翻译"。对于钱氏此说,有人评论道:"西方翻译理论大师如奈达(Nida)、纽马克(Peter Newmark)等人所有的文章还不及钱先生的一句话"③。又比如,钱锺书曾对"信""达""雅"三者之辩证关系予以论述,对此,有人评论道:"钱先生三言两语之中,却已经解决了翻译史上千年来争执不下的关键问题。"④在有关严复三字诀的问题上,钱锺书还曾说过一句"信之必得意忘言",对于钱氏此一言论,有论者也评论道:"这句话古今中外从来没有人讲过。此言既出,翻译理论方面的矛盾全部解决了"。⑤ 上述几个评语可谓语不惊人誓不休了,而实际情况是否如此,显然还须"拿证据来"。

话说回来,钱锺书治学讲求古今中外打通,其对包括解构主义在内的西方文论及译论话语皆不陌生,正是因为此,其"化境"等译论包蕴着较为丰富的现代译学思想,具有"过去的现在性"⑥。正是为了揭示钱锺书译论中的"现在性",部分论者将其与西方现当代译论大肆对接。钱氏自己曾指出,将

---

① 葛中俊:《"化境"背后——钱锺书的文本价值论》,《云南民族大学学报》(哲学社会科学版)2007年第1期,第153页。
② 施胜佳,王心洁:《超越"化境",一分为三——对钱锺书翻译思想的再思考》,《外语研究》2013年第1期,第77页。
③ 沉冰:《琐忆钱锺书先生——许景渊(劳陇)先生访谈录》,沉冰:《不一样的记忆:与钱锺书在一起》,当代世界出版社1999年版,第7页。
④ 张德劭:《钱锺书的翻译思想》,《语言与翻译》1995年第3期,第58页。
⑤ 沉冰:《琐忆钱锺书先生——许景渊(劳陇)先生访谈录》,沉冰:《不一样的记忆:与钱锺书在一起》,当代世界出版社1999年版,第7页。
⑥ 于德英:《"隔"与"不隔"的循环:钱锺书"化境"论的再阐释》。上海译文出版社2009年版,第68页。

西方文论里流行的一些方法应用于中国古典文学研究,"这种努力不论成功或失败,都值得注意"①。钱氏还曾表示,有个叫 Theodor Huter 的美国人当年正写一本分析他文艺创作的"大书"时"也把结构主义的方法运用在我的作品上"。② 不过,有关论者的某些说法或做法明显不妥。就以解构主义为例,钱氏译论中的某些方面与其确有相通或契合之处,这也说明了中西译论有着共同的认识规律,但必须承认,两者之间尚有更多的不同,甚至本质上的差别。有鉴于此,有论者表示:"分析钱锺书的翻译思想中所蕴涵的解构主义特征不能直接用西方德里达的解构主义理论硬套,而应该从现有的材料出发与西方的观念相互参照,用比较文学的'打通'与'平行研究'的方法分析钱锺书与解构主义的联系。"③他人提倡的"与西方的观念相互参照"云云,这其实正是钱锺书的治学路径。

3. "化境"对西方译论的借鉴

上文谈到,对于钱氏译论的解读,不能动辄套用西方译论。罗选民也有类似但更为宽泛的看法,他说:"'化境'论不应简单地套用中国传统译论或西方翻译理论来解释,而是应从整体观念出发,注重其与中国传统译论的承接及其对西方翻译理论的借鉴。"④笔者也认为,与其忙着甚或盲目地将"化境"与西方译论接轨,不如观照一下前者对后者的参考和借鉴。

钱锺书称引西方哲学家的治学乃"博览群书而匠心独运,融化百花以自成一味,皆有来历而别具面目。"⑤周振甫说:"这话可以用来说明钱先生的著作。"⑥而在罗新璋看来,钱氏上句话也可用以形容他本人在翻译研究上的表现:"钱先生对古今中外的译论,可谓博览群书而匠心独运,融化百花以自成一味。"⑦钱氏对欧美等西方人士译论的采集与借鉴情况大致如何?不妨先来看谭载喜谈传统译论论者的一句话:"在翻译研究的传统领域,远非只有中国的支谦、道安、罗什、玄奘、彦琮、赞宁、马建忠、严复,其实还有西方的西塞罗、贺拉斯、昆体良、哲罗姆、奥古斯丁、布鲁尼、伊拉斯谟、路德、多雷、德莱顿、巴特、泰特勒、歌德、施莱尔马赫、纽曼、阿诺德。"⑧而据笔者粗略统计,其翻译言论或思想被钱锺书征引和借鉴过的西方人士至少包括荷

---

① 钱锺书:《钱锺书散文》,浙江文艺出版社1997年版,第551页。
② 钱锺书:《钱锺书散文》,浙江文艺出版社1997年版,第556页。
③ 陈大亮:《重新认识钱锺书的"化境"理论》,《上海翻译》2006年第4期,第4—5页。
④ 罗选民:《论钱锺书的文学翻译观》,《亚太跨学科翻译研究》2015年第1期,第1页。
⑤ 钱锺书:《管锥编》,中华书局1986年版,第1251页。
⑥ 周振甫:《周振甫讲〈管锥编〉〈谈艺录〉》,江苏教育出版社2005年版,第115页。
⑦ 金圣华:《认识翻译真面目》,天地图书有限公司2002年版,第108页。
⑧ 谭载喜:《翻译学:作为独立学科的发展回望与本质坚持》,《中国翻译》2017年第1期,第6页。

马、歌德、但丁、塞万提斯、萨维尔、利奥巴尔迪、维耐、达贝尔耐、德莱顿、阿诺德、奈达、纽马克、爱伦·坡、维拉莫维茨、希莱尔马诃、摩尔根斯特恩、弗罗斯特、菲茨杰拉德，等等。此外，他还曾参考和借鉴部分有关翻译的西方谚语和名言。对照一下谭载喜的人员"清单"，钱锺书笔下所涉西方译论论者实在并不相形见绌，而且相关人士的身份还很多元，或为翻译家，或为文学家，或为哲学家，或为思想家。至于钱锺书自西方借鉴的具体译论，其在本书各章节大致都有见，此不赘。

在《谈艺录》序言中，钱锺书曾这样揭示自己的文学研究方法："凡所考论，颇采'二西'之书，以供三隅之反。"① "以供三隅之反"，这在钱锺书的翻译研究中处处即是。以"化境"译论之"讹""媒""化"等核心概念为例，钱氏即对西方译论广有借鉴。在讨论"讹"时，他说："译文总有失真和走样的地方，在意义或口吻上违背或不很贴合原文。那就是'讹'，西洋谚语所谓'翻译者即反逆者'（Traduttore traditore）。"② 他并同时参考了堂吉诃德的有关意见，即阅读译本就像从反面来看花毯（Es como quien mira los tapices flamencos por el revés）③。关于翻译功能之"媒"或"诱"，钱锺书也曾引用西方诗文相连类，他说：

西方古诗文有历举人行事之类禽兽者，其一为卖同类使落网罗，有若凫媒（de canards privés, qui trahissent leurs semblables, et les attirent dans les filets）；或讽世谓雀遭媒诱落网，复做媒以诱他雀，只为口腹，不计同类生死（Nicht Zu weit von meinem Singen / Liegen Netze und falsche Schlingen; / Die für mich hier hat gelogen, / Hat mich, wie ich euch, betrogen. / ... / Die da will, die mag verfliegen, / Die nicht will, die lass sich kriegen; / Wann nur ich die Kost erwerbe, / Gilt mir's gleiche, wer veterbe）。当世英语迳呼谍佐为"鸽媒"、"凫媒"（stool pigeon, decoy duck），又白居易所叹"抑亦人复然"矣。④

至于"化"（狭义上的"化境"），钱氏说入于"化境"的译文即17世纪英国人萨维尔所谓"造诣高的翻译"，也就是原作的"投胎转世"（the transmigration of souls）。⑤

---

① 钱锺书：《谈艺录》，中华书局1984年版，序言。
② 钱锺书：《林纾的翻译》，《翻译通讯》1985年第11期，第3页。
③ 同上。
④ 钱锺书：《管锥编》，中华书局1986年版，第1172页。
⑤ 钱锺书：《林纾的翻译》，《翻译通讯》1985年第11期，第2页。

需要说明的是,在钱锺书看来,萨维尔所谓"造诣高的翻译"也就是德国希腊学家维拉莫维茨笔下"真正的翻译",也即原作的"灵魂转生"(Noch schärfer gesprochen, es bleibt die Seele, aber sie wechselt den Leib: die wahre Übersetzung ist Metempsychose.)。① 如果说得再稍微远一点,钱氏"化境"论则还借鉴过阿诺德的有关翻译思想,具体见诸《论不隔》一文之开首部分。

关于对西方译论的征引与借鉴,钱锺书在国内可谓"早行人"。本书曾多次出现有关翻译的一句意大利谚语(即 traduttore traditore),从现有文献来看,该谚语最早见于《托斯卡纳谚语集》(Raccolta Di Proverbi Toscani)。② 对于该谚语,钱锺书多次引用,最早的似在 1933 年。据笔者所见,晚于钱氏而又较早引用该谚语的或许是雷海宗,具体见于《翻译通报》1951 年第 3 卷第 5 期《由翻译史看翻译理论与翻译方法》一文。在上文中,雷氏将有关谚语译作"翻译者就是陷害者"③。又比如,对于德国人施莱尔马赫"欧化""汉化"等翻译思想的引用和借鉴,国人中似乎也没人走在钱锺书之先。对此,有论者不禁慨叹道:"上个世纪 60 年代的中国翻译理论界堪称一片冷清,对外国译论的推介尤为漠然。而钱氏此时却能独具慧眼,大胆地引进这一说法,其德其功确实令人感佩。"④对于在西方译论借鉴方面的敢为人先,钱锺书本人也并不隐讳。比如,他曾多次引用弗罗斯特所谓诗歌乃"翻译中失去的东西"(what gets lost in translation)以及摩尔根斯特恩所谓"译本无非劣者,只判劣与更劣者耳"(Es gibt nur schlechte Uebersetzungen und weniger schlechte)等。对于上述名言,钱氏说"一般人都不知道""中国人少知者""Morgenstern 之名似国内尚无道者"。⑤ 钱锺书治学之所以能捷足先登,原因之一当是他总能想到办法在第一时间接触到国内外有关新著,比如,纽马克和奈达等人的翻译论著对于今天的国人来说已不陌生,但钱锺书接触他们的时间更早,而且对二书的区别早也了然于心,他说:"Newmark 书较 Nide 书更切实用,而国内无知者。"⑥

---

① 钱锺书:《钱锺书散文》,浙江文艺出版社 1997 年版,第 270、445 页。张治:《钱锺书的佛典笔记及其修辞比较研究》,《中山大学学报》(社会科学版)2017 年第 5 期,第 131 页。
② Giuseppe Giusti: Dizionario Dei Proverbi Italiani(Raccolta di proverbi toscani), Premesso all'edizione del 1852 年版。
③ 罗新璋:《翻译论集》,商务印书馆 1984 年版,第 577 页。
④ 郑延国:《翻译方圆》,复旦大学出版社 2009 年版,第 166 页。
⑤ 许渊冲:《诗书人生》,百花文艺出版社 2003 年版,第 120、122 页。
⑥ 钱锺书:《钱锺书散文》,浙江文艺出版社 1997 年版,第 431 页。

## (三)"化境":最高标准? 最高理想?

对于钱锺书的"化境"论是否可以视作翻译标准,一段时间里人们是坚信不疑的,因为钱氏本人就是这么说的——"文学翻译的最高标准是'化'"。1985年,钱锺书将前句话中的"标准"更换成了"理想",一时引来不同解读。

### 1. 问题的提出

《林纾的翻译》是钱锺书翻译著述中"最为钜观"者,自其问世以来,学习者、解读者、评论者络绎不绝。钱氏本人对这篇文章也很看重,曾就其中文字及提法修订多次,下段文字记载了有关情况。

> 最初发表于《文学研究集刊》第一册(人文版,1964)。"文革"后,"增订了一下",收入《旧文四篇》(上海古籍,1979);商务编本《林纾的翻译》(1981),以《旧文四篇》版作底本,"转载时经作者小作修订"。收入《七缀集》(上海古籍,1985)时,修订较多,有的提法变更,如"化"由"最高标准"易为"最高理想";注从原来七十三条压缩至七十条,旧注有的移入正文,有的经改写增补。此文在《翻译通讯》一九八五年第十一二期连载时,较《七缀集》版,多出一注,文字只小小有点改动。当系目前所见最后改订本。①

恰如有关论者所言,《林纾的翻译》1985年收入《七缀集》时"修订较多",比较一下其中一段文字或可见出个大概。

> 1981年版:讲究散文风格的裴德(Walter Pater)就嫌爱伦·坡的短篇小说文笔太粗糙,只肯看波德莱尔翻译的法文本;一个年轻的唯美主义者(un jeune esthète)告诉法朗士(A. France)说《冰雪因缘》只有在译本里尚堪一读。传说歌德认为纳梵尔(Gérald de Nerval)所译《浮士德》法文本比自己的德文原作来得清楚;惠特曼也不否认弗拉爱里格拉德(F. Freiligrath)用德文翻译的《草叶集》里的诗有可能胜过英文原作。②
>
> 1985年版:最讲究文笔的裴德(Walter Pater)就嫌爱伦·坡的短篇小说词句凡俗,只肯看波德莱亚翻译的法文本;法朗士说一个唯美派

---

① 罗新璋:《钱锺书的译艺谈》,《中国翻译》1990年第6期,第8页。
② 罗新璋:《翻译论集》,商务印书馆1984年版,第720页。

的少年人告诉他《冰雪因缘》在法译本里尚堪一读。虽然歌德没有承认过纳梵尔(Gérald de Nerval)法译《浮士德》比原作明畅,只是旁人附会传讹,但也确有出于作者亲口的事例。惠特曼并不否认弗莱理格拉德(F. Freiligrath)德译《草叶集》里的诗也许胜过自己的英语原作。①

诚如有关论者所述,除了文字上的修订,《林纾的翻译》1985年及以后的版本还有"提法变更",其中,将"最高标准"易为"最高理想"即其一。值得留意的是,有关提法变动显然不止这一处。比如,1981年商务版中说:"十七世纪有人赞美这种造诣的翻译,比为原作的'投胎转世',躯壳换了一个,而精神姿致依然故我。"1985年上海古籍版除了将其中的"有人"和"造诣"分别具体化为"一个英国人"和"造诣高"之外,提法上也有两处变化:一是将"躯壳"换成了"躯体",二是将"精神姿致"改成了"精魂"。

有人曾记录钱锺书的话说:"我对自己的著作不断修改,除改正误排的,补充新发现的材料外,也有改正自己发现或别人指出的误引或不恰当引用的。"②推测起来,钱氏变动《林纾的翻译》中的文字及提法当也事出有因。比如,将"躯壳"换为"躯体"以及将"精神姿致"易为"精魂",相信就不是随意而为。请大家看看相关原文:"十七世纪一个英国人赞美这种造诣高的翻译,比为原作的'投胎转世',躯体换了一个,而精魂依然故我。"不难看出,相关文字更换后,"投胎转世""躯体""精魂"更能彼此融贯与呼应[1],再联系到钱锺书在其他地方还曾将翻译描述为"借尸还魂""脱胎换体"和"灵魂转生",其对有关文字作相应更动之用心及效果更不待言。遗憾的是,就笔者所见,对于钱氏文字及提法的变动,学界留意者并不多,对其进行仔细分析与解读的就更少。但对于钱氏将文学翻译中"化"的定位由"最高标准"改为"最高理想"之举,有人不仅注意到了,而且进行了解读和跟进。

2. "化境"与"理想"

上文说过有关学人对钱锺书将"最高标准"更改为"最高理想"一例引起颇多关注与解读,他们都有什么样的具体意见呢? 其意见又是否言之在理呢? 不妨先来看看这么一段文字:

鉴于译界对有关"化境"说的种种误解,钱先生在1985年对"化"的提法作了修订,将"化"由"最高标准"易为"最高理想",……由此可见,

---

① 钱锺书:《林纾的翻译(续)》,《翻译通讯》1985年第12期,第5页。
② 吴泰昌:《我认识的钱锺书》,上海文艺出版社2005年版,第87页。

钱锺书先生的"化境"说,其用意并不在于为文学翻译提供一个什么样的标准模式,而是为译者揭示了应当力求的理想境界。令人遗憾的是,先生的这一重大修订,并没有引起译界多大的注意,以致时隔十余年以后的今天,大多有关翻译的论著每每涉及钱锺书先生,不是讳莫如深,便敬而远之;而谈到"化境"说,则多半仍冠之以"文学翻译的最高标准",将其拔高到吓人的地步。……时至今日,应当是译界摆脱不幸,重新认识评价"化境"说的时候了。①

阅读上段引文,不由得生出一些疑问来。首先,有关论者对钱锺书变化相关提法原因的表述似经不起推敲,因为至1985年钱氏做出相关更动之前,译界对"化境"译论置评者并不多见,所谓"种种误解"[2]并没有根据。与此相关的是,不仅在1985年之前,就是终其一生,似也不曾见到钱锺书对所谓别人"误解"其"化境"论表过态或作过回应。其次,有关论者称钱锺书变化相关提法,"其用意并不在于为文学翻译提供一个什么样的标准模式,而是为译者揭示了应当力求的理想境界"。作者还同时指出后人多有不敏,那多年后在谈到"化境"时居然还是沿用老套说法(即"文学翻译的最高标准")。出人意料的是,有关论者本人在2005年一篇文章中也声称"化境"乃"突破了传统的翻译标准"的"最高标准"②。此外,有关论者又认为,今人因将"化境"视为翻译之"最高标准","化境"因而被拔高到了吓人的地步。此说着实令人费解。如前文所述,钱锺书在多年里曾一直以"最高标准"描述和定位"化境"。在钱氏将"最高标准"更改为"最高理想"之后,部分学人仍津津于"最高标准"一说,要么是不明就里,要么就是冥顽不化,但无论如何不能说他们因此而将"化境"拔高到了可怕的地步!此一结论要成立,前提应该是这样:钱锺书当初没有使用"最高标准"形容"化境",而是用了"标准"甚或"最低标准",而这与事实并不相符。

有关人士呼吁应该重新认识和评价"化境"译论,这应该没有什么不是。说到"重新认识评价'化境'说",近年来还真读到部分相关文章,其中之一篇目即叫作《重新认识钱锺书的"化境"理论》。该文不乏新知与新解,但在对于钱锺书将对"化境"的看法由"最高标准"更改为"最高理想"的问题上,文

---

① 许建平:《钱锺书"化境"说新释》,《清华大学学报》(哲学社会科学版)1997年第1期,第93页。
② 许建平:《论清华大学人文的译学历史渊源》,《清华大学学报》(哲学社会科学版)2005年第1期,第106页。

中某些意见似乎同样值得商榷,请看下面一段文字:

> 如果不站在本体论的理论高度,那就不能真正理解"化境"的理论精髓;如果单纯把"化境"看作标准或方法,那就掩盖了"化境"所包含的丰富内涵,也就降低了钱锺书的理论水平。因为标准是衡量事物的准则和尺度,翻译标准是翻译批评的依据,主要功能在于评价译文的质量,指导翻译实践,规范翻译行为。从形而上的最高理想和最高境界到形而下的翻译标准,中间有着太远的距离,二者是不能直接通约的。①

有关论者认为"化境"不能"单纯"被看作标准或方法,这应该是有道理的,不过他同时又强调:"标准"与"理想"之间及至"最高标准"与"最高理想"之间皆有着太远的"距离",彼此不能通约。笔者发现,包括上述论者在内的部分学人不知不觉中实际又步入了另一个极端,即将"化境"单纯地看作了翻译的"最高理想"。

钱锺书的"化境"论仅是高高在上的"最高理想"么?有关论者明确指出,要回答这一问题,"唯一的办法是从钱锺书的作品出发,从理论上进行论证"②。所谓解铃还需系铃人,从钱氏著作中寻找线索或答案自然稳妥,可笔者发现,有关人士在引述和解读钱氏文字时存在偏误,或引之不全或用之欠当。比如,在论证"化境"当为"最高理想"之命题时,他们首先提出以下两个正面原因:一是"化境"说继承了王国维的"境界"论,二是"化境"论主张译文应该"仿佛原作的'投胎转世',脱去凡胎,换成仙体"。③ 且不论以上二原因是否能支撑"化境"乃"最高理想"之说,有关论者在文字引用及解读方面多少有不确之处。在论及翻译时,钱锺书对王国维的"境界"说有过借鉴不假,但他的原话是这么讲的:"王氏心目中的艺术是翻译化的艺术,假使我们只从'不隔'说推测起来,而不顾王氏其他的理论。王氏的其他理论如'境界'说等都是艺术内容方面的问题,我们实在也不必顾到。"④白纸黑字,钱锺书的"不隔"译论并未"顾到"王国维的"境界"论。至于第二个原因,句中"脱去凡胎,换成仙体"等字眼确出自钱锺书之手,具体见于他为《围城》日译本所作序言,原始文字是这样的:"我相信,通过荒井先生、中岛夫妇的译笔,

---

① 陈大亮:《重新认识钱锺书的"化境"理论》,《上海翻译》2006年第4期,第3页。
② 同上。
③ 同上。
④ 钱锺书:《钱锺书散文》,浙江文艺出版社1997年版,第497页。

我的原著竟会在日语里脱去凡胎、换成仙体。"①有关论者明确指出："标准是衡量事物的准则和尺度，翻译标准是翻译批评的依据，主要功能在于评价译文的质量。"②从上面所引钱锺书的那句话来看，他正是在"依据""化境"而"评价"他人的译作。"化境"既然可以体现此一"主要功能"，其不能用作或兼作"标准"的说法就有些自相矛盾了。

在论述"化境"只能是"翻译理想"而不能充作"翻译标准"时，有关论者还给出了这么一个理由："从'化'的内涵来看，它并不是单纯地意味着对原文的'信'，因为'化'中含有'讹'的成分，既然有'讹'的含义在里边，我们当然不可以以此为标准要求译者应该'讹'，这样做显然是很荒唐的，没有人同意选择'讹'作为翻译标准。"③这段文字粗粗看去也不无道理，细一分析同样有可资商榷之处。翻译标准唯"信"是求在大多情况下是对的，可为什么含有"讹"义的"化"不可作为翻译标准却可以是翻译理想呢？需要提醒的是，钱锺书对翻译之"讹"并非不分青红皂白而将其一棍子打死。比如，林译中的某些"讹"从修辞学及文章作法的观点来看就"常常可以启发心思"，④少许林译之"讹"甚至还具有"抗腐作用"，让"林译因此而可以免于全被淘汰"。⑤人们既然常常说翻译必有失或者翻译必有讹云云，这说明完美的翻译只能是一个美好的理想。可以预料，要拟出一个能保证译文完全没有"讹"的翻译标准恐怕永远也办不到。

3. "化境"与"标准"

在笔者看来，"化境"应该是、抑或首先是文学翻译的"（最高）理想"，但在一定语境下，它也可以是翻译的"（最高）标准"。需要说明的是，类似看法他人早已提出过，比如说："钱氏的这个'化'字，既关联翻译的性质与定义，也关联翻译的标准与要求；既是译者应追求的'最高理想'，也具有实际上的可操作性。"⑥

大家知道，"化境"论的核心是"化"。钱锺书本人都是怎么描述"化境"之"化"的呢？请看他的最终表述："化"是翻译"所向往的最高境界"，是"文学翻译的最高理想"，"彻底和全部的'化'"是"不可实现的理想"。⑦ 上述文

---

① 钱锺书：《钱锺书散文》，浙江文艺出版社1997年版，第446页。
② 陈大亮：《重新认识钱锺书的"化境"理论》，《上海翻译》2006年第4期，第3页。
③ 同上。
④ 钱锺书：《钱锺书散文》，浙江文艺出版社1997年版，第281页。
⑤ 钱锺书：《钱锺书散文》，浙江文艺出版社1997年版，第284—285页。
⑥ 佘协斌等：《钱锺书的翻译理论与西语雅译》，《长沙铁道学院学报》（社会科学版）2004年第3期，第46页。
⑦ 钱锺书：《钱锺书散文》，浙江文艺出版社1997年版，第269、272页。

字表明,"化境"首先是属于"理想"及至"最高理想"之范畴。不过,钱锺书对"化境"的界定却比较具体,他说:"把作品从一国文字转变成另一国文字,既能不因语文习惯的差异而露出生硬牵强的痕迹,又能保存原作的风味,那就算得上入于'化境'。"①简而言之,译文做到行文自然地道又能忠实传达原作的风格(风味)即可臻于"化境"。钱氏又阐释道:"入于'化境'"的译文其实就是一种"投胎转世"的"造诣高"的翻译。② 在钱氏看来,"造诣高"的翻译并非完全可望而不可即。他既然说"彻底和全部的'化'是不可实现的理想",实际上已间接承认翻译在一定程度上是可以达至"化境"的。

对于翻译标准,钱锺书曾经多有论及。《林纾的翻译》一文二十多年里曾一直将"化境"定位为文学翻译的"最高标准"。对于严复的"信、达、雅",他也明确使用 translation standard③ 相形容;对于"信、达、雅"中的"达",他也曾表示:"翻译学里'达'的标准推广到一切艺术便变成了美学上所谓'传达'说(theory of communication)。"④在《论不隔》一文中,他开门见山,说自己阅读阿诺德的《论荷马史诗的翻译》时,"意外的来了一个小发现",即作者"断章取义"地将柯尔律治写神秘经验的两句诗"挪用为好翻译的标准"。⑤之后,他顺势跟进道:"我们能不能索性扩大这两句诗的应用范围,作为一切好文学的翻译标准呢?"⑥有关论者曾指出,如果将"化境"论与钱氏早年提出的"不隔"说通读,"'不隔'其实已经透出了'化境'说的胎息"。⑦ 既然"不隔"可以是好文学的"翻译标准",脱胎于"不隔"的"化境"可不可以是文学翻译的"最高标准"呢?钱氏后来虽然将对"化境"的定位从文学翻译的"最高标准"修订为了"最高理想",但他并未表示有了"最高理想"之后,"最高标准"就该因此而退出历史舞台。在陆文虎看来,钱氏修订后的"化境"译论就既可以是"最高理想"也还可以是"最高标准",他说:"'化',指的是翻译所向往的最高境界、最高理想和最高标准。"⑧

一些人之所以将"化境"单纯视作翻译的"最高理想",应该主要跟钱锺书的有关表述("最高境界""最高理想"和"彻底和全部的'化'是不可实现的理想")有关。值得提醒的是,钱氏的某些表述方式颇值得留意。比如,他一

---

① 钱锺书:《钱锺书散文》,浙江文艺出版社 1997 年版,第 269 页。
② 钱锺书:《钱锺书散文》,浙江文艺出版社 1997 年版,第 270 页。
③ 钱锺书:《钱锺书英文文集》,外语教学与研究出版社 2005 年版,第 38 页。
④ 钱锺书:《钱锺书散文》,浙江文艺出版社 1997 年版,第 498 页。
⑤ 钱锺书:《钱锺书散文》,浙江文艺出版社 1997 年版,第 496—497 页。
⑥ 钱锺书:《钱锺书散文》,浙江文艺出版社 1997 年版,第 497 页。
⑦ 季进:《简论钱锺书与翻译》,《镇江师专学报》(社会科学版)1999 年第 4 期,第 66 页。
⑧ 陆文虎:《钱锺书论翻译》,《语言教学与研究》1992 年第 1 期,第 153 页。

方面说"化境"是"文学翻译的最高理想",同时又声称"彻底和全部的'化'"是"不可实现的理想"。对象同是"化"("化境"),相关描写却分别是"理想"和"最高理想"。这表明,在特定语境中,"理想"与"最高理想"并无实质区别。类似"文字游戏",外语中亦有之,钱锺书即曾举例道:"英、法谚皆曰:'庖人太多则败羹'(Too many cooks spoil the broth);Trop de cuisiniers gâtent la sauce',而德谚曰:'庖人多则败羹'(Viele Köche verderben den brei),词旨相等,有'太'不为增,尤'太'不为减焉。"①

部分学人虽也注意到了钱锺书对"化境"定位的有关修改,但在他们看来,"标准"与"理想"(或"境界")有时依然是可以通约的。季进曾这样行文:"'化境'正是钱锺书提出的翻译的最高标准:'文学翻译的最高理想可以说是"化"。……'。"②张佩瑶某文中也有这么一句:"钱先生虽然认为'化境'是翻译的理想,但他并没有以此为绝对标准。"③在季、张笔下,"理想"与"标准"并不对立。刘靖之曾评说"化境"之类的传统译论"并不是理论,只能算是一种看法,一种标准,一种境界"④。刘氏的观点正确与否姑不论,但在他心目中,"看法""标准""境界"等是可以并列的概念。坊间一汉英翻译教材中也有这么一句话:"傅雷的'神似',钱锺书的'化境',即'出神入化',都是翻译的最高艺术境界。他们的标准,也主要是针对文学翻译而言的,是翻译的高标准。"⑤在这里,有关论者也未对"境界"与"标准"给以高下之分。陈西滢《论翻译》一文中曾经提出"形似""意似"与"神似"三分法。在陈氏看来,"形似"指的是"字比句次",也就是"原文所有,译文也有,原文所无,译文也无";对于"形似"译文,陈氏说:"这样的翻译的最高理想,也不过是我们所说的传形的译文;因为直译注重内容,忽视文笔及风格。"⑥在陈西滢笔下,就连"形似"的直译文都可以有"最高理想"之形态呢。

### 4."化境"标准之为用

钱锺书的"化境"是否可以用作翻译标准呢?学界常有"如果单纯把'化境'看作标准或方法,那就……"⑦之类表达。所谓"单纯",这无疑话中有话,于德英即认为:"钱锺书的'化境'论则从语言训诂出发,简洁而深刻地揭

---

① 钱锺书:《管锥编》,中华书局1986年版,第872页。
② 季进:《钱锺书与现代西学》,上海三联书店2002年版,第191页。
③ 张佩瑶:《钱锺书对翻译概念的阐释及其翻译研究的启示》,《中国翻译》2009年第5期,第28页。
④ 张经浩、陈可培:《名家 名论 名译》,复旦大学出版社2005年版,序。
⑤ 陈宏薇、李亚丹:《新编汉英翻译教程》,上海外语教育出版社2004年版,第5页。
⑥ 陈子善、范玉吉:《西滢文录》,辽宁教育出版社2000年版,第62页。
⑦ 陈大亮:《重新认识钱锺书的"化境"理论》,《上海翻译》2006年第4期,第3页。

示了'译''诱''媒''讹''化'一脉相承的虚涵数意,但对'化境'论的探讨仍结合对林纾翻译的品评。从这个意义上说,'神似''化境'是文学翻译的标准。"①很显然,有关论者认为"化境"是可以用作"品评"译作之标准的。有意思的是,也有论者认为"化境"可用以对已完成的译作进行评价,但它并不是标准,王向远即持此论,他说:"'神似''化境'说是'翻译文学'审美论,而不是'文学翻译'标准论。它属于对已完成的译作进行评价的审美价值学说,而不宜作为翻译活动的指导原则(翻译活动的指导原则是'信达雅')。"②引言对"信、达、雅"与"神似""化境"等重要译论进行了范畴区分,同时指出前者可指导翻译实践而后者主要用于评价译作。学人中将"神似""化境"与"信、达、雅"进行类比者不少,不妨再来看一段相关文字:"假如说严复的'信、达、雅'作为翻译标准在理论上没有异议,但并不是所有人都同意我们把傅雷和钱锺书所倡导的'重神似不重形似'和'化境'当作翻译标准的。不过在实践中,仍然有不少人把它们作为近世以来中国传统译论中三种典型的翻译标准来看待。"③事实表明,现实生活中确有不少人仍将"化境"(及"神似")作为翻译标准,而且至今依然,比如下面一说:"在历史上,经典翻译的方法由佛经翻译的'文质'之争逐渐演变为今日的'直译意译',而翻译的标准则又严复的'信达雅',傅雷等强调的'神似形似'以及钱锺书提倡的'化境'说等。"④不论"化境"译论是否还可贴上"标准"或"最高标准"之标签,但它每每用于译作鉴赏与品评已是不争的事实,前文所举钱锺书对《围城》日译本、严复有关译诗等的评价可以佐证。值得说明的是,对于钱锺书的译品,学界也往往用"化境"译论相评赏。就平日所见,人们几乎认为钱译实现了"化境"之理想。具体评论中,有的提纲挈领,比如说:"钱先生自己的翻译可以作'入于化境'的译作之佳例。"⑤又比如说:"钱公诸译,矜持尽化,语迹俱融,诚入化之笔。"⑥也有人借《谈艺录》中的话,说钱译堪称"越规矩而有冲天破壁之奇","守规矩而无束缚手脚之窘","为化境之典范"。⑦

---

① 于德英:《"隔"与"不隔"的循环:钱锺书"化境"论的再阐释》,上海译文出版社2009年版,第243页。
② 王向远:《坐而论道》,中央编译出版社2014年版,第180页。
③ 王宏印:《中国传统译论经典诠释——从道安到傅雷》,湖北教育出版社2003年版,第123页。
④ 王宏印:《典籍翻译:三大阶段,三重境界——兼论汉语典籍、民族典籍与海外汉学的总体关系》,《中国翻译》2017年第5期,第21页。
⑤ 张隆溪:《论钱锺书语言艺术的特点》,陆文虎:《钱锺书研究采辑》(2),生活·读书·新知三联书店1996年版,第42页。
⑥ 罗新璋:《钱锺书的译艺谈》,《中国翻译》1990年第6期,第10页。
⑦ 何加红:《"化境"说理论基点初探》,《四川外语学院学报》2000年第1期,第95—96页。

此外,还有评说得比较具体者,又或结合具体译例而置评者,本书后文中将有例举。

### (四)"化境":零星琐碎? 译论体系?

对于钱锺书的"化境"等翻译论述是否可称之为翻译理论,学界的主流声音是不可以;而对于钱氏"化境"译论是否可以自成体系,学界的意见更是否定。钱锺书是否仅仅有着散金碎玉般的翻译言论呢?

#### 1. 问题的提出

坊间有《改写与"讹"——重读〈林纾的翻译〉》一文,其中有些观点颇出人意料。比如,该文"摘要"中说:"'化境'只是一种翻译理想,与瓦鲁提'译者隐身'的概念类似,而不是一种翻译理论或者翻译观"。①"瓦鲁提"是谁? 是 Venuti 么? 如果是,为何不约定俗成地译作"韦努蒂"? 什么叫"翻译理论"或"翻译观"? 为什么说作为"翻译理想"的"化境"和"译者隐身"这一"概念"不能是"翻译理论"或"翻译观"? 且看相关论者在正文中的阐述:

> 钱锺书先生的《林纾的翻译》一文对林纾的翻译进行了评述,是翻译理论界的一篇经典文献。……很多人在读这篇文章的时候,把关注的焦点放在"化境说"上,引之甚广,认为"化境"是钱锺书先生的翻译观。……结合现代翻译理论,重读《林纾的翻译》一文,我们不难发现"化境说"并非钱锺书先生的翻译观,"化境"只是钱先生对翻译现实发出的一种感喟。在这篇文章中,钱锺书先生分别讨论了……等六个方面的问题……他并非要提出一种对翻译的指导理论或者是翻译观,而是为我们呈现了翻译的一种常态:"讹"或者"改写"……这两句话前面一句更能体现钱锺书先生的翻译观念。②

有关论者指出钱锺书"并非要提出一种对翻译的指导理论或者是翻译观",句中"对翻译的指导"明显指向翻译实践。有关论者在文中所引他人对"翻译观"的界定意见如下:"译者对翻译这一现象的看法或观点。……翻译观

---

① 戴若愚,罗素常:《改写与"讹"——重读〈林纾的翻译〉》,《西南交通大学学报》(社会科学版)2015 年第 3 期,第 83 页。

② 戴若愚,罗素常:《改写与"讹"——重读〈林纾的翻译〉》,《西南交通大学学报》(社会科学版),2015 年第 3 期,第 83—84 页。

指导译者的翻译实践,并影响其译作的最终效果。"①"译者"一词在引言中出现了两次,说明其非常重要,但在笔者看来,"翻译观"未必只能出自"译者",不论是谁,其对翻译现象的"看法"或"观点"应该都是"翻译观"。以此为标准,上段引文中的问题可就多了:引言中有"对林纾的翻译进行了评述""对翻译现实发出的一种感喟""讨论了……等六个方面的问题"等表述,相关"评述""感喟"和"讨论"不会生成结论么?相关结论不就是一种"观"(看法、观点)么?有关论者自己使用了"化境说"三个字,其中的"说"不也就是"观"的一种么?引言末尾一句里的"前面一句"指的是大家耳熟能详的钱锺书对"化境"的那句描述。如果"化境"不是一种"翻译观",又怎么能说钱氏有关"化境"的言论"更能体现钱锺书先生的翻译观念"呢?

在上段引文中,与"翻译观"联袂出现的是"翻译理论"。学人中认为"化境"不是"理论"者大有人在。在刘靖之看来,包括"化境"在内的整个传统译论都"不是理论",他们"只能算是一种看法,一种标准,一种境界"。②有关论者只承认"化境"是一种"看法""标准""境界",却不认为其可以是"理论"。如果说"化境"不是翻译"理论",甚至连"翻译观"都不是,那它应该是什么呢?在黄忠廉看来,"傅雷的'神似论'、钱锺书的'化境说'"等"至多能定位于翻译思想"。③黄氏解释道:"翻译思想是对翻译实践的认识的系统表述,是早期翻译阶段思考的小结和概括,由若干概念构成论述体系。"④"理论"与"思想"不同,对于两者之区别,黄氏有比喻如下:"思想如同火花,闪烁如星,理论好比火焰,成片成柱。"⑤现代意义上的"理论"(或 theory)须具有逻辑性、客观性、可验性、系统性,并同时具有预见功能、解释功能。上述部分论者显然是在用今天意义上的"理论"去衡量钱锺书的相关翻译言论。这样做自然无可厚非,但也应该指出,英文里的 theory 源自希腊文 theoria,其原意为所看到的东西或情景,引申为"看法"或"认识"。⑥或许正是基于此一认识,即便是在今天,部分学人在使用相关概念时仍表现出一定的灵活性。以钱锺书的翻译言论为例,有说其是"译艺谈"的,有称其为"翻译观"或"文学翻译观"的,也有说其是"译论"或"翻译论"的,自然还有称之为"翻译理

---

① 郭建中:《翻译:理论、实践与教学——郭建中翻译研究论文选》,浙江大学出版社 2010 年版,第 84 页。
② 张经浩,陈可培:《名家 名论 名译》,复旦大学出版社 2005 年版,序。
③ 黄忠廉:《严复变译思想考》,商务印书馆 2016 年版,第 4—5 页。
④ 黄忠廉:《严复变译思想考》,商务印书馆 2016 年版,第 3 页。
⑤ 同上。
⑥ 朱光潜:《谈一词多义的误译》,彭卓吾:《翻译学》,北京图书馆出版社 2000 年版,第 155—156 页。

论"或"翻译思想"的。巧的是,从钱锺书的有关英文著述来看,他在相关字眼的选用上也比较灵活。比如,关于严复的翻译言论,他既用过 Yen Fu's view on translation,也曾使用 his theory;对于马建忠的翻译话语,他用的是 this theory,而对于德莱顿的翻译言论,他却用了 Dryden's view;此外,钱氏还曾使用 our idea of good translation 等表述。① 值得说明的是,钱锺书也并不总是把 theory 说成"论"或"理论",比如,下句话里的 theory 就被他译作"说":"翻译学里'达'的标准推广到一切艺术便变成了美学上所谓'传达说'(theory of communication)。"②笔者以为,有关措辞的灵活(或许也可斥之为不统一甚至混乱)一方面表明了大家各持己见,一方面也为相关言论的解读或阐释预留了更多可能和更大空间,未尝不也是一件好事。

2. 钱锺书之理论观

一段时间里,国人对源自西方的系统而完备的理论先是推崇有加,继而孜孜以求。出人意料的是,在这种学术大气候下,钱锺书的表现有些另类,他不仅不入流,对"理论""系统"及"系统理论""理论系统"等甚至没有什么兴趣。不但没有兴趣,有时还公然对抗。以"理论"为例,他一会儿说"事实昭然,不关理论",一会儿又说"此又事实如斯,无关理论者"。③ 对于"系统理论",他更表示:"许多严密周全的思想和哲学系统经不起时间的推排销蚀,在整体上都垮塌了。"④应该指出,钱锺书对系统理论等虽不感兴趣,但这并不意味着他在这方面没有能耐。周振甫认为:"钱先生在文学上有许多创见,本来不是不可以构成自己的理论体系的。"⑤姚小平也认为:"钱锺书的头脑何等聪慧,他要建立一个理论体系,把事实一一装进去,实在不是什么难事。"⑥比较稳妥的说法或许是,对于理论体系的构建,钱锺书不是做不到,而是不曾为之或不愿为之。

钱氏对理论体系不感兴趣,作为一名学人,他真正感兴趣的是什么呢?其《读〈拉奥孔〉》中的一段话提供了部分答案,他说:

也许有人说,这些鸡零狗碎的东西不成气候,值不得搜采和表彰,充其量是孤立的、自发的偶见,够不上系统的、自觉的理论。不过,正因

---

① 钱锺书:《钱锺书英文文集》,外语教学与研究出版社 2005 年版,第 37—42 页。
② 钱锺书:《钱锺书散文》,浙江文艺出版社 1997 年版,第 498 页。
③ 钱锺书:《钱锺书散文》,浙江文艺出版社 1997 年版,第 490、495 页。
④ 钱锺书:《钱锺书散文》,浙江文艺出版社 1997 年版,第 223 页。
⑤ 周振甫:《周振甫讲〈管锥编〉〈谈艺录〉》,江苏教育出版社 2005 年版,第 12 页。
⑥ 姚小平:《语言文化十讲》,外语教学与研究出版社 2006 年版,第 182 页。

为零星琐碎的东西易被忽视和遗忘,就愈需要收拾和爱惜;自发的孤单见解是自觉的周密理论的根苗。再说,我们孜孜阅读的诗话、文论之类,未必都说得上有什么理论系统。……往往整个理论系统剩下来的有价值的东西只是一些片段思想。①

钱锺书对"片段思想"的内在价值很是看重,他甚至认为其根本就不输于那些宏篇巨制。在《近代散文钞》一文中,他说《青门簏稿·与金来书》中"寥寥数语"当得《近代散文钞》一书的"一篇总论"。② 他还曾表示,《老子》中"反者道之动"五个字抵得上黑格尔的"数十百言"。③ 在《读〈拉奥孔〉》一文中,他再次表达了类似观点,说我们的文艺理论家对狄德罗的《关于戏剧演员的诡论》发生兴趣而大写文章讨论,可有关研究者却有所不知,狄氏那一通大道理中国古代民间大众智慧里也有之,而且可以简括为七字谚语——"先学无情后学戏"④。经过分析,钱氏感慨道:"狄德罗的理论使我们回过头来,对这句中国老话刮目相看,认识到它的深厚的义蕴;……我敢说,作为理论上的发现,那句俗话并不下于狄德罗的文章。"⑤心里存有以上种种鲜活的案例,难怪钱锺书要告诫人们:"眼里只有长篇大论,瞧不起片言只语,甚至陶醉于数量,重视废话一吨,轻视微言一克,那是浅薄庸俗的看法——假使不是懒惰粗浮的借口。"⑥

有学人曾提醒说,钱锺书虽然指出历史上"往往整个理论系统剩下来的有价值的东西只是一些片段思想",但这当然不等于说事物之间就没有联系的规律,恰恰相反,钱氏认为"隐于针缝粟颗"可以"放而成山河大地"。⑦ 在笔者看来,钱锺书所著《七缀集》中各文即如是"放"出的"山河大地"。另也有人指出,钱锺书虽不欲建立理论体系,但他并不排斥理论的导向作用。⑧ 还是以《七缀集》为例,其中多篇文章之开头或结尾处皆不乏方法论之内容。比如,《中国诗与中国画》的开头用了几乎整整一节的篇幅说明"文艺风气"与文艺创作的关系。《一节历史掌故、一个宗教寓言、一篇小说》一文的开头,又显示了人文"科学"的"科学性"与个人趣味的二元紧张。有一点也还

---

① 钱锺书:《钱锺书散文》,浙江文艺出版社1997年版,第222—223页。
② 钱锺书:《钱锺书散文》,浙江文艺出版社1997年版,第107页。
③ 钱锺书:《管锥编》,中华书局1986年版,第446页。
④ 钱锺书:《钱锺书散文》,浙江文艺出版社1997年版,第224页。
⑤ 钱锺书:《钱锺书散文》,浙江文艺出版社1997年版,第224—225页。
⑥ 钱锺书:《钱锺书散文》,浙江文艺出版社1997年版,第223页。
⑦ 乐黛云:《比较文学简明教程》,北京大学出版社2003年版,第57—58页。
⑧ 姚小平:《语言文化十讲》,外语教学与研究出版社2006年版,第182页。

值得一提,即钱锺书虽然总体上对理论不感冒,但这并不说明他因此便与理论绝缘。在1989年《作为美学家的自述》一文中,他即曾说过这么一句话:"我的原始兴趣所在是文学作品;具体作品引起了一些问题,导使我去探讨文艺理论和文艺史"。①

### 3. 钱锺书之译论观

钱锺书曾说自己"不懂翻译理论"②,实际情况自然并非如此。也有论者指出:"钱锺书的翻译思想暗含着一种极端的观点:翻译是不必要的,翻译理论当然更不必要。"③钱氏翻译思想中是否有相关暗示,尚需求证。就笔者所见,钱锺书仅做过这样的表述:"空谈理论与盲目实践,皆当废然自失矣。"④由此观之,在钱锺书看来,"不必要"和"当废"的应该是"空谈理论"与"盲目实践"。钱氏看轻"空谈理论",实际上是强调理论应与实践相结合。在写给许渊冲的一封信中,他说自己对某些翻译理论问题"早已不甚究心","成为东德理论家所斥庸俗的实用主义(praktizismus)者,只知 The proof of the pudding lies in eating"。⑤ 钱氏说自己变成了"庸俗的实用主义者",这或有调侃成分,但不论是理论还是实践,他的确比较看重"实用"。以翻译理论为例,他在评论西方两种相关著述时即曾说过"Newmark 书较 Nide 书更切实用,而国内无知者"⑥。钱锺书接触纽马克和奈达的翻译图书较早,在他看来,纽氏所著《翻译教程》(A Textbook of Translation)较之奈达的《翻译科学探索》(Toward a Science of Translating)更实用。此一评论是否在理呢? 不妨参看今之学人对纽马克及其翻译图书的一则评价:"纽马克比较传统,对翻译理解最不拘一格、面面俱到,有时稍显庞杂琐碎,但也观察最细微,解释最透彻、最深刻,理论之外,对现有翻译现象提出很有见地的观点,对理解翻译实践帮助很大。……如果只教一本书,就教他的《翻译教程》。"⑦

王宏印对钱锺书《林纾的翻译》一文进行过分析,认为该文作者意在以林纾的翻译为引子而借题发挥并旁征博引,"而在这旁征博引中又隐藏着某种系统化的思路"。⑧ 思路毕竟是思路,其与现实之间终究还存在一段距

---

① 钱锺书:《写在人生边上 人生边上的边上 石语》,生活·读书·新知三联书店2002年版,第204页。
② 罗新璋:《钱锺书的译艺谈》,《中国翻译》1990年第6期,第1页。
③ 蔡新乐:《文学翻译的艺术哲学》,河南大学出版社2001年版,第87页。
④ 许渊冲:《诗书人生》,百花文艺出版社2003年版,第123页。
⑤ 许渊冲:《诗书人生》,百花文艺出版社2003年版,第120页。
⑥ 钱锺书:《钱锺书散文》,浙江文艺出版社1997年版,第431页。
⑦ 朱志瑜:《实用翻译理论界说》,《中国翻译》2017年第5期,第6页。
⑧ 王宏印:《中国传统译论经典诠释——从道安到傅雷》,湖北教育出版社2003年版,第178页。

离。对此,有关论者不无遗憾,曾委婉地说:"以钱氏的渊博和精深,本来是应当有系统的翻译理论建构的。"①钱锺书既有条件构建系统译论,他为什么不付诸行动呢?对于这一问题,王宏印是这样理解的:那是"由于那一代学人治学方法和致思习惯的影响,尤其是好作评点式与随感式的抒发而不长于抽象思辨与系统化工程的构筑。"②对于类似观点,学界还有更为细致的分析,不妨来看这么一段文字:

> 中西翻译理论根植于不同的文化土壤,便无可避免地打上了不同的文化烙印。例如,西方哲学严格的方法论,讲究对客观世界观察、描写的精确、细腻,讲究由定量到定性的分析。这些严密的哲学方法论反映到译论传统中,便产生了16世纪法国的多雷,18世纪英国的泰特勒,以及19世纪德国的施莱尔马赫传统。相反,我国的哲学传统不以定性分析为必须,观察客观世界时重心灵感应,描写时不拘泥细节。因而在20世纪以前的译论传统上,也就没有产生多雷《论如何出色地翻译》和泰特勒《论翻译的原则》一类的翻译专论。③

以上两种说法不无道理,但具体到钱锺书身上,情况也许不尽然。首先,说钱氏"不长于(抽象)思辨"或许太过绝对了。钱氏于《鬼话连篇》一文中曾说,"immortality"有"不朽"和"不灭"两个涵义,而关于这两个涵义,"假使我们要详细地分疏它们的不同('multiply distinctions'),虽几十万字亦不能尽。"④钱锺书虽没有费几十万字来分疏"不朽"与"不灭"之不同,但他对二者最重要的四点区别之分析与阐述不难见出其在思辨方面的强大。至于钱锺书是否又不长于"系统化工程的构筑",不妨还是来看看他本人的一段文字:"假使我们只把'不隔'说作为根据,我们可以说:王氏(即王国维——引者)的艺术观是接近瑞恰慈(Richards)派而跟克罗齐(Croce)派绝然相反的。这样'不隔'说不是一个零碎、孤独的理论了,我们把它和伟大的美学绪论组织在一起,为它衬上了背景,把它放进了系统,使它发生了新关系,增添了新意义。"⑤应该说,钱氏对于译论系统的构筑可以胜任愉快,而他最终并

---

① 王宏印:《中国传统译论经典诠释——从道安到傅雷》,湖北教育出版社2003年版,第190页。
② 王宏印:《中国传统译论经典诠释——从道安到傅雷》,湖北教育出版社2003年版,第191页。
③ 谭载喜:《翻译学必须重视中西译论比较研究》,孔慧怡:《译学英华》(宋淇翻译研究论文奖1999—2004文集第一卷),香港中文大学出版社2005年版,第40—41页。
④ 钱锺书:《钱锺书散文》,浙江文艺出版社1997年版,第108页。
⑤ 钱锺书:《钱锺书散文》,浙江文艺出版社1997年版,第498页。

没有成就译论系统,最根本的原因恐怕还在于他对那些东西既不看重也无甚兴趣。对于钱氏此一做法,部分读者兴许会感到惋惜。其实,人各有志,学人亦不例外,不妨来看季羡林的几句话:"自己对翻译没有多大兴趣,并不想创造一个理论,无论'软译'或'硬译',也不想写什么翻译学入门,所以这些杂感终于只是杂感堆在脑子里……我不想而且也不能把这些杂感归纳到一个系统里去。"①

### 4. 钱锺书译论之体系

钱锺书曾经说过:"脱离了系统而遗留的片段思想和萌发而未构成系统的片段思想,两者同样是零碎的。"②对于《管锥编》,有人即认为作者对零碎的古人"片言只语"进行了归纳、演绎和集合,以不使那些"益人神智"的思想火花"脱离系统"。易言之,钱锺书在《管锥编》中成功地"把诗文中阐发人心文心的'片言只语'纳入到心理学、逻辑学、文艺学等学科术语中,使'含糊'变得'清晰',使'零碎'变成系统"③。陈子谦认为钱锺书的鉴赏论"自有其理论体系"④,虽然他们多散见于具体赏析的各篇章之中。王水照则认为钱氏"形成了自己独特的美学理论体系",他说:"钱先生不屑于脱离具体的文学事实去建构庞大的理论'体系',但他通过对具体的文学事实的'鉴赏和评判',已经多方面地揭示出实实在在的、牢确不移的艺术规律,理在事中,体大精深。"⑤在许龙看来,钱锺书在诸如诗歌本体论、诗人主体论、诗歌创作论等众多诗学论题上都有着超迈前贤而又深刻透辟的理论阐释,"最终构建了其深宏广博、自成一体的诗学思想"⑥。上述引文中先后出现了"自有其理论体系""自己独特的美学理论体系""自成一体的诗学思想"等表述,这说明,在部分学人看来,钱锺书的有关研究或理论是有体系可言的,只不过自具特色罢了。

如果说钱锺书的文艺学研究自成一体,其翻译研究是否也有着本身的子系统?郑延国认为,钱锺书的译论"恰似散金碎玉一般,无不焕发出令人啧赞的熠熠光芒"⑦。季进也有类似评价,称钱氏译论"虽然随意零散,却恰中肯綮,益人神智"⑧。陈福康的看法也大同小异,认为钱氏译论"虽然看上

---

① 胡光利,姜永仁:《季羡林文丛 学问之道》,沈阳出版社2002年版,第311页。
② 钱锺书:《钱锺书散文》,浙江文艺出版社1997年版,第223页。
③ 周振甫:《周振甫讲〈管锥编〉〈谈艺录〉》,江苏教育出版社2005年版,第120页。
④ 陈子谦:《钱学论》,四川文艺出版社1994年版,第586页。
⑤ 王水照:《鳞爪文辑》,陕西人民出版社2008年版,第13页。
⑥ 许龙:《钱锺书诗学思想研究》,中国社会科学出版社2006年版,内容提要。
⑦ 郑延国:《钱锺书"化境"论与〈谈艺录〉译句管窥》,《翻译学报》1999年第3期,第15页。
⑧ 季进:《钱锺书与现代西学》,上海三联书店2002年版,第184页。

去不是峨冠博带的高头讲章式的'论文',似乎没有'系统',实际上却是非常精当的"①。从以上评论来看,钱氏译论具有这么几个特点:一是零散,二是行文比较随意,三是价值不菲。所谓"散"或"零散",自然是说相关研究不成系统。钱氏译论或翻译研究究竟有无系统或体系可言?朱志瑜曾经说过这么一句话:"如果真有具'中国特色'的翻译理论体系的话,'神化说'就是了。这种理论虽然在西方翻译理论史上也出现过,但持此论者绝大多数是翻译家,理论家很少,而且从未形成像中国这样强大的体系。"②句中的"神化说"兼指"神似"和"化境"两种译论。如果"神化说"具有一个"强大的体系","化境"译论应该多少有其体系。关于钱氏译论是否有体系可言,不妨再来看臧仲伦的一段话:"改革开放后,我国不少学者发表了许多论文和专著,企图建立我国自己的译学体系。综合各家论述,正逐渐形成翻译理论体系的雏形。其基本框架大致包括 10 个方面:翻译实质、翻译模式、翻译原理、翻译标准、翻译风格、翻译家论、翻译教学、翻译史和翻译思想史。"③有关论者撰文之时,我国翻译理论体系的雏形是否正逐渐形成,也许见仁见智,但如果说翻译实质、翻译标准、翻译(思想)史等 10 个方面可以构成翻译理论体系的基本框架,那么,我们也许就不得不承认钱氏译论是有体系的,因为钱锺书对翻译的上述十个方面甚至更多方面几乎遍有论及。如果上述"10 个方面"仍不足以判定钱氏译论是否有其体系,或许还可参考潘文国对"理论"和"体系"等的探讨。潘氏说:"理论是由体系构成的,而体系是由术语组成的。从西方的学术实际来看,一个成功的理论往往有其自身的体系,而这个体系往往有其自身专门的一套术语。……术语、体系、理论,总起来可以叫作'话语'。提出一套话语,别人认可你这套话语,这个理论就建立起来了。"④由此看来,不论是"体系"还是"理论","专门的一套术语"乃是前提和根基。钱锺书的翻译研究是否有着"一套术语"甚或"一套话语"呢?罗选民的看法是:"钱锺书的译论是中国译论的重要组成部分,钱先生的翻译论述虽零散,却精辟入里、交互映发,与他宏大庞杂的学术著作融为一体,创造了一个独特的翻译话语空间。"⑤而在张佩瑶看来,钱锺书《林纾的翻译》中的相关"说

---

① 陈福康:《中国译学理论史稿》,上海外语教学出版社 2000 年版,第 423 页。
② 朱志瑜:《中国传统翻译思想:"神话说"(前期)》,《中国翻译》2001 年第 2 期,第 4 页。
③ 臧仲伦:《当代中国的翻译》,孔慧怡,杨承淑:《亚洲翻译传统与现代动向》,北京大学出版社 2000 年版,第 155 页。
④ 潘文国:《中国译论与中国话语》,《外语教学理论与实践》2012 年第 1 期,第 3 页。
⑤ 罗选民:《翻译与中国现代性》,清华大学出版社 2017 年版,第 192 页。

法""蕴藏着无穷的话语能量"①。

如果说钱锺书"创造了一个独特的翻译话语空间",又或钱氏拥有"蕴藏着无穷的话语能量"的"说法",这意味着钱氏译论文字中一定有着大量术语。实际情况是否如此?笔者在阅读钱氏论译文献时做过一些札记,从中可以拈出诸多译论术语(并非全是严格意义上者):"翻译术""翻译学""翻译理论""翻""译""翻译""传""转""出""释""诒""直译""直翻""意译""移译"(paraphrase)"译音""译意""译注""泥译""狠翻蛮译""逐字蛮狠对翻""逐字逐句对译""敌对翻译""会意译经""省字""点烦""换字法""改写""原译""鞮译""节译""亲译""辑译""直译本"(la traduzione letterale)"欧化""汉化""词章""出发的语言""到达的语言""来源语言""目标语言""归宿语言""解放语""束缚语""虚涵数意""得意忘言""化""化境""化通""不隔""投胎转世""讹""囮""诱""媒""逆""反逆""寄""象""鞮""通事""译者""译才""先知""反逆者""移译者""翻译徒""文雅雄""居间者""离间者""离间人""中间人""下流的职业媒人""信""达""雅""八备十条""五失本""三不易""嚼饭与人""媒介物""障碍物""文""质""野""典""指"(sign)"旨"(significatum)"口吻""体制""文体""风味""风度""风调""译笔""文笔""神笔""钝笔""标准""最高标准""理想""最高理想""境界""最高境界""意义""内容""状态""景象""印象""形式""忠实""失""失本""失真""失味""失其藻味""反胜原作""出原著头地""净友""伪友"(lex faux amis)"复制""等类"(the principle of equivalent or approximate effect)"等价交换""驴蒙狮皮""艺术化的翻译""翻译的艺术化"……。上述少许术语后附注了英文表达,需要说明的是,钱锺书的英文文献中也还有不少译论术语,诸如:matter, form, spirit, letter, translation, translatio, transmute, transferantur, transmigration of the soul, traduttore traditore, versions and perversions, au pied de la lette, *verre clair*, *verre coloré*, *Tongues at Babel*, the curse of Babel, nature of translation, primitive language, fidelity, intelligibility, polished style, abridged translation, joint translation, forgery, pseudo-translation, real translation, mistranslation, literal translation, translation of translations…

在论及我国近些年在翻译研究上所取可喜成就时,谭载喜认为,"成就之一是大量引进外国(尤其是西方和苏联)当代翻译理论,在较短的时间里

---

① 张佩瑶:《传统与现代:中国译学研究新途径》,湖南人民出版社 2012 年版,第 92 页。

使中国的翻译研究现代化"①。谭氏得出上述结论的论据之一是译学术语的与时俱进:除了有"口译笔译""直译意译""死译活译""原文译文"等传统话语外,又发展出"翻译等值""动态对等""功能对等""语用对等""形式对应""读者反应""翻译接受""源语言、源文本、源文本读者/源文本读者""目标语言、目标文本、目标文本读者/目标读者"等新的话语。② 姑不论钱锺书的译论是传统的还是当代的,证之以谭氏所列术语,钱氏笔下的译论术语不仅数量不寡而且饶有风姿。而从相关术语来分析,钱锺书的译论似包含着数个小系统。以翻译本质属性而言,"失""讹""逆""失本""违失本正""失真""失其本真""失味""失其藻味""走样"等术语即可自成一体系。类似地,"囮""諤""讹""译""化""媒""诱""不隔""化通""投胎转世""夺胎换骨""灵魂转生""借尸还魂""借体寄生""脱去凡胎,换成仙体""风味""痕迹""忠实""境界""最高标准""最高理想""最高境界"以及 transmigration of souls 等成"套"术语当也能构筑起"化境"译论体系。情况既然如此,有关钱锺书的"化境"是否可称"翻译观"甚或"翻译理论"以及钱氏译论是否自有体系,似不可断然否定。

注解:

[1] 对于钱锺书以"精魂"替代"精神姿致"一事,蔡新乐曾有解读如下:"不管怎样,'精神姿致'与'精魂'可视为同义词,尽管'精魂'似更能突出'精神'的灵动感和生命力。"(蔡新乐:《试论"化境"的反翻译倾向及"不隔"的理论意义》,《外语与翻译》2000 年第 1 期,第 24 页)

[2] 查罗新璋主编的《翻译论集》(商务印书馆,1984),其中提到钱锺书"化境"论的主要有二文:李芒《日本古典诗歌汉译问题》及周煦良《翻译三论》,再就是主编为该书所撰序文《我国自成体系的翻译理论》。上述文献或引用钱氏"化境"译论或界定其使用范围或盛赞其非同寻常,丝毫没有"误会"该说之痕迹。

---

① 谭载喜:《翻译学:作为独立学科的发展回望与本质坚持》,《中国翻译》2017 年第 1 期,第 6 页。
② 同上。

# 第三章　钱锺书论诗歌翻译

　　清末民初"宋诗派"代表陈衍尝以"诗文尤斐然可观,家学自有渊源"①评论钱锺书的文学修为。在年轻学人许龙看来,钱氏构筑了"深宏广博、自成一体的诗学思想"②。由此观之,不论是"诗文"还是"诗学思想",钱锺书皆卓有成就。对此,钱锺书本人或许也心有灵犀,因为他在给友人的信中曾征引"诗是吾家事"③。对于用"诗是吾家事"评钱锺书,也有不以为然者,在他们看来,"钱氏,学问好,小说好,诗论好,诗却一般",所以,有关评说"得添两个字——'恨不'诗是吾家事"④。钱锺书在诗才(诗歌创作)方面或许技不如人,但就诗论和诗学思想而言,学人中能出其右者恐怕不多。笔者以为,钱锺书的诗学思想理当包括其诗歌翻译思想,遗憾的是,学界对钱氏诗歌翻译思想鲜有研究(就连专门讨论钱氏诗学思想的专著中竟也未置一词),而在不多的研究成果中,观点也往往偏颇。本章拟查漏补缺,对钱氏诗歌翻译思想进行爬梳与归结。需要说明的是,这里所说的诗歌乃广义而言,也即除了诗,还包括词和赋。另外,本章所谈翻译主要指语际翻译,但也包括少许语内翻译。

## 一、诗歌翻译选材

　　无论是什么性质的翻译,选材都是第一步的,有时也是第一位的。在《宋诗选注》"香港版前言"中,钱锺书写过这么几句话:"这部选本不很好;由于种种原因,我以为可选的诗往往不能选进去,而我以为不必选的诗倒选进

---

① 龚刚:《钱锺书 爱智者的逍遥》,文津出版社2005年版,第14—15页。
② 许龙:《钱锺书诗学思想研究》,中国社会科学出版社2006年版,第2页。
③ 刘铮:《"诗是吾家事"——钱锺书与李释戡书二通》,《万象》2005年第2期,第140页。
④ 杨志:《钱锺书的"自欺"》,《书城》2017年第2期,第18页。

去了。"①从这句话来看,钱锺书对诗集的选材很是看重,其实,他对诗歌翻译之选材(包括版本)同样重视,具体都有些什么意见呢?

### (一)宜采信权威版本

在《英译千家诗》一文中,钱锺书评论道:"《千家诗》则篇章美富,……其中佳什名篇,出自大家手笔者,译为英文,亦往往而有。然或则采自专集,或则本诸他家选本,均非据后村书也。"②《千家诗》是我国历代流传较广的一本诗集,有好几种体裁和版本。最早的诗集为南宋刘克庄编选,总名《分门纂类唐宋时贤千家诗选》。刘氏号"后村居士",诗集也称作《后村千家诗》。从引言中"然""均非"等字眼来分析,钱氏显然认为在相关版本中,"后村书"才是最好的,也应该是译者之首选。

### (二)唯"恶"诗之务去

《谈艺录》中有文字评点丁敦龄,说他"曾与戈蒂埃(Judith Gautier)女士共选译中国古今人诗成集,题汉名曰《白玉诗书》(*Le Livre de Jade*,1867),颇开风气"③。不管钱氏这里的"颇开风气"是褒是贬,事实表明,《白玉诗书》在中法乃至中欧文化交流史上皆产生过独特的作用。具体来说,该书出版后得到一致好评,先后译成意大利文、葡萄牙文、西班牙文和英文(部分),"西欧广大读者认识中国古典诗歌,从这本诗集开始"④。钱氏文字中又有"共选译"之说,其中的"共"字表明,丁敦龄与该书是有瓜葛的。《白玉诗书》仅有茱迪特·戈蒂耶(Judith Gautier)(也译作"戈谢""俞第德")之署名,作为戈氏之中文老师,丁敦龄在该书中的作用或许主要体现在原文选材、原诗理解、中文书名拟定等方面。而关于丁敦龄及其在《白玉诗书》选材中的某些做法,钱锺书多有不屑,他说:

> 然丁不仅冒充举人,亦且冒充诗人,俨若与杜少陵、李太白、苏东坡、李易安辈把臂入林,取己恶诗多篇,俾戈女译而杂其间。颜厚于甲,胆大过身,欺远人之无知也,后来克洛岱尔择《白玉诗书》中十七首,润色重译(Autres Poèmes d'après le Chinois),赫然有丁诗一首在焉(Tin-Tun-Ling;"L'ombre des feuilles d'oranger" in Paul Claudel,

---

① 钱锺书:《宋诗选注》,天地图书公司1988年版,前言。
② 钱锺书:《钱锺书散文》,浙江文艺出版社1997年版,第153页。
③ 钱锺书:《谈艺录》,中华书局1984年版,第372页。
④ 刘志侠:《丁敦龄的法国岁月》,《书城》2013年第9期,第44页。

*Oeuvre Poétique*；La Pleiade，1967，947；cf. Judith Gautier，*Le Livre de Jade*，ed. Plon，1933，97）。①

从上段引文来看，钱锺书显然是在批评《白玉诗书》在选材上的鱼目混珠。丁敦龄居然"取已恶诗多篇……杂其间"，从克洛岱尔"润色重译"的篇什来看，《橘叶的影子》(*L'ombre Des Feuilles D'oranger*)即"多篇"之一。据查阅，《白玉诗书》初版中还有署名 Din-Tun-Ling 的诗作两篇——《白发》(*Les Cheveux Blancs*)和《小花笑巨杉》(*Les Petites Fleurs Se Moquent Des Graves Sapins*)。从《白玉诗书》中有关译文来推测，《小花笑巨杉》的原文基本可以断定是"山上青松山下花，花笑青松不如他。有朝一日夜霜打，即日青松不见花"②。该诗作者不明，但它最晚已见诸明代文物（香筒）。易言之，《小花笑巨杉》不可能是清朝人丁敦龄的手笔。果如是，丁氏之为人无论如何是有瑕疵的。且不管《小花笑巨杉》是否出自丁氏，也不管《橘叶的影子》《白发》《小花笑巨杉》等诗作究竟是佳是恶，钱氏对诗歌翻译选材的主张倒是明确的，也是有道理的，即"恶"诗概不得入选。

### （三）宜选择"大诗人"的"好诗"

在钱锺书看来，诗歌翻译不仅要注意原作的出处，还应考虑原作者及原作的价值，也就是应该选择"大诗人"的"好诗"或"较好的诗"，这从他频频苛责威妥玛当年选译朗费罗《人生颂》一事中明显可感，他说："他是英国人，偏偏选择了美国郎费罗的诗。"③他又曾讲："西洋的大诗人很多，第一个介绍到中国来的偏偏是郎费罗。郎费罗的好诗或较好的诗也不少，第一首译为中国的偏偏是《人生颂》。"④一连几个"偏偏"，钱氏对有关选材的主张跃然纸上。

### （四）宜译介"好样品"和"最高尚的人物和东西"

对于诗歌翻译选材，钱锺书确乎"盯"得比较紧，对于失察之人或无能之辈鲜有好评，不仅如此，他有时甚至还因此而"迁怒"原作者。比如，对《人生颂》的作者朗费罗，钱氏便曾诘问道："他是否觉察到在中国引进西方文学的

---

① 钱锺书：《谈艺录》，中华书局 1984 年版，第 372—373 页。
② 夏笳：《〈玉书〉与"中国诗人丁敦龄"》，https://www.douban.com/note/157999015。
③ 钱锺书：《钱锺书散文》，浙江文艺出版社 1997 年版，第 337 页。
④ 钱锺书：《钱锺书散文》，浙江文艺出版社 1997 年版，第 365 页。

历史上,他比同用英语写诗的莎士比亚远远领先,也比他自己翻译的但丁远远领先? 假如觉察到了,他有何感想?"①接连两个设问句,其意蕴可谓深刻! 不过,也应该说明,钱氏对诗歌翻译选材虽向来严苛以求,但也并非一点没有包容与和善。比如,他对《人生颂》译者虽屡有批评,却也终究承认:"第一首译成中文的西洋近代诗是首美国诗——郎费罗的《人生颂》。这当然不是西洋诗的好样品,可是最高尚的人物和东西是不容易出口的,有郎费罗那样已经算够体面了。"②(钱锺书,1997:531)

## (五)选材不当之原因

上面几节文字涉及诗歌翻译选材败笔些许,至于其中原因,似不能一概而论,最为要者,一是译者态度不够严谨,二是译者在学识、眼光等方面力有不逮。举例来说,克拉拉·M. 凯德琳·扬(Clara M. Candlin Young)曾译有《中国的爱国诗——陆游的剑诗》(*The Rapier of Lu, Patriot Poet of China*),钱锺书发现,该书选文40篇,其中仅有9篇属于"爱国"题材,9篇中还有2篇与战争无甚关系(Of the upwards of forty poems in this book, only nine are patriotic, and two out of the number are certainly not very warlike. )。其实,陆游的诗作不少,要选到合乎要求者并非难事(There is a string of tempered steel to Lu You's lyre, and Mrs Young can easily find about a hundred martial songs in his complete poetic works. )。在钱锺书看来,扬氏在选材方面无疑难辞其咎,她估计连陆游的诗都没看完(I am afraid that she has not taken the trouble to read Lu You's complete works. )③。更为要者,扬与历史上向西方译介中国古诗的一些传教士一样,对中国诗的特质根本就一无所知(Mrs. Young, like many Chinese apostles of the Higher Illiteracy who expound our old poetry to Westerners, does not even know the rudiments of its rules and principles. )④上文曾谈及俞第德及其所译《白书诗书》和克洛岱尔重译《白玉诗书》部分篇什,针对他们俩在选材上的失手,钱锺书有分析如下:"故译诗者而不深解异国原文,或赁目于他人,或红纱笼已眼,势必如《淮南子·主术训》所谓:'瞽师有以言白黑,无以知白黑',无辨所译诗之原文是佳是恶。"⑤再比如,英国学

---

① 钱锺书:《钱锺书散文》,浙江文艺出版社1997年版,第333—334页。
② 钱锺书:《钱锺书散文》,浙江文艺出版社1997年版,第531页。
③ 钱锺书:《钱锺书英文文集》,外语教学与研究出版社2005年版,第333—334页。
④ 钱锺书:《钱锺书英文文集》,外语教学与研究出版社2005年版,第340页。
⑤ 钱锺书:《谈艺录》,中华书局1984年版,第373页。

人李高洁曾出版《苏东坡作品选》,钱氏在为该书所写评论中也曾就译者之选材不当提出批评,指出《服胡麻赋》之类无甚价值之作根本不应与脍炙人口的《赤壁赋》《喜雨亭记》《黠鼠赋》等作品一并纳入(Most of Su's popular pieces such as "The Red Cliff","The Pavilion to Glad Rain","The Wily Rat", etc. are translated together with some of his sorriest stuffs like 'Medlar and Chrysanthemum'(《服胡麻赋》)which, in my opinion, should be 'left severely alone'. ")①李高洁后来将《苏东坡作品选》修订再版为《苏东坡赋》,钱锺书在为新书作序时,对译者选材不当仍念念不忘。在钱氏看来,苏东坡的赋与其他文体作品在文风上有着天壤之别,主要体现于节奏(tempo)上。具体而言,苏氏其他文体的作品往往疾速(eminently rapid),而他的赋则舒缓有加(often slack down almost to the point of languidness as if he were caressing every word he speaks)。以此而观,《复改科赋》(On the Restoration of the Examination System)及《延和殿奏新乐府》(Modern Music in the Yen Ho Palace)等并非苏赋中的理想之作,不宜为了求全而将其一并选入。②

## 二、诗歌翻译方法

如果说诗歌翻译选材意在解决译什么的问题,诗歌翻译方法(或策略)则要回答怎么译了。就笔者所见,在诗歌都应怎么译的问题上,钱锺书也时有论及。

### (一)关于意译与直译

在与许渊冲讨论诗歌是否可译的问题时,钱锺书曾有这么一说:无色玻璃般的翻译会得罪诗,而有色般的翻译则会得罪译(A *verre clair* rendition sins against poetry and a *verre coloré* one sins against translation. )③。在这里,钱氏将直译比作无色玻璃,而把意译比作有色玻璃。"直译"不好,"意译"也不成,这是为什么呢?猜测起来,这跟钱氏认为诗歌在总体上不可译相关,须知,他可是明确表示过:根据自己随意阅读五六种文字之经验,译诗

---

① 钱锺书:《钱锺书英文文集》,外语教学与研究出版社2005年版,第9页。
② 钱锺书:《钱锺书英文文集》,外语教学与研究出版社2005年版,第50页。
③ 许渊冲:《诗书人生》,百花文艺出版社2003年版,第110页。

很可能不歪即坏(In my experience of desultory reading in five or six languages,translated verse is apt to be *perverse*,if not *worse*.)①。既然译诗不是歪诗就是坏诗,那么,无论什么方法恐怕都难以译出上佳之作了。

## (二)关于逐字对译

《管锥编》中有这么一段文字:"古罗马诗人《牧歌》亦写女郎风情作张致,见男子,急入柳林中自匿,然回身前必欲邀男一盼(Malo me Galatea petit,lasciva puella,/et fugit ad salices,et se cupit ante videri);谈者以此篇拟希腊旧什而作,遂谓译诗可以取则,足矫逐字蛮狠对翻之病(violentis transferantur)。"②"逐字蛮狠对翻"既是应该被"矫"之"病",钱氏对此种翻译方法的态度不言自明。对于威妥玛(Thomas Francis Wade)当年所译《人生颂》,钱锺书也曾评其"不过是美国话所谓学生应外语考试的一匹'小马'(pony)——供夹带用的逐字逐句对译"③。"不过是"三字同样说明钱氏对"逐字逐句对译"的唾弃。上文曾提到克拉拉·M. 凯德琳·扬英译过《中国的爱国诗——陆游的剑诗》,书中将陆游《雪中忽起从戎之兴》四行诗里的"桑干"译成了"withered mulberry trees",对此,钱氏指谬道:桑干乃河流名称,不能仅从字面翻译(桑干 in the quatrain "In the Snow-storm"(《雪中忽起从戎之兴》) is the name of a river made famous by the old Chinese poets,and should not be translated verbatim as "withered mulberry trees.")④。verbatim 者,泥译也,逐字翻译也。

## (三)关于剪裁

1937 年,钱锺书在《槐聚诗存》中写有一赋,赋前有一小序,序中有这么一大段文字,内容与波斯人海亚姆(Omar Khayyam)的《鲁拜集》(*Rubaiyat*)中第 12 首的内容及翻译有关,有关文字如下:

Edward Fitzgerald 英译波斯醹醅雅 *Rubáiyát* 颂酒之名篇也第十二章云坐树荫下得少面包酒一瓯诗一卷有美一人如卿者为侣 and thou 虽旷野乎可作天堂观为世传诵比有波斯 A. G. E' Tessam-Zadeh 译此雅为

---

① 许渊冲:《诗书人生》,百花文艺出版社 2003 年版,第 111 页。
② 钱锺书:《管锥编》,中华书局 1986 年版,第 874 页。
③ 钱锺书:《钱锺书散文》,浙江文艺出版社 1997 年版,第 347 页。
④ 钱锺书:《钱锺书英文文集》,外语教学与研究出版社 2005 年版,第 343—344 页。

法语颇称信达初无英译本尔许语一章云倘得少酒一轻歌妙舞者一女便娟席草临流便作极乐园主想不畏地狱诸苦恼耳又一章云有面包一方羊一肩酒一瓯更得美姝偕焉即处荒烟蔓草而南面王不与易也 Vaux mieux que d'un empire tre le Souverain 乃知英译剪裁二章为一反胜原作①。

上段文字没有断句也没有标点,好在离经辩志倒也不难。笔者发现,钱锺书与《鲁拜集》有着诸多关联。比如,对于书名 Rubaiyat,钱氏笔下既有常见通用译名"鲁拜集"②,也有自己别出机杼的译名"醽醁雅"。又比如,柏丽翻译过《鲁拜集》并取名"怒湃译草"③,她邀请钱锺书题写书名,钱欣然应允。黄克孙也曾翻译《鲁拜集》,译文得到钱锺书激赏,评语如下:"黄先生译诗雅贴比美 Fitzgerald 原译。Fitzgerald 书札中论译事屡云'宁为活麻雀,不做死鹰'(better be a live sparrow than a dead eagle),况活鹰乎'?"④实际上,上句话不仅是在夸赞黄氏,也是对英国诗人菲茨杰拉德及其译论译品的首肯。从相关文献来看,波斯文《鲁拜集》出版后并不叫座,其在英美及至全世界的声名鹊起主要归功于菲茨杰拉德。究其原因,主要是跟菲氏所用翻译策略或翻译艺术密切相关。举例来说,《鲁拜集》中最脍炙人口的是第12首(某些版本标为第11首),钱锺书发现,菲氏英译并非是对原文的复制,从相关法语译文来推测,菲译是从"二章"波斯原文剪裁而成。据相关研究,菲茨杰拉德"剪裁"的两章原文极可能是牛津波德林本中的第149和155首。波斯文第149首直译为英语大致如下:"If a loaf of wheaten bread be forthcoming, / A gourd of wine, and a thigh-bone of mutton. / And then, if thou and I be sitting in the wildness, — / That were a joy not within the power of any Sultan."而波斯文第155首直译为英语大致为:"I desire a flask of ruby wine and a book of verses, / Just enough to keep me alive, and half a loaf is needful: / And then, that thou and I should sit in the wilderness, / Is better than the Kingdom of a Sultan."⑤菲氏通过"二合一"而"做"出的译文是否青出于蓝而胜于蓝呢?看看菲氏的最终译文不言自

---

① 钱锺书:《槐聚诗存》,三联书店 2007 年版,第 18 页。
② 钱锺书:《管锥编》,中华书局 1986 年版,第 518 页。
③ 莪默·海涌著,爱德华·菲茨杰拉德英译,柏丽汉译:《怒湃译草》,中国人民大学出版社 1990 年版。
④ 奥马珈音著,菲茨杰拉德英译,黄克孙中译:《鲁拜集》(双语插图本),译林出版社 2009 年版。
⑤ 邵斌:《诗歌创意翻译研究:以〈鲁拜集〉翻译为个案》,浙江大学出版社 2011 年版,第 142—143 页。

明:"A Book of Verses underneath the Bough, / A Jug of Wine, a Loaf of Bread—and Thou / Beside me singing in the Wilderness— / Oh, Wilderness were Paradise enow!"①可以看出,菲茨杰拉德的译文并非简单的剪刀加糨糊,而是经过精心的剪裁与加工,这才让译文在遣词、节奏、音韵、意境、篇幅等诸方面后来居上,并最终成为可圈可点之艺术佳作。

### (四)关于写作与润色

在《林纾的翻译》一文中,钱锺书曾明确指出:"正确认识翻译的性质,认真执行翻译的任务,能写作的翻译者就会有克己工夫,抑止不适当的写作冲动。"②不难看出,在钱氏心目中,翻译与写作之间是有分界线的,不能随意僭越。不过从引言末尾一句来分析,钱氏其实又间接承认翻译中是允许有"写作"的,只不过这种"写作"应该是"适当的"。

翻译史告诉人们,诗歌翻译实践中改译为写的情况时而有之。回顾一下上文,有关论者在讨论诗歌翻译时,有一种方法可以纠偏"逐字狠蛮对翻",即他人在翻译维吉尔《牧歌》第三首第64—65行时所采用的"拟希腊旧什而作"。在钱锺书看来,上述方法"兹数语直是夺胎换骨,智过其师,未宜仅以移译目之"③。换句话说,根据原文"作"译文不仅是可以的,其译品还可能因此而出彩。在钱锺书看来,董恂所译《人生颂》也是"译者根据、依仿原诗而作出自己的诗(nachdichten, umdichten)。不幸的是,他根据的并非郎费罗的原诗,只是威妥玛词意格格不吐的译文"。④ 在《谈中国诗》一文中,钱氏把话说得更直白:"《人生颂》先由英国公使威妥玛译为中国散文,然后由中国尚书董恂据每章写成七绝一首。"⑤类似做法,国外亦有之。比如,一般人多认为庞德曾将《契丹集》(*Cathy*)译成了英文,可钱锺书认为,庞氏分明也是在写:"(他)大胆地把翻译和创作融贯,根据中国诗的蓝本来写他自己的篇什。"⑥余光中也认为:"庞德的好多翻译,与其称为翻译,不如称为'改写''重组',或是'剽窃的创造'。"⑦值得一提的是,庞德本人其实也承认自己在翻译中"喜欢改写","好像不知道原文的词句,要译出原意"⑧。古希

---

① 邵斌:《诗歌创意翻译研究:以〈鲁拜集〉翻译为个案》,浙江大学出版社2011年版,第142页。
② 钱锺书:《钱锺书散文》,浙江文艺出版社1997年版,第282页。
③ 钱锺书:《管锥编》,中华书局1986年版,第874页。
④ 钱锺书:《钱锺书散文》,浙江文艺出版社1997年版,第347页。
⑤ 钱锺书:《钱锺书散文》,浙江文艺出版社1997年版,第531页。
⑥ 钱锺书:《钱锺书散文》,浙江文艺出版社1997年版,第513页。
⑦ 黄维樑、江弱水:《余光中选集·语文及翻译论集》,安徽教育出版社1999年版,第126页。
⑧ 吴其尧:《庞德与中国文化——兼论外国文学在中国文化现代化中的作用》,上海外语教育出版社2006年版,第112页。

腊大史学家希罗多德(Herodotus)在其《史记》中叙述了埃及古王拉姆泼西尼德斯(Rhampsinitus)时的一桩趣闻,后来,海涅将上则趣闻采作诗料并将其"改写"成"拉姆泼森尼脱王登宝殿"诗。经过改写,诗歌发生了变化,比如:"结尾婉而多讽,说那个贼驸马爷继承了王位,在他的统治下,盗窃事件极少发生(Wenig, heisst es, ward gestohlen / Unter seinem Regimente)。"①对于如此结尾,钱锺书评述道:"这对希罗多德的原文也许是画蛇添足,但在海涅的改写诗里正是画龙点睛。"②顺便补充一句,上文提及的《白玉诗书》虽然也名之为译,其实也是依傍原文的大胆改写,恰如有关论者所言:《玉书》是"取一勺饮,浇胸中块垒,或取一意象,加以渲染,表达新的诗情,创造新的形象。……我们更倾向于把它看作是创作,至少是改写而非翻译,是由女作家精心打磨的艺术品"。③

从钱氏有关文字来看,诗歌翻译中的"写"或"作"都有一个先决条件,即"依仿原诗"或"根据中国诗(即原作)的蓝本"。也许,在钱锺书的心目中,只有这类"写作"才是"合适的"。有一点值得补充,即对于上述"写作",钱锺书有时也谓之"润色",《管锥编》中的下句话可以佐证:"'欧罗巴人长友诗'实即美国诗人郎费罗之《人生颂》;英驻华公使威妥玛汉译为扞格不顺之散文,董从而润色以成七言绝句。"④从本句引文来考察,"润色"与翻译似乎没有什么关系,事实上,二者是紧密相连的,恰如钱锺书所说克洛岱尔曾"润色重译"《白玉诗书》中的 17 首。

## 三、诗歌翻译原则

说到诗歌翻译思想,其中最为要者,也许还是诗歌的翻译原则。关于这一论题,钱锺书有着较为全面而深入的论述。

### (一)"文理通,平仄调"

《人生颂》现有诸多中文译本,最早的两种分别是威妥玛和董恂的手笔,对于此二译本,钱锺书有过评论如下:"'诗'够坏了,'译'更坏,'译'坏而

---

① 钱锺书:《钱锺书散文》,浙江文艺出版社 1997 年版,第 373 页。
② 同上。
③ 钱林森:《光自东方来——法国作家与中国文化》,宁夏人民出版社 2004 年版,第 182 页。
④ 钱锺书:《管锥编》,中华书局 1986 年版,第 1368 页。

'诗'次坏。诗坏该由董恂负责,译坏该归咎于威妥玛。"①钱氏笔下的"坏"与"次坏"都是以什么为准绳的呢？请看他的分析：

> 威妥玛对郎费罗原作是了解透彻的,然而他的汉语表达力很差。词汇不够,……句法不顺不妥,有些地方甚至不通费解,……为使意义明白,他添进了阐释,……也多此一举。……而董恂可怜不懂英语,只好捧着生硬以至晦涩的汉译本,捉摸端详,误会曲解。……董恂的译诗还能符合旧日作诗的起码条件,文理通,平仄调。②

由于在"表达力""词汇""句法"以及"阐释"等方面力不从心又或不合时宜,威氏译文只能落得个"生硬"以至"晦涩"。在钱氏眼中,这样的译本便属于"坏"之列。从引文末尾一句来看,"文理通,平仄调"原本是我国旧日作诗的基本要求,董恂的译文大致实现了这一主张,难怪钱氏从轻判其为"次坏"。

### (二)"词适调谐,宜于讽诵"

从上段引文来看,钱锺书在提出诗歌翻译原则时有以目的语诗歌创作条件为依归之嫌。无独有偶,在论及我国早期异族异语之间的诗歌翻译时,他也有此倾向,请看下面一段文字：

> 《说苑·善说》篇载越人《拥楫之歌》,本语之难解,不亚白狼三《歌》,而译文之词适调谐、宜于讽诵,远逾三《歌》及那伽仙一《书》,纪氏不举作译诗之朔,当是以其为中土方言而非异族或异域语耳。《乐府诗集》卷八六无名氏《敕勒歌》下引《乐府广题》云："歌本鲜卑语,译作齐言,故句长短不等";字句固参差不齐,而押韵转韵,口吻调利,已勿失为汉人诗歌体。北朝乐府,相类必多,如《折杨柳歌辞》之四："遥看孟津河,杨柳郁婆娑,我是虏家儿,不解汉儿歌";其为译笔,不啻自道。皆吾国译韵语为韵语之古例,足继三《歌》一《书》者。③

本段引文内容十分丰富,先不妨就其中少许字词或语言点略作说明：《拥楫之歌》即《越人歌》,是我国最早见于载籍之译诗,也就是"译诗之朔";所谓

---

① 钱锺书：《钱锺书散文》,浙江文艺出版社 1997 年版,第 348 页。
② 同上。
③ 钱锺书：《管锥编》,中华书局 1986 年版,第 1367 页。

"白狼三《歌》",指的是白狼王唐菆《远夷乐德、慕德、怀德歌》三章;所谓"那伽仙一《书》",指的是《上书》;所谓"纪氏",即清人纪昀。从上段引文来看,《拥楫之歌》《敕勒歌》以及《折杨柳歌辞》(之四)等皆我国以韵语译韵语之先例,其特点是句虽长短不等又或字句虽参差不齐,但"词适调谐,宜于讽诵",又或"押韵转韵,口吻调利"。换句话说,上述有关译诗皆"不失为汉人诗歌体",虽为译笔,却无异于用中文直接创作。如此看来,说钱氏之诗歌翻译原则系建基于译入语诗歌之有关要件,或为不虚。

### (三)"宁失之拘,毋失之放"

从上节所引以韵文译韵文一段文字来看,钱锺书似乎更看重"韵"("押韵转韵"),对于"形"(如"句长短不等")则不同等看重。不过,就汉英诗歌翻译而言,钱氏却似乎更看重"形"("格律""格式""形式"等)的传达,他甚至将"貌"摆在了"神"与"真"之上。请看他评蔡廷干英译《千家诗》的一段文字:

> 宁失之拘,毋失之放。虽执著附会,不免削足适履之讥,而其矜尚格律,雅可取法。向来译者每译歌行为无韵诗,衍绝句为长篇,头面改异,迥异原作。蔡君乃能讲究格式,其所立例,不必全是,然循例以求,不能读中国诗者,尚可想像得其形式之仿佛,是亦差强人意者矣。至其遗神存貌,践迹失真,斯又译事之难,于诗为甚,未可独苛论之蔡氏焉。①

引言中所谓"执著附会"以及"其所立例"说的是译者的翻译方法或策略,即以中文一字当英诗一音步(foot)或二音节(syllable),进而将中国诗之五言译为英语的五音步诗行(pentameter)和将中国诗之七言译为英语六韵步诗行(hexameter)。对于此类"亦'步'亦趋"之尝试,钱氏是认可的,而对于那些"头面改异"而"迥异原作"之举,他则不愿苟同。

笔者说钱锺书认为汉英诗词翻译中应讲求"格律"或"格式",以便目的语读者能得原诗"形式"之"仿佛",这一意见在钱氏其他翻译批评中也可见到。许渊冲曾去信钱氏询问李商隐那句"春蚕到死丝方尽,蜡炬成灰泪始干"如何译成法文才能不失原文之双关,得答复如下:"李商隐句着眼在'到'与'方',其意译成散文为'Le ver ne cesse d'effiler la soie qu'à la mort,'韵

---

① 钱锺书:《钱锺书散文》,浙江文艺出版社1997年版,第153—154页。

文有节律,须弟大笔推敲耳。"①(许渊冲,2003:130)许氏还曾将自己所译《毛泽东诗词》交钱锺书过目,钱氏赞其带着音乐和节奏之镣铐起舞,而且舞出翩翩佳步(I have just finished reading it and marvel at the supple ease with which you dance in the clogs and fetters of rhyme and meter.)

### (四)"求真"而不"求美"

上节首段引文末尾一句中说:"至其遗神存貌,践迹失真,斯又译事之难,译诗为甚。"从字里行间来看,钱锺书对诗歌翻译中的"失真"是在意的。对此,许渊冲的有关叙述也可从旁佐证,他说:"在翻译理论方面,我和钱先生有分歧,这种分歧是真与美的分歧。诗代表美,翻译代表真,所以译诗不是'得罪'美,就是'得罪'真,钱先生是两害相权择其轻,他选择了真;而我则选择了美。"②顺便说一句,许氏上述结论可谓来之不易:他说自己在1981年7月28日写给钱锺书的信中"可能谈到译诗求真是低标准,求美是高标准的问题"③。钱氏在回信中称:"我对这些理论问题早已不甚究心,成为东德理论家所痛斥庸俗的实用主义(praktizmus)者,只知 The proof of the pudding lies in eating."④1983年3月9日下午,许氏夫妇造访钱府,许后来回忆道:"我们也讨论了译诗传真和求美的矛盾,钱先生说:'还是各自保留意见吧'。"⑤从许氏上述二则叙述来看,钱锺书对诗歌翻译原则有着定见,不会轻易人云亦云,但也并不强求定于一尊。

## 四、诗歌(不)可译性

诗歌是否难译?诗歌是否可译?译诗是否可以出原作头地?关于这些问题,钱锺书都有所讨论。

### (一)诗歌难译

从上文可知,在评论蔡廷干的译诗时,钱锺书曾有过"译事之难"且"于诗为甚"之感叹。金鼎汉曾参加《毛泽东诗词》印地语版的翻译工作,在有关

---

① 许渊冲:《诗书人生》,百花文艺出版社2003年版,第130页。
② 沉冰:《不一样的记忆:与钱锺书在一起》,当代世界出版社1999年版,第239页。
③ 许渊冲:《诗书人生》,百花文艺出版社2003年版,第119页。
④ 许渊冲:《诗书人生》,百花文艺出版社2003年版,第120页。
⑤ 许渊冲:《诗书人生》,百花文艺出版社2003年版,第123页。

回忆中,他讲到《水调歌头·游泳》中"一桥飞架南北,天堑变通途"一句实在难译。"天堑变通途",这是多么伟大的壮举!但将该话译成印地语后,"天堑"变成了"天然的大壕沟"。对于此一无奈,金氏特地向当时负责《毛泽东诗词》英译工作的钱锺书和叶君健请教,没想到,他们俩的答复竟也是:"这就是诗歌翻译的难处,无可奈何!"①在为李高洁英译评注本《苏东坡赋》所写序言末尾,钱锺书感叹道:英语读者看过译本后如果不能跨越时间之鸿沟而与苏氏相视一笑,那并非译者的错,译者已然尽力,要怪只能怪翻译性本难(If the English reader still cannot exchange smiles and salutes with Su across the great gulf of time so familiarly as the Chinese does, it is perhaps due to a difficulty inherent in the very nature of translation. It is certainly no fault of Su's accomplished translator.)②。原来,是翻译的性质注定了翻译之难为。1761 年,英国人托马斯·珀西(Thomas Percy)发表了据说是《好逑传》的译文 *Hau Kiou Choaan or the Pleasing History*,该书内含三个附录(一本中国戏的情节,中国谚语选辑,中国诗歌片段),附录《中国诗歌片段》的前言是从法语翻译过来的,其中的公告(advertisement)则是珀西本人的手笔,其中所谈诗歌翻译思想很有见地,他说:从本质上讲,诗歌脆若花朵,是经不起又翻又译的。在一个初民时的国度,在一个风俗人情比较简单的国家,它的诗歌对别的国家倒还容易理解。至于中国,政治上多有束缚,又早已跨越初民时期,其诗歌之美就不容易移译为它国文字了,特别是难以译为欧洲文字,因为欧洲语言与中文在表现方法上实在大相径庭。(The flowers of Poesy are of so delicate a nature, that they will seldom bear to be transplanted into a foreign language.... The nearer any people are to a state of wild nature, while their customs and notions are few and simple, it is easy to conceive that their Poetry will be easy and intelligible to other nations.... No people live under more political restraints than the Chinese, or have farther departed from a state of nature.... It will follow that the beauties of the Chinese Poetry must of all other be the most incapable of translation into other language, and especially into those, whose idioms are so remote and unsuitable as are those of Europe.)③。对于珀西的上述

---

① 金鼎汉:《从〈罗摩功行之湖〉的翻译出版看民族文化差异》;郑鲁南:《一本书和一个世界》(第二集),昆仑出版社 2008 年版,第 81 页。
② 钱锺书:《钱锺书英文文集》,外语教学与研究出版社 2005 年版,第 50 页。
③ 钱锺书:《钱锺书英文文集》,外语教学与研究出版社 2005 年版,第 244—245 页。

翻译思想，钱锺书颇为认同，说其创意十足（original in thought）。[1] 值得说明的是，珀西说诗歌经不起翻译，在钱锺书看来，情况未必尽然。在《中国诗与中国画》一文中，钱氏即曾指出："西洋文评家谈论中国诗时，往往仿佛是在鉴赏中国画。"[2]他并表示"透过翻译而能那样认识中国诗，很不容易"[3]。此一现象给钱氏的思考有二，其中之一是："一方面也许证明中国诗的艺术高、活力强，它像人体有'自动免疫性'似的，也具备顽强的免译性或抗译性，经受得起好好歹歹的翻译。"[4]

## （二）诗歌不可译

说诗歌难译，话中终究还留有余地。事实上，从某些方面来说，诗歌根本就是不可译的，不妨来看看钱锺书在《谈中国诗》一文中的几句话：

> 旁的艺术是超越国界的，……只有文学最深闭固拒，不肯把它的秘密逢人便告。某一种语言里产生的文学就给那语言限止了，封锁了。某一国的诗学对于外国人总是本禁书，除非他精通该国语言。翻译只像开水煮过的杨梅，不够味道。[5]

从上下文来看，上述引语中的"诗学"当可解作诗歌。钱锺书笔下的 poetry 与"诗学"有时确是通约的，例如，他曾有过"'Lowell 诗学讲座'（Lowell Professorship of Poetry）"[6]等文字。"翻译只像煮过的杨梅，不够味道"，这不禁让人想到钱氏在品评道安"五失本"翻译思想时所引《纯常子枝语》里的一句话："今以英法文译中国诗、书者，其失味更可知。"[7]如此看来，翻译必有失，诗歌翻译尤其容易"失味"。钱锺书所谓诗歌不可译，主要说的就是翻译中难免有失或走样。在《中国文学小史序论》一文中，钱氏曾对文艺不可译性进行过界定，他说："是以文艺不可以移译（paraphrase）者，非谓移译之必逊于原作也，为移译所生之印象，非复原来之印象耳。"[8]在论及道安"五失本"中第二种情况时，钱氏也曾征引罗什《为僧叡论西方辞体》："天竺国

---

[1] 钱锺书：《钱锺书英文文集》，外语教学与研究出版社 2005 年版，第 244 页。
[2] 钱锺书：《钱锺书散文》，浙江文艺出版社 1997 年版，第 204 页。
[3] 钱锺书：《钱锺书散文》，浙江文艺出版社 1997 年版，第 205 页。
[4] 同上。
[5] 钱锺书：《钱锺书散文》，浙江文艺出版社 1997 年版，第 530 页。
[6] 钱锺书：《钱锺书散文》，浙江文艺出版社 1997 年版，第 556 页。
[7] 钱锺书：《管锥编》，中华书局 1986 年版，第 1264 页。
[8] 钱锺书：《钱锺书散文》，浙江文艺出版社 1997 年版，第 489—490 页。

俗,甚重文藻。……但改梵为秦,失其藻蔚,虽得大意,殊隔文体,有似嚼饭与人,非徒失味,乃令呕哕(哕?)也。"①在此基础上,他进一步诠释道:"意蕴悉宣,语迹多存,而'藻蔚'之致变为榛莽之观,景象感受,非复等类(the principle of equivalent or approximate effect)。"②

  下面来看部分诗歌不可译的一些实例。英语中有这么一句通感诗:"Like unto cicadas that in a forest sit upon a tree and pour forth their lily-like voice."这句话的意思不难理解,即"像知了栖于林中一树,倾泻下百合花似的声音",但要将原文的印象或修辞特色忠实地传达出来,那则几乎不可能,用钱锺书的话说,它"使一切翻译者搔首搁笔"③! 上文曾提到李高洁对苏东坡作品的译介,在钱锺书看来,译文中一点也见不出原作者的风格或文笔,原文的俏皮与哲思没了,读者见到的是笨拙与说教(this translation fails to give the reader any idea of Su's style—… Su's playfulness becomes almost elephantine in the translation, and his philosophisings read so pontificial in English.)④。刘禹锡著有《竹枝词》,原文如下:"杨柳青青江水平,闻郎江上唱歌声。东边日出西边雨,道是无晴却有晴。"许渊冲曾将这首词英译为:"Between the willows green the river flows along; / My gallant in a boat is heard to sing a song. / The west is veiled in rain, the east basks in sunshine; / My gallant is as deep in love as the day is fine."⑤对此译文,钱锺书有评析如下:"'veiled','basks'似乎把原句太 flesh out;'as… as'似乎未达原句的 paradox。但原句确乎无法译,只好 belle infidéle 而已。"⑥很显然,在钱锺书看来,许氏译文也并非原文的"等类"。值得说明的是,即便是就整个中国诗歌而言,钱锺书也认为他们是不可译的。大量译例表明,中国诗歌在外译过程中皆未能逃脱改头换面之厄运,一如莎翁《仲夏夜之梦》里的巴顿(Of course too many Chinese poets have been translated only in the sense that Bottom in the *Midsummer Night's Dream* is translated)⑦。

  诗歌不可译论最早是谁提出的?诗歌为什么难译甚或不可译呢?钱锺

---

① 钱锺书:《管锥编》,中华书局 1986 年版,第 1263 页。
② 同上。
③ 钱锺书:《钱锺书散文》,浙江文艺出版社 1997 年版,第 264 页。
④ 钱锺书:《钱锺书英文文集》,外语教学与研究出版社 2005 年版,第 10 页。
⑤ 许渊冲:《诗书人生》,百花文艺出版社 2003 年版,第 119 页。
⑥ 钱锺书:《钱锺书散文》,浙江文艺出版社 1997 年版,第 442 页。
⑦ 钱锺书:《钱锺书英文文集》,外语教学与研究出版社 2005 年版,第 348 页。

书以为，诗歌不译论最早出自但丁，他说："但丁从声调音韵（cosa per legame musaico armomutata）着眼，最早就提出诗歌翻译（della sua loquela in altra trasmutata）的不可能。"①"声调音韵"自然跟语言密切相关。诗歌这种语为何尤其不可译呢？钱锺书说："词章为语言文字之结体赋形，诗歌与语文尤黏合无间。"②钱氏又指出："盖移译之难，词章最甚。故有人作小诗，托为译诗者自解嘲云：'译本无非劣者，只判劣与更劣者耳'（Es gibt nur schlechte Uebersetzungen / und weniger schlechte）。"③下文将提到钱锺书对许渊冲有关译诗的好评，说其戴着音韵之脚镣而竟然舞出翩翩佳步。其实，钱氏这一赞许同样说明了诗歌之难译及其原因。钱氏指出，西方古称诗为"束缚语"（oratio ligata, vincta, astricata），"诗家亦惯以足加镣、手戴铐而翩翩佳步、僛僛善舞，自喻惨淡经营（'Tis much like dancing on ropes with fettered legs; He that Writes in Rhimes, dances in Fetters; Un poète est un homme qu'on oblige de marcher avec grâce les fers aux pieds; Seine mit Fesseln beladenen Hände und Füsse bewegt er zum leichten anmutigen Tanze.）"④经查，引文中括号里的"'Tis much like dancing on ropes with fettered legs"出自德莱顿（John Dryden），但上述英文后边其实还掉有一个"尾巴"——"—a foolish task"！不论是"a foolish task"，抑或是"惨淡经营"，其所传达的讯息都很明确。在为他人所译《苏东坡作品选》所写评论中，钱锺书曾说自己无意与沃纳就中国诗歌是否可译为英语散文进行争论（It is idle to contend with Mr. Werner with his theory of the translatability of Chinese poetry into English prose!）⑤。钱虽不人与争，但他的观点很明确，他说自己提出相关问题，并非要质疑译者的能力，而是要给沃氏的热情降降温（I mention these not to question Mr. Le Gros Clark's ability as a translator, but simply put a spoke upon the wheel of Mr. Werner's enthusiasm.）⑥。

## （三）诗歌可译

上文在讲诗歌不可译，为什么又说诗歌可译呢？所谓诗歌不可译，钱锺

---

① 钱锺书：《钱锺书散文》，浙江文艺出版社1997年版，第347页。
② 钱锺书：《谈艺录》，中华书局1984年版，第373页。
③ 钱锺书：《管锥编》，中华书局1986年版，第1264页。
④ 钱锺书：《管锥编》，中华书局1986年版，第149页。
⑤ 钱锺书：《钱锺书英文文集》，外语教学与研究出版社2005年版，第9—10页。
⑥ 钱锺书：《钱锺书英文文集》，外语教学与研究出版社2005年版，第10页。

书讲得很清楚,主要是说诗歌在翻译过程中必有失,译诗难以复制原文之印象。不过,钱氏也曾明确指出,翻译其实是一项有失有得的活动,也就是失于彼而得于此。

说到诗歌翻译必有失,钱锺书曾直白地说过这么几句话:"关于译诗问题,近代两位诗人讲得最干脆。弗罗斯脱(Robert Frost)给诗下了定义:诗就是'在翻译中丧失掉的东西'(What gets lost in translation)。摩尔根斯特恩(Christian Morgenstern)认为诗歌翻译'只分坏和次坏的两种'(Es gibt nur schlechte Uebersetzungen und wegiger schlechte),也就是说,不是更坏的,就是坏的。"①对于二位西人的话,又特别是弗罗斯特为诗歌所下定义那一句,钱锺书屡有征引,从中不难感知其对两位西人有关说法的认可及至欣赏,可在写给许渊冲的某封信中,他又表示过:"Frost 与 Morgenstern 两人语 quotable,中国人少知者,故特标举之,并不奉为金科玉律也。"②综而观之,钱锺书是倾向于认为诗歌不可译的,所谓"并不奉为金科玉律",或许说明他就诗歌可译性的看法偶尔也有波动。

从理论上讲,诗歌不可译,但这并不代表现实生活中不可或不需要翻译诗歌。事实表明,诗歌翻译从来有之,换个角度看,还不乏佳作。钱氏本人即曾表示:"晚清西学东渐,移译外国诗歌者浸多,马君武、苏曼殊且以是名其家。"③许渊冲曾将其英译的《毛泽东诗词》寄钱锺书过目,得好评如下:你戴着音韵和节奏之镣铐起舞,翩翩佳步,让人叹服(I... marvel at the supple ease with which you dance in the clogs and fetters of rhyme and meter.)④。

### (四)译诗可出原文头地

钱锺书在讨论可译性时曾有界定如下:"是以文艺不可以移译(paraphrase)者,非谓移译之必逊于原作也。"⑤钱氏又称引过艾略特(T. S. Eliot)的一句话:"A poem may appear different things to different readers, and all of these meanings may be different from what the author thought he meant. The reader's interpretation may differ from the author's and be equally valid... it may even be better. "钱氏将上句话译写为:"诗意随读者

---

① 钱锺书:《钱锺书散文》,浙江文艺出版社 1997 年版,第 347 页。
② 许渊冲:《诗书人生》,百花文艺出版社 2003 年版,第 122 页。
③ 钱锺书:《管锥编》,中华书局 1986 年版,第 1367 页。
④ 许渊冲:《诗书人生》,百花文艺出版社 2003 年版,第 110 页。
⑤ 钱锺书:《钱锺书散文》,浙江文艺出版社 1997 年版,第 489—490 页。

而异,尽可不得作者本意,且每或胜于作者本意。"①在《林纾的翻译》一文中,他也曾明示:"译者运用'归宿语言'超过作者运用'出发语言'的本领,或译本在文笔上优于原作,都有可能性。"②在谈及克洛岱尔译丁敦龄诗时,他甚至带有一点"怂恿"意味地说道:"译者驱使本国文字,其工夫或非作者驱使原文所能及,故译笔正无妨出原著头地。"③实际生活中,"译笔出原著头地"者并不少见,前文中已有部分例证。再比如,《牧歌》中"写女郎风情作张致"的几句话实为"拟希腊旧什而作",钱氏对其非常认可:"夫希腊原作只道女以苹果掷男,兹数语直是夺胎换骨,智过其师,未宜仅以移译目之。"④所谓"夺胎换骨,智过其师",这无疑是"反胜原作"了。又比如,许渊冲曾将自己所译《卜算子》和《忆秦娥》二首词寄给钱锺书过目,得如下嘉评:"尊译远胜原著;Pater 阅 Poe's *Tales*,不读原文,而读 Baudelaire 译文,足相连类。"⑤类似的"反胜原作",钱氏在《林纾的翻译》一文中多有例举,比如:

  最讲究文笔的裴德(Walter Pater)就嫌爱伦·坡的短篇小说词句凡俗,只肯看波德莱亚翻译的法文本;法朗士说一个唯美派的少年人(un jeune esthète)告诉他《冰雪因缘》在法译本里尚堪一读。虽然歌德没有承认过纳梵尔(Gérard de Nerval)法译《浮士德》比原作明畅,只是旁人附会传讹,但也确有出于作者亲口的事例。惠特曼并不否认弗莱理格拉德(F. Freiligrath)德译《草叶集》里的诗也许胜过自己的英语原作;博尔赫斯甚至赞美伊巴拉(Néstor Ibarra)把他的诗译成法语,远胜西班牙语原作。⑥

值得说明的是,上段文字表明,不独小说译文可以出原文头地,诗歌翻译(末尾二例)亦复如是。

---

① 钱锺书:《谈艺录》,中华书局 1984 年版,第 647 页。
② 钱锺书:《钱锺书散文》,浙江文艺出版社 1997 年版,第 303—304 页。
③ 钱锺书:《谈艺录》,中华书局 1984 年版,第 373 页。
④ 钱锺书:《管锥编》,中华书局 1986 年版,第 874 页。
⑤ 许渊冲:《诗书人生》,百花文艺出版社 2003 年版,第 115 页。
⑥ 钱锺书:《林纾的翻译(续)》,《翻译通讯》1985 年第 12 期,第 5 页。

# 第四章 钱锺书与翻译批评

翻译批评系翻译研究的重要组成部分,也是翻译理论与实践相联系的一个必要环节。什么才是翻译批评呢?学界迄今并无定于一尊之意见,但大家对翻译批评的关键词有比较一致的看法,"即评价、翻译作品/现象、标准/理论"[①]。有鉴于此,有论者试着将翻译批评定义如下:"翻译批评是对翻译活动的理解与评价,即从特定的历史文化背景出发,以翻译理论及其他相关理论为基础,根据一定的标准,对翻译作品、翻译过程和翻译现象进行分析、阐释与评价。"[②]浏览钱锺书论述翻译的文字,翻译批评之气息可谓浓厚,笔者甚至认为,钱锺书的不少译论其实是建基于翻译批评的。钱锺书最重要的"化境"译论即出自《林纾的翻译》,而该文对林纾的翻译有着全面、客观、辨正的批评。钱锺书的翻译批评文字抬头不见低头见,下面即来看看其对译者(及译论家)、译作、译论等的批评。

## 一、林译批评

1964 年,钱锺书发表其论翻译的扛鼎之作《林纾的翻译》。在该文中,他既提出了一些重要的翻译思想,也对作为译者的林纾及其译品进行了全面、细致而深入的批评。该文线索很清楚:一节训诂,一个分期,一种文体,一桩文坛旧事。一节训诂,即许慎对翻译的训诂,钱锺书由此引出"译"之"虚涵数意";一个分期,即钱氏将林译以 1903 年为界而分为前后两个阶段,并在此基础上对林氏前后两个阶段的精神状态、译事态度、译作质量等进行对比与分析;一种文体,即林纾翻译时所用并非严格意义上的"古文"而是一种他心目中认为较通俗、较随便、富于弹性的文言;一桩文坛旧事说的是康

---

[①] 刘云虹:《翻译批评研究》,南京大学出版社 2015 年版,第 39 页。
[②] 刘云虹:《翻译批评研究》,南京大学出版社 2015 年版,第 41—42 页。

有为那句"译才并世数严林"及相关解读。李文俊曾说:"为了使中国的文学翻译水平再提高一个层次,不应回避以高水平的译家、译品为批评的对象。相反,应该有那么一些有心人,除了总结他们的成功经验之外,也应该着重指出尚可改进之处,并且最好能有较深入细致的分析。"①读过《林纾的翻译》一文者,恐怕没人怀疑其作者就是这样一位"有心人"。下面即结合《林纾的翻译》一文看看钱锺书对林纾译作的评析。

## (一) 林译之"媒"

在《林纾的翻译》一文开头,钱锺书借许慎的一段训诂,点出"译"之"虚涵数意",主要包括"诱""讹""化"。下面先来看看林译之"诱"或"媒"。

林纾是我国介绍西洋近世文学之第一人,其翻译虽不能说是后来新文学运动的先导,其所起"媒"的作用却不可小觑。② 对此,钱锺书的描述很独到。他指出:"林纾的翻译所起'媒'的作用,已经是文学史公认的事实。"③ 为了证明此言不虚,他索性来了个现身说法:"我自己就是读了林译而增加学习外国语文的兴趣的";④"读了林纾的翻译小说,因此对外国文学发生兴趣";⑤"假如我当时学习英语有什么自己意识到的动机,其中之一就是有一天能够痛痛快快地读遍哈葛德以及旁人的侦探小说。"⑥据杨绛透露,钱锺书后来去牛津大学深造,因厌烦辨认 15 世纪以来的手稿,考试时不务正业,遂读侦探小说过瘾,落得个考试不及格。⑦ 或许正是当初被林译侦探小说弄得心痒难耐,这才使得钱氏远到异国他乡时对此类小说仍手不释卷。需要说明的是,钱锺书不仅读林译侦探小说,对其他林译小说也照读不误,商务印书馆发行的那两小箱《林译小说丛书》至少是好好读过的,其中大部分还"重温"过。据李文俊回忆,就是在"文革"下放期间,钱锺书还在读林译《块肉余生述》(*David Copperfield*),"并作过各种记号"⑧。林译所起"媒"的作用不独见于钱锺书一人,国内不少现代著名作家(如鲁迅、周作人、胡适、叶圣陶、郑振铎、郭沫若、朱自清、茅盾、冰心、庐隐、冯亦代)均曾提到"林

---

① 李文俊:《也谈文学翻译批评》,杨自俭、刘学云:《翻译新论》,湖北教育出版社 1994 年版,第 626 页。
② 鲲西:《推窗集》,中国社会科学出版社 2000 年版,第 63 页。
③ 钱锺书:《钱锺书散文》,浙江文艺出版社 1997 年版,第 274 页。
④ 同上。
⑤ 钱锺书:《钱锺书散文》,浙江文艺出版社 1997 年版,第 305 页。
⑥ 钱锺书:《钱锺书散文》,浙江文艺出版社 1997 年版,第 275 页。
⑦ 刘绍铭:《情到浓时》,上海三联书店 2000 年版,第 352—353 页。
⑧ 张文江:《管锥编续解》,上海古籍出版社 2005 年版,第 19 页。

译小说"对他们的诱引和影响。

## （二）林译之"讹"

所谓"讹",指的是译文"失真和走样"以及"在意义或口吻上违背或不很贴合原文"。① 钱锺书曾明文指出:"彻底和全部的'化'是不可实现的理想,某些方面、某种程度的'讹'又是不能避免的毛病。"②或许正是因为"讹"乃翻译中的"毛病",一段时间里,学人对其多有批评和数落。与一般看官不同,钱锺书对林译之"讹"表现得更理性、更客观、更智慧。在他看来,林译之"讹"大致可以分为两类:一类是可以理解甚或可以称道之"讹",林氏前期译作中的某些增补即是:或加个比喻,使其描写更见风趣,或引申几句议论,使其意义更为显豁。在钱氏看来,林纾的有关添加和增补虽也是"讹",但从修辞学或文章作法角度来看,它又常常可以启发心思。不仅如此,此类"讹"还具有一些抗腐作用,使得林译不致完全被淘汰。③ 在钱锺书看来,林译中的另一类"讹"则不敢恭维,其表现主要如下:文字颠倒讹脱、造句松懈、用字冗赘、字句脱漏、信笔达之、机锋丧失、欧化以及字法句法上狠翻蛮译。这种"讹"不仅没有"诱"的能耐,还会适得其反,将"文学因缘"变为"冰雪因缘"。④ 导致林译之"讹"的原因比较复杂,具体来说,第一类"讹"主要是林纾本人的"明知故犯",后一类"讹"则不能一概而论:口述者会看错说错,而笔达者难保不听错写错,译者追求"一时千言"之速度并"引以自豪",口述者不校对译文。另外,译者匆忙草率,"译文"不像"作文"那样慎重也是原因之一。⑤

至于林译中"讹"都是谁之过,钱锺书发现:"大家一向对林纾从宽发落,而严厉责备他的助手。"⑥实际情况是否如此呢？不妨来看看郑振铎的相关判定。在郑氏看来,林译存在着三大失误:一是原著选择不慎,译了不少二三流作品;二是把许多极好的剧本译成了小说,二者大异其趣;三是任意删节原文,让厚厚的原著变成了薄薄的译本。以上这些失误或许并不能与钱锺书所谓的"讹"直接划等号,但他们总归是林译中的问题。对于上述问题,郑振铎几乎认为都应怪罪于林纾的合作者,他说:"选择原本之权全操于与

---

① 钱锺书:《钱锺书散文》,浙江文艺出版社 1997 年版,第 272 页。
② 同上。
③ 钱锺书:《钱锺书散文》,浙江文艺出版社 1997 年版,第 280—283 页。
④ 钱锺书:《钱锺书散文》,浙江文艺出版社 1997 年版,第 285—288 页。
⑤ 钱锺书:《钱锺书散文》,浙江文艺出版社 1997 年版,第 283—284 页。
⑥ 钱锺书:《钱锺书散文》,浙江文艺出版社 1997 年版,第 284 页。

他合作的口译者之身上";"林先生大约是不大明白小说与戏曲的分别的——……但是口译者何以不告诉他呢?""其过恐怕还在口译者身上:……至于说是林先生的故意删节,则恐无此事"。① 说罢这些,郑氏似乎还有些意犹未尽,索性再来个小结加感慨:"总之,林先生的翻译,殊受口译者之牵累。……林先生自己说:'鄙人不审西文,但能笔述,即有讹错,皆出不知。'这是如何悲痛的一句话呀!"②对于引言中林纾那句话,钱锺书的看法却大不同,他说:"这不等于开脱自己是'不知者无罪'么?"③与此同时,钱氏还给出注解如下:"这是光绪三十四年说的话。民国三年《荒唐言·跋》的口气大变:'纾本不能西文,均取朋友所口述者而译,此海内所知。至于谬误之处,咸纾粗心浮意,信笔行之,咎均在己,与朋友无涉也。'朋友们可能要求他作上面的声名。"④经过实事求是的分析,钱锺书纠偏道:"林译的'讹'决不能全怪助手。"⑤

钱锺书对林译之"讹"进行分类并区别对待非常重要,因为一般人很容易片面地看待翻译之"讹"。刘半农即曾这样点评林译:"谬误太多,把译本和原本对照,删的删,改的改,'精神全失,面目皆非'。"⑥面对诸多名流对林译之"讹"的指责及至讨伐,苏雪林当年也有些看不下去,特地为林译争辩道:"我们批评时也不可拘拘以迹象求,而以其神韵的流动和气韵的清高为贵。现在许多逐字逐句的翻译,似西非西似中非中,读之满口榾柮者似乎还比它不上。要是肯离开翻译这一点来批评,那更能显出它的价值了。"⑦苏氏所言极是,难怪后来有人附和道:"如果我们把眼光局限于文本或翻译机制,而漠视主体文化所发挥的决定性作用,面对中国翻译传统如此丰富的材料,实在让人有入宝山而空手回的慨叹。"⑧令人欣慰的是,随着学界对翻译活动及其本质认知的深入,越来越多的学人开始跳出语言甚至翻译层面去看待林译,王宁即认为:"我们从今天的角度来看林纾的翻译,并非要从语言的层面上对他的一些误译吹毛求疵,而更主要的却是要着眼于他的翻译对

---

① 郑振铎:《林琴南先生》,罗新璋、陈应年编:《翻译论集》(修订本),商务印书馆2009年版,第249—251页。
② 郑振铎:《林琴南先生》,罗新璋、陈应年编:《翻译论集》(修订本),商务印书馆2009年版,第251页。
③ 钱锺书:《钱锺书散文》,浙江文艺出版社1997年版,第284页。
④ 同上。
⑤ 同上。
⑥ 陈福康:《中国译学理论史稿》,上海外语教育出版社2000年版,第202页。
⑦ 范嵩:《〈人间世〉小品精华》(名人卷·杂感卷),中国友谊出版公司1993年版,第57页。
⑧ 孔慧怡、杨承淑:《亚洲翻译传统与现代动向》,北京大学出版社2000年版,第3页。

中国现代性进程和现代文学经典的形成所起到的积极推动作用。"①

## (三) 林译之"化"

根据钱锺书的"化境"译论,"彻底和全部的'化'是不可实现的理想,某些方面、某种程度的'讹'又是不能避免的毛病。"②钱氏既然将"化"与"讹"对举,而且说某些方面和某种程度的"讹"难以避免,这其实也就变相承认某种程度或某些方面的"化"是可以实现的。在《为什么人要穿衣》一文中,钱锺书说过这么几句话:"凡读过佛流格尔博士《家庭的心解研究》和他在《不列颠心理学杂志》《国际心解杂志》上所发表的文字的人,都能知道作者于弗洛伊德学理之使用,具有十分敏活的手腕,绝不露出牵强附会的痕迹。"③大家知道,"化境"的内涵之一即"不因语文习惯的差异而露出生硬牵强的痕迹",因此,如果译者也能具有上文佛氏那种"十分敏活的手腕",其翻译或许也可达至"化境"。在诠释"化境"概念时,钱锺书还曾引英国人赞美这种造诣高的翻译为"投胎转世"。而在《〈围城〉日译本序》中,他则说:"我的原著竟会在日语里脱去凡胎,换成仙体。"④所谓"脱去凡胎,换成仙体",当可以说是华丽地"投胎转世"了。换句话说,《围城》日译本也已臻于"化境"。

根据钱锺书的考察,林纾接近 30 年的翻译生涯明显可以分为两个时期,时间界限为 1903 年。在前后两个不同的时期里,译者的精力、态度等相差悬殊,译文质量更是良莠分明。⑤ 从钱氏分析看,林纾后期的译文与"化"无缘,虽然其中偶尔也有较为出彩者。至于林氏前期的翻译,问题也是有的,比如被严复礼赞为"断尽支那荡子肠"的《巴黎茶花女遗事》,其中就还有"意想不到"的"相当特出的""欧化"成分。此外,"好些字法、句法""生硬"甚至"死硬","像懂得外文而不甚通中文的人的狠翻蛮译"。⑥ 纵然如此,钱锺书仍承认林纾前期的译文"十之七八都很醒目"⑦。除了"醒目",那段时间里,林纾的某些"文笔"也很好,"大体上比哈葛德轻快",竟至于钱锺书"宁可读林纾的译文,不乐意读哈葛德的原文"。⑧ 钱氏进而说:"译者运用'归宿语言'超过作者运用'出发语言'的本领,或译本在文笔上优于原作,都有可

---

① 王宁:《现代性、翻译文学与中国现代文学经典重构》,《文艺研究》2002 年第 6 期,第 37 页。
② 钱锺书:《钱锺书散文》,浙江文艺出版社 1997 年版,第 272 页。
③ 钱锺书:《钱锺书散文》,浙江文艺出版社 1997 年版,第 115 页。
④ 钱锺书:《钱锺书散文》,浙江文艺出版社 1997 年版,第 270、446 页。
⑤ 钱锺书:《钱锺书散文》,浙江文艺出版社 1997 年版,第 289 页。
⑥ 钱锺书:《钱锺书散文》,浙江文艺出版社 1997 年版,第 296 页。
⑦ 钱锺书:《钱锺书散文》,浙江文艺出版社 1997 年版,第 289 页。
⑧ 同上。

能性。"①之后,他还特地指出:"哈葛德小说的林译可列入这类事例里。"②值得一提的是,就林译而言,不仅文笔方面有超迈原作的情况,其他方面也有出原著头地的时候,王佐良即认为某些林译之干净妥帖超过了原作。③ 无独有偶,韦利对林译也有大致相同的看法,认为"中文的狄更斯读来要比英文的狄更斯好,因为原著冗长夸张的句子和喋喋不休的毛病都在翻译中消失了。"④在这一点上,有的评述说得更具体些:"(狄更斯)所有过度的经营,过分的夸张和不自禁的饶舌,都消失了。幽默仍在,不过被简洁的文体改变了。狄更斯由于过度繁冗所损害的每一个地方,林纾从容地、适当地补救过来。"⑤林纾在翻译中何以能去繁除冗而使译文如此"干净妥帖"呢?余光中的一句话也许说到了点子上,他说那是因为林纾不懂外语,故在翻译中可以将 however, I must say, I must admit 等插入成分一笔扫开,"这样一来,文字通顺得不得了"。⑥ 有关林译(主要是前期部分译作)既醒目又干净妥帖,文笔还好,某些方面甚至超迈原著,它们在一定程度上大致也可算得入于"化境"了。

### (四) 林译之"体"

所谓林译之"体",实际指林译中的"古文"。对于一般读者而言,"古文"似乎很难与"体"(文体)扯上关系,与其更直接联系的似乎是"语言"或者"文字"。读钱锺书的下段文字,我们却能在"古文"与"文体"之间找到关联。他说:

> 汉朝的文章是骈体的逐渐完成,只有司马迁是站在线外的,不过他的散文,并不是"家常体",要到唐人复古的时候,才有人去师法他;在魏晋六朝,骈体已成正统文字,却又横生出一种文体来,不骈不散,亦骈亦散,不文不白,亦文亦白,不为声律对偶所拘,亦不有意求摆脱声律对偶,一种最自在,最萧闲的文体,即我所谓家常体,……把这种家常体的长信和唐宋八家类似之作……相比较,便看得出家常体和通常所谓散体"古文"的不同来,向来闹着的魏晋六朝"文笔"之别,据我看,"笔"就

---

① 钱锺书:《钱锺书散文》,浙江文艺出版社 1997 年版,第 303—304 页。
② 钱锺书:《钱锺书散文》,浙江文艺出版社 1997 年版,第 304 页。
③ 许渊冲:《翻译的艺术》,中国对外翻译出版公司 1984 年版,第 111 页。
④ 夏志清:《文学的前途》,生活·读书·新知三联书店 2002 年版,第 32 页。
⑤ 韩洪举:《林译小说研究:兼论林纾自撰小说与传奇》,中国社会科学出版社 2005 年版,第 94 页。
⑥ 余光中:《创作与翻译》,舒乙、傅光明:《在文学馆听讲座 挑战与和解》(精华本),华艺出版社 2003 年版,第 270 页。

是这种自由自在的家常体,介乎骈散雅(bookish)俗(vernacular)之间的一种文体,绝非唐以来不拘声韵的"古文",韩愈复古,纯粹单行的散文变了正统。①

在钱锺书看来,林纾用"古文"翻译的问题需要澄清。他说:"'古文'是中国文学史上的术语,自唐以来,尤其在明、清两代,有特殊而狭隘的含义。并非一切文言都是'古文',同时,在某种条件下,'古文'也不一定跟白话对立。"②非但如此,"近代'白话'往往是理解古代'文言'最好的帮助"③。关于文言与白话之关系,钱锺书在《与张君晓峰书》一文中也有过论述,比如说:"抑弟以为白话文之流行,无形中使文言文增进弹性(elasticity)不少,而近日风行之白话小品文,专取晋宋以迄于有明之家常体为法,尽量使用文言,此点可征将来二者未必无由分而合之一境……"。④

在钱锺书看来,"古文"有两个方面:一是林纾在一些译作序或例言中所说"义法",即"开场""伏脉""接笋""结穴""开阖"等等,简言之,也就是叙述和描写的技巧。显然,在"义法"方面,外国小说原就符合"古文",无需林氏再将其转化为"古文"。正因为此,"林纾并没有用'古文'译小说,而且也不可能用'古文'译小说。"⑤"古文"的第二个方面是"语言"。什么是"古文"语言呢?钱锺书引唐庚《眉山文集》卷二三《上蔡司空书》道:"所谓'古文',虽不用偶俪,而散语之中,暗有声调,其步骤驰骋,亦皆有节奏,非但如今日苟然而已。"⑥接着,他还特地指出:"此即桐城家论'古文'所谓'音节'之说,却未尝溯及之也"。⑦

早在林译初出之时,人们便曾就其文体进行过讨论。海藏楼郑振铎《日记》光绪二十四年十月二十七日即有如下记载:"夜,偶览《才鬼传》李章武事。唐人文笔秀丽,信能感人,小说尤沉着。琴南近译《茶花女》,若能取法于此种文体,即善矣。"⑧很显然,郑氏对林译《茶花女》之文体不怎么认同。比较而言,钱锺书对林译文体的探讨也许更具卓识。在他看来,林纾一直在探索一条适合翻译外国文学的文体,即由于不能以正宗的中国文言文相译,

---

① 钱锺书:《钱锺书散文》,浙江文艺出版社1997年版,第105—106页。
② 钱锺书:《钱锺书散文》,浙江文艺出版社1997年版,第291页。
③ 钱锺书:《七缀集》(修订本),上海古籍出版社1994年版,第65页。
④ 钱锺书:《钱锺书散文》,浙江文艺出版社1997年版,第410页。
⑤ 钱锺书:《钱锺书散文》,浙江文艺出版社1997年版,第291—292页。
⑥ 钱锺书:《管锥编》(第5册),中华书局1986年版,第240页。
⑦ 同上。
⑧ 鲲西:《推窗集》,中国社会科学出版社2000年版,第39页。

不得不借助文言小说以及笔记等传统文体,此中也包括在表现上取法于当时流行的报章杂志文体。具体而言,钱锺书认为:"林纾译书所用文体是他心目中认为较通俗、较随便、富于弹性的文言。它虽然保留若干'古文'成分,但比'古文'自由得多;在词法和句法上,规矩不够严密,收容量很宽大。"①郭沫若也曾说林氏译《迦因小传》等作品用的是"简洁的古文"。② 事实上如此,林译小说用的正是比较"宽大"或"简洁"的"古文",它吸收了文言隽语、白话口语、外来新名词、外来词音译,字法句法含有相当欧化的成分。也就是说,林译小说的"古文"已经具有了某种开放度,尽管这种开放是被迫的,林纾本人也许不太愿意,又或也许不太自觉。在某些学人看来,林译小说至少在两方面发挥了"古文"的长处:一是于叙事中发议论。五四新文学中,有人指责林译小说"常常替外国人改思想",加入"某也不良""某也不孝"等评语。其实,喜欢下断语、发议论原是来自古文的写作规范。二是发挥了古文白描的特长。古文中的白描摈弃了辞赋的铺排和六朝的华丽藻绘,用散体的句子写人状物叙述,也就是鲁迅所说的:有真意,去粉饰,少做作,勿卖弄。③

## 二、严译批评

钱锺书当年发表《林纾的翻译》之后,还曾打算写一姊妹篇——《严复的翻译》。遗憾的是,由于生病和忙于其他事情,他后来"不复此事"④。在笔者看来,钱氏当年有意撰写的《严复的翻译》虽然没能完成,但显然已有部分前期成果产出,其于 1934 年发表的英语专文"A Chapter in the History of Chinese Translation"即其中之一,其于《管锥编》《谈艺录》等著述中对严复译文的零星批评又其一。"A Chapter in the History of Chinese Translation"一文早在 1934 年即已面世,"却因以英文撰写等种种缘故湮没无闻"⑤。其实,就是到了今天,人们似乎仍未识得钱氏上述文章之真面目。

---

① 钱锺书:《钱锺书散文》,浙江文艺出版社 1997 年版,第 295 页。
② 谢天振:《译介学》,上海外语教育出版社 1999 年版,第 71 页。
③ 文贵良:《林译小说:文学汉语的现代冲突》,《中国比较文学》2005 年第 4 期,第 63—64 页。
④ 郑延国:《钱锺书笔涉严又陵》,《大公报》,2015-04-18。
⑤ 秦亚勋,杨雯琴:《理查兹的修辞思想与钱锺书翻译观的衍变》,《中国翻译》2017 年第 3 期,第 33 页。

以该文标题的汉译为例,笔者见到的译名有三个:《论翻译》①《〈天演论〉是划时代译本》②《中国翻译史上的一座里程碑》③。个人以为,"论翻译"太泛,"一座里程碑"和"划时代译本"与钱氏对严复评价基调不甚吻合。根据文章实际内容并结合《林纾的翻译》之命名方式,或可改译为《严复的译论》(下文即采用此名)。

## (一)严复其论

笔者建议将"A Chapter in the History of Chinese Translation"译作《严复的译论》,就内容而言,主要考虑有两点:一则严复的翻译思想最主要的是"信、达、雅";二是钱氏上述文章主要讨论严复的"信、达、雅",具体涉及其来源、含义、三者之关系,以及其他相关译论。

1."信、达、雅"之来源

关于"信、达、雅"之来源,钱锺书曾多次论及,其中,最直截的表述是:"严复译《天演论》弁例所标:'译事三难:信、达、雅'。三字皆已见此。"④所谓"三字皆已见此",是说"信、达、雅"这三个字在支谦的《法句经序》中白纸黑字地存在着。话虽这么说,"信、达、雅"是否就是从支氏那里直接拿来,那也未必,"学说有相契合而非相授受者"。可以肯定的是,严复对包括支谦译论在内的古代佛经翻译思想是熟知的,对此,有论者分析如下:

> 鲁迅曾指出:"严又陵为要译书,曾经查过汉魏六朝翻译佛经的方法"。严复倡言"译事三难信达雅"这段文字的结末,就提到"什法师有云:学我者病";什法师即后秦鸠摩罗什(344—413)。严氏《群己权界说》译凡例云:"原书文理颇深,意繁句重,若依文作译,必至难索解人,故不得不略为颠倒,此以中文译西书定法也";此定法本诸东晋道安(318—385)"时改倒句","而使从秦"。又《与张元济书》,有"仿照晋唐人译佛教办法"以办译书院之议。⑤

引文末尾一句中含有部分引文,它很可能是源自桐城派大家吴汝纶的有关

---

① 黄恽:《钱杨撷拾:钱锺书、杨绛及其他》,东方出版社2017年版,第94页。
② 范旭仑:《〈钱锺书散文〉纠谬》,冯芝祥:《钱锺书研究集刊》(第一辑),上海三联书店1999年版,第391页。
③ 秦亚勋、杨雯琴:《理查兹的修辞思想与钱锺书翻译观的衍变》,《中国翻译》2017年第3期,第32页。
④ 钱锺书:《管锥编》,中华书局1986年版,第1101页。
⑤ 罗新璋:《钱锺书的译艺谈》,《中国翻译》1990年第6期,第3—4页。

言论。吴氏当年对严复翻译《天演论》等多有指陈。比如,他曾说:"执事若为一书,则可纵意驰骋,若以译赫氏之书为名,则篇中所引古书古事,皆宜以元书所称西方者为当,似不必改用中国人语。以中事中人,固非赫氏所及知。法宜如晋宋名流所译佛书,与中儒著述,显分体制,似为入式。"①严复对上述意见极为重视,对《天演论》作修改后,特地致信吴氏以表谢意,内中说:"拙译《天演论》近已删改就绪,其参引己说多者,皆削归后案而张皇之,虽未能悉用晋、唐名流翻译义例,而似较前为优,凡此皆受先生之赐矣。"②

从形而下之层面来看,严复的"信、达、雅"三字诀极可能拈自我国古代佛经译论。一则,如上文所述,严复文字中对佛经翻译言论多有提及甚或称引;其次,翻阅《中国佛教经论序跋记集》③,其字里行间不仅屡屡有"信"或"达"或"雅",同时含有"信""达""雅"三字的序、跋等也绝非仅有《法句经序》。值得提醒的是,在钱锺书看来,当年佛经翻译家并未顾及到严复所讲的"风格"(即"雅")(But the great Buddhist translators of the third to the seventh century to a man neglected style in Yen Fu's sense of the word.)④。事实上,就是我国佛经译论中的"雅",其所指也非一成不变:《法句经序》中支谦之"雅""主要是从辞章的角度着眼";⑤在道安那里,"雅"已另有所指,即"与古质相联,译经尚质也就是尚'雅'。"⑥道安之后,其弟子继承了胡本雅质之观念,僧叡所说"胡文雅质,案本译之"当作如是观。

在罗新璋看来,"信、达、雅"三字的来源问题乃"中国翻译史上一大公案"⑦。钱锺书在《管锥编》出版四年后给罗氏所写信函中曾说:"五六十年前商务印书馆出版的周越然所编英语读本望其书名,可见教科书未轻视中已早讲严复三字诀本于 Tytler 的 *Principles of Translation*,似乎比近来学者们识见广博多了。我在1934—1935年间有一篇英文文章在《中国评论周报》(《中国评论家》?)发表(已无存稿),也提到这个问题,并证明严复把 Tytler 的第三个标准改为'雅'是受吴汝纶的影响(大意如此)。"⑧句中"已无存稿"的"一篇英文文章"正是《严复的译论》。句中"三字诀本于 Tytler"

---

① 吴汝纶:《吴汝纶全集》(三),黄山书社2002年版,第144—145页。
② 王栻:《严复集》(第3册),中华书局1986年版,第520—521页。
③ 许明:《中国佛教经论序跋记集》,上海辞书出版社2002年版。
④ 钱锺书:《钱锺书英文文集》,外语教学与研究出版社2005年版,第39页。
⑤ 吴海勇:《中古汉译佛经叙事文学研究》,学苑出版社2004年版,第472页。
⑥ 吴海勇:《中古汉译佛经叙事文学研究》,学苑出版社2004年版,第474页。
⑦ 罗新璋:《钱锺书的译艺谈》,《中国翻译》1990年第6期,第4页。
⑧ 同上。

以及"严复把 Tytler 的第三个标准改为'雅'"云云,总让人觉得严复译论与泰特勒有关,但《严复的译论》澄清了有关意见,其中说,严复对泰氏有关译论或许根本就没听说过(It is therefore a mistake to say that Yen Fu derived his theory of translation from Alexander Fraser Tytler's *Essay on the Principles of Translation*. Most likely Yen Fu had not even so much as heard of Tytler's Essay.)①。在钱锺书看来,严复译论也容易让人联想到菲茨杰拉德和德莱顿的翻译思想,但严氏的"风格"翻译观终究是受到吴汝纶的影响(Yen Fu, however, was not influenced by Dryden or the translator of Omar Khayyam, but by his older contemporary Wu Ju-lun(吴汝纶), the foremost educationist of his day and Nestor of letters.)②至于吴汝纶都是怎么型塑严复"风格"翻译观的,两人之间的有关通信道出了谜底。本来,对于是否应该遵循"雅驯"这一传统准则而接受文笔或风格之改造,严复最初是比较犯难的,他于是致信向吴汝纶求教:"行文欲求尔雅,有不可阑入之字,改窜则失真,因仍则伤洁,此诚难事。"③吴在回信中建议他"两害相权取其轻":"鄙意:与其伤洁,毋宁失真。凡琐事不足道之事不记何伤!若名之为文,而俚俗鄙浅,荐绅所不道,此则昔之知言者无不悬为戒律,曾氏所谓辞气远鄙也。"④顺便提一下,钱锺书将上述严、吴来往书信有关内容从吴汝纶的角度英译如下:"You (Yen Fu) said: 'The style should be refined of course. But in the original, there are expressions which are not of good taste and ought to be left untranslated to keep the style pure. Hence the dilemma: if I alter those expressions, I am not faithful to the original; if, on the other hand, I left them stand, I spoil the style of my translation.' This is a difficulty indeed! My humble opinion is that you should rather be unfaithful to the original than unfined in your style. Vulgarity in style is ungentlemanly."⑤结合前文吴汝纶在回严复信中所论"体制"等内容,吴氏对严复"风格"翻译观的形成可以说是至关重要甚至是决定性的(... So we see that Yen Fu had his doubts about the third point. It is Wu Ju-lun who gave him the courage of opinion.)⑥。

---

① 钱锺书:《钱锺书英文文集》,外语教学与研究出版社 2005 年版,第 41 页。
② 钱锺书:《钱锺书英文文集》,外语教学与研究出版社 2005 年版,第 40 页。
③ 沈寂:《吴汝纶与严复译著》,《安徽大学学报》(哲学社会科学版)2006 年第 4 期,第 111 页。
④ 同上。
⑤ 钱锺书:《钱锺书英文文集》,外语教学与研究出版社 2005 年版,第 40 页。
⑥ 钱锺书:《钱锺书英文文集》,外语教学与研究出版社 2005 年版,第 41 页。

### 2. "信、达、雅"之所指及关系

在钱锺书看来,严复笔下的"信、达、雅"都应作何理解呢?不妨来看看他的有关英语行文:"... he stated three things to be requisite in a good translation: fidelity, intelligibility, and polished style. His theory is that a translation to be good must (1) render faithfully the ideas of the original, (2) observe the usage of the native tongue so as to be readily understood by readers who cannot read the original, and (3) *in itself* possess high literary merits."[①]不难看出,钱锺书将"信""达""雅"分别英译为 fidelity, intelligibility, polished style,其中,"达"和"雅"的译文跟人们平日所见大相径庭,"雅"字的译文尤其值得关注。钱氏自然知道"雅"可表为 elegant,他还曾引述 17 世纪法国神父德·马罗勒(l'Abbé de Marolles)对自己译作的评价,自赞所译恒吉尔诗是生平"最精确,最美丽,最高雅"(la plus juste, la plus belle et la plus élégante)之译作。[②] 可他偏偏要将严复笔下的"雅"译作 polished style,其弦外之音当是说严氏之"雅"多注重"抛光打亮"。

既然谈到了钱锺书对"雅"的英译,不妨继续看看他本人对"雅"的理解以及他对严复"雅"论的看法。钱锺书都是怎么诠释"雅"的呢?他说:"雅之非润色加藻,识者犹多。"[③]识者可能不多的"雅"是什么呢?钱氏解释道:"'雅'者,原作'文'者不以'野'出之,原作'质'者不以'典'出之,要在体制相同,风调等类。"[④]很显然,钱锺书所说的"雅"是就风格而言者,关注的是"体制"与"风调",强调的是译文与原文在风格上"相同"或"等类"。从相关文献来看,钱锺书的上述"雅"论或主要受到泰特勒"翻译三原则",又特别是阿诺德"不隔"译论之影响。阿氏在《论荷马史诗的翻译》一文中将柯尔律治的两句诗(即"这迷雾,隔障着人和神,消溶为一片纯洁的空明")挪用为好翻译的标准。[⑤] 在钱锺书看来,好的文学作品,即"翻译化的艺术"(art as a translation),人们读着须像身经目击着一样;而好的翻译,即"艺术化的翻译"(translation as an art),我们读了应该如读原文。如此看来,所谓"不隔"即与原文的风度不隔,移译所生(总体)印象当与原来之印象无异。钱锺书对上述"风格"翻译观非常重视,否则,其在界定"化境"论时或许就不一定非要说"完全保存原作的风味"了,而其在对"信"进行界说时也未必一定强调"如

---

① 钱锺书:《钱锺书英文文集》,外语教学与研究出版社 2005 年版,第 38 页。
② 钱锺书:《钱锺书散文》,浙江文艺出版社 1997 年版,第 274 页。
③ 钱锺书:《管锥编》,中华书局 1986 年版,第 1101 页。
④ 钱锺书:《管锥编》,中华书局 1986 年版,第 1264 页。
⑤ 钱锺书:《钱锺书散文》,浙江文艺出版社 1997 年版,第 496 页。

风格以出"。

上文提到钱锺书对严复"雅"字的翻译值得关注。严复"信、达、雅"中的"雅"都指什么呢？他本人对此着墨不多，仅在《天演论·译例言》中提到"言之无文，行之不远"和"故信达而外，求其尔雅，此不仅期以行远已耳"；① 又在回复梁启超的信中提到："窃以谓文辞者，载理想之羽翼，而以达情感之音声也。是故理之精者不能载以粗犷之词，而情之正者不可达以鄙倍之气。"② 恰如钱锺书所说，严复的"雅"论全然无关原文"内容"而仅与"形式"有关 (… the third with the form of translation pure and simple, irrespective of the matter.)。③ 有论者说，钱锺书喜欢严译《天演论》，"对严译的思辩精微、文词深奥、朴茂非常感兴趣"④。"深奥""朴茂"等无疑有关风格，而钱氏对严复的"风格"翻译观并不认可，他将严氏之"雅"译作 polished style 应该有着弦外之音。说钱锺书对严复"风格"翻译观并不认可，是否还有其他论据呢？不妨再来看他人的一段评论文字："钱锺书虽不认为严译白璧无瑕，然觉严译与原作之间似有'金色之雾'，即使最细微之处，亦朦胧呈现，却隐藏难以言喻之美，直言'我从来没有停止过激赏严复转化原作的本领'，认为其雅译甚至能掩盖原文之平凡。"⑤ 句中"金色之雾"说的正是严复的"风格"翻译观。从引文来看，钱锺书对严复译作的质量和翻译风格都相当认可，可这似乎并非钱锺书的本意。经查阅，引文中"金色之雾"和"我从来没有停止过激赏严复转化原作的本领"云云皆"采撷"自《严复的译论》一文，前者及相关语境原文如下："It certainly marks a great advance upon Yen Fu's view which insists on interposing a mist, as Arnold says of the translator of Homer, between his version and the original, although the mist may be a golden one through which even the most insignifidant odds and ends loom up vague, formidable and clothed in lurid beauty."⑥ 钱氏原话说的是，严复对翻译的看法（主要是"雅"论）其实远不及马建忠"无毫发出入于其间"之"镜像"观（photographic theory）。换句话说，"雅"会导致译文和原文之间隔障着烟雾，而这烟雾会笼罩原作，使读者难以见其本来面目。即便烟雾是

---

① 王栻：《严复集》（第五册），中华书局 1986 年版，第 1321—1322 页。
② 王栻：《严复集》（第三册），中华书局 1986 年版，第 516 页。
③ 钱锺书：《钱锺书英文文集》，外语教学与研究出版社 2005 年版，第 39 页。
④ 钱之俊：《钱锺书生平十二讲》，上海社会科学院出版社 2013 年版，第 19 页。
⑤ 汪荣祖：《"翻译之谓艺术，艺术之谓美，今见之矣"——〈翻译之艺术〉新版序》，《中华读书报》，2015-12-16。
⑥ 钱锺书：《钱锺书英文文集》，外语教学与研究出版社 2005 年版，第 42 页。

金色的,即便其能够将最细微之处亦朦胧呈现,即便其能隐藏难以言喻之美,终究不足为训。如此看来,他人或许曲解了钱锺书,只是这曲解很可能是有关论者有意而为之。至于"我从来没有停止过激赏严复转化原作的本领",这大抵是正确的,钱氏相关原文是这么说的:"But to a connoisseur of style, his translations remain a source of delight and interest. I for one have never ceased to marvel at the skill with which Yen Fu 'transmutes' the original author."①值得提醒的是,钱锺书使用 transmute 一词时加了引号,或许也有言外之意。

对于严复笔下的"雅"论,钱锺书委实不认可。在钱氏看来,严复所谓的"好风格"实际是一种"抛光打亮",如衣服增饰身体,而非肌肤之与血肉。因此,作为翻译理论,"雅"是危险的,而作为风格理念,"雅"又是粗鄙的(This is not only a dangerous theory of translation but also a crude and vulgar conception of style.)②。对于严复在翻译中刻意雕琢和增饰原文,钱锺书两度以"过分自我"(self-conscious)相批评。③ 值得说明的是,对于严复的"雅"论或其"风格"翻译观,钱锺书也并不全盘否定,细言之,他对严复有关译论的历史价值还是承认的(Yen Fu's theory is historically important nonetheless for being critically unjustifiable.)④,毕竟其关注了译文的风格。顺便提一句,有论者竟然用严复的"雅"论来点评钱锺书的翻译实践:"无论古人近人、国籍为何,在钱锺书的笔下,他一概用自己所擅长的明清时期的古雅散体文译出,与译文所处的文本风格相一致,并暗合了严复所谓'雅'对翻译的规定。"⑤从前文如许分析来看,严复的"雅"根本就不是钱锺书的菜,说钱译"暗合"了严复"雅"对翻译的规定,恐怕很是值得商榷。

谈了严复的"雅",不妨再来说说他的"信"与"达"。从上文钱氏对"信、达、雅"的英译及解说中,我们其实已可大致感知出"信"与"达"之内涵,下面再从钱锺书对"信""达""雅"三者关系的阐述中来加深一下印象,他说:

译事之信,当包达、雅;达正以尽信,而雅非为饰达。依义旨以传,而能如风格以出,斯之谓信。……雅之非润色加藻,识者犹多;信之必得意

---

① 钱锺书:《钱锺书英文文集》,外语教学与研究出版社 2005 年版,第 37 页。
② 钱锺书:《钱锺书英文文集》,外语教学与研究出版社 2005 年版,第 39 页。
③ 钱锺书:《钱锺书英文文集》,外语教学与研究出版社 2005 年版,第 41 页。
④ 钱锺书:《钱锺书英文文集》,外语教学与研究出版社 2005 年版,第 39 页。
⑤ 葛中俊:《钱锺书视域中的翻译之名和译品之实》,《中国比较文学》2017 年第 3 期,第 76 页。

忘言,则解人难索。译文达而不信者有之矣,未有不达而能信者也。①

在钱锺书看来,"信""达""雅"三者之中,"信"乃译事根本,是第一位的,而且统摄和包含着"达"与"雅","达"是"信"的必要条件,而"雅"并非润饰美化之意。严格按照原文的义旨与风格而译,便能实现"信"。对于钱氏上述评论,有人认为其"真乃灼见之见"②,也有人评其"第一次系统论述了三者的辩证统一关系"③。值得一提的是,笔者在上段引文中使用了一个省略号,被省的文字是"支严于此,尚未推究"。也即是说,在钱锺书看来,支谦《法句经序》和严复《天演论·译例言》中虽都有"信""达""雅"三个字及相关解释,但他们对"信""达""雅"三者之关系以及怎么才能实现"信"等问题却不曾进行仔细考察。今有论者指出,钱氏上述批评"没有'切中肯綮'",究其原因,"钱先生没有意识到:他关于'达'的理解和支谦、严复的不同,而译文偏离原作的风格也不一定会导致'信'的丧失"。④ 钱锺书对严复和支谦的有关译论表示微词,前提正是他对"信""达""雅"及三者之间的关系有着自己的理解。对于严复和支持所谓的"达",钱锺书自然心中有数,可他不会轻易被严复和支谦牵着鼻子走。

钱氏上述文字对于什么是"信"以及"信""达""雅"之关系讲得已然透彻,下面再补充一点他对"达"所发表的一些意见。他曾以"不隔"为媒而将"达"与美学上的"传达"说相联系,指出:"在翻译学里,'不隔'的正面就是'达',严复《天演论》绪例所谓'信达雅'的'达',翻译学里'达'的标准推广到一切艺术便变成了美学上所谓'传达'说(theory of communication)——作者把所感受的经验,所认识的价值,用语言文字或其他的媒介物来传给读者。"⑤此外,在谈到翻译之传达、传播功能时,钱氏也论及过"达",他说:"至琮引:'正当以不关异言,传令知会通尔'……若曰:'正因人不通异域之言,当达之使晓会而已';'关'如'交关'之'关',通也,'传'如'传命'之'传',达也。"⑥

说到钱锺书对严复"风格"翻译观的批评,近年来学人中也有为严复"鸣冤叫屈"并主张为其"正名"者,指钱氏在评价林纾译作时"一扫早年'与原作

---

① 钱锺书:《管锥编》,中华书局1986年版,第1101页。
② 汪敬钦:《风格翻译琐议——"得意忘言"辨》,《四川外语学院学报》1999年第4期,第92页。
③ 聂友军:《钱锺书翻译实践论》,《中国比较文学》2008年第3期,第34页。
④ 薛宁地:《评钱锺书先生关于"信达雅"的一段评论文字》,《外文研究》2017年第1期,第104、101页。
⑤ 钱锺书:《钱锺书散文》,浙江文艺出版社1997年版,第497—498页。
⑥ 钱锺书:《管锥编》,中华书局1986年版,第1263页。

风度不隔'的论调",而作为社会著作翻译家的严复"本应受到远逊于林纾的苛责"。① 大家知道,正是在《林纾的翻译》一文中,钱锺书提出了著名的"化境"译论。其他不论,就从其对"化境"的界定文字来看,钱氏怎么也说不上一扫了早年有关风格翻译之论调。有关论者举例说:"对于风度不合自己口味的原作如'原文滞重粗滥、对话呆板'的哈葛德作品,钱锺书更倾向于接受林纾通过翻译手段加以改良后的译本。"②此例不假,但切忌以点带面,不妨来看钱氏《林纾的翻译》中的另一段文字:

>……并非因为后期林译里缺乏出色的原作。塞万提斯的《魔侠传》和孟德斯鸠的《鱼雁抉微》就出于后期。……塞万提斯的生气勃勃、浩瀚流走的原文和林纾的死气沉沉、支离纠绕的译文,孟德斯鸠"神笔"和林纾的钝笔,成为残酷的对照。说也奇怪,同一个哈葛德的作品,后期所译《铁盒头颅》之类,也比前期所译他的任何一部书来得沉闷。③

毫无疑问,"生气勃勃""浩瀚流走""死气沉沉""支离纠绕""神笔""钝笔""沉闷"等说的都是"风格"那些事儿。经过林纾的翻译,塞万提斯、孟德斯鸠、哈葛德等原作的风格已经变形、走样,甚至有些面目全非。在钱锺书的笔下,不论是严复还是林纾,谁在翻译中动了原文风格的奶酪,他都不会轻易认可。

## (二)严复其译

《严复的译论》一文虽主要讨论严复的翻译思想,但对其翻译实践等亦略有涉猎。比如,文章一开始就对启蒙思想家(a liberator of Chinese thought)的严复进行了点评,说他已成昨日黄花,不仅光彩不再,其用心译介的西方思想也已失去活力与新奇。之后,钱氏笔锋一转,称严复毕竟是文体巨擘,其译作依然能给人快乐和兴趣,而他本人对严复转换文字的能耐从来服气(But to a connoisseur of style, his translations remain a source of delight and interest. I for one have never ceased to marvel at the skill with which Yen Fu "transmutes" the original author.)④。对于批评标准,钱锺

---

① 秦亚勋,杨雯琴:《理查兹的修辞思想与钱锺书翻译观的衍变》,《中国翻译》2017年第3期,第34—35页。
② 秦亚勋,杨雯琴:《理查兹的修辞思想与钱锺书翻译观的衍变》,《中国翻译》2017年第3期,第34页。
③ 钱锺书:《林纾的翻译》,《翻译通讯》1985年第11期,第8页。
④ 钱锺书:《钱锺书英文文集》,外语教学与研究出版社2005年版,第37页。

书主张以严评严。这样评来,严译不啻佳作,而且美到反而不像一般认为的好翻译(Judged in the light or darkness of his own theory, Yen Fu's translations are beyond all doubt very good—indeed, too good to be good translations as we ordinarily understand them.)①。不过,钱锺书对严译的批评也是严厉的,主要是不认可其雕琢译笔、增饰原文之翻译风格。比如,赫胥黎文风平易简捷,可在严氏笔下,赫氏却仿佛一位满口珠玉之辞、抑扬顿挫的中国传统士君子(One would never suppose Huxley, for example, to be the virtuoso of plain style as Mr. Menken happily calls him, if one reads him in Yen Fu's translation. Here is no master of effective assertion, no gladiator of pen, and above all no Darwin's bulldog, but a sweetly reasonable gentleman persuading in mellifluous and jeweled phrases. Of Huxley's unmistakable hard ring there is not a trace; we find only sutle overtones to make for the "other harmony" of prose.)②对于这样的严译,钱锺书说,这绝非我们认为的好翻译(Assuredly, this is not our idea of good translation.)③。

回顾一下本书前面有关章节,可以发现钱锺书对于严复的部分零星翻译是有过认可甚或好评的。比如,西方文论里有 spirit 一字,钱锺书认为其并非中文里的"神"而是"'意在言外'、'不以词害意'之'意'字",为了证明此解无误,他特地取严复的翻译为例:"故严几道译 Esprit des lois 为《法意》"。④ 又比如,严复多次参加科举考试而不中,对于由此而产生的委屈及心头阴影,其在《太夷续作有被刖诸语见靳乃为复之》一诗中曾有述说,诗曰:"吾闻过缢门,相戒勿言索。人情讳失败,常恐遭发暴。"⑤对于该诗之第一句,钱锺书有评论如下:"'吾闻过缢门,相戒勿言索',喻新句贴。余尝拈以质人,胥叹其运古入妙,必出子史,莫知其直译西谚 Il ne faut pas parler de corde dans la maison d'un pendu。点化熔铸,真烽炉日炭之手,非'喀司德''巴立门''玫瑰战''蔷薇兵'之类。"⑥"烽炉日炭之手"与"点化熔铸",这无疑是对作为翻译家严复之首肯以及对严译技艺之激赏。顺便说一句,上

---

① 钱锺书:《钱锺书英文文集》,外语教学与研究出版社 2005 年版,第 38 页。
② 钱锺书:《钱锺书英文文集》,外语教学与研究出版社 2005 年版,第 37—38 页。
③ 钱锺书:《钱锺书英文文集》,外语教学与研究出版社 2005 年版,第 38 页。
④ 钱锺书:《谈艺录》,中华书局 1984 年版,第 43 页。
⑤ 黄克武:《惟适之安:严复与近代中国的文化转型》,社会科学文献出版社 2012 年版,第 74—75 页。
⑥ 钱锺书:《谈艺录》,中华书局 1984 年版,第 24 页。

述法国谚语也见之于西班牙语(no se ha de mentar la soga en casa del ahorcado),《堂吉诃德》中即有之,杨绛和董燕生等皆译之为"在绞杀犯家里,不该提到绳子"①。比较而言,严复的译文或许更高明。

比较而言,钱锺书批评严译的时候更多,而且语气也往往更重。以术语翻译为例,其在《天演论》翻译中曾使用"京垓"代亿年和用"员舆"代地球,对此,钱氏批评他"好为艰深之辞以文浅易"。②又比如,严复在译《穆勒名学》时,将原文中的 syllogizing(三段论法)译作"连珠",意指三段论法是将三个命题珠联在一起。对此,钱锺书批评道:"严复定'三段论法'之译名为'连珠'混淆之失惟均也。"③有道是,"译才并世数严林"。在评论林纾的翻译时,钱锺书有时也会一并捎带上严复。比如,他曾表示:"一个能写作或自信能写作的人从事文学翻译,难保不像林纾那样的手痒;……把翻译变成借体寄生的、东鳞西爪的写作。"④他并举例说,在这方面,严复即可以和林纾作伴的人之一,因为他在"划时代译本《天演论》"中"就把'元书所称西方'古书、古事'改为中国人语','用为主文谲谏之资'"。⑤ 说到《天演论》的翻译,严复不仅"把'元书所称西方'古书、古事'改为中国人语'",还喜欢采用意译方法,而且常在译文中掺入己意。对于此类做法,有论者爆料道:"钱锺书说,又陵英文并不甚佳,意译盖有藏拙之嫌,可以一笔带过,不加深究,至于译者加入己意,乃世界各地之通例,不足为异,绝非严复所创。"⑥

就在钱锺书以"点化熔铸"夸赞严译有关西谚之时,却也不客气地指出整个《瘉壄堂诗集》中"只此一例",他并同时置评道:"几道本乏深湛之思,治西学亦求卑之无甚高论者,如斯宾塞、穆勒、赫胥黎辈;所译之书,理不胜词,斯乃识趣所囿也。"⑦在钱锺书看来,严复不仅翻译有问题——"理不胜词",其在诗歌、思辨力、西学和眼光等方面也并不出众。由此观之,钱锺书文字中的"严几道号西学巨子"⑧以及"划时代译本《天演论》"等说法或许并当不得真。《瘉壄堂诗集》卷上《郑太夷时文》:"迩来又一变,龙蛇起新陆。《论

---

① 张治:《杨绛译〈堂吉诃德〉功过申辩》,http://mini.eastday.com/a/180904095959001.html.
② 王水照:《鳞爪文辑》,陕西人民出版社 2008 年版,第 4 页。
③ 钱锺书:《管锥编》,中华书局 1986 年版,第 1136 页。
④ 钱锺书:《钱锺书散文》,浙江文艺出版社 1997 年版,第 282 页。
⑤ 同上。
⑥ 钱之俊:《钱锺书手札中的"酷评"——读〈槐聚心史:钱锺书的自我及其微世界〉札记》,《中华读书报》,2015 - 07 - 01。
⑦ 钱锺书:《谈艺录》,中华书局 1984 年版,第 24 页。
⑧ 同上。

语》充烧薪,《六经》任生醯。泛海求羊皮,归为五羖鬻。操瑟与吹竽,所志皆食肉。"对于诗句中的"羊皮"一说,钱锺书注以 parchment-diploma,正仿佛《围城》里"亚当、夏娃下身那片树叶"。① "树叶"云云当还比较隐晦,对于严复在西学方面的"不学无术",钱锺书更有"毒"评。比如,《老子》五章云:"天地不仁,以万物为刍狗;圣人不仁,以百姓为刍狗。"对于上述言论,王弼注解道:"物不具存,则不足以备载矣。地不为兽生刍而兽食刍,不为人生狗而人食狗。……圣人与天地合其德,以百姓比刍狗也。"针对王弼的注以及严复对王注的点评,钱锺书指出:"按'刍狗'即《庄子·天运》篇之'已陈刍狗',喻无所爱惜,苏辙《老子解》等早言之。王注望文曲解,而亦具至理,故严复叹赏曰:'此四语括尽达尔文新理,至哉王辅嗣!'然严氏虽驰域外以观昭旷,未得环中而合肯綮,尚是浪为配当。王弼所明,非物竞之'新理',乃辟陈言'目的论'(teleology)。"② 严复称颂王弼的注,认为其讲出了达尔文物种竞争、自然进化的"新理"。在西方哲学传统中,目的论以及对该论的批判在思想演进中至为重要。钱锺书将老子有关言论与西方诸多哲人之言论相比较,揭示出老子的宇宙观具有明确的反目的论性质。钱氏举出亚里士多德、卢克莱修、培根、斯宾诺莎等人的类似说法,说明以天地自然为自在而与人类的利害无关,这在西方有着悠久的传统,"脱严氏不曰'达尔文新论'而曰'培根、斯宾诺莎古训',则近是矣"③。钱锺书又指出,"不仁"其实具有"凉薄或凶残"和"麻木或痴顽"两种意思,"前者忍心,后者无知","'天地不仁'盖属后义",也即王弼注解之意。④ 约翰·密尔(J. S. Mill)所著《宗教三论》(*Three Essays on Religion*),"详阐释自然之行乎其素,夷然不屑人世所谓慈悲与公道(most supercilious disregard both of mercy and of justice)"。钱氏认为密尔上述阐释将王弼所注"仁义"之意"发挥几无余蕴",而密氏乃严复"服膺诵说"之人物,对于他的上述阐释,严复却"似未知读也"。⑤ 严复误评《老子》,无意之间暴露出其在西学方面的短板,而对于严复之相关短板,钱锺书颇有些不依不饶,下段文字亦可为证:"《荀子·荣辱篇》曰:'陋也者,天下之公患也。'患之而求尽免于陋,终不得也;能不自安于陋,斯亦可矣。苏辙之解《老子》,旁通竺乾,严复之评《老子》,远征欧罗;虽于二西之书,皆如卖花担头之看桃李,要欲登楼四望,出门一笑。后贤论释,经眼无

---

① 范旭仑:《"我钱锺书认识他胡适之"》,《东方早报》,2013-10-29。
② 钱锺书:《管锥编》,中华书局1986年版,第417页。
③ 钱锺书:《管锥编》,中华书局1986年版,第418页。
④ 同上。
⑤ 钱锺书:《管锥编》,中华书局1986年版,第420页。

多,似于二子,尚难为役。"①值得顺便一提的是,严复当年评点《老子》,既是针对康有为和梁启超贬损《老子》而发,更是针对梁启超的整个思想理论模式而发。此事,严氏在1916年给弟子熊纯如的信中说得很清楚。有意思的是,在该信中,严复批评了梁启超在西学方面的浅陋:"以一己之于新学略有所知,遂若旧制一无可恕,……任公不识中国之制与西洋殊,……亦可谓枉读一世之中西书矣。"②

对于严复其人其学其译,钱锺书始终勤为关注。比如,他说:"西土谓为'鸵鸟术'(the ostrich policy),严复尝以讽老子,别见《老子》卷论第二章。"③又比如,他曾提到章炳麟《与人论文书》"谓严复文词虽饬,气体比于制举"④。再比如,钱氏曾引黄遵宪光绪二十八年《与严又陵书》论翻译:"假'佛时仔肩'之'佛'而为'佛',假视天如父、七日复苏之义为'耶稣',此假借之法也。"对于黄氏的有关解释,钱锺书评骘道:"黄公度盖谓'耶稣'即'爷苏',识趣无以过于不通'洋务'之学究焉。"⑤句中所谓"不通'洋务'之学究"者是否也包括了严复?笔者以为可能性很大。须知,在钱锺书看来,"老辈惟王静安,少作时流露西学义谛,庶几水中之盐味,而非眼里之金屑"⑥。

钱锺书说严复"治西学亦求卑之无甚高论者",这或许并非空穴来风。以《天演论》为例,对于其中某些重要观点,钱锺书颇不认同。钱氏就读初三时曾发表译作《天择与种变》,其原文为英国现代大科学家兼文学家威尔斯所著《世界史纲》中的一节。钱氏为何要节译相关章节呢?他说:"威氏于记载史事之前,先述地球与生物之演化方法及其证据,洋洋六千余言,透辟精警,得未曾有,此岂他种史书所能及乎?斯文为此六千余言中一立部,原名"Natural Selection and Changes of Species"(改订本第三版之第三章),以其能与人以天择及种变之具体观念也,故译而出之。"⑦而透过翻译,钱锺书对原文的主要思想有了更深入的了解,同时还提出了自己的看法,他说:"按威氏初主张'最优者生存'(Survial of the best)遂致世人诟病,乃易为'较适者(Fitter)生存'。以余观之,似较'达尔文(Charles Robert Darwin)''最适

---

① 钱锺书:《管锥编》,中华书局1986年版,第465页。
② 蔡乐苏:《严复为何评点〈老子〉》,习近平:《科学与救国——严复思想新探》,清华大学出版社2001年版,第219页。
③ 钱锺书:《管锥编》,中华书局1986年版,第597页。
④ 钱锺书:《钱锺书散文》,浙江文艺出版社1997年版,第478页。
⑤ 钱锺书:《管锥编》,中华书局1986年版,第1461—1462页。
⑥ 钱锺书:《谈艺录》,中华书局1984年版,第24页。
⑦ 钱之俊:《钱锺书生平十二讲》,上海社会科学院出版社2013年版,第21页。

者(Fittest)生存'之说更见精警,而有一日之长也。"①还是在初三时,钱锺书又在《桃坞学期报》1926年第9卷第1期发表过《进化蠡见》一文,对有关进化论问题进行了考辨与澄清,文中首先就批判了赫胥黎等人对达尔文进化论的误读。他指出,达尔文提倡的是"最适者能生存繁荣",而非其门徒所理解的"最能者能生存繁荣",二者有着质的区别。②

末了,再提一下他人将钱锺书与严复并而论谈的情况。前文曾提及有人认为钱锺书的翻译"暗合"了严复"雅"对翻译的有关规定,同一论者甚至说:"细心研读过钱、严译文的读者会发现一个令人诧异的事实:严复的翻译实践未能满足自己的翻译标准,而钱锺书的翻译实践则在不经意间实现了严复的全部翻译理想。相反,钱锺书翻译思想的关键词'失'和'讹'则非常不幸地被严复的译文全盘覆盖。"③从前文分析可知,钱锺书对严复的译论译作虽总体上持批评态度,但并未一棍子打死;从前文更可知,钱锺书对严复的翻译思想并不全盘接受,对其"信、达、雅"中的"雅"尤其不以为然,在这种情况下,他的译文怎么会对接严复的"全部翻译理想"呢?

## 三、零散批评

上面两节集中探讨了钱锺书对严复及林纾的翻译批评,分别侧重翻译理论与翻译实践。翻译批评可以说是钱锺书翻译研究之底色,不仅随处有之,而且常常能发他人所不能发。下面再来感受和领略钱氏对其他译论、译者、译品的一些相对比较零散的批评。

### (一)译论批评

钱锺书对中西古今的翻译思想多有借鉴,也时有评述,先来看看他对我国佛经译论的一段点评:

释道安《摩诃钵罗若波罗蜜经钞序》。按论"译梵为秦",有"五失本"、"三不易",吾国翻译术开宗明义,首推此篇;《全三国文》卷七五支谦《法句经序》仅发头角,《学记》所谓"开而弗达"。《高僧传》二集卷二

---

① 钱之俊:《钱锺书生平十二讲》,上海社会科学院出版社2013年版,第21页。
② 钱之俊:《钱锺书生平十二讲》,上海社会科学院出版社2013年版,第16—19页。
③ 葛中俊:《钱锺书视域中的翻译之名和译品之实》,《中国比较文学》2017年第3期,第68页。

《彦琮传》载琮"著《辩正论》,以垂翻译之式",所定"十条"、"八备",远不如安之扼要中肯也。①

赞宁曾将我国最著名的佛经译论概括为:"逖观道安也,论'五失、三不易';彦琮也,籍其'八备';明则也,撰《翻经仪式》;玄奘也,立'五种不翻'。"②后人在总结我国佛经译论时,除了赞宁所说的几条,还常常加上赞氏本人的"六例"。可以看出,钱锺书寥寥几句便将我国主要佛经译论几乎点评殆尽。

在部分学人看来,支谦《法句经序》一文因为提出"信言不美,美言不信"的主"信"原则而"具有时代意义"。③ 钱锺书的看法有所不同,认为《法句经序》在我国译论史上"仅发头角",而且"开而弗达"。对于《法句经序》的具体内容,钱氏也仅对"佛言依其义不用饰,取其法不以严"中的"严"字进行过简要释义:"按'严'即'庄严'之'严',与'饰'变文同意。"④至于彦琮的"十条八备",钱锺书虽说其远不如"五失本,三不易""扼要中肯",但必要时也会称引,其1965年寄赠郑朝宗的诗歌中即有"好与严林争出手,十条八备策新功"⑤等字句。在我国主要佛经译论中,钱氏最看重的是道安的"五失本,三不易",不仅尊其为我国翻译术开宗明义之"首篇",对其中的"五失本"更详有评述,具体意见可参考第一章有关翻译本质属性探讨一节。对于道安的"三不易"之说,有论者说钱锺书对其"只字不提"⑥,其实并非如此,有钱氏文字为证:"又如'圣必因时,时俗有易',今为'圣必因时俗有易',严氏按:'此二语有脱字';盖未参补。"⑦在这里,钱锺书主要就"三不易"中第一个不易在文字上的有关情况进行了简要说明,这对正确理解相关内容并非可有可无。钱氏对整个"三不易"思想着墨不多,或许是他认为其不太重要,又或是他认为相关道理不难理解。在钱锺书对道安"五失本,三不易"的批评中,有一点非常可贵,即在充分肯定的基础上同时指出道安的某些不足。比如,在论述"五不失"之第一失时他便说过:"'改倒'失梵语之'本',而不'从顺'

---

① 钱锺书:《管锥编》,中华书局1986年版,第1262页。
② 陈福康:《中国译学理论史稿》,上海外语教育出版社2000年版,第40页。
③ 张治:《钱锺书的佛典笔记及其修辞比较研究》,《中山大学学报》(社会科学版)2017年第5期,第131页。
④ 钱锺书:《管锥编》,中华书局1986年版,第1101页。
⑤ 张治:《钱锺书的佛典笔记及其修辞比较研究》,《中山大学学报》(社会科学版)2017年第5期,第131页。
⑥ 王向远:《"不易"并非"不容易"——对释道安"三不易"的误释及其辨正》,《北京师范大学学报》2017年第4期,第48页。
⑦ 钱锺书:《管锥编》,中华书局1986年版,第1263页。

又失译秦之'本'。安言之以为'失'者而自行之则不得不然,盖失于彼乃所以得于此也,安未克圆览而疏通其理矣。"①又比如,道安"五失本"之第二失有关文字如下:"梵经尚质,秦人好文,传可众心,非文不合。"在钱锺书看来,道安的有关看法并不全面,"知其一而未知其二也"。这是为什么呢?钱氏有解释如下:"梵自有其'雅'与'文',译者以'梵'之'质'润色而为秦之'文',自是'失本',以梵之'文'损色而为秦之'质',亦'失本'耳。"②

在论及我国译学研究近些年来大量引进西方翻译思想时,有学人说过这么一句话:"在翻译研究的传统领域,远非只有中国的支谦、道安、罗什、玄奘、彦琮、赞宁、马建忠、严复,其实还有西方的西塞罗、贺拉斯、昆体良、哲罗姆、奥古斯丁、布鲁尼、伊拉斯谟、路德、多雷、德莱顿、巴特、泰特勒、歌德、施莱尔马赫、纽曼、阿诺德。"③这句话无意中罗列了一个中外重要传统译论家的名单,而从上文来看,钱氏对名单中的中国译论家的译论几乎一一有评,其中对道安、严复等的译论批评可谓周密。对于上述外国传统译论名家,其译论得到钱锺书点评者也不在少数,至少包括德莱顿、泰特勒、歌德、施莱尔马赫、阿诺德,其中对泰特勒和阿诺德有关译论的介绍和评述可谓周详。如果不限于传统译论,则钱锺书还对以下外国人士的译论有过评说:但丁、叔本华、孟德斯鸠、伏尔泰、塞万提斯、萨维尔、考厄、菲茨杰拉德、沃纳、奈达、纽马克等,此外还包括少许不曾指名道姓的"德国诗人""意大利诗人"等。

鉴于钱氏对译论的批评(包括参考、引用)在书中其他章节大多可见,此仅一一观照,仅谈谈其对鲁迅译论(及译作)的批评。周汝昌曾就鲁迅《摩罗诗力说》中有关"译文"出处的原始文本请教钱锺书,得如下回复文字:"译文似鲁迅大师手笔,逾淮为枳,借面吊丧,无从窥见真相。"④"无从窥见真相",说明译文已然失真或走样,也即"讹"译。鲁迅自序《摩罗诗力说》时说那都是早年"生凑"的,"甚至竟就是偷天换日的翻译";辗转稗贩,确已"面目全非"。⑤ 从这个意义上说,钱氏有关批评也属公允。大家知道,鲁迅是主张"直译"甚至"硬译"的,这与钱锺书的翻译主张大相径庭。在论及严复的"译事三难"时,钱锺书明确提出"未有不达而能信者"。在有关论者看来,上述说法的矛头指向的就是所谓"直译本"(la traduzione letterale),"背后则是对鲁迅为代表的翻译观的否定"。《容安馆札记》中曾录岳珂《桯史》卷十二

---

① 钱锺书:《管锥编》,中华书局1986年版,第1263页。
② 同上。
③ 谭载喜:《翻译学:作为独立学科的发展回望与本质坚守》,《中国翻译》2017年第1期,第6页。
④ 范旭仑:《容安馆品藻录·鲁迅》,《万象》2005年第3期,第117页。
⑤ 同上。

记金熙宗时译者译汉臣视草事,其中将"顾兹寡昧""眇予小子"译释为"寡者,孤独无亲;昧者,不晓人事;眇为瞎眼;小子为小孩儿",又引诰命用"昆命元龟",译作"明明说向大乌龟"。在钱锺书看来,上述译例乃"鲁迅直译之祖也"①。

## (二)译者批评

译者及译者主体性是钱锺书翻译研究中的又一个经常性论题。阅读坊间文献,发现钱氏对古今中外译者广有评说,评说对象包括严复、林纾、周桂笙、马君武、苏曼殊、鲁迅、蔡廷干、刘殿爵、方志彤、许渊冲、许景渊、卞之琳、劳陇、黄裳、杨绛、杨宪益、庞德、菲茨杰拉德、李高洁、马罗勒、克洛岱尔、纳梵尔、波德莱尔、伊巴拉、弗莱理格拉德、霍克斯、莫芝宜佳、荒井、中岛以及部分不曾点名者,而批评的内容主要涉及翻译理解、翻译表达、翻译策略、翻译效果。相关批评较为零散,而且往往点到为止,其中相当一部分可见诸本书其他章节(如第三章、第九章),这里不妨再拈取一些实例。

《文赋》是陆机的文艺理论名著,对于该作品的外译,钱锺书有评论如下:"迩来《文赋》,译为西语,彼土论师,亦颇征引。然移译者蒙昧无知,遂使引用者附会无稽,一则盲人瞎马,一则阳焰空花,于此篇既无足借重,复勿堪借明也。"②这"蒙昧无知"的"移译者"是谁呢?据悉,陈世骧、方志彤、周汝昌等都曾译过《文赋》,而从钱锺书注中所引文字来分析,他所诟病的译者当是 Ernest Richard Hughes(1883—1956)。Hughes,华名"休士""修中诚"③,系当年管理中英庚款董事会第二任董事、牛津大学中国宗教与哲学高级讲师,钱氏当年牛津大学学位论文审稿人,1951年出版《文赋》之英译 The Art of Letters: Lu Chi's Wen Fu。

《古画品录》是谢赫的名作,论古绘画者无不援据此篇首节之"画有六法"。"六法者何?一、气韵,生动是也;二、骨法,用笔是也;三、应物,象形是也;四、随类,赋彩是也;五、经营,位置是也;六、传移,模写是也。"④文论术语不易翻译,这是公认的事实。以"画有六法"为例,钱锺书即曾慨叹:"旧见西人译'六法',悠谬如梦寐醉呓。"⑤以"六法"中第一法"气韵"为例,西方本

---

① 张治:《钱锺书的佛典笔记及其修辞比较研究》,《中山大学学报》(社会科学版)2017年第5期,第131页。
② 钱锺书:《管锥编》,中华书局1986年版,第1177页。
③ 范旭仑:《当面输心背面笑》,《东方早报》,2016-12-04。
④ 钱锺书:《管锥编》,中华书局1986年版,第1353页。
⑤ 钱锺书:《管锥编》,中华书局1986年版,第1354页。

来有大致对应的表达,即古希腊品评雕刻绘画时所看重的"活力"或"生气"(enargeia),可相关译者却"遵奉吾国传讹,以两语截搭":或译之为"具节奏之生命力"(rhythmic vitality),或译之为"心灵调和因而产生生命之活动"(la consonance de l'esprit engendre le movement de la vie),或译之为"生命活动中心灵之运为或交响"(operation or revolution, or concord or reverberation, of the spirit in the movement),再或译之为"精神之声响或生力之震荡与生命之运动"(Spirit Resonance, or Vibration of Vitality, and Life Movement)。① 译文虽多,却皆不得要领。又比如,关于《古画品录》中第六法,钱锺书引《第五品》评刘绍祖道:"善于传写,不闲其思。……号曰'移画',然述而不作,非画所先。"②对于此一评述,钱锺书指出其"盖刘临仿名迹以成摹本(copying),原属画师惯事"。对于上述相关内容,"译者亦作离奇解会,凿浅成晦"③。

在谈及坏翻译的作用时,钱锺书曾说:"这类翻译不是居间,而是离间,摧毁了读者进一步和原作直接联系的可能性,扫尽读者的兴趣,同时也破坏原作的名誉。"④在钱氏看来,17世纪法国神父德·马罗勒(l'Abbéde Marolles)就是这么一个主儿:"他所译古罗马诗人《马夏尔的讽刺小诗集》(Epigrams of Martial)被时人称为《讽刺马夏尔的小诗集》(Epigrams against Martial);和他相识的作者说:这位神父的翻译简直是法国语文遭受的一个灾难(un de ces maux don't notre langue est affligée)。"⑤

外国译者中得到钱锺书认可的自然也有之,比如庞德、菲茨杰拉德、霍克斯、莫芝宜佳、荒井及中岛等。钱锺书对庞德的认可,从敏泽的一则记述中可以见出。敏氏说,关于西方意象主义在20世纪20年代的兴起,他曾有文字如下:"意象主义的'大师'们,如美国的艾滋拉·庞德(Ezra Pound)、格莱汉姆(A. C. Graham)、英国的韦利(A. Waley)等等都曾参与这一工作……"。据敏泽讲,钱锺书见他这几句话后,在"'大师'们"几个字下划了两条杠,勾去了格莱汉姆的名字,划去了"等等都曾参与这一工作",并写下一段批语:"Pound可称'大师',Waley也只能称翻译中国文学名家,Graham为何物?"⑥[1]引言中的"大师"显然不是专就翻译而言者,但相信与翻译有

---

① 钱锺书:《管锥编》,中华书局1986年版,第1354页。
② 同上。
③ 钱锺书:《管锥编》,中华书局1986年版,第1354—1355页。
④ 钱锺书:《钱锺书散文》,浙江文艺出版社1997年版,第273页。
⑤ 钱锺书:《钱锺书散文》,浙江文艺出版社1997年版,第273—274页。
⑥ 敏泽:《钱先生交往回忆之一》,冯芝祥:《钱锺书研究集刊》(第二辑),上海三联书店2000年版,第6页。

关。从上述批语还可看出钱锺书对作为翻译家的韦利大致是认可的,但又不尽然。比如,对于韦利为自己的译作《中国诗》(*Chinese Poems*)所写序言,钱氏就不看好,他说:"论吾国风雅正变,上下千载,妄欲别裁,多暗中摸索语,可入《群盲评古图》者也。"① 格莱汉姆"为何物"? 他是英国伦敦大学人氏,曾翻译《晚唐诗》,在该书序言中声称"我们几乎不能让中国人去翻译唐诗"②。许渊冲在一文中列举过《晚唐诗》中李商隐的"无题"及其5种英译,其中,格氏自认为"很出色"的译文被许判为"错误'出色'得简直可以给〇分了"。③ 由此观之,钱锺书所谓"Graham 为何物?"或许并非妄言。

何兆武曾说:"钱锺书先生眼高手高,于并世学人甚少称许。"④ 余光中也认为:"中国没有几个人能赢得钱锺书赞美的。"⑤ 证之以上文,有关意见可谓不虚,但从上文同时也可看出,钱锺书对译者又并非总是严苛以求。周汝昌在其自传中记有这么一事:"大约 1948 年之秋,因读雪莱的 *Ode to the West Wind*(《西风颂》),一时兴起,即以《楚辞》'骚体'译为汉诗。友人见而赏之,就拿给钱先生看,从此得到了他的青目。记得一封惠札有云(大意):得一英才如此,北来为不虚矣!"⑥ 在一篇回忆文章中,许景渊称自己曾用章回小说笔法翻译林语堂的英文小说《朱门》,送钱锺书过目后得如下好评:"语堂何幸,得此高手翻译,借体复活矣。"⑦ 宋淇曾将刘殿爵的《论语》英译本寄与钱锺书,钱在回信中评论道:"刘先生译《论语》,已快读其序文一过,真深思卓识之通人,岂仅移译高手而已!"⑧ 许渊冲 1984 年出版《唐诗一百五十首》和《翻译的艺术》二书后,曾各送钱锺书一册,得嘉评如下:"二书如羽翼之相辅,星月之交辉,足征非知者不能行,非行者不能知。"⑨ 后来,许氏又将其所译《苏东坡诗词选》送钱锺书,再得"苏诗英译壮举盛事"之盛赞。⑩ 1987 年,许又将其译成法文的《唐宋词选一百首》相送,钱氏在第二年 10 月 23 日所写回信中不仅称许为"译才",而且激赏道:"足下译著兼诗词

---

① 钱锺书:《谈艺录》,中华书局 1984 年版,第 195 页。
② 许渊冲:《典籍英译 中国可算世界一流》,《中国外语》2006 年 5 期,第 70 页。
③ 同上。
④ 许渊冲:《山阴道上:许渊冲散文随笔选集》,中央编译出版社 2005 年版,第 244 页。
⑤ 余光中:《创作与翻译》,舒乙,傅光明:《在文学馆听讲座 挑战与和解》(精华本),华艺出版社 2003 年版,第 279 页。
⑥ 周汝昌:《红楼无限情:周汝昌自传》,北京十月文艺出版社 2005 年版,第 215 页。
⑦ 沉冰:《琐忆钱锺书先生——许景渊(劳陇)先生访谈录》,沉冰:《不一样的记忆:与钱锺书在一起》,当代世界出版社 1999 年版,第 7 页。
⑧ 宋以朗:《宋家客厅:从钱锺书到张爱玲》,花城出版社 2015 年版,第 124 页。
⑨ 许渊冲:《诗书人生》,百花文艺出版社 2003 年版,第 123 页。
⑩ 许渊冲:《山阴道上:许渊冲散文随笔选集》,中央编译出版社 2005 年版,第 353 页。

两体制,英法两语种,如十八般武艺之有双枪将,左右开弓手矣!"①从"英才""译才""高手""左右开弓手"等等表述来看,钱锺书对有关译者可谓称颂有加了。

说到对译者笔下留情甚至给予褒奖,不妨来看看钱锺书都是怎么对待那些翻译他本人作品的部分译者。对于他们,钱锺书引用过一句颇耐人寻味的话:"Don't shoot the piano player, he is doing his best!"②此话何意?原来,美国西部拓荒时期牛仔们动辄拔枪,令小酒吧里弹琴助兴者胆战心惊,于是便有了"琴师已尽力,请勿射杀"这一告示。事实上,钱锺书对翻译他作品的译者也有不吝夸赞的时候,比如,他对《围城》日语译者的评价就很高,虽然其中可能多少掺有情感因素。值得指出的是,钱锺书对于作为译者的自己也时有批评。从相关文字来看,他对自己的要求似乎更高。比如,在为业师温源宁所著《不够知己》撰写书评时,他曾说:"本书中名言隽语,络绎不绝。我怕译不好,索性不引,好在能读原文的,定能有目共赏。"③又比如,叶君健曾说:"中国只有钱锺书能译《尤利西斯》,因为汉字不够用,钱锺书能边译边造汉字。"④听闻上述评语后,钱氏说自己"惶恐万分","老病之身,乏善足述,……八十衰翁,再来自寻烦恼讨苦吃,那就仿佛别开生面的自杀了。"⑤再比如,《管锥编》中有这么一段文字:"古希腊常语:'驴聋不能听琴'……或云:'驴听琴,母猪听角'……或云:'向驴耳唱歌'……猪、驴与牛之听琴听角听歌,固一丘之貉也。"⑥而在《管锥编》增订部分,钱氏自我批评道:"原引亚理奥斯多(Ariosto)二语,稍变希腊成谚,非谓驴不解听琴,而谓驴不解鼓琴、驴与牛不解奏弹乐器,余译文不确。"⑦

### (三)译作批评

译者批评与译作批评不可截然分开,这里将他们分列两节,主要是因为钱锺书相关评论的侧重点有所不同。钱氏对翻译作品的批评多从细小处着手,或为一个标点、一个字母,或为一个词、一个术语,而评论的内容主要包括原文精神及风格的传达,译文在用字、遣词、文笔等方面的表现。

---

① 许渊冲:《诗书人生》,百花文艺出版社2003年版,第126、372页。
② 黄梅:《和钱锺书先生做邻居》,丁伟志:《钱锺书先生百年诞辰纪念文集》,生活·读书·新知三联书店2010年版,第175页。
③ 钱锺书:《钱锺书散文》,浙江文艺出版社1997年版,第158页。
④ 李景端:《心曲浪花》,河北教育出版社2003年版,第138页。
⑤ 同上。
⑥ 钱锺书:《管锥编》,中华书局1986年版,第1333页。
⑦ 钱锺书:《管锥编》(第五册),中华书局1986年版,第244页。

西晋三藏竺法护所译《生经》第十二篇《舅甥经》，全文仅1500余字，经文多用当时口语，其中有不少比较特别的表达方式。对于该篇译经，钱锺书评其"词句生硬"，他并举例道："连昔"就是"连夕"，"见哀"就是"见爱"，"呜"即亲吻，"蛇维"表示火化之意，等等。①

威妥玛（Thomas Francis Wade）早年游学于剑桥大学，1841年随英国军队参加鸦片战争。先后任英国驻华使馆汉文副使与正使，1817年起任英国驻华公使，1883年退职回国。1888年任剑桥大学首任中文教授时，威氏将掠夺的大量汉文及满文图书赠予剑桥。1867年，威氏编著汉语课本《语言自迩集》，采用其于1859年创造的用拉丁字母拼写汉字的方法，为后人沿用，世称"威妥玛式拼法"。钱锺书曾对该人的背景有过调侃，说他"原是翻译官出身"，后来得到"破格"提拔，"贵为驻华公使"。② 在出任公使期间，威氏"居然不忘旧业"，将朗费罗的《人生颂》译成了中文。对于威氏所译《人生颂》，钱锺书总的评价不高，说其"不过是……供夹带用的逐字逐句对译"，译文不仅"扞格不顺""词意格格不吐"，甚至"生硬以至晦涩"，故而"终不免是'坏'译"。③ 对于个中缘由，钱氏有分析如下："他的汉语表达力很差。词汇不够，……句法不顺不妥，有些地方甚至不通费解。"④

从第三章可知，英国人李高洁曾于1931年译注并出版《苏东坡作品选》。对于该书译文，钱锺书的评价不低，说其紧跟原文，可读性强，不拖拉，不晦涩（The translation is exceedingly readable. It is neither cumbersome with baggage as the latest English translation of Chu Yuan nor turgid with finesse as some of the rhymed versions of the Tang Poets. It is very close to the original but not free from errors.）⑤。不过，李氏译文中也有明显错误，诸如：在"举酒属客，诵明月之诗，歌窈窕之章"中，"明月"是一首诗，应该用斜体；将《放鹤亭记》中重要的一句"秋冬雪月千里一色"弄丢了；把"苏子"和"东坡居士"译成了字面意思，即"我，苏的儿子"（the son of Su）和"东坡，退隐的学士"（Tung-P'o, the retired scholar）。⑥ 顺便补充一句，钱锺书虽然说李氏翻译中的错误大可忽略不计（negligible），李高洁1935年修订再

---

① 钱锺书：《钱锺书散文》，浙江文艺出版社1997年版，第370页。
② 钱锺书：《钱锺书散文》，浙江文艺出版社1997年版，第337页。
③ 钱锺书：《钱锺书散文》，浙江文艺出版社1997年版，第347—348页；钱锺书：《管锥编》，中华书局1986年版，第1368页。
④ 钱锺书：《钱锺书散文》，浙江文艺出版社1997年版，第348页。
⑤ 钱锺书：《钱锺书英文文集》，外语教学与研究出版社2005年版，第10页。
⑥ 同上。

版时却基本采纳了钱氏有关意见,只是"东坡居士"的译文一仍其旧,大抵是作者认为 retired scholar 也并无什么大错。

周桂笙曾说过这么一句话:"凡译西文者,固忌率,亦忌泥。"对于此一翻译理念,钱锺书认为"还是很中肯的话"①。遗憾的是,周氏虽有好的翻译理念,"译笔并不出色"②。在论及林纾的翻译在文学史上所起"媒"的作用时,钱锺书特意拿周桂笙等人的译品作引子,他说:"我事先也看过梁启超译的《十五小豪杰》、周桂笙译的侦探小说等,都觉得沉闷乏味。"③

上文提到钱锺书对鲁迅以"大师"相称,对于鲁迅的战友茅盾,钱氏也曾以"大师"(及"翁""泰山北斗")④等相称呼,足见其敬重。需要说明的是,钱锺书对鲁迅的翻译思想及实践并不认可,对茅盾在翻译中所犯低级错误也不客气。《槐聚日札》第 97 则论近人蒋箸超《蔽庐非诗话》卷六里的笑话诗《未之有也》:"一树黄梅个个青,响雷落雨满天星。三个和尚四方坐,不言不语口念经。"钱氏曾经拿这首诗来说事:"忆三年前,一夕梦与人谈《未之有也》诗。其人曰:'茅盾译 Lord Dunsany 剧本 'well-dressed, but without hat'一语为'衣冠端正,未戴帽子',此诗即咏其事,末句兼及君家小猫儿念佛也。"⑤对于句中所记茅盾翻译之事,汪荣祖后来有过跟进,他说:"名小说家茅盾译十八世纪爱尔兰作家唐珊南(Lord John Dunsany)剧本《失帽记》(*The Lost Silk Hat*)中一语'faultlessly dressed, but without a hat',为'衣冠楚楚,未戴帽子',貌似雅言,却顾此失彼,造成事理与名理均不可能之讹。譬如画虎类犬,固然不雅;画犬类虎,亦大不雅。"⑥据范旭仑考证,钱、汪二人所记皆不确切。茅盾所译《遗帽》(*The Lost Silk Hat*)刊于一九二〇年八月《东方杂志》第十七卷第十六号,署名"雁冰",相关原文为"'faultlessly dressed' but without a hat",相关译文为"'衣冠楚楚',可是没有戴帽子"。⑦ 大名鼎鼎的茅盾也有打盹的时候,假借成语,浑不觉"冠""帽"之相互抵牾。

卞之琳在《译林》1982 年第 2 期发表过《新译英国名诗三篇》,即格雷的《墓畔哀歌》、雪莱的《西风颂》和济慈的《希腊古瓮曲》。在译诗之前,卞氏写

---

① 钱锺书:《钱锺书散文》,浙江文艺出版社 1997 年版,第 275 页。
② 同上。
③ 同上。
④ 北塔:《茅盾与钱锺书交往解读》,《传记文学》2018 年第 3 期,第 84 页。
⑤ 范旭仑:《容安馆品藻录·茅盾》,《万象》2005 年第 7 期,第 24 页。
⑥ 汪荣祖:《"意译"才是正道》,《东方早报》,2014-07-06。
⑦ 范旭仑:《容安馆品藻录·茅盾》,《万象》2005 年第 7 期,第 24 页。

有接近一页的说明,其中写道:"欢迎读者用原文对照,和各家中译文比较,正谬指偏,共同提高我国译诗的新水平。"①可以看出,卞氏对自己的译诗还是信心满满的,可在"诗是吾家事"的钱锺书看来,卞氏"新译"并未后来居上,非但如此,"和原文一比,几乎没有一行没有问题"。卞译都有些什么问题呢?钱氏说:"举开头两行(即'晚钟响起来一阵阵给白昼报丧,牛群在草原上迂回,吼声起落。'——引者)为例:'一阵阵'还是'一声声'?'白昼'(正午前后)还是'白日'(整个日子)?'吼'含有怒和高响的意思,但'lowing'从声音和意思都是低缓的'哞'而已,配合着黄昏的气氛情调(参见'日之夕矣,牛羊下来'),原"起落"两字更不知哪里来的?是'迂回'('回'有环绕的涵义),还是'弯曲'(参见'曲径'、'曲:弯弯路')?原句注重在牛的走路,肯定不是'原貌'。"②

## 四、钱锺书翻译批评特色

前文说,翻译批评很可能是钱锺书翻译研究的底色,不可否认的是,钱氏的翻译批评还有着自己的特色,概括起来,主要有以下几点。

首先,钱锺书的翻译批评是严肃的。范旭仑曾指出:"刻薄鬼说,钱先生对时人翻译的兴味,莫非想找些岔子,以资笑柄谈助,作为一种消遣,还可以方便地增长自我优越的快感。"③从范氏这句话来分析,似乎有人对钱锺书之治学操守表示过怀疑。其实,范氏上句话是对钱氏本人有关文字之剪辑。钱锺书的原话分别是:"我对林译的兴味,绝非想找些岔子,以资笑柄谈助。"④"一个人能读原文以后,再来看错误的译本,有时不失为一种消遣,还可以方便地增长自我优越的快感。"⑤钱氏上述二说乃事出有因,即"我渐渐听到和看到学者名流对林译的轻蔑和嗤笑,未免世态逐炎凉"⑥。可以看出,正是看到有人对林纾的翻译不恭,钱锺书这才有感而发,说自己对林译的兴味"绝非想找些岔子"。就凭这点,钱锺书的翻译批评就不会苟且。

其次,钱锺书的翻译批评是有原则的。上文说钱锺书的翻译批评是严

---

① 卞之琳:《新译英国名诗三篇》,《译林》1982年第2期,第134页。
② 李景端:《翻译编辑谈谈翻译》,湖北教育出版社2009年版,第7页。
③ 范旭仑:《容安馆品藻录·茅盾》,《万象》2005年第7期,第24页。
④ 钱锺书:《钱锺书散文》,浙江文艺出版社1997年版,第276—277页。
⑤ 钱锺书:《钱锺书散文》,浙江文艺出版社1997年版,第276页。
⑥ 同上。

肃的,这其实也体现在有章可循上,而且其所遵照的标准或原则还十分考究。比如,他说评论严复的翻译当然要依据他本人提出的有关标准(We must judge Yen Fu only by the standards he himself aimed at reaching.)①。又比如,他曾这样点评董恂所译《人生颂》:"董恂的译诗还能符合旧日作诗的起码条件,文理通,平仄调(……)只是出韵两次。……第五首把'四支'的'羁'字和'八齐'的'萋'字、'鼙'字通押,'羁'字又在尾句,按那时的标准,就算是毛病了。"②"按那时的标准",不仅说明钱锺书的翻译批评讲求规矩,而且注意相关事件的"在场"。说到翻译批评标准,笔者隐约觉得,钱锺书心中应该还有一个更高的标准,即批评对象在态度或德性方面的表现。比如,对于编辑人员在态度或工作上的不是,他会表示不满,在给黄裳的信件中,他即曾抱怨说:"《堂吉诃德》初版校者草率将事,讹漏百出。"③对于某些编辑对待林纾译文稿件的态度,他也忍不住要予以揭批:"……这几句话不仅写出林纾匆忙草率,连稿子上显著的'杜撰字'或别字都没改正,而且无意中流露出刊物编者对名作家来稿常抱的典型的两面态度。"④在致许景渊的信件中,他对一些刊物的"洁身自好"颇有微词,他说:"曩岁○○○撰文纠其谬,《外国语》《译林》皆不欲载。学究酸丁,亦相回护,如官场然。世有贾生,得无痛哭流涕长太息哉!"⑤句中的"其"说的是卞之琳,句中三个圈指的是孙大雨。卞氏在《译林》1982 年 2 期上发表《新译英国名诗三篇》并附录部分说明文字,身为《译林》编委的钱锺书在读过卞译卞文之后,禁不住发表了"一点小意见":"欧美这类刊物都注重篇幅(Apare)的经济使用;所谓经济使用者,宁可刊登广告,或旁人的采访(吹捧性),而不登投稿者自己附在稿件前后的自我吹捧。自我吹捧已成我国新老作家的专业,但是也要看场合。在本期《译林》上,我和我的邻居看到两位朋友的自我吹捧,都觉得恶心反感,……137 页整页的前言,虽说'正谬指偏',其实是说他的译文比'各家中译文'都好。整篇都表示他的译文不同凡响、出类拔萃。"⑥钱锺书把学人之德看得比什么都重,看到他人译作并不好却要"自我吹捧",他自然要"恶心反感"。在给宋淇的信函中,钱锺书曾点评过霍克斯和杨宪益分别

---

① 钱锺书:《钱锺书英文文集》,外语教学与研究出版社 2005 年版,第 38 页。
② 钱锺书:《钱锺书散文》,浙江文艺出版社 1997 年版,第 348 页。
③ 黄裳:《故人书简》,海豚出版社 2012 年版,第 160 页。
④ 钱锺书:《钱锺书散文》,浙江文艺出版社 1997 年版,第 284 页。
⑤ 许景渊:《从钱锺书先生学诗散记》,牟晓明、范旭仑:《记钱锺书先生》,大连出版社 1995 年版,第 15 页。
⑥ 李景端:《翻译编辑谈翻译》,湖北教育出版社 2009 年版,第 6—7 页。

所译《红楼梦》,认为前者"文笔远在杨氏夫妇译本之上",可学界却出现了这么一种情况:"中国学人既无 sense of style,又偏袒半洋人以排全洋鬼子,不肯说 Hawkes 之好。公道之难如此!"①从本例来看,钱锺书的翻译批评还大力倡导公道公正呢。

第三,钱锺书的翻译批评是比较全面的。所谓全面,首先是指批评对象的无所不包,细言之,他既批评翻译理论,也批评翻译作品,还批评翻译人员以及与翻译相关的人和事;他不仅批评译者的译作,也批评其选材、学识、德性等;他不仅批评别人,对自己的翻译也并不网开一面。比如,上文提到过李高洁英译《苏东坡作品选》,其实,该译著中还有李氏的注解和评论以及他夫人(Averil Salmond Le Gros Clark)所作木刻插画和章尾装饰。对于李高洁的译文本身,钱锺书的好评多少比较勉强,他更欣赏的是译者的学识、眼光,其对原作者的热爱以及在注解和评论方面的上佳表现(There is, therefore, no better proof of Mr. Le Gros Clark's deep knowledge of Chinese literature than his choice of Su's fu for translation, throughout the whole translation he shows the scruples of a true scholar and the imaginative sympathy possible only to a genuine lover of Su. His notes and commentaries are particularly valuable, and so much more copious and learned than Lang Yeh's(郎晔) that even Chinese students will profit by them in reading Su's prose poems in the original.)②。对于李夫人的木刻插画和章尾装饰,他也情不自禁地竖起大拇指,说其颇能再现原作之精神,为整个译作增色良多(The Charm of this book is much enhanced by the beautiful wooden gravings and tail-pieces of Mrs. Le Gros Clark. They so ingeniously reproduce the spirit of Su's "prose-poems" in a different medium...)③。所谓钱锺书的翻译批评是全面的,也指其批评维度或角度并不单一。以对林纾翻译的批评为例,他至少做过四类比较:一是林译与他译之比较,比如:"我事先也看过梁启超译的《十五小豪杰》、周桂笙译的侦探小说等,都觉得沉闷乏味。接触了林译,我才知道西洋小说会那么迷人。"④二是林译与同一作品后出译本之比较,发现林译中"许多都值得重读",而同一作品后出的译本却让人"觉得宁可读原文"。⑤ 这里的"觉得宁可读原文"

---

① 宋以朗:《宋家客厅:从钱锺书到张爱玲》,花城出版社2015年版,第113页。
② 钱锺书:《钱锺书英文文集》,外语教学与研究出版社2005年版,第50页。
③ 钱锺书:《钱锺书英文文集》,外语教学与研究出版社2005年版,第11页。
④ 钱锺书:《钱锺书散文》,浙江文艺出版社1997年版,第274—275页。
⑤ 钱锺书:《钱锺书散文》,浙江文艺出版社1997年版,第276页。

也许还概之不全,应该还包括"觉得宁可读林译",他曾举例道:"试看林纾的主要助手魏易单独翻译的迭更司《二城故事》(《庸言》第一卷十三号起连载),它就只有林、魏合作时那种删改的'讹',却没有合作时那种增改的'讹'。"①三是不同时期林译之比较,比如:"前期的译本大多数有自序或他人序,有跋,有《小引》,有《达旨》,有《例言》,有《译余剩语》,有《短评数则》,有自己和别人所提的诗、词,还有时常附加在译文中的按语和评语",晚期的译作则"死气沉沉""支离纠绕",是他人诗论所谓"老手颓唐"。② 四是某些林译与原文的比较,以几种哈葛德小说为例,"发现自己宁可读林纾的译文,不乐意读哈葛德的原文"③。

第四,钱锺书的翻译批评是辩证的。钱锺书的翻译批评很少非此即彼,更多的是智者的辩证。比如,在其翻译理论批评中,我们可以见出"意"与"言"之辩证,"讹""诱""化"之辩证,"信""达""雅"之辩证,"系统理论"与"片段思想"之辩证,等等。至于翻译实践等方面的批评,其辩证意味更不时可感。比如,《黑奴吁天录》第一章里有一节长达 211 个字,林纾的译文却只有 12 个字。对于此类做法,钱锺书一面说:"要证明汉语比西语简括,这种例是害人上当的。"不过他同时又加注道:"林纾原句虽然不是好翻译,还不失为雅炼的古文。"④林纾在翻译中碰到自认为是原作的弱笔或败笔便抢过作者之笔代其去写,对此,钱氏批评道:"从翻译的角度判断,这当然也是'讹'。"⑤言下之意,从其他视角而观,林氏的做法或许可以另当别论了。又比如,在论及诗歌可译性时,钱氏曾表示:"一个译本以诗而论,也许不失为好'诗',但作为原诗的复制,它终不免是坏'译'。"⑥对于董恂及其所译《人生颂》,他的评价也很客观辩证,他说:"董恂不过译了一首英语诗,译笔又不好,但是我们又得承认——尽管已经忘记——他是具体介绍近代西洋文学的第一人。"⑦而从他对董恂相关翻译过程的描写来看,其翻译批评无疑还是有温度的,他说:"……而董恂可怜不懂英语,只好捧着生硬以至晦涩的汉译本,捉摸端详,误会曲解。"⑧

第五,钱锺书的翻译批评是里外有别的。所谓里外有别,一是指他私下

---

① 钱锺书:《钱锺书散文》,浙江文艺出版社 1997 年版,第 285 页。
② 钱锺书:《钱锺书散文》,浙江文艺出版社 1997 年版,第 290 页。
③ 钱锺书:《钱锺书散文》,浙江文艺出版社 1997 年版,第 303 页。
④ 钱锺书:《钱锺书散文》,浙江文艺出版社 1997 年版,第 300 页。
⑤ 钱锺书:《钱锺书散文》,浙江文艺出版社 1997 年版,第 279 页。
⑥ 钱锺书:《钱锺书散文》,浙江文艺出版社 1997 年版,第 347 页。
⑦ 钱锺书:《钱锺书散文》,浙江文艺出版社 1997 年版,第 352 页。
⑧ 钱锺书:《钱锺书散文》,浙江文艺出版社 1997 年版,第 348 页。

的一些翻译批评或许更本真。比如，上文谈到他对卞之琳及其译诗的批评，相关文字来自他写给时任《译林》总编李景端的信函，内中特别强调："我写给你这封信，只供你参考，不要张扬。""百忙中写此信，免得你怨我不关心。请只给高陈二同志过目。"①可以想象，如果不是私人信件，他或许不会那么我手写我口的。在给许渊冲的信函中，钱锺书也有过类似提醒："我与弟除寻常通信外，并无所谓'墨宝'，通信如此之类……皆不值得'发表'。"②不料部分通信内容还是给"发表"了，对此，钱氏显然有些不悦，他说："拙函示众，尤出意外；国内写稿人于此等处尚不甚讲究，倘在资本主义国家，便引起口舌矣。"③笔者说钱锺书的翻译批评里外有别，还包括"当面输心背面笑"之类。举例来说，布劳尔(Reuben A. Brower)1959年于哈佛大学出版社出版《论翻译》(*On Translation*)论文集，内中收录奈达、雅各布森、纳博科夫等名家的翻译论文，同时也收有钱锺书当年的清华同学方志彤所撰《漫谈翻译之难》("Some Reflections on the Difficulty of Translations")，该文系方氏的一篇得意之作，在学界也较有影响，可钱锺书1965年用打字机札记前述论文集时出现了下述文字："George du Maurier, The Martian tells us that Rapaud of the Institut F. Brossard rendered timeo Danaos, et dona ferentes as J'estime les Danois et leurs dents de fer (111)."并眉批道："From Achilles Fang's article 'Some Reflections on the Difficulty of Translations' with its pretentious polyglot learning and ponderous vivacity, 'a practicing poet la chinois' (p. 112)! Achilles Fang(方志彤)作态炫博，自矜通解多种语文，扭捏出文艺姿态，'笨重得可以压坍楼板'；洋洋二十三页中，可取者仅此引语一句耳。"④却说十多年后某天(1979年4月29日)夜里，钱锺书在波士顿某旅店忽然记起刚才与他共进晚餐的不就是《漫谈翻译之难》的作者Achilles Fang么？这一次，他一改往昔之口气，甚而恭维方氏文章具有"创辟"之处(My Dear Achilles, The moment you left, a bell suddenly rang in my memory. So you are the man who made a highly original contribution to the volume On Translation, ed. by Brower!)⑤。在《中国诗与中国画》一文中，钱锺书说过这么几句意味深长的话："在研究古代——是否竟可以说'古今'或'历代'？——文评时，正像在社会生活里，我们得学

---

① 李景端：《翻译编辑谈翻译》，湖北教育出版社2009年版，第6—7页。
② 许渊冲：《续忆逝水流年》，湖北人民出版社2008年版，第113页。
③ 许渊冲：《续忆逝水流年》，湖北人民出版社2008年版，第112页。
④ 范旭仑：《当面输心背面笑》，《东方早报》，2016-12-12。
⑤ 同上。

会孟子所谓'知言',把古人的一时兴到语和他的成熟考虑过的议论区别开来,尤其把他的由衷认真的品评和他的官样套语、应酬八股区别开来。"①信哉斯言,我们读钱氏的翻译批评,当也应该区别其中的"一时兴到语"和"由衷认真的品评"。

## 五、对钱锺书翻译批评之批评

有论者指出,钱锺书所撰《林纾的翻译》乃"历史的、辩证的、马克思主义的""好的翻译批评"。② 从本章前述内容来看,用上句话来形容钱锺书整个的翻译批评并不为过,由于种种原因,钱氏翻译批评中也并非一点偏颇和疏漏也没有。

以对严复及其译论的批评为例,钱锺书所盯最多的是严复在翻译风格方面的失策,这自然无可厚非,但他如果能对严复的翻译目的及其实现情况等一并予以观照,我们看到的译论家严复或许就更全面更丰实。又比如,钱锺书对严复在西学、识趣、外语以及翻译等方面的批评也可谓严厉,但其是否字字在理,似也可商榷。钱氏本人认为"老辈"中仅有王国维"少作时时流露西学义谛",而王国维对严复所译《天演论》却评价甚高,他在1904年所撰《论近年之学术界》中称:"……唯近七八年前,侯官严复所译之赫胥黎《天演论》出,一新世人之耳目,……是以后,达尔文、斯宾塞之名腾于众人之口,'物竞天择'之语见于通俗之文。"③至于严复的翻译选材以及西学造诣,王佐良的评价也不低,认为严氏所介绍的"都是大书",而这些书都是他"经过精心选择的","每一本都是资本主义思想的奠基之作,涉及经济、政治、社会学、科学等重要方面,合起来构成近代西方的主导的意识形态系统"。④ 又比如,对于严复的外语水平,当年出任《泰晤士报》驻华首席记者莫里循(George Ernest Morrison)的评价也很高,认为严氏主要靠自学"掌握了超群的英文知识",能用"古雅的、道地的英语"撰写英文书信。⑤ 对于严复的学识及其翻译,钱基博的看法也与钱锺书迥异,他说:"惜吾国之译言者,大抵拿陋不文,不足传载其义;独推复博涉兼能,文章学问,奄有东西万里之长;杨子云笔札之功,赵

---

① 钱锺书:《七缀集》(修订本),上海古籍出版社1994年版,第24页。
② 孙致礼:《翻译:理论与实践探索》,译林出版社1999年版,第79页。
③ 舒可文:《谁的进化论》,《三联生活周刊》2009年第7期,第89页。
④ 王佐良:《翻译:思考与试笔》,外语教学与研究出版社1989年版,第36、41、42页。
⑤ 孙应祥,皮后锋:《严复集:补编》,福建人民出版社2004年版,第289页。

充国四夷之学,美具难并,钟于一手,求之往古,殆邈焉罕俦。"①

在《汉译第一首英语诗〈人生颂〉及有关二三事》一文中,钱锺书对晚清所派外交使节出洋考察时对外国诗文缺乏猎奇探胜之兴味进行过批评,他说:"董恂以相当于外交部当家部长的身份,亲手翻译了西洋文学作品。中国最早到外国去的使节又都是在他主持下派出的。这就引起幻想,以为从此上行下效,蔚然成风,清廷的出使人员有机会成为比较文学所谓'媒介者'(intermediary),在'发播者'(transmitter)和'收受者'(receptor)之间,大起搭桥牵线的作用。"②可出乎钱氏预料的是,郭嵩焘、张荫桓、薛福成、曾纪泽、黄遵宪、黎庶昌等"中国诗人文人""仿佛'只扫自己门前雪',把隔了一垛语言墙壁的西洋诗文看成'他家瓦上霜',连捡起一点儿道听途说的好奇心都没有。"③其实,情况之所以如此,原因或许主要有二:一是认为"泰西"只在自然和一部分社会科学上领先,而文学和道德哲学还是中国更好;二是晚清时候内外交困,出洋人员首先关注的可以是甚至应该是他国之风土人情、典章制度、科学法政等。对此,钱锺书后来也有所认识,这从他为钟叔河《走向世界》一书所作序言中可以见出,他说:"差不多四十年前,我用英语写过关于清末我国引进西洋文学的片段,……我的视野很窄,只局限于文学,远不如他眼光普照,察看欧、美以及日本文化在中国的全面影响;我又心粗气浮,对那一类书,没有像他这样耐心搜罗和虚心研读。"④

钱锺书的翻译批评虽备极谨严,百密一疏的情况却也还存在,其对林译的评价中即有之。比如,民国元年至六年主编《小说月报》的恽树珏曾给钱基博写过一信,内中说林纾所译《哀吹录》里有不少杜撰字:"翻筋斗"曰"翻滚斗","炊烟"曰"丝烟"。恽氏在信中感慨道:"以我见侯官文字,此为劣矣!"⑤阅读他人的记述与评论后,钱锺书附和道:"这几句话……写出林纾匆忙草率,连稿子上显著的'杜撰字'或别字都没改正。"⑥今有知情者指出,上述批评并不完全正确,因为"翻滚斗"原就是地道的福州方言,"意即翻筋斗"。⑦ 又比如,在论及林纾翻译之"讹"时,钱锺书曾写道:"假如我上文没有讲错,那么林译的'讹'决不能全怪助手,而'讹'里最具特色的成分正出于林纾本人的明知故犯。……试看林纾的主要助手魏易单独翻译的迭更司《二城故

---

① 郑延国:《潇湘子译话》,武汉大学出版社 2015 年版,第 40 页。
② 钱锺书:《钱锺书散文》,浙江文艺出版社 1997 年版,第 353—354 页。
③ 钱锺书:《钱锺书散文》,浙江文艺出版社 1997 年版,第 358 页。
④ 钟叔河:《走向世界——近代中国知识分子考察西方的历史》,中华书局 1985 年版,序。
⑤ 钱锺书:《钱锺书散文》,浙江文艺出版社 1997 年版,第 284 页。
⑥ 同上。
⑦ 鲲西:《清华园感旧录》,上海古籍出版社 2002 年版,第 99 页。

事》(……),它就只有林、魏合作时那种删改的'讹',却没有合作时那种增改的'讹'。"①且不论何谓"讹"及其是非,但断言魏易独自翻译的《二城故事》中没有"增改",这并不属实。《二城故事》总体上是删节的,而且删节到"只有原文三分之一"②,但译文中的"增改"也是客观存在的,而且为数不少。不妨以大家耳熟能详的开篇第一段为例,见识一下魏译中"增改"的频度与尺度。

原文:It was the best of time, it was the worst of time, it was the age of wisdom, it was the age of foolishness, it was the epoch of belief, it was the epoch of incredulity, it was the season of Light, it was the season of Darkness, it was the spring of hope, it was the winter of despair, we had everything before us, we had nothing before us, we were all going direct to Heaven, we were all going direct the other way,—in short, the period was so far like the present period, that some of its noisiest authorities insisted on its being received, for good or for evil, in the superlative degree of comparison only.

译文:吾书开场。为最佳之时代。亦为最恶之时代。为才知之时代。亦未冥顽之时代。为信仰之时代。亦未怀疑之时代。言其善。譬诸阳春。<u>自兹以往</u>。<u>渐渐入于佳境</u>。语其恶。犹之严冬<u>霜雪载途</u>。<u>弥望皆呈可怜之状</u>。其时主乐观者。以为步步接近天堂。主悲观者。则谓渐渐坠落地狱。质言之。当时情形。非可以与今日相提并论。为之作史者。无论所加考语为善为恶。必须冠以绝对之辞。<u>通常之形容词不足尽其万一也</u>。③(下划线为笔者所加)

对照原文,上段译文无一"删改","增改"倒是这里不见那里见(下划线部分)。不仅如此,译文中的相关增益还可圈可点:用词考究,句法工整,起承转合自然妥帖。


注解:
　　[1]　在这里,原作者的本意并非谈钱锺书对相关三位西人翻译成就的看法,只因为他们都从

---

①　钱锺书:《钱锺书散文》,浙江文艺出版社1997年版,第284—285页。
②　郑振铎:《林琴南先生》,罗新璋、陈应年编:《翻译论集》(修订本)2009年版,第250页。
③　林元彪:《视译者与"林纾的翻译"——基于口译精力负荷模型的考察》,《上海翻译》2018年第2期,第25页。

事翻译,而钱氏评语中也涉及翻译,故一并列举。Pound,Waley 和 Graham 三人中,以翻译而论,Graham 的名气相对要小得多,而于前两位,王佐良认为其译品"已经成了现代英语文学的精品"。(《论诗的翻译》,第 113 页)在廖七一看来,"庞德与胡适的诗歌翻译完全证实了巴斯奈特所言:'诗歌不是在翻译中流失的东西,诗歌是我们通过翻译和翻译者而获得的东西。'"(《胡适诗歌翻译研究》,第 118 页)在不少国人眼中,Pound 的成就与影响似乎比 Waley 还要大一些,然有关调查表明,国外的情况恰与此相反。(马红军:《从文学翻译到翻译文学》,第 170—171 页)

# 第五章　钱锺书与翻译历史

读钱锺书著述，每有穿越历史隧道之感，因为历史文献及相关研究俯拾即是。以《中国诗与中国画》一文为例，在不长的篇幅里，钱氏竟分别提到"旧诗史""批评史""文艺批评史"（"文评史"）"文学史（常识）""《中国白话文学史》""西洋文艺史家""中国画史""一个绘画史家"《人物志·八观》"，等等。① 管中窥豹，钱锺书对历史的兴趣与涉猎由此可见。值得一提的是，对于中外翻译史，钱氏也颇多观照，而且时有发现。

## 一、钱锺书与翻译历史

追溯翻译历史，人们大抵会首先联想到《圣经·创世记》中所载巴别塔(the Tower of Babel)[1]的故事。该故事讲的是：挪亚的子孙向东迁徙，到达示拿，看见一平原，打算在那里建造一座城市和一座通天高塔。上帝闻讯后，认为如果挪亚的子孙能够成就此事，今后将无事不成。为阻止相关事情的发生，耶和华变乱了建塔人的语言，致彼此互不能通意，最后只得各自散去，人类的通天计划遂成空想。对于这一故事，钱锺书十分熟悉，曾幽默地转述其梗概如次："人类想建筑一个吻云刺天的高塔，而上帝呢，他不愿意贵国纽约的摩天楼给那些蛮子抢先造了，所以诅咒到人类语言彼此扞格不通，无法合作。"② 钱氏还告诫人们，要做好相关"媒人"（"做媒者"）的工作，就得"肯努力去克服这巴贝尔塔的诅咒(The curse of the Babel)"，这诅咒"影响于文学最大"。③

从钱锺书"巴贝尔塔的诅咒"，不禁想到学界对与此相关的人类"原初语言"(primitive language)的探源。所谓"原初语言"，也称"亚当语言"(Adamic

---

① 钱锺书：《钱锺书散文》，浙江文艺出版社1997年版，第187—221页。
② 钱锺书：《钱锺书散文》，浙江文艺出版社1997年版，第529页。
③ 同上。

language),也就是上帝造人之后与最早的人类直接交流使用的语言。据《圣经》记载,亚当曾使用这种语言与上帝说话,也曾使用该语言为世间万物命名。后来,人类堕落,要建造巴别塔,结果遭到上帝的惩罚,语言被变乱。根据《圣经》,各民族语言之所以不同,正是受到上帝诅咒惩罚的结果,而人类如果能够找回已经丧失的"原初语言",便有可能回到上帝造人之初那种完美的状态。自中世纪以来,欧洲神学家与学者一直在寻找这种所谓的"原初语言",其中,英国人约翰·韦布(John Webb)1699年发表的《历史论文:试论中华帝国语言为原初语言之可能性》(*An Historical Essay Endeavoring a Probability that the Language of the Empire of China is the Primitive Language*)一书颇受钱锺书关注。在本书中,作者大胆提出,中国的语言文字就是人们一直在找寻的"原初语言",理由主要有二:一是挪亚方舟在大洪水之后停泊在东方,中国人是诺亚的后代,他们保存了自诺亚传下来的"原初语言";二是中国人从未参与修建巴别塔,其语言不曾受到上帝的咒诅而混乱,所以,他们在数千年后的今天还能读以前的经书。① 对于韦氏的上述推论,钱锺书不尽同意,因为"中文里并没有亚当跟夏娃在天堂里所讲自己话的记录"②。

钱锺书对翻译史的用心与研究随处可见。以佛经翻译史为例,他在有关著述中即屡有提及或论及。从时间上看,汉、秦、晋、唐等朝代的佛经翻译皆有涉及;就译经看,《妙法连华经》《维摩诘所说经》《金刚经》《楞严经》《生经》《大般若波罗蜜多经》等先后被提及或引用;在译经僧方面,他对道安、支谦、彦琮、昙无谶、竺法护、僧肇、支谶、澄观、鸠摩罗什、赞宁、玄奘等每有参考或评论;此外,其文字中还曾论及或评及佛教词语的翻译,"格义""直译""意译"等方法,"分喻""格外谈"等辞格,不一而足。除佛经翻译史之外,钱锺书对晚清有关翻译历史可谓兴趣盎然,不仅在著述中多次提及同文馆,还曾专门讲到同文馆教习丁韪良(W. A. P. Martin)传译法律和自然科学书籍,③更曾打算亲自撰写一册晚清输入西洋文学的"小书"。④

## 二、钱锺书与文学翻译史

从有关文献来分析,钱锺书对中国文学史及世界文学史皆有兴趣和研

---

① 钱锺书:《钱锺书英文文集》,外语教学与研究出版社2005年版,第101—108页。
② 钱锺书:《钱锺书散文》,浙江文艺出版社1997年版,第531页。
③ 钱锺书:《钱锺书散文》,浙江文艺出版社1997年版,第337页。
④ 钱锺书:《七缀集》(修订本),上海古籍出版社1994年版,第137页。

究,年轻时即曾打算撰写一部《中国文学小史》而未成,但其"序论"发表于《国风》半月刊第3期第8卷(1933年10月)。① 1958年,他参加了余冠英主编《中国文学史》的撰写,负责唐宋部分,具体执笔《宋代文学的承前和启后》《宋代的史话》两章。② 在国外某次讲学中,钱锺书曾表示,我国的文学研究成果虽然林林总总,但总的来看却还差之甚远,甚至连一部比较完备的中国文学史尚付之阙如(In spite of a number of important editions, monographs and histories, our work on the whole is desultory and inadequate. We still lack a rounded and detailed history of Chinese literature.)③。学界曾有推测:"如果以钱锺书的才华与学养写一部巨型(四卷或五卷)完备的《中国文学史》,如不能说绝后,至少是空前的旷世巨著,其贡献与影响当来得更大,更深远。"④有关推测自非妄言,只是钱氏不得不有所为而有所不为。值得一提的是,钱锺书不仅对中国文学史著述不满意,其对世界文学史的有关成果也并不看好,对相关作者的文笔尤其不敢恭维,他举例道:"在剑桥大学的两部大文学史里,Sorley教授写的《英国哲学》、Conen教授写的《美国哲学》,都不注重文笔,还是通常哲学史的写法,此外的文学史更简陋得可悲了。"⑤有鉴于此,他油然感慨道:"我有时梦想着写一本讲哲学家的文学史,每读了一本文笔好的哲学书,这个梦想便在心上掠过。"⑥

不论是中国文学史还是世界文学史,其中皆不能缺了必要的翻译史实。在这方面,有关工作并不到位,钱氏举例说,"我国编写文学史的人对谢灵运是古代唯一的大诗人而兼翻译家那桩事,一向都视若无睹"。⑦ 如果涉及翻译,文学史的编写则还必须细读原文,而实际情况往往并非如此,恰如钱锺书所列举的那样:"写作我国近代文学史的学者一般都未必读过迭更司原著,然而不犹豫地承认了林纾颇能表达更司的风趣。"⑧说到翻译与文学史,钱锺书可以说是如数家珍。他曾说:"林纾的翻译所起'媒'的作用,已经是文学史公认的事实。"⑨他又曾说:"一个能写作或自信能写作的人从事文学翻译,难保不像林纾那样的手痒;……在各国翻译史里,尤其是在早期,都找

---

① 钱锺书:《钱锺书散文》,浙江文艺出版社1997年版,第493页。
② 季进:《钱锺书与现代西学》,上海三联书店2002年版,第19页。
③ 钱锺书:《钱锺书英文文集》,外语教学与研究出版社2005年版,第402页。
④ 汤晏:《一代才子钱锺书》,上海人民出版社2005年版,第330页。
⑤ 钱锺书:《钱锺书散文》,浙江文艺出版社1997年版,第149页。
⑥ 同上。
⑦ 钱锺书:《钱锺书散文》,浙江文艺出版社1997年版,第308页。
⑧ 钱锺书:《钱锺书散文》,浙江文艺出版社1997年版,第278页。
⑨ 钱锺书:《钱锺书散文》,浙江文艺出版社1997年版,第274页。

得着可和林纾作伴的人。"①

钱氏对中国文学(翻译)史的熟谙从其对我国诗歌翻译史的了如指掌中也可见一斑。在《管锥编》之《全齐文卷二六》一节里,其研究即上溯译诗之源,下迄英诗汉译之始,中间则还有南齐、北朝、晚清等时期的诗歌翻译。关于我国汉译英诗之始,下文将有所涉及,至于我国诗歌翻译之始,这里不妨再说上几句。我国译诗,古籍所载,大多译自异族语。本来,佛典译文里已不乏诗作,但因其无韵,故多视为偈本而非译诗。《越人歌》距今已逾二千五百年,钱锺书将其"举作译诗之朔"并赞其"词适调谐、宜于讽诵"②。

说到钱锺书与文学(翻译)史之关系,他当年于牛津大学完成的学位论文《十七、十八世纪英国文学中的中国》("China in the English Literature of the Seventeenth and Eighteenth Centuries")也颇值得一提。该文洋洋洒洒十余万言,全面而详尽地考察了十七、十八世纪英国文献中有关中国的记载,内容几乎包罗万象,园林、建筑、陶瓷、印刷术、火炮甚至政治制度、诗歌、古老的语言,等等;该文下篇则讨论了十八世纪英国文学中写中国题材的故事以及中国文学的翻译,特别考证和介绍了《赵氏孤儿》和《好逑传》在英国的翻译与传播。

## 三、钱锺书与翻译史考证

钱锺书治学素来注重考证,在翻译史研究方面,他也常常运用此一方法并时有斩获。他指出:我国最早的译诗是春秋时的《越人歌》;③我国文学作品中将外国字的译音嵌入诗中"上承高锡恩《夷闺词》,下启张祖翼《伦敦竹枝词》"④;"历来中国著作提起歌德",李凤苞的《使德日记》是第一次;⑤意大利耶稣会士殷铎泽(Prospero Intocetta)等人于1687年合译的《中国哲学家孔子》(*Confucius Sinarum Philosophus*)是最早将孔子著作全集译为欧洲语言者(the earliest translation of Confucius' complete works into a European language);⑥《好逑传》是我国第一部译为欧洲语言的长篇小说(the

---

① 钱锺书:《钱锺书散文》,浙江文艺出版社1997年版,第282页。
② 钱锺书:《管锥编》,中华书局1996年版,第1367页。
③ 同上。
④ 钱锺书:《钱锺书散文》,浙江文艺出版社1997年版,第357页。
⑤ 钱锺书:《钱锺书散文》,浙江文艺出版社1997年版,第360页。
⑥ 钱锺书:《钱锺书英文选》,外语教学与研究出版社2005年版,第116页。

first Chinese long novel translated into a European language)。① 我国有翻译史著述不少,其中能如钱氏这样每有发现和归结者并不多。

钱锺书曾说:"传说他(即林纾——引者)曾被聘翻译基督教《圣经》,那多分是不懂教会事务的小报记者无稽之谈。"②从这句话可以看出,钱氏对翻译史是注重证据的。事实上也正是如此,请看他下面两句话:"中国文学跟英美人好像有上天注定的姻缘,只就诗歌而论,这句话便可成立。"③接着,他补充道:"假使我的考据没有错,西洋文学批评里最早的中国诗讨论,见于一五八九年出版的泼德能(George Puttenham)所选《诗学》(*Art of Poesies*)。"④白纸黑字,钱锺书的有关结论系"考据"而来。这方面的例子还很可举出一些。比如,中国通帕克(H. E. Parker)曾经讲董恂干了一桩我们现在还得惊讶为规模宏大的工作——翻译拜伦(Byron)的巨著《哈罗而特公子》(*Childe Harold*)。对此,钱氏表示怀疑,理据有二:一则"却未之见,倘非失传,即系失实";⑤二来董氏要译拜伦的如此长诗,首先得有人供给他像《长友诗》那样的底稿,威妥玛未必有此功夫,更未必有此耐心和热忱,当时同文馆的学生又没有足够的英语程度,因此,"我们看到的只是他译的郎费罗,他很可能又听说起拜伦或其他诗人。"⑥又比如,上段文字中提及过《好逑传》的翻译,1761年,英国人托马斯·珀西(Thomas Percy)发表了据称是该小说译本的 *Hau Kiou Choaan or The Pleasing History*。该书一问世即引来质疑声一片,观点之一是认为它可能是伪译(pseudo-translation)甚或伪造(forgery)。为消除有关疑虑,作者1774年再次印行时特地附录一公告(advertisement),内中称该书译稿原为薄薄的中国纸对开本4册,其中,前3册系用英文写成,第4册为葡萄牙文,现由编者将其译为英文并对整个译稿进行调整。在该公告中,作者还称这部小说的译稿原属东印度公司的一位英国商人詹姆斯·威尔金逊(James Wilkinson),该人既有才华又正直可靠,空闲时常驻广州,曾学过中文,译本或至少其中一部分是他练习中文之习作。⑦ 在珀西看来,《好逑传》应当是威尔金逊在某位中国老师的指导下直接从汉语移译而成,而据米尔纳·巴里小姐(Miss Alda Milner-Barry)记述,威尔金逊的翻译是在某位葡萄牙友人的帮助下完成

---

① 钱锺书:《钱锺书英文选》,外语教学与研究出版社2005年版,第295页。
② 钱锺书:《钱锺书散文》,浙江文艺出版社1997年版,第289页。
③ 钱锺书:《钱锺书散文》,浙江文艺出版社1997年版,第531页。
④ 同上。
⑤ 钱锺书:《管锥编》,中华书局1986年版,第1368页。
⑥ 钱锺书:《钱锺书散文》,浙江文艺出版社1997年版,第353页。
⑦ 钱锺书:《钱锺书英文文集》,外语教学与研究出版社2005年版,第236—237页。

的。通过对该小说前3册译文的详细分析与考证,钱锺书认为,所谓"中国老师"(the Chinese master or tutor)并不存在,他极有可能就是那位"葡萄牙友人"(Portequese friend),理据显而易见:一则中国人当时还未获准教授英国人"华国语言"(the language of the flowery land),二来如确系中国人,其中文水平再差也不至于连一般成语熟语的意思都闹不清楚,更不可能连《好逑传》的书名都一知半解,而这些问题在译文中却表露无遗;最为要者,书中好多专有名词也给曲解了。基于以上分析,钱氏得出结论:当初"愚弄"威尔金逊的断非生于斯长于斯的中国人(The "Chinese master" who thus duped Wilkinson could not possibly be a native of China at all.)①。还是通过细致的考证,钱氏认为十七世纪英国文学中据称是由中文而直接英译的 *The Economy of Human Life*，*The Oriental Chronicles of the Times* 等也是伪译②。限于篇幅,此略去有关考证细节。

上文提到钱锺书曾打算写一本晚清输入西洋文学的"小书"。据范旭仑分析,那册"小书"的名称"想也是 *The History of Chinese Translation*（《中国翻译史》）。"③上述"小书"因为种种原因而没能写成,让人略感欣慰的是,钱锺书终究写出了"小书"中的一个"片段"——"An Early Chinese Version of Longfellow's 'Psalm of Life'"。不仅如此,该"片段"问世三十多年之后,钱氏又将其重写成中文《汉译第一首英文诗〈人生颂〉及有关二三事》并发表,可见对该文的重视。对于钱氏该文选题,有论者认为"极有意味":"作者像那类有经验的考古学者,在浩若烟海的文献中,慧眼独具地发现了一件文物,即中国外交家赠给美国诗人郎费罗的一桢诗扇。当时的中国文官向外国客人送扇虽是常事,然而此扇则是在'比较文化史'或'近代中西文学翻译史'上,具有充足价值的一件'诗歌文物'。他将这件诗扇从博物馆中解放出来,还原而为历史有机体中活生生的人、事以及那个时代的精神生活的悲喜剧。"④

从有关文献来看,钱锺书对《人生颂》是否是我国汉译之第一首英语诗歌曾经三番五次地提及,但意见并不恒定。1945年12月他于《谈中国诗》一文中肯定地说:"第一首译成中文的西洋近代诗是首美国诗——郎费罗的

---

① 钱锺书:《钱锺书英文文集》,外语教学与研究出版社2005年版,第238—240页。
② 钱锺书:《钱锺书英文文集》,外语教学与研究出版社2005年版,第230—235页。
③ 范旭仑:《〈钱锺书散文〉纠谬》,冯芝祥:《钱锺书研究集刊》(第一辑),上海三联书店1999年版,第391页。
④ 胡晓明:《论钱锺书的以诗证史——以〈汉译第一首英语诗〈人生颂〉及有关二三事〉为中心的讨论》,《思想与文化》第四辑,第337页。

《人生颂》(*A Psalm of Life*)。"①同年,其英文文章"Chinese Literature"中也认为《人生颂》是第一首汉译英诗(the first English poem translated into Chinese)。② 时隔三年,其在《书林季刊》(*Philobiblon*)1948 年第 2 期发表英文文章"An Early Chinese Version of Longfellow's 'Psalm of Life'",标题中只说"an early",正文中的语气也并不完全肯定,认为《人生颂》应当是最早引进中国的西洋文学样品(That the *Psalm of Life* should have been the first sample of "European" literature imported into China.)③。后来,当其将英语文章"An Early Chinese Version of Longfellow's 'Psalm of Life'"重写为中文并发表时(香港《抖擞》1982 年第 1 期;《国外文学》1982 年第 1 期;《新华文摘》1982 年第 4 期),结论又有少许变化,他说:"《人生颂》是破天荒最早译成汉语的英语诗歌"④,同时表示,"《人生颂》既然是译成汉语的第一首英语诗歌,也就很可能是任何近代西洋语诗歌译成汉语的第一首"。⑤ 笔者手头没有 1979 年版《管锥编》,该书 1986 年版中有如下文字:"晚清西学东渐,移译外国诗歌者浸多,马君武、苏曼殊且以是名其家,余所睹记,似当数同治初年董恂译'欧罗巴人长友诗'为最早。"⑥从以上回顾来看,对于《人生颂》是否是我国第一首汉译英诗,钱锺书的意见并非从来肯定,也并不始终如一。对此,学界似乎不曾注意到,想必是受到中文标题《汉译第一首英文诗〈人生颂〉及有关二三事》之影响,"在过去的 20 年中,这一论断一直作为权威的结论被人广泛引用和转述"⑦。所谓"这一论断",即《人生颂》系我国最早的汉译英语诗歌。

下面来看看钱锺书对《人生颂》那位中国译者的考证。早在《谈中国诗》一文中,钱氏对《人生颂》之译者及译文出炉经过已有简要介绍:"《人生颂》先由英国公使威妥玛译为中国散文,然后由中国尚书董恂据每章写成七绝一首,两种译本在《蕉轩随录》第十二卷里就看得见。"⑧不过,读者切莫以为钱氏上述结论得来全不费工夫,在此之前,他谅必已经做过大量的甄别与耙梳工作。1864 年 9 月,英国人福开森(Robert Ferguson)曾造访朗费罗,后来在其所撰《战时和战后的美国》(*America during and after the War*)书中

---

① 钱锺书:《钱锺书散文》,浙江文艺出版社 1997 年版,第 531—532 页。
② 钱锺书:《钱锺书英文文集》,外语教学与研究出版社 2005 年版,第 295 页。
③ 钱锺书:《钱锺书英文文集》,外语教学与研究出版社 2005 年版,第 385 页。
④ 钱锺书:《钱锺书散文》,浙江文艺出版社 1997 年版,第 333 页。
⑤ 同上。
⑥ 钱锺书:《管锥编》,中华书局 1986 年版,第 1367 页。
⑦ 沈弘,郭晖:《最早的汉译英诗应是弥尔顿的〈论失明〉》,《国外文学》2005 年第 2 期,第 44 页。
⑧ 钱锺书:《钱锺书散文》,浙江文艺出版社 1997 年版,第 531 页。

对朗氏书斋有过记载，里面提到中国人的所谓"赠书"，说其为扇子形，上书《人生颂》译文，译者是一位"华国"诗人（a poet of the Flowery Land）。① 朗费罗本人 1865 年 11 月 30 日日记对有关事情也有记述："得中国扇，志喜也（in honor of the Chinese Fan）。扇为中华一达官（mandarin）所赠，上以华文书《人生颂》。"②令人遗憾的是，"那位'华国诗人''中华达官'究竟是谁，福开森和郎费罗均无交代"③。钱锺书没有就此罢休，而是尽其所能寻觅相关蛛丝马迹，结果在《朗费罗传》增订版《附录》里找到这么一条信息，即《人生颂》的译者是 Jung Tagen。以此为据，他推测 Jung Tagen"仿佛音译'容大人'三字"，然后再进一步，大胆提出会不会是"Tung Tajen"（董大人）被误作"Jung Tagen"（容大人）？毕竟 J 和 T 很形似。④ 事实证明，钱锺书的上述推论是正确的，当年曾任董恂下属的方濬师所著《蕉轩随录》中一段话可以为证："英吉利使臣威妥玛尝译欧罗巴人长友诗九首，句数或多或少，大约古人长短篇耳；然译以汉字，有章无韵。请于甘泉尚书，就长友底本，裁以七言绝句。尚书阅其语皆有策励意，无碍理者，乃允所请。兹录之，以长友作分注句下，仿注《范书》式也。"⑤句中的"甘泉尚书"正是董恂，因为董氏系扬州府甘泉县人。有了上述线索，再去考证 Jung Tagen，Tung Tajen 和"董恂"三者之间的关系，钱氏自然不会无功而返。不过，钱氏对有关推测与考证尚不能完全坐实，他于是"寄语"道："《人生颂》译文和那把'官老爷扇子'（mandarin fan）上面写的是一是二，有机会访问美国而又有兴趣去察看郎费罗的遗物的人很容易找到答案。"⑥

令人欣慰的是，钱锺书的上述提议陆续得到学人的响应。张隆溪去美游学时即曾专门去到朗氏故居并询问那把书有汉译《人生颂》的扇子，"可是几番搜寻，却丝毫不见那把中诗扇的踪影"⑦。童元方知道那把诗扇当年是由同治年间担任过美国驻华公使的蒲安臣（Anson Burlingame）离任回国时带给朗费罗的，她于是想从该线索着手寻找，后来也想去朗氏故居碰碰运气，但最终未能如愿，她说："我刚到哈佛时听朗费罗屋的人说，那把扇子找不到了；但我离开哈佛时，他们说又找到了，并且还让我找时间去研究研究。

---

① 钱锺书：《钱锺书散文》，浙江文艺出版社 1997 年版，第 334 页。
② 同上。
③ 同上。
④ 钱锺书：《钱锺书散文》，浙江文艺出版社 1997 年版，第 335、337 页。
⑤ 钱锺书：《钱锺书散文》，浙江文艺出版社 1997 年版，第 336 页。
⑥ 钱锺书：《钱锺书散文》，浙江文艺出版社 1997 年版，第 335 页。
⑦ 张隆溪：《郎费罗的中国扇子》，《万象》2002 年第 2 期，第 121 页。

可惜,我也没有找到时间去。"①朗费罗故居的人说找到了有关"遗物",后来证明情况属实。《钱锺书散文》中即有这么一个"编者注":"有位读者读了本文,在郎费罗的故居找到了这把扇子,并写了发现这把诗扇的始末记。"②有关编者没有说明那位"读者"究竟是谁,从现有文献来看,他应该是贺卫方。贺氏利用1996年7月去美访学之机会,特地考察了朗费罗故居并幸运地"亲见"了《人生颂》诗扇。贺氏在博文中说:"让我感到意外的是,这把扇子居然是该故居的新发现。馆长告诉我,多年来,他们会偶尔接到来自中国和日本的有关此扇的询问,但馆中人员唯知曾有此物,其究竟在何处,是否已经灭失,则茫然无所知。三年前,他们在清理地下室时,在一个柜子中偶然发现。他还称我是三年来第一个获见此扇的中国人,令我颇感欣庆。"③而关于那把"诗扇",贺氏有较为详细的描述,他说:

> 这是一把竹骨折扇。与人们今天常用的那种相比较稍大些,但比我此前想象者要小。(董恂译文七绝九首三十六行计二百五十二字,篇幅不小,我以为总需要一个较大的空间。)扇骨上有极精致的雕刻,其中一支靠近骨脚处已经折断。扇面为黄底纸饰以冷金。《人生颂》诗文不著标题,楷体书录。上款处盖一闲章,印文难以辨认。下款所署时间为"同治乙丑仲春之月",署名"扬州董恂"。名下有印章二,白文印"董",朱文印为"恂"。据钱先生文章,福开森对译诗赠扇的"华国诗人"的书法很表赞赏,说"假如他的译文能和他的书法一样好,那就真是佳作了。"的确,扇面上的书法法度精严,极具功力,那样如同雕版刻印似的楷书实在不多见。以前未曾见识过董恂的书法,因署名下未加"译并书"一类字样,我略有些疑心,这幅扇面是否系"专业"人士代笔写就。④

上述引文中提到"闲章"的"印文"难以辨认,后来有人借助高清数码拍照和好友帮助,认出是"韫卿"二字,这正是董恂的号。⑤至于扇面上的"书法"是否为"专业"人士的"代笔",后来者通过查找当年负责传递扇子的蒲安臣的资料,得相关信息与结论如下:"1867年,清政府任命蒲安臣为出使各国大臣,'前往有

---

① 童元方:《朗费罗的路边客栈》,《万象》2004年第5期,第120页。
② 钱锺书:《钱锺书散文》,浙江文艺出版社1997年版,第335页。
③ 贺卫方:《〈人生颂〉诗扇亲见记》,http://blog.sina.com.cn/s/blog_48866320010009km.html。
④ 同上。
⑤ 启微:《郎费罗故居观扇:从钱锺书先生的"怂恿"谈起》,http://mini.eastday.com/a/170223145036896-2.html。

约各国办理中外交涉事务'。临别之际,老朋友董恂赠诗一首:梅花香里泛归舟,樽酒筵前且暂留。共事中华年最久,回头常念旧交游。诗是一般的赠别诗,字可以判断与郎费罗扇子上的字出自同一人之手。再与市面上不多的董恂书法比较,这两件作品当为董恂亲自书写。"①而关于钱氏当年提出的有关译者究竟是"容大人"还是"董大人"这一问题,贺卫方发现并记录如下:

  "容大人"之谜在翻看扇子背面时揭开。在扇子背面扇骨处,有一行铅笔书写的英文字:The "Psalm of Life" in Chinese by Tung Tajen。馆长以肯定的语气告诉我,此乃郎费罗本人的笔迹。字迹相当清晰,人名第一个字母分明是"T""T",与"Tajen"中的"T"的写法完全一致。"Tajen"中的"j"也很清楚,并非"g"。钱先生的判断果然极为精当,诗扇的来头就是董恂"董大人"而不是另一位"容大人"。根据我后来陆续收集的有关文献推测,第一次将"Tung Tajen"误写为"Jung Tagen"的,或许是一八八二年二月二十六日(诗人去世于下个月的二十四日)出版的一期 Literary World 中对郎费罗作品的各种外文译本的列举。②

  从相关文献中所呈《人生颂》诗扇实物来看,Tung Tajen 中的两个手写的"T"与"J"惊人地相似,难怪被人看走眼。至于"大人"的英语拼写(即 Tajen),倒是一点也不模糊。顺便补充一句,在清末及民国时期,中文里的"大人"这一称谓多拼作 Tajen,但也有分开写作 Ta jen 的,阿乐满所著《上海律师》(*Shanghai Lawyer*)中即有"'*Ta jen lai lo*,' which means 'the great man comes'"③,句中的斜体字部分显然说的是"大人来了"。

  至此,有关《人生颂》诗扇的种种疑问得以水落石出,钱锺书当年的假设也得以完美验证。关于钱氏治学中的考证,有人评其为"学界百年中的一家"④。于其对《人生颂》诗扇的考证风格,有论者的评价也不低:"作者透过诗扇而展开的学术考证工作,显得学域多方、经纬纵横,是一种触处生春的学术探秘和思想旅行。"⑤值得说明的是,钱锺书在《汉译第一首英文诗〈人

---

  ① 启微:《郎费罗故居观扇:从钱锺书先生的"恖恚"谈起》,http://mini.eastday.com/a/170223145036896-2.html.
  ② 贺卫方:《〈人生颂〉诗扇亲见记》,http://blog.sina.com.cn/s/blog_48866320010009km.html.
  ③ Norwood F. Allman: *Shanghai Lawyer*. New York. McGraw-Hill,1943,p. 52.
  ④ 田建民:《站在中西文化碰撞的平台上与西方人对话》,《文学评论》2004年第2期,第100页。
  ⑤ 胡晓明:《论钱锺书的以诗证史——以〈汉译第一首英语诗〈人生颂〉及有关二三事〉为中心的讨论》,《思想与文化》第四辑,第337页。

生颂〉及有关二三事》一文中先后使用了文献考证的笺释方法和人物群体考证的史学方法,前者主要笺解释证《蕉轩随录》和《舟行纪略》中各一段文献,后者主要考释以董恂为中心的外交官群体。

在完结本章内容之前,跟钱锺书上述翻译史考证相关的一个话题似乎还可说上几句。从前文看,钱氏认为朗费罗的《人生颂》(好像/应该)是我国第一首汉译英诗。其实,关于我国汉译英语诗歌究竟哪一首为最早,学界先后有过不同的声音。贺麟曾指出,严复于1898年所译赫胥黎《天演论》中引用蒲柏(Pope)长诗《原人篇》("Essay on Man")中的几句及译自丁尼生(Tennyson)长诗 Ulyssess 中的几句,"虽然是几句碎锦,但英国诗之被译为中文者,恐要以此为最早。"①也有人指出,在1898年,英国传教士李提摩太(Timothy Richard)曾与中国人任延旭合译出版《天伦诗》,即蒲柏《人论》的中文全译本,因之,"严复节译的《人道篇》与李提摩太与任延旭合译的《天伦诗》最早将蒲柏的代表诗作译成中文,也成为中译英国诗歌的发轫之作"②。值得一提的是,也有论者认为辜鸿铭当年所译《痴汉骑马歌》("The Diverting History of John Gilpin")"为吾国人介绍西洋诗歌之始"③或"是国人首次以汉诗的形式翻译英语诗歌的尝试"。④ 既然辜氏所译《痴汉骑马歌》是迟至20世纪初年才于商务印书馆出版的,从上文有关叙述看,辜氏显然不是以诗歌形式汉译英诗的第一人。近又有人撰文指出,刊于1854年第9期《遐迩贯珍》(Chinese Serial)上的弥尔顿(John Milton)《论失明》("On His Blindness")才是我国第一首汉译英诗。⑤ 译文以四字短句为单位,形式整齐,语言凝练,表现出相当高的中文水平。弥尔顿《论失明》之汉译比朗费罗《人生颂》之中译要早,这已无悬念,不过它是否就是我国第一首汉译英诗似也还可商榷。英人慕瑞(Hugh Murry)1836年曾于伦敦出版《世界地理大全》(Cyclopaedia of Geography),该书出版后,时任我国两广总督的林则徐及时组织人员对其进行了编译,于1840年左右成《四洲志》。该书在谈及英吉利时附有这样的文字:"有莎士比亚、弥尔顿、士达萨、特弥顿四人,工诗文,富著述。"⑥值得一提的是,该书不仅提到有关诗人的名字,据说还载有

---

① 贺麟:《严复的翻译》,罗新璋:《翻译论集》,商务印书馆1984年版,第158页。
② 刘树森:《〈天伦诗〉与中译英国诗歌的发轫》,《翻译学报》1998年第6期,第1页。
③ 钟兆云:《解读辜鸿铭》,http://www.21com.net/articles/rwcq/article_2013090291111.html。
④ 周振鹤:《随无涯之旅》,生活・读书・新知三联书店1996年版,第159页。
⑤ 沈弘,郭晖:《最早的汉译英诗应是弥尔顿的〈论失明〉》,《国外文学》2005年第2期,第44页。
⑥ 葛桂录:《中英文学关系编年史》,上海三联书店2004年版,第88页。

一首有趣的汉译诗:"天未贻我粮,神未赆我牛与羊,只生臂力与诈肠;我居宛在水中央,不劫何以豪四方?"①品读该诗,总觉得它更像一首用汉语直接创作而成的打油诗,但《四洲志》毕竟是编译而成,加之他人也指该诗为译作,在没有找到确凿证据之前,我们也许还只好承认它是一首译诗。从时间上看,该首(译)诗无疑又早于《论失明》,虽然其篇幅不长,文字上也没什么惊人之处。《四洲志》中这首诗是否又一定是我国第一首汉译英诗呢?我们似也不能匆匆作结,恰如廖七一所指出的那样:"如果将《圣经》的《诗篇》("The Psalms")和《雅歌》("Song of Songs")也计算在内,那么汉译英诗的历史还要久远。"②

注解:

[1] The Tower of Babel, the curse of (the) Babel, Confusion of *Tougues at Babel* 等表达在《钱锺书散文》及《钱锺书英文文集》等著述中皆有见。需要说明者有三:其一,钱氏对 Babel 一词的汉译名称并不统一,《钱锺书散文》中至少有"巴贝尔"和"巴比尔"二种;其次,Babel 一词前是否有定冠词 the,钱氏文字中也不统一;其三,对于 the curse of Babel 的汉语释义,钱氏著述中也至少有"巴别城"与"巴比尔诅咒"两种。

① 钟少华:《中国近代新词语谈薮》,外语教学与研究出版社 2006 年版,第 101 页。
② 廖七一:《胡适诗歌翻译研究》,清华大学出版社 2006 年版,第 216 页。

# 第六章　钱锺书其他译论

　　从有关文献来看,学界普遍认为钱锺书的翻译理论并不丰富。《围城内外》认为:"钱先生的全部翻译理论,可以用'诱'(或'媒')'讹''化'三个字来概括。"①《20世纪中国翻译思想史》认为钱氏译论仅有"化境"和"出原著头"。②《中国翻译词典》中将钱氏译论概括为三点:一是"补偿原则",即"此'本'不失便不成翻译","盖失于彼(原文)乃所以得于此(译文)也";二是认为"译本对原作应该忠实得以至于读起来不像译本";三是标举"文学翻译的最高理想可以说是'化'。"③不过,认为钱锺书的翻译思想并不贫乏者终究也是有的,《钱锺书翻译实践论》一文作者即认为:"钱锺书对翻译研究中的常规问题和热门问题,从翻译的基本理论、翻译的性质、方法、规则到翻译中的文化问题、社会功用等,都有广泛而深入的论述。"④对于后一观点,笔者是认同的,本书前五章内容或可佐证。为了尽量少一点遗珠之憾,下面对钱锺书的翻译理论再略做补充。

## 一、翻译与语言

　　在钱锺书看来,"翻译总是以原作的那一国语文为出发点而以译成的这一国语文为到达点"⑤。强调翻译最终是两种语言之间的转换活动,这反映了钱氏对翻译本体论的坚守。在 Book Note II 及 Critical Notice III 等文章中,钱锺书对相关译者误解、曲解原文的情况进行过点评,而在《林纾的翻译》及《汉译第一首英语诗〈人生颂〉及二三事》等文章中,他又对林纾、威妥

---

① 陆文虎:《围城内外——钱锺书的文学世界》,解放军出版社2004年版,第351页。
② 王秉钦:《20世纪中国翻译思想史》,南开大学出版社2004年版,第238—246页。
③ 林煌天:《中国翻译词典》,湖北教育出版社1997年版,第542页。
④ 聂友军:《钱锺书翻译实践论》,《中国比较文学》2008年第3期,第33页。
⑤ 钱锺书:《钱锺书散文》,浙江文艺出版社1997年版,第271页。

玛、董恂等在译文表达中所犯错误进行过分析与批评,从中可以看出,钱锺书谈翻译往往从语言视角切入。

翻译既是语言之间的转换,译者具有良好的双语功底便是题中应有之意。1987年,许渊冲出版了英译本《李白诗选》并寄送一册给钱锺书,钱氏在回信中说:"太白能通夷语,明人小说中敷陈其'草写吓蛮书',惜其尚未及解红毛鬼子语文,不然,与君苟并世,必莫逆于心耳。"①钱氏这段评论文字背后其实隐藏着明朝《今古奇观》中《李白醉写吓蛮书》之故事:话说唐朝有一个蛮夷之邦,用夷文给唐天子写了一封信,说如果堂堂天朝没有人懂得夷文,他们便拒绝进贡。这信令满朝文武大惊失色,不知如何是好。幸运的是,李白生于西域,能通夷语,他于是要天子送上酒来,喝得酩酊大醉之后,用夷文回信一封。读到李白信件,蛮夷这才又肯俯首称臣。钱锺书借上述故事,说可惜李白不懂英文,要是活到今天,一定会和许渊冲成为无话不谈的好朋友。太白"草写吓蛮书"无非是一个传说,钱锺书的称引表明,掌握和运用外语乃译者的基本素养之一。

下面再来透过中外文化交流史看看相关人员因为语言不过关而出现的一些尴尬与无奈。丁敦龄曾翻译部分诗歌,钱锺书批评他道:"故译诗者而不深解异国原文,或赁目于他人,或红纱笼已眼,势必如《淮南子·主术训》所谓:'瞽师有以言白黑,无以知白黑',勿辨所译诗之原文是佳是恶。"②由于不能"深解异国原文",译者自然不能分辨所译诗歌原文的好坏。董恂也曾翻译西洋文学作品,其后由他张罗派出的清廷出使人员从理论上讲是有机会成为比较文学所谓"媒介者"并扮演牵线搭桥之作用的,可因他们大都不懂外语,结果成为王韬在英国时自叹诗句中所描述的那样:"口耳俱穷惟恃目,喑聋已备虑兼盲。"③对此现象,钱锺书不无感慨,他说:"语言的困难必然阻碍了对文学的领会,而且也竟抑止了对文学的好奇。"④再比如,威妥玛与董恂曾先后翻译美国诗人朗费罗的《人生颂》,不过这二位译者的自身条件并不理想:"威妥玛对郎费罗原作是了解透彻的,然而他的汉语表达力很差。词汇不够,……句法不顺不妥,有些地方甚至费解,……而董恂可怜不懂英语,只好捧着生硬以至晦涩的汉译本,捉摸端详,误会曲解。"⑤就这样,因为二位译者在目的语方面皆不过关,结果无论如何好不了,恰如钱锺

---

① 许渊冲:《诗书人生》,百花文艺出版社,2003年版,第125页。
② 钱锺书:《谈艺录》,中华书局1984年版,第373页。
③ 钱锺书:《谈艺录》,中华书局1984年版,第354—356页。
④ 钱锺书:《谈艺录》,中华书局1984年版,第356页。
⑤ 钱锺书:《钱锺书散文》,浙江文艺出版社1997年版,第348页。

书所评说的那样:"像威妥玛和董恂的'长友诗','诗'够坏了,'译'更坏,或者说,'译'坏而'诗'次坏。"①

晚清大臣曾国藩的次子曾纪泽曾以大使身份出使英、法,32岁始习外文,有文献说他"能用英语交谈,以英文写作和核改外交文件"②;也有文献说他曾向传教士丁韪良学习英语,而且还用英语翻译过自己的应酬诗;③更还有同行赞其"袭侯于英、法二国语言皆能通晓,与其人会晤,彼此寒暄"④。据《中国六十年》所记,曾氏的英语口语实为"流利而不合文法"(fluent but ungrammatical)⑤。可以说,曾纪泽虽然重视英语学习,但实际水平并不高。当时某些人士夸赞甚至羡慕曾纪泽的英语水平,或许主要是跟他人相比较而言者。比如,在当时的翁同龢耳朵里,英语也罢,法语也罢,都"只是咭咭呱呱、没完没了的鸟叫"⑥。

翻译既然涉及出发语和到达语,了解两种语言之不同特点甚或对其进行对比研究自是十分必要。在这方面,钱锺书时有论述,下面不妨以梵文和华文为例,看看他都是怎么评说其异同的。在钱氏看来,梵文佛籍有这么一个毛病,即"贪多好大"⑦。也就是说,佛经用语枝蔓,叮咛反复,不厌其烦。欧阳修曾讥之曰:"其数十万言,谓可数言而尽。"⑧对此讥讽,钱锺书评论道:一语抹杀佛经未免轻率,但此语也并非"不根无故"。⑨钱氏又引东晋译《那先比丘经》数喻与《晏子春秋》《墨子》《说苑》等相比较,各书设喻相同,可是佛经辗转反复,"含义尽伸而强聒勿舍,似不知人世能觉厌倦者",吾国典籍则要言不烦,"繁简相形,利钝自辨矣",恰好证明欧阳修对佛经的讥评不无道理。⑩ 兹转引钱锺书的原始文字如下,以便读者对其能有一更为宏观而真切的感受。

> 欧阳修所讥佛典辞费之病,吾国释子未尝不知。后汉释支谶译《道行经》,有释道安《序》,论《放光品》云:"斥重省删,务令婉便,若其悉文,将过三倍";释慧远《大智论钞·序》云:"童寿[鸠摩罗什]以此论深广,

---

① 钱锺书:《钱锺书散文》,浙江文艺出版社1997年版,第347—348页。
② 喻岳衡:《曾纪泽集》,岳麓书社2005年版,前言。
③ 钱锺书:《钱锺书散文》,浙江文艺出版社1997年版,第358页。
④ 钱锺书:《钱锺书散文》,浙江文艺出版社1997年版,第341页。
⑤ 同上。
⑥ 同上。
⑦ 钱锺书:《管锥编》,中华书局1986年版,第869页。
⑧ 钱锺书:《管锥编》,中华书局1986年版,第1264页。
⑨ 钱锺书:《管锥编》(第五册),中华书局1986年版,第96页。
⑩ 钱锺书:《管锥编》(第五册),中华书局1986年版,第97页。

难卒精究,因方言易省,故约本以为百卷。计所遗落,殆过三倍,而文藻之士,犹以为繁。……信言不美,固有自来矣。"或且进而饰说解嘲。唐玄奘译《大般若波罗蜜多经》,弁以释玄则《大般若经初会序》云:"义既天悠,词仍海溢。……或谓权之方土,理宜裁抑。窃应之曰:'一言可蔽',而雅颂之作联章;二字可题,而涅槃之音积轴。优柔阐缓,其慈诲乎。若译而可削,恐贻讥于伤手;今传而必本,庶无讥于溢言。"盖"言"诚苦"溢"而"宜裁",译则求"信"而"必本",固亦明知词"繁"不杀之非"美"也。欧阳之诮,实中彼法译徒之心病焉。唐释澄观《大方广华严疏钞会本》卷三:"故会意译经,姚秦罗什为最;若敌对翻译,大唐三藏称能";近世判别所谓主"达"之"意译"与主"信"之"直译",此殆首拈者欤。①

要从事翻译,对有关语言进行横向和纵向比较当是必修课之一。在这方面,钱锺书也有精辟论述,请看他论威妥玛和董恂汉译朗费罗《人生颂》第六节中的一段文字:

  第六节里原作对照了"死的过去"和"活的现在";在"新名词"大量流入以前,文言很难达出这个"成双的对应"(binary opposition)。晚明以来有句相传的名言:"以前种种,譬如昨日死,以后种种,譬如今日生。"但在汉语里,"死昨"、"生今"终是过不去的词组——……文言里兼指过去与死亡的常用字是"逝"和"故",只是"故"的天然配偶是"新","逝"的天然配偶是"留",都不是"生";而且搭配上"新"和"留","逝"和"故"涵有的死亡意义就冲淡甚至冲掉。威妥玛也许尊重当时的语言习惯,只译为"既往日"、"目前",而不译为"既死之往日"、"方生之当前"。他忽略了一点,既然"死"已省去,"埋"又从哪里说起呢?无怪董恂干脆把"埋"也精简掉。在董恂诗里,"将来"、"往"、"今"三个时态平列得清清楚楚;相形之下,威妥玛译文的"异日"、"往日"、"目下"就欠匀称,我不知道他为什么不用"今日"来代替"目下"。②

## 二、翻译困难

熟悉中外翻译史者不难发现,在形形色色的翻译讨论之中,翻译困难几

---

① 钱锺书:《管锥编》(第五册),中华书局1986年版,第238—239页。
② 钱锺书:《钱锺书散文》,浙江文艺出版社1997年版,第350—351页。

乎是永恒的话题,只是对于翻译为何困难以及有关翻译之难都具体表现在哪些方面,人们的看法不尽一致罢了。

对于翻译之难,钱锺书有从语言文字方面切入的,他说:"翻译总是以原作的那一国语文为出发点而以译成的这一国语文为到达点。从最初出发以至终竟到达,这是很艰辛的历程。一路上颠顿风尘,遭遇风险,不免有所遗失或受些损伤。"①用"很艰辛的历程"来形容翻译过程可谓贴切。翻译发轫于理解,而要准确理解,译者没有一定的源语水平无论如何不成。不幸的是,世上语言种种,而每一种语言其实都不容易掌握,更难以精通。以英语为例,钱锺书有过如下慨叹:"英语在中国的本国文学研究者里还未人喻家晓,翻译也很费事。"②英语在相关研究者那里尚未"人喻家晓",难学无疑是原因之一。英语不容易学习,中文呢?钱氏回应道:"不幸得很,在一切死的、活的,还没有生出来的语言里,中国文怕是最难的。"③中文都难到什么程度呢?钱锺书认为其"难到拒人于千里之外"④,他并举出戈蒂埃(Gautier)中篇小说《福地尼奥》(Fortunio)里一个有趣的例子:有一位风骚绝世的巴黎女郎从她爱人口袋里偷到一封中国公主给他的情书,于是立即前往拜访法兰西学院的汉学教授,请他翻译。那位汉学家把这张纸颠过去倒过来地看,急得满头大汗,最后还是只得抱歉地说:"中文共有八万个字,我到现在只认识四万字;这封信上的字恰在我没有认识的四万字里面。小姐,你另请高明吧。"⑤正因为"中文是个很难掌握的语言","外国'汉学'家学会了中文,常常没有余力来研究自己本国的文学"。⑥ 也正因为此,当看到威妥玛糟糕的《人生颂》译文时,钱锺书才会理性地说:"单凭这篇译文,我们很容易嘲笑那位在中国久住的外交官、回英国主持汉文讲座的大学教授。不过,汉语比英语难学得多;假如我们想想和他对等的曾纪泽所写离奇的《中西合璧诗》,或看看我们自己人所写不通欠顺的外语文章,就向威妥玛苛求不起来了。"⑦钱锺书不仅为威妥玛蹩脚的译文有过开脱,还曾为林纾翻译中的某些"讹"进行过辩解,说那些指责林氏的人其实是忽视或忘记了翻译这门艺业的特点。在钱氏看来,翻译这门艺业都有什么样的特

---

① 钱锺书:《钱锺书散文》,浙江文艺出版社1997年版,第271页。
② 钱锺书:《钱锺书散文》,浙江文艺出版社1997年版,第554页。
③ 钱锺书:《钱锺书散文》,浙江文艺出版社1997年版,第530页。
④ 同上。
⑤ 同上。
⑥ 钱锺书:《钱锺书散文》,浙江文艺出版社1997年版,第553页。
⑦ 钱锺书:《钱锺书散文》,浙江文艺出版社1997年版,第348页。

点呢？他说：

> 我们研究一部文学作品，事实上往往不能够而且不需要一字一句都透彻了解的。对有些字、词、句以至无关重要的章节，我们都可以"不求甚解"，一样写得出头头是道的论文，因而挂起某某研究专家的牌子，完全不必声明对某字、某句、某典故、某成语、某节等缺乏了解，以表示自己严肃诚实的学风。翻译可就不同，只仿佛教基本课老师的讲书，而不像大教授们的讲学。原作里没有一个字可以滑过溜过，没有一处困难可以支吾扯淡。一部作品读起来很顺利容易，译起来马上出现料想不到的疑难，而这种疑难并非翻翻字典、问问人就能解决。①

在这里，钱锺书是在比较和评说文学作品的研究与翻译孰难孰易以及相关原因了。王水照曾记录钱氏就翻译之难所发一通感慨，有关内容如下：

> 从事文字工作，最容易的是编写大部头书，洋洋洒洒，易掺水分；其次是论文，自应要有新观点、新材料，但若有自己尚未弄懂的问题，尽可按下不表；再其次是注释，字字句句都得追究，万一遇到拦路虎，还可以不注或径作"不详""待考"，一般也是容许的；最难的是翻译，就连一个字都逃不过去了。②

翻译中的困难多矣，其中，最为困难的是什么呢？钱锺书说："盖移译之难，词章最甚。"③"词章"难译，主要因为它是"语言文字之结体赋形"。④ 关于这一点，张元济的分析也许能帮助我们从旁理解，他说："盖词章由文字而生，文字已移，词章何所附丽？牵强附会，必有害词害志之失。"⑤从有关文献来看，认为"词章"难译的大有人在，严复在《天演论·译例言》中即曾表示"译词章家言，最为不易"⑥。在不同文类中，哪一种的"词章"又最难翻译呢？答案或许是诗歌，在钱锺书看来，"诗歌与语文尤黏合无间"⑦。或许正是因

---

① 钱锺书：《钱锺书散文》，浙江文艺出版社1997年版，第286—287页。
② 王水照：《鳞爪文辑》，陕西人民出版社2008年版，第57—58页。
③ 钱锺书：《管锥编》，中华书局1986年版，第1264页。
④ 钱锺书：《谈艺录》，中华书局1984年版，第373页。
⑤ 姜治文，文军：《翻译标准论》，重庆大学出版社2000年版，第12页。
⑥ 同上。
⑦ 钱锺书：《谈艺录》，中华书局1984年版，第373页。

为此，在评论前税务督办蔡廷干英译的《千家诗》时，钱氏才要说："至其遗神存貌，践迹失真，斯又译事之难，于诗为甚。"①"词章"不易译，风格的翻译也颇困难。对此，钱锺书也心知肚明，他在写给李文俊的信件中曾评说道："Faulkner 的小说老实说是颇沉闷的，但是'Ennui has its prestige（沉闷也有可敬佩之处）'，不去管它了。翻译恐怕吃力不讨好。你的勇气和耐心值得上帝保佑"。②

以上所讲系中外文翻译中的困难，其实，汉语与少数民族语言之间的翻译也并不容易。清人中有人对此问题进行过描述和例说，钱锺书认为其"殊不多见"并将其"拈出"，有关文字如下：

> 文廷式《纯常子枝语》卷三五引乾隆四八年八月谕："近来凡有谕旨兼蒙古文者，必经朕亲加改正，方可颁发。而以理藩院所拟原稿示蒙古王公，多不能解。缘翻译人员未能谙习蒙古语，就虚文实字，敷衍成篇。……又如从前德通所译清文，阿岱阅之，往往不能尽晓；……乃由德通拘泥汉字文义，牵缀为文，于国语神理，全未体会。"昭梿《啸亭续录》卷三："贝勒存斋主人永珰言：'今日之翻译经典，即如南人学国语，只能仿佛大概，至曲折微妙处，终有一间未达者'；当亦指汉籍之译为"清文"者，其书卷一尝称户曹郎中和素"翻译极精"，即谓以"清文"移译《西厢记》、《金瓶梅》等也。伍拉讷子《批本随园诗话》于卷五《徐蝶园相国元梦》条有批语："翻译《金瓶梅》，即出徐蝶园手"，则《金瓶梅》清文译非只一本矣。海通以前，清人论"译事之难"，殊不多见，故拈出之。③

关于翻译之难，钱锺书笔下随处有之。比如，他还曾论及道安的"三不易"，而在诗歌翻译讨论一章中，我们也可读到不少相关文字。

## 三、翻译功用

钱锺书说过这么一句话："夫'译'一名'通事'，尤以'通'为职志。"④所

---

① 钱锺书：《钱锺书散文》，浙江文艺出版社 1997 年版，第 153—154 页。
② 朱航满："'谢谢捧场'——李文俊文集漫笔"，《中华读书报》，2018-03-07。
③ 钱锺书：《管锥编》（第五册），中华书局 1986 年版，第 239—240 页。
④ 钱锺书：《管锥编》，中华书局，1986 年版，第 540 页。

谓"以'通'为职志",这无疑是在讨论翻译之功用。彦琮曾引他人的话:"正当以不关异言,传令知会通耳。"对于此说,钱锺书有训释如下:"'关'如'交关'之'关',通也,'传'如'传命'之'传',达也。"①可以看出,"传令知会通耳"其实也是钱锺书的翻译功用观。

钱锺书曾比较详细地探讨过"译""诱""媒""讹""化"等"一脉通连"的几个字眼。本书前面部分对"译""讹""化"已有较为详细的观照,这里不妨再对钱氏的"诱"和"媒"论简作钩沉和跟进。先来看钱氏的下段论述:

> "媒"和"诱"当然说明了翻译在文化交流里所起的作用。它是个居间者或联络员,介绍大家去认识外国作品,引诱大家去爱好外国作品,仿佛做媒似的,使国与国之间缔结了"文学因缘",缔结了国与国之间唯一的较少反目、吵嘴、分手挥拳等危险的"因缘"。②

从上段文字第一句话来看,钱锺书是从文化交流之高度来看待翻译的,而其中的"当然"二字说明翻译的这一功能还毋庸置疑。1986 年 10 月,杨绛荣获"智慧国王阿方索十世勋章",她在答辞中说过这么两句话:"十七世纪欧洲人开始接触到中国文化的时候,大思想家莱布尼茨曾经把这种文化交流称为'交易光明',伟大的文学作品是人间的光明。光明不比财货,它越分越多,越分越大,愈传播,光亮愈强。"③有论者认为,上述答辞"亦必钱先生代拟"④。果如是,钱锺书对翻译的文化交流这一功能的认识可谓不俗。

上段引文中第二句话不长,却向读者阐明了"媒"和"诱"的身份、功能和终极目的。翻译似媒,能在不同的国家之间缔结"文学因缘",而此种"因缘"能降低国与国之间反目、吵嘴甚至摩拳擦掌的几率,翻译之用大矣哉!值得说明的是,通过翻译而缔结的"文学因缘"还可能传递人间真情甚至生死交情,钱锺书本人即曾亲历之。1975 年左右,国外误传钱锺书去世,为表示悼念,其日本友人荒井动手翻译《围城》,译文第一章刊于日本京都出版的《飙风》杂志 1975 年 10 月号;后来得知有关死讯不确,荒井专门写了《附记》连同《围城》第三章译文刊于《飙风》1977 年第 3 期。钱锺书说,荒井获悉他依然健在,大可终止《围城》的翻译而专注其他事情,可他没有这么做,而是与

---

① 钱锺书:《管锥编》,中华书局 1986 年版,第 1263 页。
② 钱锺书:《钱锺书散文》,浙江文艺出版社 1997 年版,第 272 页。
③ 杨绛:《杨绛的答辞》,《中国翻译》1986 年第 6 期,第 2 页。
④ 范旭仑:《钱锺书为杨绛捉刀·获"智慧国王阿方索十世勋章"答辞》,http://blog.sina.com.cn/s/blog_4e45c1220102wlud.html。

后起的优秀学者中岛长文和中岛碧伉俪一道将《围城》译竣。对此,钱锺书动情地说:"和中、日两国都沾边的苏曼殊曾称翻译为'文学因缘',这一次的文学因缘也标志着生死交情呢。"①

说到"(文学)因缘",不禁想到钱锺书笔下的另一"姻缘"之说,而它也与翻译(功用)有关。钱氏曾表示:"中国文学跟英美人好像有上天注定的姻缘,只就诗歌而论,这句话更可以成立。"②比如,早在16世纪80年代,当时英国文坛颇负声望的普登汉姆(George Puttenham)就讨论过中国诗,不仅如此,"他还译了两首中国的宝塔形诗作例,每句添一字的画,塔形在译文里也保留着——这不能不算是奇迹"③。钱氏又补充道:"更妙的是,第一首译成中文的西洋近代诗是首美国诗——郎费罗的《人生颂》(A Psalm of Life)。"④

大家知道,董恂是《人生颂》的中文译者之一。在谈及董恂及其手下之与翻译时,钱锺书也谈到译者在中外文化交流中的作用,他说:

> 董恂以相当于外交部当家副部长的身份,亲手翻译了西洋文学作品。中国最早到外国去的使节又都是在他主持下派出的。这就引起幻想,以为从此上行下效,蔚然成风,清廷的出使人员有机会成为比较文学所谓"媒介者"(intermediary),在"发播者"(transmitter)和"接受者"(receptor)之间,大起搭桥牵线的作用。⑤

从上文叙述可以看出,钱锺书分别使用了"居间者""联络员""媒介者"等说法来表示译者或翻译人员,而据笔者观察,钱氏笔下还有"做媒者"和"中间人"等表述。在描写译者的所谓"艺术"时,他指出:"翻译者的艺术曾被比于做媒者的刁滑,因为他把作者的美丽半遮半露来引起你读原文的欲望。"⑥而在论及董恂对《人生颂》的翻译时,他又有描述如下:"不幸的是,他根据的并非郎费罗的原诗,只是威妥玛词意格格不吐的译文——媒介物反成障碍物,中间人变为离间人。"⑦所谓"中间人变为离间人",这其实是在形容坏翻

---

① 钱锺书:《钱锺书散文》,浙江文艺出版社1997年版,第445页。
② 钱锺书:《钱锺书散文》,浙江文艺出版社1997年版,第531页。
③ 同上。
④ 同上。
⑤ 钱锺书:《钱锺书散文》,浙江文艺出版社1997年版,第353—354页。
⑥ 钱锺书:《钱锺书散文》,浙江文艺出版社1997年版,第529页。
⑦ 钱锺书:《钱锺书散文》,浙江文艺出版社1997年版,第347页。

译的作用,也就是不好的翻译非但不能促进文化交流,反倒会阻碍其正常进行。在钱锺书看来,坏翻译还有一种作用,即"消灭原作的功效":"拙劣晦涩的译文无形中替作者拒绝读者;他对译本看不下去,就连原作也不想看了。这类翻译不是居间,而是离间,摧毁了读者进一步和原作直接联系的可能性,扫尽读者的兴趣,同时也破坏原作的名誉。"①其实,在钱锺书眼里,坏翻译还可起到糟蹋目的语的作用,17世纪法国神父马罗勒的劣译就有此嫌:"和他相识的作者说:这位神父的翻译简直是法国语文遭受的一个灾难(un de ces maux don't notre langue est affligée)。"②需要补充的是,在钱锺书笔下,坏翻译也并非一点益处都没有,他说:"一个人能读原文以后,再来看错误的译本,有时不失为一种消遣,还可以方便地增长自我优越的快感。"③

上文谈到坏翻译具有"消灭原作的功效",这其实是钱锺书所谓"媒"或"诱"所具有的"新的意义"。钱氏指出:"翻译本来是要省人家的事,免得他们去学外文、读原作,却一变而为导诱一些人去学外文、读原作。"④读者读了译作为何反倒要"读原作"呢?钱锺书给出答案如下:"他们总觉得翻译像隔雾赏花,不比读原作情景真切。……要证实那个想象,要揭去那层遮遮掩掩的面纱,以求看个饱、看个着实,就得设法去读原作。"⑤如此一来,好翻译的作用便是"消灭自己","它把我们向原作过渡,而我们读到了原作,马上掷开了译本。"⑥

从上述分析来看,钱锺书的翻译研究中多有出人意料的观察与发现。再比如,关于文学翻译的用意,他也曾说:"按道理,翻译外国文学,目的是让本国人有所观摩借鉴,唤起他们的兴趣去欣赏和研究。"⑦在今天看来,这应该也是不言自明的道理,但在历史上,倒个个儿讲翻译外国文学用意者也是有的,清晚期方濬师即其中之一,他说相关人士翻译《长友诗》的"用心"在于"同文远被",也就是引诱和鼓励外国人前来学习中国语文,接受中国文化,"夷而进于中国则中国之"。⑧ 不过,因其违背了常理,结果不言而喻:"'用心'枉费,扇子是白送了。"⑨在中国翻译史上,与方濬师为伍的还有辜鸿铭,

---

① 钱锺书:《钱锺书散文》,浙江文艺出版社1997年版,第273页。
② 钱锺书:《钱锺书散文》,浙江文艺出版社1997年版,第273—274页。
③ 钱锺书:《钱锺书散文》,浙江文艺出版社1997年版,第276页。
④ 钱锺书:《钱锺书散文》,浙江文艺出版社1997年版,第272页。
⑤ 钱锺书:《钱锺书散文》,浙江文艺出版社1997年版,第272—273页。
⑥ 钱锺书:《钱锺书散文》,浙江文艺出版社1997年版,第273页。
⑦ 钱锺书:《钱锺书散文》,浙江文艺出版社1997年版,第338页。
⑧ 同上。
⑨ 钱锺书:《钱锺书散文》,浙江文艺出版社1997年版,第340页。

他在翻译时煞费苦心并旁征博引,目的"也无非是要西方人能直接阅读中国的经典译文,从而对儒家伦理佩服得五体投地,以达到归化中华文明之理想"。① 话说回来,方也好,辜也罢,他们对翻译用意或功用的理解或许事出有因,孔子作《春秋》时即曾说过:"诸侯用夷礼则夷之,夷而进于中国则中国之"。② 其实,清末知识分子,无论是洋务派还是保守派,他们对西方文学都有轻视之心。翁同龢等人把西方语言视为鸟语,自然认为他们是化外之民,是没有什么文学可言的。即便是钱锺书眼里较为通明的石遗老人陈衍,他对钱锺书当年竟要攻读西洋文学也颇不解,请看钱氏有关回忆:"不是一九三一、就是一九三二年,我在陈衍先生的苏州胭脂巷住宅里和他长谈。陈先生知道我懂外文,但不知道我学的专科是外国文学,以为准是理工或法政、经济之类有实用的科目。那一天,他查问明白了,就慨叹说:'文学又何必向外国去学呢!咱们中国文学不就很好么!'"③

## 四、风格的翻译

对于风格的翻译,钱锺书从来重视。他明确表示:"依义旨以传,而能如风格以出,斯之谓信。"④钱氏的风格翻译观从他对好翻译的界说和讨论中不难感知。他说:"好的翻译,我们读了如读原文。"⑤他又说:"一篇好翻译也须具有上列的条件。在原作和译文之间,不得隔障着烟雾,译者自己的作风最容易造成烟雾,把原作笼罩住了,使读者看不见本来面目。"⑥很显然,钱锺书主张的是传达原文之风格,也即"跟原文的风度不隔"⑦。

在上段文字中,钱锺书分别只用了"风格""风度"等表达,不妨再来看他的另一句话:"我们把论文当作看人,便无须像西洋人把文章割裂成内容外表。我们论人论文所谓气息凡俗,神清韵淡,都是从风度或风格上看出来。"⑧可以看出,钱氏笔下的"风格"与"风度"是同意表达。从前句引文来看,"气息""神""韵"等皆事关风格。在论及西洋人所谓"spirit"并非我们所

---

① 邹振环:《影响中国近代社会的一百种译作》,中国对外翻译出版公司1996年版,第207页。
② 钱锺书:《钱锺书散文》,浙江文艺出版社1997年版,第336页。
③ 钱锺书:《钱锺书散文》,浙江文艺出版社1997年版,第305页。
④ 钱锺书:《管锥编》,中华书局1986年版,第1101页。
⑤ 钱锺书:《钱锺书散文》,浙江文艺出版社1997年版,第500页。
⑥ 钱锺书:《钱锺书散文》,浙江文艺出版社1997年版,第496—497页。
⑦ 钱锺书:《钱锺书散文》,浙江文艺出版社1997年版,第498页。
⑧ 钱锺书:《钱锺书散文》,浙江文艺出版社1997年版,第402页。

谓"神魄"时,钱氏也曾指出:"西洋人在皮毛或肉体的文章风格以外,更立骨髓或精神的文章思想为标准;……所谓精神完全是指文章思想或意义方面的事,而我们所谓'神采奕奕''神韵盎然',一望而知是指的文章风格。"①从以上叙述来看,钱氏所谓"风格",主要是指"气息""神韵""神采"之类。钱锺书又曾表示:"表情是性情品格身世修养在体貌上的流露,说它是外貌,却又映射着内心,譬如风骚女人的花眼,强盗的杀相;假使体貌算是外表,性格算是内容,那么,表情就抵内外词意融通一贯的文章风格(style)。"②综而观之,钱锺书笔下的"风格"或"文章风格"其实既涉及外表、外貌、皮毛、形式等外在之物,也关涉内心、肉体、内容、精神等内核,它是上述内外"融通"之物。

翻译中怎么才能"如风格以出"? 钱锺书曾称引意大利某诗人所谓"好翻译应备的条件":"译者得矫揉造作(ora il traduttore necessariamente affetta),对原文亦步亦趋,以求曲肖原著者的天然本来(inaffettato, naturale o spontaneo)的风格。"③对于这句话,钱锺书评其"看来是彼此不相容乃至相矛盾的"④。如果"对原文亦步亦趋"并不能传达原作之风格,什么方法才是正道呢? 钱锺书的意见很明确,他说:"依义旨以传,而能如风格以出,斯之谓信……信之必得意忘言。"⑤钱氏还告诫国人,读外国书时也不妨记住"中国人所谓'得意忘言''貌异同心''莫死在句下'"⑥等言论。对于"信之必得意忘言"之说,钱锺书还曾引两则西人言论相阐发:一是孟德斯鸠(Cf. Montesquieu)所说:"首先要通晓拉丁语,然后再把它忘记";二是考厄(P. Cauer)所谓:"尽可能忠实,必要时尽可能自由。"⑦

关于风格的传达,钱锺书还有一个观点,即题材不同,原文形式与风格的保持应该有程度上的区别。赞宁曾将翻译比喻为"如翻锦绮,背面皆花,但其花有左右不同耳。"钱氏表示,这个比喻让他想起堂·吉诃德所说阅读译本就像从反面看花毯。对于以上比喻,钱氏还曾给出这么一个注解:"赞宁在论理论著作的翻译,原来形式和风格的保持不像文学翻译里那么重要;锦绣的反面虽比正面逊色,走样还不厉害,所以他认为过得去。塞万提斯是在讲文艺翻译,花毯的反面跟正面差得很远,所以他认为要不得了。"⑧

---

① 钱锺书:《钱锺书散文》,浙江文艺出版社 1997 年版,第 401 页。
② 钱锺书:《钱锺书散文》,浙江文艺出版社 1997 年版,第 402 页。
③ 钱锺书:《钱锺书散文》,浙江文艺出版社 1997 年版,第 270 页。
④ 同上。
⑤ 钱锺书:《管锥编》,中华书局 1986 年版,第 1101 页。
⑥ 钱锺书:《七缀集》(修订本),上海古籍出版社 1994 年版,第 30 页。
⑦ 钱锺书:《管锥编》,中华书局 1986 年版,第 1101 页。
⑧ 钱锺书:《钱锺书散文》,浙江文艺出版社 1997 年版,第 272 页。

前文提到,钱锺书有时用"风度"代指"风格"。据笔者观察,在钱氏笔下,"文体"甚或"文笔"有时也可与"风格"通约。比如,他曾说:"就文体或风格而论,也许会有希莱尔马诃区分的两种翻译法,譬如说:一种尽量'欧化',尽可能让外国作家安居不动,而引导我国读者走向他们那里去,另一种尽量'汉化',尽可能让我国读者安居不动,而引导外国作家走向咱们这儿来。"①在《管锥编》之《全晋文卷七七》中,他也有如下一段点评:"纪昀评《雕龙》是篇,讥其拉杂泛滥,允矣。然《雕龙·论说》篇推'般若之绝境',《谐隐》篇譬'九流之小说',而当时小说已成流别,译经早具文体,刘氏皆付诸不论不议之列……当是薄小说之品卑而病译经之为异域风格欤。"②

------

① 钱锺书:《钱锺书散文》,浙江文艺出版社 1997 年版,第 270 页。
② 钱锺书:《管锥编》,中华书局 1986 年版,第 1157—1158 页。

# 第七章　钱锺书从译条件

查阅坊间文献，发现人们对翻译工作者都应具备什么样的条件或素养多有探讨，意见林林总总，但比较一致的看法还是"老三条"：扎实的中外文功底，宽广的知识面以及高尚的职业道德。有论者指出，"其实要论翻译，钱锺书是最有资格的人。"究其原因，也主要与上述几条相关，具体如下："他既有深厚的中国文化修养，又精通数种外国语言，而且坐拥书城，博览群书，对各种知识话语无所不窥。"① 在语言、知识及译德等方面，钱锺书是否业已"万事俱备"呢？

## 一、语言功底

钱锺书说过："翻译总是以原作的那一国语文为出发点而以译成的这一国语文为到达点。"② 言下之意，要做好翻译，译者首先须有良好的"出发的语言"和"到达的语言"③。钱锺书做过一定数量的汉英互译，其在母语和外语方面的情况如何呢？有人在《万象》杂志发表过《谁能翻译》一文。对于究竟"谁能翻译"，文章作者所给答案为钱锺书，理由如下："原来钱先生的中文好得不能再好，有他的中文，还有译不好的事吗？"④ 与钱锺书共事过的叶君健也曾表示："中国只有钱锺书能译《尤利西斯》，因为汉字不够用，钱锺书能边译边造汉字。"⑤[1] 钱锺书本人则认为，《尤利西斯》"是不能通常所谓'翻译'来译的"⑥，由于年龄等原因，他最终并没有接译《尤利西斯》。即便如

---

① 季进：《钱锺书与现代西学》，上海三联书店2002年版，第184页。
② 钱锺书：《钱锺书散文》，浙江文艺出版社1997年版，第271页。
③ 同上。
④ 思果：《谁能翻译》，《万象》2000年第6期，第152页。
⑤ 李景端：《心曲浪花》，河北教育出版社2003年版，第138页。
⑥ 同上。

156

此,叶君健所说当也多少在理,因为翻译过《尤利西斯》的文洁若曾慨叹道:"所谓翻译的限度,我想不外乎就是译者本人掌握本国语言和对原作理解的程度。……我不禁想到陈寅恪、钱锺书等老一辈的精通中国古文及多种外语的学者……。"①

钱锺书的中文令人刮目相看,其外语水平又如何?在《诗可以怨》一文中,钱氏说"我是日语的文盲"②,而在《谈交友》一文中,他说自己仅仅"一知半解""几国语言"③。钱锺书"一知半解"哪几国语言呢?1984年,他参加第四次全国作家代表大会在登记表"懂何种外语"一栏是这么填写的:"略通英、法、德、意语。"④从以上表述来看,钱锺书至少懂得英、法、德、意等外语,不过他很谦逊,说自己不过是"略通"或"一知半解"。钱锺书在外语方面的谦逊还见于下面一则轶事:有一次,他拿了本古典希腊文图书向郑儒箴询问,他说:"在知识上不讲年龄,我虽比你年长,但我没学过希腊文,而你学了,所以得请你替我注释。"⑤除开英、法、德、意几种外语,钱锺书是否还懂其他国家的语言呢?黄国彬指出其拥有"七度空间",因为其著述中先后使用过中文、英文、拉丁文、意大利文、法文、德文、西班牙文等七门语言。⑥ 后来又有人补充,说钱锺书其实还有着"第八度空间"——希腊文。⑦ 从上文可知,钱氏自己说"没学过希腊文",而从有关文献(如《容安馆札记》《管锥编》)来看,他对古希腊文的掌握也确实有限,主要借助于英、法文译本。此外,有人曾"惊讶地发现"钱氏"还能说出一些佛经用词的梵文原词"。⑧ 对于钱锺书真实的语言家底,有论者归结如下:"虽或可以'七度空间'或'八度空间'来称述他的语言维度,实则出入无碍者唯中、英、法、德、意5种语言,拉丁语略逊色,而古希腊文和西班牙文须大打折扣。"⑨上述说法与钱锺书本人所述大致是吻合的,与杨绛的有关描述也是一致的:于母语之外,"他最好的是英文,第二是法文,第三是德文,然后是意大利文。"⑩余冠英的亲身

---

① 许钧:《翻译论》,湖北教育出版社2003年版,第82—83页。
② 钱锺书:《钱锺书散文》,浙江文艺出版社1997年版,第312页。
③ 钱锺书:《钱锺书散文》,浙江文艺出版社1997年版,第73页。
④ 吴泰昌:《我认识的钱锺书》,上海文艺出版社2005年版,第116页。
⑤ 徐自豪:《〈毛泽东选集〉英译组人物之郑儒箴》,https://baijiahao.baidu.com/s?id=1593068225268469513&wfr=spider&for=pc。
⑥ 刘铮:《钱锺书的第八度空间》,《万象》2004年第2期,第28页。
⑦ 同上。
⑧ 黄宝生:《温暖的回忆》,丁伟志:《钱锺书先生百年诞辰纪念文集》生活·读书·新知三联书店2010年版,第154页。
⑨ 张治:《钱锺书学案》,《上海文化》2016年第12期,第89页。
⑩ 刘铮:《钱锺书的第八度空间》,《万象》2004年第2期,第28页。

经历也能从旁证明上述观点,他说:"他对英、法、德、意四国语言听、说、读、写都相当出色,我有亲身经历。"①

钱锺书懂得多门外语,其中以英文为最佳,这其实也在情理之中。分析起来,钱锺书卓越的外语水准得益于其受到的良好教育。杨绛说,由于早期训练有素,钱锺书可胜任中、英双语写作(he was equally adept at writing in English or in Chinese through early training)②。钱氏1923年考入苏州桃坞中学,该校是一所老牌教会学校,其对英语非常重视,外语由外籍教师授课,教材多选用英文版本,师生间的会话和交流也多用英语。在这么一种氛围里,聪颖好学的钱锺书打下了坚实的英语基础,读书期间已在校刊《桃坞学期报》上发表译作和英语作文,分别题为《天择与种变》(1926年7月第九卷第二号)和"The Delights of Reading Newspaper"(1927年1月第十卷第一号,署名Dzien Tsoong-su)。③ 中学毕业后,钱锺书考取清华大学外文系。郑朝宗在《忆钱锺书》一文中说:"他在大学时发表的英文论文,奇字之多颇使一般老师感到难读。"④需要说明的是,在清华,钱锺书不仅进一步夯实了英语基础,还选修了学校开设的除日语以外的所有外语,包括法语、德语、拉丁语、意大利语、西班牙语和俄语。再后来,钱锺书到英国牛津大学深造,而"牛津的苛刻与死板,养成钱锺书无懈可击的英文功底"⑤。

钱锺书本人说过,他不曾轻视英、汉两种语言的学习(I have not neglected my English and Chinese studies.)⑥钱氏把英语都修炼到了何种程度呢?从他自己的文字来看,他至少可以对英语本族语作家的文字评头论足甚至说三道四。他曾说:"哈葛德的原文滞重粗滥,对话更呆板,尤其冒险小说里的对话常是古代英语和近代英语的杂拌。"⑦对于翻译工作者,钱锺书也希望其能具有甄别原文文字之能力,他指出:"译者常因于文字把握不准,疑神疑鬼,于原文错误或毛病认为含有奥妙意义;文学翻译中更多此类(大文学家笔下不保无疵)。故必须眼光准,胆量大,千万不要拜倒在外国人写的英文面前。"⑧"大文学家"尚且"笔下不保无疵",一般人的文字就更难

---

① 沉冰:《不一样的记忆:与钱锺书在一起》,当代世界出版社1999年版,第363页。
② 钱锺书:《钱锺书英文文集》,外语教学与研究出版社2005年版,preface。
③ 陈建军:《钱锺书桃坞中学时的一篇英语作文》,《书屋》2015年第8期,第81—82页。
④ 郑朝宗:《忆钱锺书》,张岱年、邓九平:《草堂怀旧》,北京师范大学出版社2005年版,第31页。
⑤ 赵一凡:《胡适说儒之后——纪念钱锺书先生之一》,《书城》2017年第6期,第27页。
⑥ 钱锺书:《钱锺书英文文集》,外语教学与研究出版社2005年版,第410页。
⑦ 钱锺书:《钱锺书散文》,浙江文艺出版社1997年版,第303页。
⑧ 林子清:《钱先生两封复信的说明》,范旭仑、李洪岩:《钱锺书评论》(卷一),社会科学文献出版社1996年版,第8页。

免存在这样或那样的问题,对此,钱锺书也有分析,他说:"报章及教科书中英文常有问题,不可迷信外国人;正如中国人写中文,不通者常有。"①

前文谈及过部分人士对钱锺书英语水平的评价,可以说,钱氏的英语早已得到公认。董桥曾"细细拜读"钱锺书发表于英文杂志《书林季刊》(*Philobiblon*)1946 年到 1948 年间的几篇书评,"好好享受了钱先生精致漂亮的英文,满怀虔诚之情"②。钱锺书当年访问美国哥伦比亚大学时曾出席一个座谈会,对于他在该会及相关场合的表现,夏志清有记述如下:

> 这个座谈会,事前并无准备,钱有问必答,凭其讲英语的口才,即令四座吃惊。事后一位专治中国史的洋同事[2]对我说,生平从未听过这样漂亮的英文,只有一位哈佛教授差堪同钱相比(这位同事大学四年在哈佛,研究院多年在柏克莱加大)。钱锺书去岁末赴欧洲前有近三十年未同洋人接触,英文照旧出口成章,真是亏他的。③

如此看来,不论是写作还是口头表达,钱锺书的英文都可谓气象万千。英文之后,钱氏对法语和德语等的掌握情况又大致如何?夏志清说,钱锺书的法文"咬音之准、味道之足"曾令他"惊异"。④ 钱氏本人曾有一则回忆:"德译《尤利西斯》被认为最好,我十年前曾承西德朋友送一本,我略翻了一下,但因我德语不精通,许多语言上的'等价交换',领略不来,就送给人了。"⑤钱氏讲自己德语不精通,综合各方信息来看,他对德语的掌握其实已达至相当程度。有人曾"惊骇"地发现,"钱先生对德语书籍的阅读既深且广"⑥;另有人发现,钱氏在阅读他人的译作《罗莱曲》时,能"随便从书柜中取出自己写的德语原文,加以对证"⑦;有人甚至爆料,说钱锺书当年参加劳改期间曾找出一部德文的马克思、恩格斯书信集来阅读,"读得津津有味,自称对马克思的性生活有所发现"⑧。此说听来也许有点另类,可其真实性或许并不容怀

---

① 林子清:《钱先生两封复信的说明》,范旭仑,李洪岩:《钱锺书评论》(卷一),社会科学文献出版社 1996 年版,第 8 页。
② 董桥:《荡漾着优越感的语文》,辽宁教育出版社 1999 年版,第 176 页。
③ 夏志清:《岁除的哀伤》,江苏文艺出版社 2006 年版,第 219 页。
④ 汤晏:《一代才子钱锺书》,上海人民出版社 2005 年版,第 236、310 页。
⑤ 李景端:《心曲浪花》,河北教育出版社 2003 年版,第 138 页。
⑥ 张佩芬:《"偶然欲作最能工"》,丁伟志:《钱锺书先生百年诞辰纪念文集》,生活·读书·新知三联书店 2010 年版,第 161 页。
⑦ 张金言:《回忆钱锺书先生》,《博览群书》2005 年第 2 期,第 60 页。
⑧ 夏志清:《岁除的哀伤》,江苏文艺出版社 2006 年版,第 238 页。

疑。须知,钱锺书曾阅读卡尔(E. F. Carr)所著《马克思传》(*Karl Marx : A Study in Fanaticism*),之后写有如下评论文字:"妙在不是一本拍马的书,写他不通世故,善于得罪朋友,孩子气十足,绝不像我们理想中的大胡子。又分析他思想包含英法德成分为多,绝无犹太臭味,极为新颖。"①关于钱锺书对德语的掌握及其对德文书籍的借阅与参考,坊间文献中还有一段比较长的回忆文字,较为难得,兹转引如下:

> 当年文学所外文藏书在国内堪称丰富,德文书籍数量也颇可观,然而,不论我拿起哪一时代、哪一类别的任何一本德语书籍,都会发现钱先生借阅过此书的痕迹——书后卡片上他的亲笔签名。一段时期后,我又骇又惊地揣测钱先生可能一本不漏地读遍了整库德文书,这却是我一辈子也做不到的,心里难免怀疑他是否仅仅翻翻而已。然而,我的怀疑并不符合实情,《管锥编》便是证明。七十年代初,钱先生从干校返京恢复工作时,文学所的外文书籍已划归外国文学所,钱先生曾托我代借过几次德文书籍,他往往不仅记得书名、篇名,甚至连需用段落的位置都记得清清楚楚,于是又让我吃了一惊。②

## 二、专业知识

杨绛曾这样形容钱锺书的读书:"从少年开始,读书'食肠很大',所谓'博览群书',毫不夸张。""几乎没有他不读的书,无论是诗歌、小说、戏曲,'极俗的书',还是'精微深奥'的'大部著作',甚至'拿得拿不得的大字典、辞书、百科全书'……他都'甜咸杂进'。"③在《记钱锺书与〈围城〉》一文里,杨绛也有类似记述:"他读书还是出于喜好,只似馋嘴佬贪吃美食:食肠很大,不择精粗,甜咸杂进。"④钱锺书本人也曾对友人透露:"西方的大经大典,我算是都读过了。"⑤正因为不分粗细、雅俗而"甜咸杂进",钱氏腹笥之丰,世罕其俦,难怪文怀沙在读其著述后要情不自禁地慨叹:"读钱先生书最令人

---

① 钱锺书:《钱锺书散文》,浙江文艺出版社1997年版,第155页。
② 张佩芬:《我所熟悉的钱锺书先生》,《中华读书报》,2001-01-23。
③ 罗银胜:《杨绛传》,文化艺术出版社2005年版,第326页。
④ 陆文虎:《钱锺书研究采辑》(1),生活·读书·新知三联书店1992年版,第390页。
⑤ 张经浩,陈可培:《名家 名论 名译》,复旦大学出版社2005年版,第94页。

受益的是:使人感到'学,然后知不足。'默存公其'学'也博。"①钱氏之学都"博"到什么程度呢? 以《管锥编》为例,有人曾这样形容其"杂":

> 《管锥编》的确是够"杂"的,它"杂"到研究婚姻法的可以到里面去找中国的第一张离婚书,研究民俗学的可以在里面看到两口子打架最厉害的场面,厨师们也可以从中向"浑羊没葱"(整羊饱满的"三套头"烹调技术)学点机巧,就是搞经济理论的也不妨去里面请教一下"孔方兄"。②

说到一名合格翻译工作者应该具有宽广的知识面,不禁想起吕叔湘曾经发表的《翻译工作和"杂学"》一文,其中有这么一节文字:

> Rebecca West 有一篇论丘吉尔的短文;因为短,我曾经用来做翻译班上的练习材料。里面有一句:"… going vegetarian and repeating 'Om mani padme hum' a hundred times between each bite of lettuce."班上的同学没有一位能把这"Om mani padme hum"翻对的,这不能怪他们。他们问我怎么翻,我问他们看过《济公传》这部旧小说没有? 有同学看过这部小说,想出来这是所谓"六字真言",可是不知道怎么写。我让他查《辞海》,他找出来"唵嘛呢叭咪吽"的写法。这可以用来表明,翻译工作者所需要的"杂学"杂到什么程度。③

在吕氏看来,翻译工作者的学问有时需要"杂"到连"六字真言"也要有知的程度。事有凑巧,钱锺书在《管锥编》中即不止一次地谈过"六字真言"及其中译。他说:"明人尝嘲释氏之六字真言'唵嘛呢叭咪吽',谓'乃'俺把你哄'也,人不之悟耳'。"(《纪录汇编》卷一二八姚福《青溪暇笔》,佟世思《与梅堂遗集》附《耳书》作"盖'俺那里把你哄'也",亦犹此旨也。)④这里,钱氏引了"六字真言"的所谓中译"俺把你哄"及"俺那里把你哄",听来别有意思。对于此类移译,钱氏还曾追根溯源并予以评说:

> 吾国古来音译异族语,读者以音为意,望字生义,……"匈奴名妻

---

① 傅庚生:《中国文学欣赏举隅》,北京出版社,2005年版,新序。
② 陈子谦:《论钱锺书》,广西师范大学出版社2005年版,第78页。
③ 吕叔湘:《翻译工作和"杂学"》,罗新璋:《翻译论集》,商务印书馆1984年版,第529—530页。
④ 钱锺书:《管锥编》,中华书局1986年版,第288页。

'阏氏',言可爱如烟支也",盖"阏氏"音"燕支"而"烟支"即"胭脂";……佛典译行,读者不解梵语,因音臆义,更滋笑枋。……至明人以六字真咒"唵嘛呢叭咪吽"(om mani padme hum)象声释为"俺把你哄!"(赵吉士《寄园寄所寄》卷一二引《开卷一噱》),[3]虽出嘲戏,手眼与以"阏氏"释为"胭脂"、"优婆塞"释为"忧守边塞",一贯而同归焉。①

除了《管锥编》,钱锺书在《小说识小续》中也曾提及"六字真言",有关文字是讨论德语某些特性的,具体如下:"德文与念念有词之禁咒同功,等于'唵嘛呢叭咪吽',可以捉妖请鬼。"②可以看出,即便是以吕叔湘对译者应有的"杂学"条件相衡量,钱锺书也可当之无愧。值得说明的是,就专业知识而言,钱锺书不仅博大而且精深,正如英语中所谓 know something about everything and know everything about something。对此,他人有描述如下:

> 锺书君的可佩之处,不仅在博,而尤在深。博与深常常会成为两不相容的东西,但他却能兼而有之。我从来没听说过一句人云亦云的"老生常谈",他的话跟他的诗一样富有独创性。你不一定肯相信他的话句句都是至理名言,但你却不得不承认这些话都是经过千思百虑然后发出来的。一切浮光掠影式的皮相之谈,他决不肯随便出口。③

## 三、职业道德

根据《中国翻译词典》,翻译工作者的职业道德一般包括以下三个方面:选题认真;作风严谨;态度虚心。④ 所谓选题认真,上述词典有这么几句说明:"翻译工作必须着眼于为人民服务,有益于人民;对国家来说,必须考虑有利于国家的进步和发展,促进国家的繁荣富强。"⑤从钱锺书的翻译实践看,部分选题由他自己作主,但也有一部分是"命题作文"。可不论是哪一种情况,他都认真其事。

---

① 钱锺书:《管锥编》,中华书局1986年版,第1458—1460页。
② 钱锺书:《写在人生边上 人生边上的边上 石语》,生活·读书·新知三联书店2002年版,第156页。
③ 郑朝宗:《忆钱锺书》,张岱年、邓九平《草堂怀旧》,北京师范大学出版社2005年版,第31页。
④ 林煌天:《中国翻译词典》,湖北教育出版社1997年版,第839页。
⑤ 同上。

至于翻译作风,钱锺书可谓既严以律人也不宽以待己。在严格要求他人方面,例子随处可见,不妨就以他对林纾译作的评价为例吧。在钱氏看来,晚年的林纾"对所译的作品不再欣赏,也不甚感觉兴趣,除非是博取稿费的兴趣"①。"一个老手或能手不肯或不复能费心卖力,只依仗积累的一点儿熟练来搪塞敷衍。"②对原作既无兴趣,又不费心卖力,即便是老手能手,其译作质量恐怕也只能是每况愈下。值得注意的是,钱锺书不仅对翻译名家严苛以求,对晚辈的某些"小节"(如读书不细、校阅马虎等)也不轻易放过。钱氏曾应邀担任《译林》杂志"编委",他自己说"很惭愧挂名'编委'",不能为刊物写些体裁合适的稿子,但有时也提"一点小意见"。相关"小意见"中便有他对晚辈误译的批评,请看下面一段文字:

> 钱佼汝是我的侄儿,中英文水平都很好。但 275 页"封闭阅读(close reading)"译文当可斟酌。"close"不是"closed",此处是"严密"、"周密"、"精密"的意思;我有 Wimsatt Beardsley(新批评真正的开派传道的人,但本条中不见名字)的著作两三种,书里常说"close reading","close analysis of the text",似不能译"close analysis"为"封闭分析"的。这是小节。以后校阅须加注意。③

正人先正己,在翻译作风方面,钱锺书对自己从来严格要求。大家知道,钱氏曾参与《毛选》英译定稿工作。据杨绛回忆,在得知钱锺书入围《毛选》英译委员会的当晚,一位旧友特雇黄包车从城里赶去祝贺。客人离开后,钱氏"惶恐"地对杨绛说:"这件事不是好做的,不求有功,但求无过。"④"这件事不是好做的",这句话或可有不同的理解,其中当有不敢轻忽和马虎之意。事实表明,在接受该项任务后,钱锺书总是那么"认真负责"和"一丝不苟",遇到问题"从不随声附和"。⑤ 句中"从不随声附和"一说也许跟杨绛所讲下则"故事"有关,她说:

> 锺书翻译毛选时,有一次指出原文有个错误。他坚持说:"孙猴儿从来未钻入牛魔王腹中。"徐永煐同志请示上级,胡乔木同志调了全国

---

① 钱锺书:《钱锺书散文》,浙江文艺出版社 1997 年版,第 290 页。
② 同上。
③ 李景端:《如沐春风——与名家面对面》,百花文艺出版社 2006 年版,第 100 页。
④ 杨绛:《杨绛作品精选》(散文 II),人民文学出版社 2004 年版,第 97 页。
⑤ 孔庆茂:《钱锺书传》,江苏文艺出版社 1995 年版,第 162 页。

不同版本的《西游记》查看。锺书没有错。孙猴儿是变作小虫,给铁扇公主吞入肚里的;铁扇公主也不能说是"庞然大物"。毛主席得把原文修改两句[4]。锺书虽然没有错,他也够"狂傲"的。①

引言末尾一句说钱锺书真够"狂傲"的,但也有人不做此想。陈丹晨曾在外文出版发行局工作过13年之久,在他看来,钱锺书提出纠正孙行者不是钻进牛魔王而是钻进铁扇公主肚子里的典故乃"一件小事",其理据如下:

> 用典时误记这是谁都会有的事。这个故事也不冷僻,一般编辑、翻译以至校对人员,只要稍有责任心都会提出纠正意见的,更不必说像钱先生那样的大学者,看到并纠正一个"硬伤"是极平常很自然的事。即使是毛的文章,又不是政治性问题,1950年代初期个人崇拜还未像后来"文革"时那样荒谬离奇到"句句是真理"的地步。所以不宜夸大其"狂"到"连主席的错儿都敢挑"。②

钱氏有关指谬或许可有多解,但从中总能看出他对工作的认真负责。钱锺书在翻译工作上的不苟且,世人也多有追忆。1962年一段时间里,黄裳在《文汇报》编文艺理论版,期间,他向钱锺书约稿被婉拒,他见伍蠡甫主编的《外国文论选》中有钱锺书的一篇译文,拟取来发表,写信征求钱氏意见。钱锺书在回信中说:"译稿专应伍翁之属而成,限于体例,未能详加诠评考释,单独发表,殊觉不伦。伍翁三日前书来,已专函请其代向贵报谢绝。顷奉手教,乃知生米已下锅煮饭,不便固辞,只好勉强应允,并将误字校定寄还。然牛鼻子脾气,总觉期期不可耳。"③阅读上述等信件,黄裳不无感慨道:"从这几封信里可以看出他对自己的著译是如何的审慎。"④

注解:

[1] 值得一提的是,钱锺书在翻译中确实造过字,只不过所造并非汉字而是英语。在《谈中国诗》一文中,钱氏曾写道:"中国诗人狂得不过有凌风出尘的仙意(airy-fairy),我造过 aeromantic 一个英文字来指示这种心理。"(《钱锺书散文》,第 537 页)又比如,《论语》第一段内容如下:"子曰:'学

---

① 杨绛:《杨绛作品精选》(散文Ⅱ),人民文学出版社 2004 年版,第 126 页。
② 陈丹晨:《我认识的钱锺书先生》,《上海文学》2018 年第 1 期,第 77 页。
③ 黄裳:《故人书简》,海豚出版社 2012 年版,第 162 页。
④ 黄裳:《故人书简》,海豚出版社 2012 年版,第 163 页。

而时习之,不亦说乎?有朋自远方来,不亦乐乎?人不知而不愠,不亦君子乎?"许渊冲说:句中"君子"最不好译,理雅各(Legge)译作 a man of complete virtue 太重,威利(Waley)译作 a gentleman 太西化,许氏本人喜欢并借鉴了钱锺书创造的新词"士"或"知识分子"(an intelligent man)。(《典籍英译:中国可算世界一流》,《中国外语》2006 年第 5 期,第 72 页)

[2] 据有关文献,专治中国史的那位洋同事名叫大卫·詹森(David Johnson),哈佛毕业,后于柏克莱加州大学获博士学位。(汤晏:《一代才子钱锺书》,第 311 页)

[3] 对于"六字真言"(Om mani padme hum),今人可能既熟悉也陌生。说熟悉,因为《家乡》等流行歌曲中即有之;说陌生,是说一般人对其大多知之不深又知之不全。据季羡林考证,"六字真言"的起源地并非人们想象的西藏,而是印度孟加拉地区。关于 Om mani padme hum 的汉语译文,平日所见主要为"唵嘛呢叭咪吽"和"嗡嘛呢叭咪吽"二种。由于原文读音比较特别,日常生活中时常能见到好玩的"音译":上文所引"俺把你哄"系其一,"麻柳边边红"又其一,据说还有人用英语 money money home 转而"译"之!关于"六字真言",人们对其含义的理解也还莫衷一是。在笔者看来,以下一说当比较可信。六字真言:藏传佛教名词。据说是佛教秘密莲花部之"根本真言"。"唵",表示"佛部心",谓念此字时,自己的身体要应于佛身,口要应于佛口,意要应于佛意,认为身、口、意与佛成一体,才能获得成就;"玛尼",梵文意为"如意宝",表示"宝部心",据说此宝出自龙王脑中,若得此宝珠,入海能无宝不聚,上山能无珍不得,故又名"聚宝";"呗咪",梵文意为"莲花",表示"莲花部心",以此比喻法性如莲花一样纯洁无瑕;"吽",表示"金刚部心",祈愿成就的意思,意谓必须依赖佛的力量,才能得到"正觉",成就一切,普度众生,最后达到成佛的愿望。(季羡林:《学海泛槎——季羡林自述》,第 220 页;林楚平:《花毯的背面》,第 112—113 页)

[4] 钱锺书指谬的毛泽东原文见于《一个极其重要的政策》,该文原是延安《解放日报》1942 年 9 月 7 日的一篇社论。在该文中,毛主席在谈到如何对付敌人的庞大机构时写道:"若说何以对付敌人的庞大机构呢?那就有孙行者对付牛魔王为例。牛魔王不是庞然大物吗?孙行者却化为一个小虫飞进牛魔王的心脏把他战败了。"据查,1953 年《毛选》第三卷初版本,已将"牛魔王"改成"铁扇公主","庞然大物"已被删除,也即参考钱锺书的意见"把原文修改两句"。(王水照:《鳞爪文辑》,第 50—51 页)

# 第八章　钱锺书与政论文献翻译

客观而言,钱锺书的译作并不多,而且其中不少还是集体成果。就政论文献的翻译而言,钱氏参与最多的是《毛泽东选集》(下文简称《毛选》)的英译,此外还曾参与1952年夏亚洲及太平洋地区和平会议文件、1956年中国共产党第八次全国代表大会会议文件以及建国十周年庆典相关报告发言文稿等的翻译。值得说明的是,在上述各翻译活动中,钱锺书亲自翻译的并不多,他的主要工作是改稿和定稿。关于钱锺书之与政论文献翻译,成果较多的是他与《毛选》的英译定稿,下面拟多些笔墨,其余则点到为止。

## 一、亚太会议文件翻译

1952年10月2日至12日,亚洲及太平洋区域和平会议(Asian Pacific Peace Conference)(简称"亚太会议")在北京召开,参会代表来自37个国家共414人。

上述会议的起因主要如下:美国片面制造对日和约,破坏朝鲜停战谈判,在亚洲区域建立军事基地,使得亚洲及太平洋区域的和平及安全面临严重威胁。在此背景下,宋庆龄和郭沫若等11人代表中国政府于1952年3月联名邀请亚洲和太平洋区域的和平人士共同发起了本次会议。

亚太会议设立有翻译处,人员来自五湖四海,既有延安时代的资深外事干部,也有临时借调的师生,包括朱光潜、钱锺书、许国璋、萧乾、卞之琳、杨宪益、李赋宁、杨周翰等教师及北大、清华、燕大外语系部分毕业生。翻译人员8月中旬到北京翠明庄宾馆报到并接受培训,培训内容多为国际形势和对外工作注意事项等。

翻译人员中,朱光潜和钱锺书分别担任英译中与中译英最后定稿人。[①] 钱锺书说开会期间,他连夜起草文件,第二天睡一天。[②] 整个会期虽然不

---

① 张金言:《回忆钱锺书先生》,《博览群书》2005年第2期,第59页。
② 吴泰昌:《我认识的钱锺书》,上海文艺出版社2005年版,第110页。

长,可钱锺书的工作前后持续了两三个月。对于当时的钱锺书及其工作条件,巫宁坤有如下回忆文字:"他当时就是老一点的教授,并不是后来这样了不起的泰斗级人物。他跟我一样要搭交通车去上班。"①

## 二、中共八大文件翻译

1956年9月15日至27日,中国共产党第八次全国代表大会(简称"中共八大")在北京召开。本次大会在动物园附近的西苑大旅社设立翻译处,人员主要由北京各高校英语专家组成,包括杨周翰、李赋宁、吴兴华、王佐良、周珏良、许国璋、吴景荣等,南京大学副校长范存忠亦在其列。钱锺书也是翻译处人员之一,住在北京大学,每天搭公交车上下班,后来工作紧张,他和其他人就都在西苑大旅社过夜了。

本次翻译内容主要是大会文件。大会于国庆前闭幕,但钱锺书、王佐良、巫宁坤奉命留下,三人合用一间办公室,一周工作6天,11月中旬结束。关于本次会议的翻译情况,巫宁坤有回忆如下:"我们的工作繁重,翻来覆去翻译一稿又一稿的政治报告,还有数以百计的代表发言,字斟句酌,唯恐犯'政治性错误'。有时我们还加夜班。"②

## 三、国庆文稿翻译

1959年,新中国成立十周年举行庆典活动,钱锺书被抽调参加各种报告发言文稿的审定,他为此早出晚归、辛勤工作达半月之久。

据知情人回忆,钱锺书还多年翻译外国来的国庆贺电。比如,中国和欧洲一个小国建立了外交关系,该国每年国庆皆发来贺电。在当时,那些贺电据说只有钱锺书能够翻译。

## 四、《毛选》翻译

在与罗新璋的一次谈话中,钱锺书说自己曾"搞了十七年翻译"③。这

---

① 李怀宇:《家国万里:访问旅美十二学人》,中华书局2013年版,第238页。
② 钱之俊:《钱锺书生平十二讲》,上海社会科学院出版社2013年版,第115页。
③ 金圣华:《认识翻译真面目》,天地图书有限公司2002年版,第107页。

"十七年翻译",应该主要指钱氏参与《毛泽东选集》和《毛泽东诗词》英译及定稿工作。下面谈谈钱锺书与《毛选》的英译及其定稿。

## (一) 关于准入

这里所谓的准入,指的是钱锺书加入《毛选》英译委员会的有关情况,又主要指其加入该委员会的时间及途径等内容。对于这一问题,杨绛曾有扼要记述如下:

> 锺书到清华工作一年后,调任翻译毛选委员会的工作,住在城里,周末回校,仍兼管研究生。翻译毛选委员会的领导是徐永煐同志,介绍锺书做这份工作的是清华同学乔冠华同志。……翻译委员会的工作于一九五四年底告一段落。……锺书在毛选翻译委员会的工作,虽然一九五四年底告一段落,工作并未结束。一九五八年初到一九六三年,他是英译毛选定稿组成员,一同定稿的是艾德勒。一九六四年,他是英译毛主席诗词的小组成员。"文化大革命"打断了工作,一九七四年继续工作,直到毛主席诗词翻译完毕才全部结束。这么多年的翻译工作,都是在中央领导下的集体工作。集体很小,定稿组只二三人,翻译诗词组只五人。①

上段话不长,信息却十分丰富。杨绛所记某些内容也见于其他文献,下面就其中不尽一致的地方略作比较与判别。其一,关于钱锺书参与《毛选》英译的时间,从杨绛的记述推断当是 1950 年。如其所说:"锺书到清华工作一年后,调任翻译毛选委员会的工作",而杨绛与钱锺书到清华工作的时间是 1949 年 8 月。② 这从钱锺书 1955 年亲笔所填中国作家协会会员表上也可见出,因为那上面清清楚楚地写着"自 1950 年 7 月至去年 2 月皆全部从事'毛泽东选集'英译工作(现在尚部分从事此项工作)。"③因此,有的文献将其记作 1952 年看来有误。其二,关于钱锺书当初是通过什么渠道或什么人而加入《毛选》英译工作小组的,意见颇不一致,其中一说为"中央领导同志数次坚邀"④。不知有关"中央领导"具体指谁,估计说的是乔冠华,不过乔

---

① 杨绛:《杨绛作品精选》(散文 II),人民文学出版社 2004 年版,第 97—105 页。
② 杨绛:《杨绛作品精选》(散文 II),人民文学出版社 2004 年版,第 96 页。
③ 吴泰昌:《我认识的钱锺书》,上海文艺出版社 2005 年版,第 115 页。
④ 孔庆茂:《钱锺书传》,江苏文艺出版社 1995 年版,第 162 页。

氏是1964年3月才升任外交部副部长而又迟至1974年11月才升任外交部部长的,1950年之前的他怎么也不在"中央领导"之列。顺便提一句,当年的《毛选》英译室隶属于《毛选》出版委员会,后者才是由党的高层组成,"由刘少奇任主任,成员有陈伯达、田家英、胡乔木等人"①。对于钱锺书当初加入《毛选》英译工作的途径,他人曾转杨宪益的意见——"向达的推荐"②。在《回忆钱锺书兄》一文中,杨氏本人是这样措辞的:"解放后,听说由于朋友的推荐,他被调来北京主持翻译英文毛选的工作。"③句中的"他"即钱锺书,"朋友"是否就是"向达"不得而知。杨宪益尚且是"听说",即便那位"朋友"就是"向达",整个说法也还可疑。杨宪益自传《漏船载酒忆当年》中有这么一句话:"向达向钱锺书建议,让乃迭和我到这个翻译委员会去工作。"④推测起来,学界有可能是将"向达向钱锺书建议"误看作了"向达推荐钱锺书"之类。关于钱锺书参加《毛选》英译工作究竟经由何人介绍或推荐,近年来还续有它说,请看下面一段文字:

> 许多人并不知道,费孝通先生不仅与钱锺书、杨绛伉俪是同学,还曾是钱锺书主持英译毛选的举荐人。上世纪50年代初,乔冠华曾找费孝通先生,请其主持《毛泽东选集》英文翻译之事。费孝通先生因为担心自己的英文翻译水平不能胜任,就转而推荐了钱锺书担任。乔冠华接受了费孝通先生的推荐,钱锺书于是加盟《毛泽东选集》英译小组并主持其事。对于此事费孝通先生始终未向钱锺书、杨绛伉俪提起。⑤

上段话言之凿凿,似没有理由全然不信。乔冠华与钱锺书是20世纪30年代初的清华同学(不同专业),后来,乔氏出任国际新闻局局长,主持对外宣传,毛泽东著作的外文出版事宜即具体内容之一。杨绛说,是乔冠华"介绍"钱锺书"做这份工作的",但该介绍是否因为费孝通的"推荐"而促成,似还有待考证。

### (二)所为何事

接下来看看钱锺书在《毛选》英译相关机构("毛选英译委员会""毛选英

---

① 陈丹晨:《我认识的钱锺书先生》,《上海文学》2018年第1期,第77页。
② 南方都市报:《最后的文化贵族》,南方日报出版社2007年版,第48页。
③ 杨宪益:《去日苦多》,青岛出版社2009年版,第144页。
④ 杨宪益著,薛鸿时译:《漏船载酒忆当年》,北京十月文艺出版社2001年版,第172页。
⑤ 费滨海:《一代宗师费孝通》,《新民晚报》,2005-05-22。

译室""毛泽东著作翻译室"等)中担任过什么职务,又都具体承担过什么工作。上文最末一段引文里说"钱锺书于是加盟《毛泽东选集》英译小组并主持其事",其他文献也有说钱氏当年是相关委员会"负责人"的。① 从前面杨绛的记述及其他相关文献可知,当年"主持"或"负责"《毛选》英文翻译工作的并非钱锺书而是徐永煐和孟用潜。除了"主持"和"负责人"等说法,也有说钱氏在相关委员会担任"主任委员"②和"首席翻译"③[1]的,但皆无证据。综合各方文献,钱锺书的确切身份应该是《毛选》英译委员会委员及定稿小组成员。

钱锺书是否翻译过《毛选》中的部分内容呢?程镇球1960年5月28日起草的《工作简报》中有如下字样:"钱、赵组 全部译完,未改9000字左右,未商定3000字左右。全部工作:改旧稿72216,译改新稿15452。"④从这句话来推断,钱锺书的工作主要是"改"稿,也就是定稿工作。钱锺书本人也说:"他只校阅,未参与译事,翻译的另有其人。"⑤但也有人指出,在《毛选》英译之前期,钱锺书曾经翻译过《星星之火,可以燎原》《政治问题及边界党的任务》《为动员一切力量争取抗战胜利而斗争》等文章。⑥此外,有人认为钱氏还曾英译过《在延安文艺座谈会上的讲话》(下文简称《讲话》)一文。⑦ 钱锺书是文学家,《讲话》又是毛泽东有关文学和文艺方针政策的重要论述,说有关译文出自他之手听上去很是在理,但也有人指出,《讲话》其实"早就有英文译稿"⑧。此说是否属实呢?不妨简作梳理。《讲话》发表后,"最先得到亚洲各国的热烈欢迎",朝鲜文、日语等译本陆续面世。⑨ "在中华人民共和国成立后,《讲话》开始传入西方。"⑩其最早的英语全译本由纽约国际出版公司(New York:International Publishers)于1950年出版,篇名为 *Problems of Art and Literature*。该译文还被印度孟买人民出版社(the People's Publishing House,Bombay)于1950年7月重

---

① 孙玉祥:"锺书'默存'",《书屋》2004年第8期,第28页。
② 孔庆茂:《钱锺书传》,江苏文艺出版社1995年版,第162页。
③ 杨宪益著,薛鸿时译:《漏船载酒忆当年》,北京十月文艺出版社2001年版,第172页。
④ 巫和雄:《〈毛泽东选集〉英译研究》,中国社会科学出版社2013年版,第116页。
⑤ 陈敬:《余英时访谈录》,中华书局2012年版,第155页。
⑥ 王冰:"钱锺书英译'毛选'",《炎黄春秋》2002年第9期,第75页。
⑦ 王佐良:《翻译:思考与试笔》,外语教学与研究出版社1989年版,第92页。
⑧ 王冰:"钱锺书英译'毛选'",《炎黄春秋》2002年第9期,第75页。
⑨ 刘忠:《在延安文艺座谈会上的讲话》在国外的译介与评介,《中州大学学报》2007年第3期,第41页。
⑩ 同上。

印刊行。值得一提的是,在纽约国际公司出版有关英译之前,"纽约的《工人日报》曾摘译过《讲话》中的部分观点。"①李又安(Adele Rickett)也曾节译1946年3月《整风文献》所载《文选》中主要段落,译文收入哈佛大学出版社于1952年出版的 A Documentary History of Chinese Communism。此外,陈家康(Ch'en Chia-k'ang)与葛兰恒(Betty Graham)曾于1946至1947年间合译《讲话》全文,译文(On Literature and Art)刊登在烟台的英文报纸《芝罘新闻》上。② 新中国成立后,外文出版社先后翻译出版了大量毛泽东著作单行本和汇编本,《讲话》一文即有数个英译本,包括1956年的 Talks at the Yenan Forum on Literature and Art(原文为1953年版《毛选》中的《讲话》),1960年的 Mao Tse-tung on Art and Literature(原文取自1958年版《毛选》),1965年的 Selected Works of Mao Tse-tung 第一至三卷(《讲话》一文见于第三卷),1967年新版的 Talks at the Yenan Forum on Literature and Art 和 Mao Tse-tung on Art and Literature,即前述1956年和1960年版《讲话》英译文的修订版。以上几种《讲话》英译本中,1965年之前的两种,也就是1956年及1960年版本,明显源自纽约版的 Mao Tse-tung: Selected Works, 5 vols. (New York: International Publishers, vols. 1—4, 1954—1956; vol. 5, n. d.)和伦敦版的 Selected Works of Mao Tse-tung, 5 vols. (London: Lawrence and Wishart, vols. 1—4, 1954—1956),1965年之后的《讲话》英译文则皆源自北京版,也就是外文出版社的 Selected Works of Mao Tse-tung,其中,第四卷问世于1961年,第一至三卷出版于1965年。据他人比对,外文出版社所出《毛选》中的《讲话》与纽约版及伦敦版皆多有不同。从前文可知,钱锺书是1950年7月才参与《毛选》英译工作的,因此,所谓《讲话》在此之前"早就有英文译稿"并非虚言。

据程镇球回忆,钱锺书在《毛选》英译中所承担的工作主要有二:一是参与一至三卷译文的定稿,二是参与第四卷译文的润色。③ 杨绛认为"定稿组只二三人"(见前文),此说欠确。据程镇球有关文字,仅为《毛选》第四卷定稿的除了他本人之外,还有孟用潜、徐永煐、冀朝鼎、唐明照、裘克安以及外国友人柯弗兰(Frank Coe)、爱德乐(Sol Adler)、爱泼斯坦(Israel Epstein)、

---

① 刘忠:《在延安文艺座谈会上的讲话》在国外的译介与评介,《中州大学学报》2007年第3期,第42页。
② 巫和雄:《〈毛泽东选集〉英译研究》,中国社会科学出版社2013年版,第249页。
③ 程镇球:《翻译论文集》,外语教学与研究出版社2002年版,第212页。

李敦白(Sid Rittenburg)等。① 不仅如此,1961年春《毛选》第四卷英译完成,出版前又征求过斯特朗(A. L. Strong)、乔冠华、宦乡、浦寿昌等人的意见。② 推测起来,杨绛所讲当是《毛选》前三卷的定稿情况,而这与事实也不尽相符。下面对《毛选》前三卷的英译与定稿不妨多说几句,请看他人的综述:

> 《毛选》中文版 1—3 卷,是在 1951—1953 年期间出版的,每年出一卷,与《毛选》英译进度大体同步。……《毛选》前 3 卷在国内完成翻译工作并交由伦敦劳伦斯出版公司出版之后,英方对英译稿文字不尽满意,曾主动邀钱锺书、徐永煐等人参与修改,此稿一度被当作国内修订《毛选》前 3 卷英文版的基础,称为"旧改稿"。而在国内,由于发现已出版的英译《毛选》1—3 卷里有很多地方不确切,于是 1961 年又开始由孟用潜主持修订前 3 卷译稿。这一时期翻译和定稿主要人员有些变动,有些负责同志如冀朝鼎、唐明照等因为工作繁忙而不得不退出,有的人则出国了。新增加的定稿组成员有钱锺书和吴文焘。此外,新华社外国专家夏庇若(Michael Shapiro)也开始参加定稿组的讨论。1965年,英文《毛泽东选集》(国内版)1—3 卷完成。③

不难看出,《毛选》前三卷的英译文先后有过两次定稿:第一次发生于 20 世纪 50 年代初,第二次为 60 年代(初)。其中,第二次"定稿"具体人数不明,但"新增"人员即有钱锺书、吴文焘、夏庇若等三人。既然如此,笼统地说"定稿组只二三人"恐欠准确。即便如此,钱锺书系《毛选》前三卷英译文定稿组中最重要的成员之一当是不争的事实,至于他都具体"定稿"过哪些译文,也有人给出答案,说其至少"主校"和"副校"过《湖南农民运动考察报告》《〈共产党人〉发刊词》《改造我们的学习》《中国革命与中国共产党》《关于纠正党内无产阶级的不正确倾向问题》《上海太原失陷以后抗日民族革命战争的形势与任务》《红色边区的经济建设》等篇章。④

杨宪益曾说:"对于中国知识分子来说,从事翻译毛主席著作的工作是一种殊荣。"⑤在回忆当年参与《毛选》及一系列重要政论文章的英译工作

---

① 程镇球:《翻译论文集》,外语教学与研究出版社 2002 年版,第 212 页。
② 同上。
③ 巫和雄:《〈毛泽东选集〉英译概述》,《中国翻译》2007 年第 5 期,第 35 页。
④ 王冰:《钱锺书英译"毛选"》,《炎黄春秋》2002 年第 9 期,第 75 页。
⑤ 杨宪益著,薛鸿时译:《漏船载酒忆当年》,北京十月文艺出版社 2001 年版,第 172 页。

时,庄绎传也表示:"当时我觉得学英语,能做这样的翻译工作,可以说是最大的光荣。"①对于这一份"光荣"或"殊荣",曾经参与该项工作的同志大多比较低调,钱锺书亦不例外,不仅不随便谈及[2],对他人的追问也多轻描淡写,要么说自己不过是英译委员会一"挂名顾问""难得偶尔提供一点意见",②要么说那是"集体所为""自己并没有什么功劳"③。值得一提的是,钱锺书去世后,时任中央政治局委员、中国社会科学院院长及党组书记的李铁映在《人民日报》上撰文纪念,其中也说道:"在将毛泽东著作推向世界的工作中,钱锺书发挥了重要而独特的作用,但他从不以此为耀,宣示他人。"④

## (三)译作质量

从上文叙述不难看出,《毛选》的英语译本确系集体智慧之结晶。这其中,钱锺书的贡献不可小觑。或许因为此,在评述《毛选》英译本时,人们会自觉不自觉地联想到钱氏甚至会以他打头。比如:"钱先生主持审定的英文版《毛泽东选集》,获得了外籍专家的高度评价";⑤又如:"凭着他的忠信与能力,英译委员会终于把'毛选'四卷信、达、雅地翻译出来了,而且公认为基本上达到他所标举的翻译的'化'的境界。"⑥钱锺书是否是"主持",前文已有论及,不过说他在相关机构中扮演过重要角色并不为过。1962 年 3 月,有关部门曾制定一份《关于毛选前三卷定稿计划要点(讨论稿)》(未发表),其中有这么几句话:"钱锺书的作用的确还发挥得不够,今后一方面多请他帮助翻译组的年轻同志,另一方面审稿小组的改稿继续请他仔细阅读,提出意见,并请他参加大组讨论。"⑦关于钱氏在毛选英译中的作用,也有人这样评价道:"钱锺书先生是参加时间最长、用力最勤、且最受倚重的译者之一。"⑧据悉,当年负责《毛选》英译工作的徐永煐对钱氏即"一直""很倚重"。⑨ 徐氏 1962 年 3 月曾撰《关于英译毛选稿再次修改问题》的请示报告,提出对前三卷"英译旧改稿"进行修改,"建议由程镇球、SOL、钱锺书三

---

① 庄绎传:《英汉翻译简明教程》,外语教学与研究出版社 2002 年版,第 307 页。
② 沉冰:《不一样的记忆:与钱锺书在一起》,当代世界出版社 1999 年版,第 181 页。
③ 李洪岩:《钱锺书与近代学人》,百花文艺出版社 1998 年版,第 178 页。
④ 李铁映:《深切缅怀学术文化大师钱锺书》,《人民日报》,1999-12-16。
⑤ 刘士杰:《幸福的回忆 终生的财富——忆钱锺书先生》,李明生,王培元:《文化昆仑:钱锺书其人其事》,人民文学出版社 1999 年版,第 170 页。
⑥ 孔庆茂:《钱锺书传》,江苏文艺出版社 1995 年版,第 162 页。
⑦ 巫和雄:《〈毛泽东选集〉英译研究》,中国社会科学出版社 2013 年版,第 45 页。
⑧ 王水照:《鳞爪文辑》,陕西人民出版社 2008 年版,第 57 页。
⑨ 程镇球:《翻译论文集》,外语教学与研究出版社 2002 年版,第 212 页。

人,组成咨询小组,专责整理历次修改建议"。在介绍钱锺书时,徐氏的表述如下:

> 汉文英文确都很好,特别是始终地全面地参加了初版稿和旧改稿的工作。文学研究所现在让他每星期在翻译组工作两天。他只能参加一部分稿子的校改。又因为陷于会议,更不能发挥全面和深思熟虑的作用。如果把这三人摆到一起,担任全面地、细致地衡量性的工作,则能收政治和技术、英文和汉文、旧人和新人结合的效果。①

从相关背景来分析,钱锺书是作为"技术"和"旧人"的一方被"结合"进去的,他不仅中英文兼擅,而且始终全面地参加了初版稿和旧改稿的有关工作。钱氏在整个翻译工作中既有如此的"资本",徐永煐"倚重"他便也在情理之中。笔者发现,对于钱氏在《毛选》英译工作中的表现,不同的声音也偶而可闻,坊间一文献即认为:"当时王佐良也参加了《毛泽东选集》英译的工作,他说钱先生和金岳霖他们比起来,也不怎么显得出众。"②王氏对金岳霖和钱锺书英译《毛选》的水平是否有过比较和评说尚不得而知,可以肯定的是,他对二位老师"向来佩服",他并认为:"要不是那时候金先生译了《实践论》《矛盾论》,钱先生译了《在延安文艺座谈会上的讲话》等,那么后来的改进工作就会缺乏基础。"③即便《讲话》并非钱氏译就,王氏的有关评价也非过誉。

行文至此,我们实际已将话题转移到了当年所出《毛选》英译本的质量上。对于该译著,部分当事人是比较自信的,程镇球即曾表示:"译文的质量是比较高的","甚至西方政治家的案头也放着《毛选》的译本,不时引用毛主席的言论。"④据称,学界还流传着这么一句很有底气的话——"谁若是挑出《毛选》的译文错误便可受奖"⑤。就笔者所见,在《毛选》英译本问世后的那么多年里,人们对其不说顶礼膜拜,至少也是啧啧称颂,但说它一点瑕疵或疏忽也没有,那也并不客观。举例来说,有人读《毛选》,发现其中两次出现"党领导农民推翻地主阶级"这句话,查阅英语译文,一个地方使用了"in doing something"之句型,另一处却又用了"to do something"。对此,有人询

---

① 王水照:《鳞爪文集》,陕西人民出版社2008年版,第60页。
② 沉冰:《许渊冲眼中的钱锺书》,沉冰:《不一样的记忆:与钱锺书在一起》,当代世界出版社1999年版,第237—238页。
③ 王佐良:《翻译:思考与试笔》,外语教学与研究出版社1989年版,第92页。
④ 程镇球:《翻译论文集》,外语教学与研究出版社2002年版,第214页。
⑤ 尹承东:《中央文献翻译的结晶》,《中国翻译》2004年第5期,第90页。

问钱锺书:"为什么同一个中文句子译成英文时要用两种句型,它们所表达的意思有什么差别。"钱氏回答如下:"实不知何故,恐是定稿、通读时疏忽。"①荷马也有打盹之时,《毛选》英译自也难免百密一疏,然综而观之,《毛选》英译的质量是上乘的。其他不论,看看当时的定稿讨论情形,《毛选》的英译质量就备有保障。关于当时的定稿讨论,程镇球有回忆如下:"定稿讨论认真仔细,一丝不苟。有时整个下午逐字逐句推敲,才完成译文一页左右。……讨论有时争得面红耳赤,但大家为了搞好译文,不仅对此毫不介意,而且通力进行合作。经过反复交锋,往往可以取得大家满意或较为满意的译法。"②事实表明,至今不曾有人在《毛选》英译本中挑出什么大错,也没人因为挑出译文中的毛病而受奖,虽然近年来商榷和指谬文章时而可见。

说到对《毛选》英语译文的商榷和指谬,有这么一个译例颇值得一提。《毛选》中有"食言而肥"一说,其译文之一为 eat his words。对此英译,质疑和批评者不少,有人甚至断定其"不能说不是一个重大笔误",具体上下文及意见如下:

> 毛泽东著文说:"蒋先生不但食言而肥,而且还派遣四五十万军队包围边区,实行军事封锁和经济封锁,必欲置边区人民和八路军后方留守机关于死地而后快。"这就是说,蒋先生原先愿意建立承认陕甘宁边区,后来又不但不实践其诺言,而且还采取敌对行动。可是,这个习语在《毛选》的英译本里却译成了"Now Mr. Chiang Kaishek has not only eaten his words, but he has gone so far as to..."。本来一个揭露、声讨对方蓄意不守信的檄文句子,却译出了被声讨对象"羞愧地承认错误"的效果。③

上段引文中的"这个习语"即"食言(而肥)"。关于 eat one's word(s)(多指收回前言)与"食言"之区别,一般英语学习者都是了解的,教材和参考书也屡有提醒。[3] 初读上段引文时,笔者也觉得其所言甚是,但几乎就在同时,脑子里也本能地生出一些疑窦来:当年参加《毛选》英译的都是一时之选,而《毛选》的翻译程序也可谓繁复,包括初译、改稿、核稿、小组讨论初定稿、外

---

① 林子清:《钱先生两封复信的说明》,范旭仑,李洪岩:《钱锺书评论》(卷一),社会科学文献出版社 1996 年版,第 7 页。
② 程镇球:《翻译论文集》,外语教学与研究出版社 2002 年版,第 213 页。
③ 肖辉:《英汉语用差异视阈下习语文化可译性探究》,《上海科技翻译》2004 第 1 期,第 44 页。

国专家通读改稿进行文字润色、中国定稿人员和外国专家讨论解决问题、最后定稿、打字、校对等。有鉴于此,《毛选》译文不大可能出现常识性的错误。换句话说,将"食言而肥"译作 eat one's words 是否真的属于"重大笔误",似还值得认真探讨。"食言而肥"语出《左传·哀公二十五年》:鲁国大夫孟武伯常常说话不认账,哀公对此非常反感。在一次宴会上,孟武伯问哀公宠臣、身体发胖的郭重:"何肥也?"哀公乘机插话,指桑骂槐地讥刺孟氏道:"是食言多矣,能无肥乎?"意思是说某些人老是许愿而不践愿,便宜占多了,身体自然大腹便便起来。对于"食言而肥"的上述含义,当年参与《毛选》英译者谅必心中有数,钱锺书的心里就更是明镜似的。在钱氏看来,该语中的"食"字另有它解,属于"同文异意",而不同的意思"亦推亦究,相牴牾而复勾结(semantic collision-collusion),愈饶韵趣"。下面是钱氏对"食言而肥"的说文解字:

> 《尚书·汤誓》:"朕不食言",孔《传》:"食尽其言,伪不实",《正义》引《尔雅·释诂》:"食,伪也"及《左传》哀公二十五年,公曰:"是食言多矣,能无肥乎!",《正义》申说曰:"言而不行,如食之消尽";《尔雅·释诂》:"诶、谟、食、诈,伪也",郭璞注引《汤誓》:"朕不食言"。哀公以"食"之诈伪意属"言",而以"食"之啖噉意属"肥",使之一身两任,左右逢源,《正义》颇识斯意。郝懿行《晒书堂文集》卷三《经冶堂解义序》谨遵《尔雅》,谓"'不食言'之'食',应训'伪','不可食已'之'食',应训'为',若以'食'为'饮食'之'食',抑又非矣";然则何以解"食言"而能"肥"之"食"乎?俞正燮《癸巳存稿》卷一于《尔雅》之诂外,复举《公羊传》僖公十年"荀息不食其言",注:"食、受之而消亡之",又《汉书·匈奴传》"约分明而不食言",注:"如食而尽皆销蚀",乃曰:"'食言'以语久,又生傍义,《左传》哀公云云,则就饮食言之。"揆据虽赅,而不省"受而消亡"、"如食销蚀",即明"就饮食言之",睹与"肥"相属,谓"又生旁义",如以肝胆为胡越矣!丘吉尔(W. Churchill)尝自言:"吾食言多矣,未尝有不消化之病"(Eating words has never given me indigestion),颇资参印。①

在其他地方,钱锺书对《左传》哀公二十五年所嘲"食言多矣,能无肥乎?"还曾有过解读,限于篇幅,兹不赘。② 其实,单从上段末尾一句来看,大文豪丘

---

① 钱锺书:《管锥编》,中华书局 1986 年版,第 958 页。
② 钱锺书:《管锥编》,中华书局 1986 年版,第 156 页。

吉尔也曾使用 eating words,而钱锺书对该短语的译文也是"食言"。结合整段文字来看,钱氏上述翻译非但没错,甚至还非那样译不可。

从翻译实践来看,传译"食言而肥"等隐语性习语或成语时,策略一般有二:或直接点其要害,径传实质意义;或在保持原文(基本)意思不变的前提下,设法保留原文的形象。查阅坊间部分工具书,发现"食言而肥"的英译也不例外,前者如:break one's promise out of selfish considerations 和 break faith with sb.(《新时代汉英大词典》)break one's promise for petty gains; break faith with sb. (*The Zuo Commentary · Duke Ai 25$^{th}$ Year*:"Having gone back on his word so many times, how can he not gain advantages?")(《汉英双语现代汉语词典》)后者如吴光华主编的《汉英大辞典》(第二版)与《汉英综合大辞典》中部分译文(见下文)。值得一提的是,从吴氏所编二册辞书来看,"食言而肥"之翻译颇与时俱进,因为《汉英大辞典》所给译文仅有二个:get [grow] fat because of "going back on one's word"; break one's promise;而《汉英综合大辞典》中的参考译文却有一大串,分别是 get [grow] fat because of "going back on one's word"—be worse than one's word; break one's promise [word]; get [grow] fat by going back on one's word; go back on one's word [promise]; fail to make good one's promise; break faith with sb. ; get fat on eating one's own words; grow fat by eating one's words; go back on one's word; break one's promise; eat one's words—fail to live up to promise; break a promise; swallow one's words. 细心的读者或许已经发现,上引《汉英综合大辞典》所给"食言而肥"之如许英译中,有两个是既传达意义也保留形象的,即 get fat on eating one's own words 与 grow fat by eating one's words。

毛泽东《评国民党十一中全会和三届二次国民参政会》一文曾先后两次使用"食言而肥",其译文不都是 eat his own words,后一处为 go back on your own words。[4]有关人员既懂得用 go back on your own words 表示"食言而肥",将前一处的"食言而肥"英译为 eat your own words 便不大可能是打盹之作,相反,它很可能是译者或定稿人员细心思量的结果。推测起来,有关人员一定是想保留原文的形象才选用 eat his own words。至于译文中为何又没有保留 grow fat 或 get fat 等字样,原因可能有二:一是成语"食言而肥"重在强调"食言",二是当时的蒋介石确也说不上有多"肥"。

值得补充的是,英汉翻译实践中也有将 eat his own words 译作"自食其言"或"食言而肥"者。《丘翁毒舌》一文末尾处有这么一句话:"不过,老丘作为政治人物,不会变来变去,更不会'自食其言'(eat his own words),说

话不算数。"① 又比如,莎士比亚《无事生非》第四幕第一场中有这么一段话:

  Bene. By my sword, Beatrice, thou lovest me.
  Beat. Do not swear, and eat it.
  Bene. I will swear by it that you love me; and I will make him eat it that says I love not you.
  Beat. Will you not eat your word?
  Bene. With no sauce that can be devised to it, I protest I love thee.

从相关上下文看,上述对话中的 eat your word 显然也是"食言"之意,巧的是,朱生豪将其径直译作了"食言而肥"! 朱氏整段译文如下:

  培尼狄克:贝特丽丝,凭着我的宝剑起誓,你是爱我的。
  贝特丽丝:发了这样的誓,是不能反悔的。
  培尼狄克:我愿意凭着我的剑发誓你爱着我;谁要是说我不爱你,我就叫他吃我一剑。
  贝特丽丝:您不会食言而肥吗?
  培尼狄克:无论给它调上些什么油酱,我都不愿把我今天说过的话吃下去。我发誓我爱你。②

需要说明的是,莎翁原文中使用的有关表达是 eat your word,而平日所见"收回前言"的对应表达多为 eat one's words。不过,语言终究是活的,在不同的时间,或在不同的场合,某个单词用单数或复数或许并无差别。

### (四)翻译是非

  钱锺书尝谓参与《毛选》英译"不求无功,但求无过"。不知怎的,社会上总有些人喜欢拿钱氏当年的《毛选》英译说事儿,常见的一个"版本"是说他与家人在"文革"中之所以能免于一劫,最根本的乃有《毛选》翻译这把"保护伞",有的甚至以此怀疑起钱氏人格来。比如,有人说:"无疑,钱锺书是一位

---

① 汪荣祖:《书窗随笔》,中国人民大学出版社 2007 年版,第 173 页。
② 陈文伯:《英汉成语与对比翻译》,世界知识出版社 2005 年版,第 233—234 页。

优秀的学者,但他不是奥林匹斯山上的神祇,否则,在那些悲惨的日子里,他何必拼命抓住《毛选》英译本编委会负责人这根救命稻草呢!"①从前文有关叙述看,钱锺书并非《毛选》"编委会负责人",至于"抓住……"甚至"拼命抓住……"云云自也牵强得很,在当时那种政治背景下,《毛选》英译委员会"负责人"等职位恐怕不是谁想"抓"就能抓得到的。在"那些悲惨的日子里",钱锺书之所以能做到相对平安无事,归根结底,应该主要是钱锺书在政治上"素来的谨重不妄言"②。

说到钱锺书参加《毛选》英译工作及其在文革中的遭遇,不禁让人想起所谓他经"污蔑"领袖著作之事。有论者揭发,说钱锺书在20世纪50年代初"曾用粗俗的市井语言嘲弄毛泽东"。③ 这"粗俗的市井语言"究为何物?《杨绛传》中有这样的文字:"钱锺书身为《毛泽东选集》英文编译委员会委员,书桌上竟然没有'毛选'四卷,并且说把这些东西放在书桌上,'会弄脏了桌子。'"④"弄脏了桌子"大概就是他人所说钱锺书对领袖人物的"嘲弄"。从现有文献来看,上述记述不够翔实准确,事情的原委是这样的:1956年1月14日至20日,中共中央召开了全国知识分子问题会议,周恩来在会上作了著名的《关于知识分子问题的报告》。为参加这次会议,当时与知识分子有关的部门准备了详细的材料。其中,高等教育部关于北京大学的调查报告非常详细,报告后来形成文件《北京大学典型调查材料》。1952年院系调整,钱锺书和杨绛同被调任文学研究所外文组研究员,暂属北京大学。《北京大学典型调查材料》中特别提到钱锺书,认为他是反动教授:"在解放后一贯地散布反苏反共和污蔑毛主席的反动言论;1952年他在毛选英译委员会时,有人建议他把毛选拿回家去翻译,他说'这样肮脏的东西拿回家去,把空气都搞脏了'污蔑毛选文字不通。"⑤对于这件事,"文革"中又有人用"大字报"予以告发,杨绛看过后勃然大怒并申辩道:"捕风捉影也该有个风、有个影,不能这样无因无由地栽人。"⑥他人的告发是否属实?该事件后来都是怎么收场的?请看杨绛的记述:

> 这项"告发"显然未经证实就入了档案。实地调查时,那"告发"的

---

① 孙玉祥:《锺书"默存"》,《书屋》2004年第8期,第28页。
② 骆玉明:《近二十年文化热点人物述评》,复旦大学出版社2001年版,第390页。
③ 孙玉祥:《锺书"默存"》,《书屋》2004年第8期,第29页。
④ 罗银胜:《杨绛传》,文化艺术出版社2005年版,第248—249页。
⑤ 谢泳:《杂书过眼录》,中国工人出版社2004年版,第93页。
⑥ 杨绛:《杨绛散文精选》(I),人民文学出版社2004年版,第47页。

人否认有此告发。红卫兵的调查想必彻底,可是查无实据。默存下干校之前,军宣队认为"告发"的这件事情节严重,虽然查无实据,料必事出有因,命默存写一份自我检讨。默存只好婉转其辞、不着边际地检讨了一番。①

应该说,对于他人的诬告,钱锺书本人更应该发声,可他并没这么做。至于其中缘由,钱氏为杨绛《干校六记》所写"小引"中的一句话或可作参考,他说:"惭愧自己是懦怯鬼,觉得这里面有冤屈,却没有胆气出头抗议,至多只敢对运动不很积极参加。"②而从杨绛有关记述中,我们似乎还能找到其他或许更有说服力的原因。她回忆道:"我想起这事还心上不服。过一天默存到菜园来,我就说:'必定是你的黑材料作祟。'默存说我无聊,事情已成定局,还管它什么作祟。"③杨氏又说:"锺书与世无争,还不免遭人忌恨,我很忧虑。锺书安慰我说:'不要愁,他也未必能随心。'锺书的话没错。这句话,为我增添了几分智慧。"④如果说"事情已成定局"表明钱锺书多少有些无奈与无助,"他也未必能随心"溢出的则是淡定与智慧。


**注解:**

[1] 杨宪益英文著作 *White Tiger* 一书第 181 页有如下表述:"Qian Zhongshu was heading a committee to translate the works of Mao Zedong."既是 heading a committee,他人译作"首席"之类似也不能算错。

[2] 钱锺书对于参与毛著英译之事虽几乎按下不提,但不排除偶而谈及,章廷桦曾有回忆如下:"钱老爽朗健谈,妙语连珠,给我的印象极深。接着他谈到我们北师大英语教授郑儒箴先生同他一起翻译《毛选》,说郑教授工作认真,笔语极好。"(吴谷平:《听听那风声》,第 217 页)

[3] 参加过《毛选》英译工作的庄绎传即曾提醒世人,"食言"及"食言而肥"不能译作 eat one's words,"因为'食言'的意思是'不履行诺言',而 eat one's words 的意思是收回前言"。(《汉英翻译 500 例》,第 135 页)

[4] 毛泽东文章中第二次使用"食言而肥"之有关原文如下:"蒋介石先生及国民党人须知,陕甘宁边区和各抗日根据地这种不被国民党政府承认的状态,这种你们所谓'割据',不是我们所愿意的,完全是你们迫得我们这样做的。你们食言而肥,不承认这个原来答应承认了的区域,不承认这个民主政治,反而骂我们做'割据',请问这是一种什么道理?"《毛选》英文本中所给译文为:"Mr. Chiang Kai-shek and other members of the Kuomintang! You should know that what you call 'separatism'—the state of affairs in which the Shensi-Kansu-Ningsia Border Region and other anti-Japanese base areas are not recognized by the Kuomintang government—is not of our seeking but has

---

① 杨绛:《杨绛散文精选》(I),人民文学出版社 2004 年版,第 47—48 页。
② 杨绛:《从丙午到"流亡"》,中国青年出版社 2000 年版,第 56 页。
③ 杨绛:《杨绛散文精选》(散文 I),人民文学出版社 2004 年版,第 48 页。
④ 杨绛:《杨绛散文精选》(散文 II),人民文学出版社 2004 年版,第 97 页。

been entirely forced on us by yourselves. What reason do you have for accusing us of 'separatism' while you go back on your own words, refuse the recognition you pledged to the Border Region and refuse to acknowledge its democratic government?"(杨全红:《谈谈"食言而肥"的英译》,《上海翻译》,2005 年第 4 期,第 74 页)

# 第九章　钱锺书与术语及专名翻译

关于什么叫术语,学界意见纷纷。陈原所给定义如下:"术语就是在一定的主题范围内(某一学科),为标示一个特定的专门概念而确定的一个单词或词组(一般术语和复合术语)。"[①]专名即专有名称,如人名、地名等。在专名是否也是术语这一问题上,人们意见不一:有人认为它介乎术语与非术语之间,其中有的已经成为术语;也有人认为术语虽也可来自专名(如"瓦特""喀斯特"),但一般的专名却并不是术语。[②] 在我国,术语连同专名曾被笼统地称之为"名"[③],下面一并谈谈钱锺书对术语和专名的翻译(研究)。

## 一、术语翻译

西方语言文字中所谓的术语大多来自拉丁词语 terminus,其本义为"界限""终点"。英语和法语中的 term 及 teme 又都引申出许多其他意义,如逻辑或数学领域的"项""词语"等,但在表示术语意义时,英语和法语都用词组,分别为 technical term 和 teme technique。[④] 或许因为有关表达中含有 technical 或 technique 字眼,一说到术语,人们首先想到的大多是自然科学;也或许因为此,"我国百余年来的术语工作,主要是在自然科学与技术领域进行的,社会科学的术语工作做得较少"[⑤]。就钱锺书而言,其术语研究和实践主要见诸社会科学领域。

---

[①] 陈原:《当代术语学在科学技术现代化过程中的作用和意义》,刘青:《中国术语学研究与探索》,商务印书馆2010年版,第45页。

[②] 陈楚祥:《术语·术语学·术语词典》,刘青:《中国术语学研究与探索》,商务印书馆2010年版,第195页。/ 龚益:《社科术语工作的原则与方法》,商务印书馆2009年版,第63页。

[③] 石立坚:《专名与术语》,刘青:《中国术语学研究与探索》,商务印书馆2010年版,第188页。

[④] 龚益:《社科术语工作的原则与方法》,商务印书馆2009年版,第61页。

[⑤] 李宇明:《术语论》,刘青:《中国术语学研究与探索》,商务印书馆2010年版,第61页。

## （一）术语翻译举例

在阅读钱锺书著述时，不时可以遇到各种术语译文。阅读钱氏术语译名（特别是修辞与文论术语译名），大多不隔、不涩、不陌生，读来很家常（familiar）[1]、很亲切、很中国。比如，他将 simile 译作"显比"，将 metaphor 译作"隐比"，将 climax 译作"造极"，将 paradox 译作"翻案语"，将 dilemma 译作"两刀论法"，将 analogy 译作"比类推理"，将 chronology 译作"渊源学"，将 ambiguous 译作"两可"及"暧昧可两属"，将 binary opposition 译作"成双的对立"，等等。① 与相关通用或常用译名相比较，上述钱译有着这么一些个性或特点：一是用字普遍多一点，二是解释意味更浓一些，三是大多译名望文即可生义。对于此种术语翻译策略或方法，钱锺书可谓情有独钟，就是一些已有通译的术语，他也不轻易放弃自己的译名，行文中常兼而用之。比如：metaphor 在其文字中既有"隐喻"也有"隐比"，paradox 在其笔下既是"诡论"也是"翻案语"，synaesthesia 在其著述中既是"通感"也是"感觉挪移"。这些译文中，后者一望而知是钱氏手笔。顺便补充一句，平日也能见到他人采用类似策略来翻译术语：将 essay 和 genre 分别译为"艾写"及"琼瓦"，将 irony 译作"爱无奈"或"爱伦尼"，将 parody 及 euphemism 分别译为"戏和体"和"优浮绮思体"，将 anticlimax 译作"蛇尾"或"虎头而蛇尾"，只是他们来自多个译者或曰翻译主体，而不像钱氏那样多产。

某学术刊物曾载文专门讨论英语辞格 oxymoron 之释义及其汉译。文中说，oxymoron 指的是"一个短语把两个自相矛盾的词儿组合起来，以产生一种特别的意思或理念。"②对于该词语的"逆喻"及"矛盾修饰"和"矛盾修饰法"等译名，有关论者皆不以为然。不过 oxymoron 究竟怎样译才好，作者却并无良策，而是给了一条多少有点无奈的建议——"不必套译乃至硬译"③。有关论者不知，钱锺书也曾笔涉 oxymoron 而且给出了参考译文，有关文字如下："夫'正言若反'，乃老子立言之方，《五千言》中触处弥望，即修词所谓'翻案语（paradox）与冤亲词（oxymoron）'，固神秘家言之句势语式耳。"④笔者认为，钱氏所译"冤亲词"可传出 oxymoron 的深层含义，即将两种词义截然相反的词语安排在一起借以造成突兀而相辅的怔忡效果。对

---

① 钱锺书：《钱锺书散文》，浙江文艺出版社 1997 年版。
② 李国南：《有关 OXYMORON 的几个问题》，《外国语》2001 年第 4 期，第 28 页。
③ 李国南：《有关 OXYMORON 的几个问题》，《外国语》2001 年第 4 期，第 32 页。
④ 钱锺书：《管锥编》，中华书局 1986 年版，第 463 页。

于"冤亲词"之译,有人赞其"何其精辟又何其妙远"①!钱锺书之所以能出此佳译,这与他对该辞格的琢磨与研究不无关系。水晶曾有回忆如下:某年轻教授用《水浒传》里王婆一句费解的玩笑语,也即第二十四回《王婆贪玩说风情》中那句"他家卖拖蒸河漏子,热烫温和大辣酥"质疑钱锺书,那些字写在一张纸上,钱氏一瞥纸条脱口而出道:

> 这是一句玩笑话,也就是西洋修辞学上所谓 oxymoron,像是新古董 novel antiques 便是。像河漏子(一种点心小吃)既经蒸过,就不必再拖;大辣酥(另一种点心小食)也不可能同时具有热烫温和两种特质。据此可以断定是王婆的一句风言语,用来挑逗西门庆,同时也间接刻画出潘金莲在《水浒》中正反两种突兀的双重性格。②

大家知道,术语中不乏一语多义者。一语多义类术语往往得一语多译。笔者发现,即便是一语多译,钱锺书的译名总的来说也比较家常。以 style 一词为例,它本身即含有"语体""笔法""笔性""文类""风格"③等义。在钱氏笔下,style 的译名虽变化多端但普遍比较家常:有译作"文"或"文章"者,如"繁词曲譬,理不胜词,曰多肉之文(a fleshy style);词不该理,曰多筋骨之文(a bony and sinewy style)";④"在西洋语文里,我们习惯上只说'一种或这种多肌肉的文章(a or the muscular style)',不说'一切文章的肌肉(the muscles of the style)'。"⑤也有译作"文笔"者,如"福楼拜以为是牡蛎生病所结成,作者的文笔(le style)却是更深沉的痛苦的流露"⑥。还有译作"格调"的,如"体之得失,视乎格调(style),属形式者也;品之尊卑,系于题材(subject),属内容者也"⑦。自然还有译作"风格"的,如"表情是性情品格身世修养在体貌上的流露,说它是外貌,却又映射着内心,譬如风骚女人的花眼,强盗的杀相;假使体貌算是外表,性格算是内容,那么,表情就抵内外词

---

① 陆谷孙:《余墨集》,复旦大学出版社 2004 年版,第 249 页。
② 水晶:《两晤钱锺书先生》,沉冰:《不一样的记忆:与钱锺书在一起》,当代世界出版社 1999 年版,第 205—206 页。
③ 吕嘉健:《论"钱锺书文体"》,冯芝祥:《钱锺书研究集刊》(第二辑),上海三联书店 2000 年版,第 104 页。
④ 钱锺书:《钱锺书散文》,浙江文艺出版社 1997 年版,第 396 页。
⑤ 钱锺书:《钱锺书散文》,浙江文艺出版社 1997 年版,第 398 页。
⑥ 钱锺书:《钱锺书散文》,浙江文艺出版社 1997 年版,第 316 页。
⑦ 钱锺书:《钱锺书散文》,浙江文艺出版社 1997 年版,第 480 页。

意融通一贯的文章风格(style)"。①

## (二)术语翻译解说

《中国文论:英译与评论》导言中说:"关于一部分术语的最佳英译,已不乏讨论;其实没有什么最佳的翻译,只有好的解说。"②钱锺书对一些术语的翻译,即不只单单给出译文,还常有深刻的分析与解说。下面以绘画中的"(意)周"与英文里的 complete 为例,看看钱氏在得出二者可以互译之前都有过什么样的解说或铺陈,请看下段文字:

……南宗画的原则也是"简约",以经济的笔墨获取丰富的艺术效果,以减削迹象来增加意境("less is more"——Robert Browning: *Andrea del Sarto*)。张彦远讲"疏体画"用笔不同于"密体画",早说出这个理想:"笔才一二,像已应焉。离披点画,时见缺落,此虽笔不周而意周也。"(《历代名画记》卷二《论顾陆张吴用笔》)"周"是"周密"、"周到"、"周备"的"周"。他在本节里强调"书画用笔同",我们不妨挪借另一个唐人论书法的话作为注解:"'损'谓有余。……谓趣长笔短,常使意势有余,点画若不足。"(《全唐文》卷三三七颜真卿《张长史十二意笔法记》)"损"就是"见缺落","若不足"就是"不周"。……休谟可能是首先拈示这种心理活动的哲学家,……对象蔽亏不明(by throwing it into a kind of shade),欠缺不全,就留下余地,"让想象有事可做"(leaves some work for the imagination),而"想象为了完足那个观念所作的努力又能增添情感的强度"(the effort which the fancy makes to complete the idea gives an additional force to the passion)。……对象"蔽亏"正是"笔不周",在想象里"完足"正是"意周","complete"可算是"周"字的贴切英译。③

术语翻译不易,而要说出个所以然就更难。钱锺书虽是学问大家,对于术语之翻译与论说也非总是可以不用吹灰之力。好些时候,只有经过不断的折腾和反复的思考,成熟的译名才有可能诞生。以 texture 为例,钱氏即有较为漫长而艰辛的翻译历程。他1933年3月1日在《新月月刊》上发表

---

① 钱锺书:《钱锺书散文》,浙江文艺出版社1997年版,第402页。
② 宇文所安著,王柏桦、陶庆梅译:《中国文论:英译与评论》,上海社会科学院出版社2003年版,第15页。
③ 钱锺书:《钱锺书散文》,浙江文艺出版社1997年版,第201—202页。

过《落日颂》一文,其中说:"他没有能把一切字,不管村的俏的,都洗滤了,配合了,调和了,让它们消化在一首诗里;村的字也变成了诗的血肉,俏的字也变成了诗的纤维。"①而在1933年10月5日刊于《大公报·世界思潮》第56期上的《作者五人》一文中,他又说:"我觉得卜赖德雷的(文笔)是近代英国哲学家中顶精炼,质地最厚,最不易蒸发的文章。"②笔者以为,上述二则引文中的"纤维"和"质地"其实是同一物。对于"质地",钱锺书除了称其为"纤维",有时也叫它"纤维组织",在《作者五人》一文中,他评桑塔亚那的书不易看,有一点还很近卜赖德雷,因为"他们两人的文笔的纤维组织——Edith Sitwell 的 *Pope* 传里所谓 texture——都很厚,很密。"③很显然,钱氏是以"质地"和"纤维(组织)"传译英文 texture 的,而在 1935 年 6 月 5 日《人间世》第 29 期《不够知己》一文中,他却又说:"夏士烈德的火气比温先生来得大;但是温先生的'肌理'似乎也不如夏士烈德来得稠密。"④在该句话之"肌理"二字后,钱锺书特地用括号加注道:"这是翁覃谿论诗的名词,把它来译 Edith Sitwell 所谓 texture,没有更好的成语了。"⑤[2] 由"纤维"而"质地"而"肌理",钱氏翻译术语 texture 之艰辛历程由此可感。至于为什么"肌理"是 texture 之最好译文,钱氏于《文学杂志》1937 年 8 月第一卷第四期《中国固有的文学批评的一个特点》一文中略有交代,他说:

  我们自己喜欢乱谈诗文的人,做到批评,还会用什么"气""骨""力""魄""神""脉""髓""文心""句眼"等名词。翁方纲精思卓识,正式拈出"肌理",为我们的文评更添一个新颖的生命化名词。古人只知道文章有皮肤,翁方纲偏体验出皮肤上还有文章。现代英国女诗人薛德蕙女士(Edith Sitwell)明白诗文在色泽音节以外,还有它的触觉方面,唤作"texture",自负为空前的大发现,从我们看来,"texture"在意义上、字面上都相当于翁方纲所谓肌理。⑥

### (三)术语翻译注意事项

  钱锺书曾提醒翻译工作者道:"言译事者以两国语文中貌相如而实不相

---

① 钱锺书:《钱锺书散文》,浙江文艺出版社 1997 年版,第 96 页。
② 钱锺书:《钱锺书散文》,浙江文艺出版社 1997 年版,第 144 页。
③ 钱锺书:《钱锺书散文》,浙江文艺出版社 1997 年版,第 148 页。
④ 钱锺书:《钱锺书散文》,浙江文艺出版社 1997 年版,第 157 页。
⑤ 同上。
⑥ 钱锺书:《钱锺书散文》,浙江文艺出版社 1997 年版,第 391—392 页。

如之词与字,比于当面输心背面笑之'伪友'(les faux amis),防惕谨严。"①举例来说,中西方文体研究的理念大致相同,但中国文类的划分更为细致和复杂。对于中西文类的互译,明显有区别者一般不会犯错,而对于那些看似中西共有者,简单地对应或比附便难免犯错。对此,钱锺书给出过实例,他说:"传习既尔,作史者断不可执西方文学之门类,鲁莽灭裂,强为比附。西方所谓 poetry 非即吾国之诗;所谓 drama,非即吾国之曲;所谓 prose,非即吾国之文;苟本诸《揅经室三集·文言说》《三经室续集·文韵说》之义,则吾国昔者之所谓文,正西方之 verse 耳。文学随国风民俗而殊,须各还其本来面目,削足适履,以求统定于一尊,斯无谓矣。"②本段引言不仅给出了部分中西文学门类术语之"伪友",还提出了一些注意事项,即避免"鲁莽灭裂,强为比附"以及"削足适履"而求"定于一尊"。在钱锺书看来,实际翻译中,类似情况显然是有的,他曾举例道:"然以泰山为治鬼之府,死者魂魄所归,其说亦昉于汉。……经来白马,泰山更成地狱之别名[3],如吴支谦译《八吉祥神咒经》即云'泰山地狱饿鬼畜生道',隋费长房《历代三宝记》卷九所谓'泰山'为'梵言'而强以'泰方岱岳'译之者。"③

说到"伪友",不禁想到钱锺书曾将汉语"伪"字与西语进行对比,他说:"荀子'伪'字犹西语'人为',所以别于'天然'。如波德莱亚云:'罪恶出于天然本性;道德反是,出于人为,超越天然。'(Le crime est... originellement naturel. La vertu, au contraire, est *artificielle*, surnaturelle-Baudelaire:'Eloge du Maquillage',*Oeuv. comp.* ,'La Pléiade',912)。窃谓'artificiel'即'伪'字确诂,亦堪为的译。"④通过对比和分析,钱氏得出结论——法语单词 artificiel 与汉语"伪"字可谓对等表达,彼此完全可以通约。笔者发现,不论是术语的翻译,或是术语译名之批评,钱锺书都喜欢运用训诂一法,而且会极力在语言和文献等方面实现古今中外打通。比如,《大人赋》中有"下峥嵘而无地兮,上寥廓而无天"之说。对于句中的"峥嵘"二字,师古等人曾有注解,但钱氏认为并不得要领,之后,他跟进道:"'峥嵘'指上高,而并能反指下深者,深与高一事之俯仰殊观耳。《庄子·逍遥游》不云乎:'天之苍苍,其正色耶?其远而无所至极耶?其视下也亦若是,则已矣。'古希腊文 bathos 训深,而亦可训高,郎吉纳斯谈艺名篇《崇高论》即以为高(hypsos)之同义字;拉丁文 altus 训高,而亦训深,颇足参证。德语'山深'(bergetief)尤

---

① 钱锺书:《管锥编》,中华书局 1986 年版,第 39 页。
② 钱锺书:《钱锺书散文》,浙江文艺出版社 1997 年版,第 478 页。
③ 钱锺书:《管锥编》,中华书局 1986 年版,第 289—290 页。
④ 钱锺书:《管锥编》(第五册),中华书局 1986 年版,第 89 页。

为'下峥嵘''临峥嵘''坠峥嵘'之的解。"①不难看出,为了将"峥嵘"二字的含义说清楚,钱氏硬是在古希腊文、拉丁文和德语中寻求帮助,研究结果让人大开眼界。

上文中分别出现过"适"("削足适履")和"诂""训"等字眼儿,有意思的是,钱锺书也曾对佛经翻译中的"适"字进行训诂。他指出,晋人译佛经中常用"适"字,如西晋译《生经·菩萨曾为鳖王经》第三六:"焚炙其背,……适欲强忍,痛不可言";《孔雀经》第五一:"如无日月,烛火为明;日月适出,烛火无明";姚秦译《出曜经·心意品》第三六:"犹如群鸟,恒宿茂林,贪五果香华气味。华果适尽,各舍而逝。"对于上述引言中的"适"字,钱氏指其"义与陆云语同",也就是"倘若"之意;至于"适出",钱氏谓其"与'如无'正负对比,意训昭然"②。

回顾一下前文,钱氏笔下出现了"的译""的解"等表达。对于与原文铢两悉称的翻译,钱锺书确乎喜欢以"的译"相评说。又如,司马相如《子虚赋》中有"色授魂与,心愉于侧"云云,钱氏评论和诠释道:"然相如用字,舒耐寻味,足征其于身心感受,不以为我遭物遇物,而以为物'来'动我挑我;'授'恰是西人所谓感觉'与件'(datum)之的译。"③再比如,对于"太史公曰:'唯唯!否否!不然!'"一说,《集解》注解道:"晋灼曰:'唯唯,谦应也;否否,不通者也'。"对于此一注解,钱锺书有评论如下:"按晋解是也。主意为'否',故接以'不然'。德语'Ja nein!'是其译,英语则只可云'Well, no'耳。"④

通过以上叙述,关于术语的翻译实践中应该注意些什么问题,这从钱锺书的文字中颇能拈出一些。值得补充的是,钱锺书不仅对术语的翻译极其用心,其对术语的取名也非常在意。比如,语际翻译会涉及"来源语言"(source language)和"目标语言"(target language)。在钱锺书看来,这些"英美习称"不如维耐(J. P. Vinay)与达贝尔耐(J. Darbelnet)在其合著图书中所用"出发的语言"(langue de départ)和"达到的语言"(langue d'arrivée)来得更加"一气呵成"。⑤ 基于以上考虑,《林纾的翻译》等文章中于是有了"归宿语言"和"出发语言"⑥等表达。

---

① 钱锺书:《管锥编》,中华书局1986年版,第367—368页。
② 钱锺书:《管锥编》(第五册),中华书局1986年版,第230页;《管锥编》,中华书局1986年版,第1176页。
③ 钱锺书:《管锥编》,中华书局1986年版,第908页。
④ 钱锺书:《管锥编》,中华书局1986年版,第393页。
⑤ 钱锺书:《钱锺书散文》,浙江文艺出版社1997年版,第271页。
⑥ 钱锺书:《钱锺书散文》,浙江文艺出版社1997年版,第303—304页。

## 二、专名翻译

平日阅读钱锺书著述,发现其字里行间每每有跟名称(研究)相关的表达,诸如"名号""名目""名义""命名""释名""正名""专名""人名""地名""物名""神名""篇名""书名""朝代名""地之名""人地名""称地之名"等,由此不难见出钱氏对名称的关注。就专有名称而言,钱锺书涉笔较多的是人名和地名,又多见于其探讨中外诗歌之文字,《谈艺录》中即有《诗中用人地名》专节,分别钩沉和探讨"善用人名地名""善用前代人名、外国地名""善用人名""能用专名""好搬弄地名""以专名取巧""借专名以助远神""好专名之声音圆郎""不好用人地名"等情况。① 钱锺书对人名、地名等的关注是否也见之于其翻译研究和实践呢? 答案是肯定的,下面从几个方面简作介绍。

### (一) 人名翻译

关于人名翻译,钱锺书谈论较多的是翻译方法,主要包括音译、意译、谐音意译等。以《汉译第一首英语诗〈人生颂〉及有关二三事》一文为例,其中便有不少相关内容。比如,李凤苞《使德日记》中有"送美国公使美耶台勒之殡""果次为德国学士巨擘""著《完舍》书"等字样。这些引言中其实皆含有人名,分别都是谁呢? 钱锺书有释疑如下:"美耶·台勒就是《浮士德》的著名译者(Bayard Taylor);果次一称俄特,正是歌德;《完舍》就是《少年维特》。李凤苞学过一些英语,所以把'歌德''维特'都读成英语的声音。"② 又比如,郭嵩焘日记未刊手稿《使西纪程》中有如下记述:"闻其最著名者,一为舍色斯毕尔,为英国二百年前善谱出者,与希腊诗人何满得齐名。……一名毕尔庚……。"③"舍色斯毕尔"不难猜出是"莎士比亚","何满得"与"毕尔康"各自是谁? 钱氏有解答如下:"郭氏……误听'荷马'有'得'音,'培根'有'尔'音。"④ 从以上叙述来看,晚清时期的外国人名汉译主要采用音译方法,但由于译者外语水平太低,或不辨语种,或闹不清正确读音,致译名往往走样。值得一提的是,从《汉译第一首英语诗〈人生颂〉及有关二三事》一文来看,不仅人名,就连一些官职(如"董大人")的翻译当年也采用此法。

---

① 钱锺书:《谈艺录》,中华书局1984年版,第291—296页。
② 钱锺书:《钱锺书散文》,浙江文艺出版社1997年版,第360页。
③ 同上。
④ 同上。

上文提到"朗费罗"一名，它是 Longfellow 在今天的通译，在钱锺书笔下，该姓被音译为"郎费罗"。值得说明的是，Longfellow 早期还曾音译作"龙飞露"，请看钱锺书的有关叙述："光绪八年（一八八二）四月有个不知姓名的人从日本横滨到美国旧金山去，留下了航程十六天的《舟行纪略》。作者……出人意外地评论了郎费罗的诗，还把它和唐诗来较量。……他似乎不知道'龙飞露'的诗早在'长友'名下输入中国了。"①由此可见，"龙飞露"出自《舟行纪略》作者之手，遗憾的是，作者究竟是谁，至今无从查考。

从钱氏上述行文还可看出，Longfellow 最早的中文译名很可能是意译的"长友"。"长友"二字又是谁的手笔呢？经查，它出自英国人威妥玛（Thomas Francis Wade）。威氏原是翻译官出身，贵为驻华公使后不忘旧业，"尝译欧罗巴人长友诗九首"②。晚清时期，人名音译乃主流做法，对于将 Longfellow 意译为"长友"此举，钱锺书有解读如下："至于威妥玛把郎费罗的姓不译音而译意，他也许照顾董恂不懂外语，避免佶屈聱牙。"③钱氏此说言下之意至少有三：早期的汉英人名（或姓氏）主要采用音译；音译人名往往佶屈聱牙；人名的翻译方法可视特定目的而确定。说到人名翻译方法可以不拘一格，不妨再来看看钱锺书对张德彝当年相关做法的记述："董恂的同僚和下属大概都知道'长友诗'这回事。张德彝《再述奇》同治七年八月二十五日日记'晤合众诗人长友，年近六旬，著作高雅，颇著名于泰西'，就打破了他一贯把外国人名音译的习惯，而遵照本衙门上司所用的意译人名。"④值得说明的是，当是时，人名意译并不囿于中国，恰如钱锺书所说，类似于译 Longfellow 为"长友"的做法"在威妥玛本国也曾有过"⑤，例如：

休谟（David Hume）有封信，就嘲笑一部讲古罗马宫廷的著作把人名地名都译意而不译音，例如意译艳体诗作者安塞尔（Anser）的名字为"小鹅先生（Mr. Gosling）"。李·亨特（Leigh Hunt）的一篇散文《音韵与意义》（*Rhyme and Reason*）里把意大利诗人托夸吐·塔索（Torquato Tasso）意译为"屈曲紫杉树"（Twisted Yew）。兰姆（Charles Lamb）由法国向国内朋友写信，用法语署名："你的卑下的仆人、羔羊一名兰姆。"（Votre humble serviteur Charlois Agneau alias C.

---

① 钱锺书：《钱锺书散文》，浙江文艺出版社 1997 年版，第 363、365 页。
② 钱锺书：《钱锺书散文》，浙江文艺出版社 1997 年版，第 335—336 页。
③ 钱锺书：《钱锺书散文》，浙江文艺出版社 1997 年版，第 343 页。
④ 钱锺书：《钱锺书散文》，浙江文艺出版社 1997 年版，第 338 页。
⑤ 钱锺书：《钱锺书散文》，浙江文艺出版社 1997 年版，第 343 页。

Lamb)①

意译名人之姓是否妥当,西人曾有过讨论,古尔蒙(Remy de Gourmont)《文学漫步》(*Promenades littéraires*)第三辑某文认为,将外国名人的姓氏意译成法语,比如将 Bacon 译为"猪"(cochon)或将 Lamb 译为"羊","读者对他们的'幻想'(illusions)会大受损害"。②

  如此看来,姓名(又特别是名人之姓)意译也有值得注意的地方。对于人名意译中可能出现的问题,钱锺书也多有关注。《老残游记》是清末文学家刘鹗的代表作,写一个名叫铁英的江湖医生在游历中的见闻和作为。铁英因慕懒残和尚煨芋的故事,遂取"残"字做号,大家因其为人并不讨厌,契重他的意思,都叫他"老残"。"老残"在书中是一个很正面的人物,他摇个串铃浪迹江湖,以行医糊口,自甘淡泊,不入宦途,但他关心国家和民族的命运,同情人民群众所遭受的痛苦,是非分明,而且侠胆义肠。《老残游记》有多个英语译本,其中之一是杨宪益和戴乃迭夫妇合译的 *Mr Decadent*。对于杨、戴将"老残"这一人名(号)译作 Decadent,钱锺书很不认可,在他看来,该字眼将误导读者,势必让人联想到疯癫(mad)、糟糕(bad)、可悲(sad)之类。③ 对于人名翻译中的失当,钱锺书向来不轻易放过。在论及林纾助手当年"经过一番调查研究"而为林译添加某些解释时,他引《孝女耐儿传》第五十一章中部分文字:"白拉司曰:'汝大能作雅谑,而又精于动物学,何也?汝殆为第一等之小丑!'"对于这句译文,钱锺书分析说:"英文 buffon,滑稽也,bufon,癞蟆也;白拉司本称圭尔伯为'滑稽',音吐模糊,遂成'癞蟆'。"对于助手和林纾的讹解乱译,钱锺书慨叹道:"不知道布封这个人,不足为奇,为什么硬改了他的本姓(Buffon)却牵合拉丁语和意语的'癞蟆'(bufo, bufone),以致法国的'动物学'大家化为罗马的小动物呢?"

  从上文可以看出,钱锺书在人名的翻译上非常审慎。对此,我们在阅读钱锺书有关著述时也可明显感觉得到,比如,其笔下有如下一些细节:"特嘉尔(即笛卡尔)"④"宁禄(译名从《官话圣经》)"⑤"果次——最早的歌德译名,见李凤苞光绪四年十一月廿九日使德日记"。⑥ 就人名的翻译实践而言,钱

---

① 钱锺书:《钱锺书散文》,浙江文艺出版社 1997 年版,第 343—344 页。
② 钱锺书:《钱锺书散文》,浙江文艺出版社 1997 年版,第 344 页。
③ 钱锺书:《钱锺书英文文集》,外语教学与研究出版社 2005 年版,第 388 页。
④ 钱锺书:《谈艺录》,中华书局 1984 年版,第 348 页。
⑤ 钱锺书:《管锥编》,中华书局 1986 年版,第 290—291 页。
⑥ 范旭仑、李洪岩:《钱锺书评论》(卷一),社会科学文献出版社 1996 年版,第 302 页。

锺书也并不苟且。比如,Edith Sitwell 在其笔下有"薛德蕙"和"西惠尔"两种译文,看似随意,可读过《美的生理学》一文后,读者或可发现,译名"西惠儿"与文中"口惠而实不至"很可能有关。① 又比如,《小说识小》一文中说,古罗马彼德罗尼厄斯(Petronius)《讽刺小说》(*Satyricon*)第五、六章中写到暴发户三乐宴客(Cena Trimalchinois)极欲穷奢。对于"三乐宴客"中"三乐"二字的生成,钱氏也让读者知其所以然,他说:"Trimalchio 一名,出希腊文,义为'三倍享乐',故借孟子及荣启期语译为'三乐'。斯人又惧内,盖'三乐'而兼'四畏'者。"② 再比如,《作者五人》中有这么几句话:"罗素的思想也是流动不呆板的,跟基督教《圣经》所说的风一样,要到哪里,就到哪里,所以《宗教和哲学中的冒险》里要给他一个混名叫'马浪荡'(Mr. Try-Every-thing-Once)。Dionysus 式的性情,Apollo 式的学问(借用尼采《悲剧的产生》中的分别),这是罗素的特点,也是我大胆对于他的按语。"③ 混名的翻译贵在达出原文之内蕴,将 Mr. Try-Everything-Once 译作"马浪荡",一方面折射出钱氏对罗素性情与学问之洞察,一方面得益于他对中国语言与文化之烂熟。"马浪荡"是中文里的一个方言用语,指的是游手好闲或游手好闲的人,常含有一生游荡、百无一成之意。钱锺书借用"马浪荡"三个字,不仅活脱脱像个混名,字里行间也颇有几分"放浪"与"无拘无束"。

在人名翻译实践中,钱锺书对谐音意译可谓心仪。所谓谐音意译,指的是既保持原文的大致读音又赋予译名特定的含义。钱氏为何雅好此一方法呢? 他在《诗中用人地名》一文中曾指出,诗歌中"搬弄""善用""能用"地名和人名者中外皆有。在该文中,他曾引用过两句话:一是史蒂文森(R. L. Stevenson)《游美杂记》(*Across the Plains*)中论美国地名:"凡不知人名地名声音之谐美者,不足以言文"(None can care for literature in itself who do not take a special pleasure in the sound of names);二是古尔蒙《天绒路》(*Chemin de velours*:L'ivresse verbale)中所说"人名地名而声弘指僻,动人胜于音乐香味"(Quelle musique est comparable à la sonorité pure, ô Cyclamor? Et quelle odeur à tes émanations vierges, ô Sanguisorbe?)。④ 虽是称引,从中或许也可看出钱氏本人对人地名中相关因素的考量,而这难

---

① 钱锺书:《写在人生边上 人生边上的边上 石语》,生活·读书·新知三联书店 2002 年版,第 119、267、269 页。
② 钱锺书:《钱锺书散文》,浙江文艺出版社 1997 年版,第 510 页。
③ 钱锺书:《写在人生边上 人生边上的边上 石语》,生活·读书·新知三联书店 2002 年版,第 288 页。
④ 钱锺书:《谈艺录》,中华书局 1984 年版,第 295 页。

免不对其翻译理念产生影响。在《中国固有的文学批评的一个特点》一文中，钱氏还曾节译过这么一说："音谐字妥，则文有血液（blood and juice）。"① 人名翻译中如果也能做到"音谐字妥"，译名或许不仅仅有"血液"。事实表明，在中外人名的互译中，钱锺书确乎偏好谐音意译。《围城》中有这么一段话："……诗后细注着字句的出处，什么李义山、爱利恶德（T. S. Eliot）、拷背延耳（Tristan Corbière）、来屋拜地（Leopardi）、肥儿飞儿（Franz Werfel）的诗篇都有。"② 在别的地方，钱氏曾将 Giacomo Leopardi 分别译作"莱欧巴迪"③和"利奥巴尔迪"④，《围城》中之所以将其更译为"来屋拜地"，无疑是想与其他几个姓名在翻译策略上保持一致。对于"来屋拜地"等译名，有读者很是认可，甚至自做解人："人如其名，缪斯女神一来到他家屋子就拜倒在地，惊叹他的天才。"⑤ 在笔者看来，将英国文豪 William Shakespeare 读作"邪士胚"⑥，将美国哲学家 George Santayana 译作"山潭野衲"⑦，将德国著名汉学家 Monica Motsch 译作"莫芝宜佳"⑧，以及将 Pope 译作"朴伯"⑨，将 Hegel 译作"黑智尔"⑩，将 Whitehead 译作"怀惕黑"⑪，将 James Joyce 译作"乔哀斯"⑫，将 William James 译作"威廉·詹美士"⑬等，都能见出钱锺书对谐音意译人名之青睐。值得说明的是，对于中国人名的外译，钱氏似也偏好此法。仍以《围城》为例，其中便将"梅亭"译成了 mating，又将"李梅亭教授"表为 Professor May Din Lea。mate 在英国英语中是"朋友"的一种非正式说法，用作动词可派生出 mating，意思是"让

---

① 钱锺书：《钱锺书散文》，浙江文艺出版社 1997 年版，第 396 页。
② 钱锺书：《围城》，人民文学出版社 1991 年版，第 75 页。
③ 钱锺书：《写在人生边上 人生边上的边上 石语》，生活·读书·新知三联书店 2002 年版，第 434 页。
④ 钱锺书：《七缀集》（修订本），上海古籍出版社 1994 年版，第 134 页。
⑤ 钱定平：《破围——破解钱锺书小说的古今中外》，百花文艺出版社 2002 年版，第 118 页。
⑥ 宋以朗：《我的父亲宋淇与钱锺书》，《东方早报》，2011-10-09。
⑦ 钱锺书：《钱锺书散文》，浙江文艺出版社 1997 年版，第 142、148 页。
⑧ 钱锺书：《钱锺书散文》，浙江文艺出版社 1997 年版，第 447、470 页；莫芝宜佳：《钱锺书与杨绛二三事》，《读书》2006 年第 10 期，第 159 页。
⑨ 钱锺书：《写在人生边上 人生边上的边上 石语》，生活·读书·新知三联书店 2002 年版，第 127 页。
⑩ 钱锺书：《写在人生边上 人生边上的边上 石语》，生活·读书·新知三联书店 2002 年版，第 132 页。
⑪ 钱锺书：《写在人生边上 人生边上的边上 石语》，生活·读书·新知三联书店 2002 年版，第 288 页。
⑫ 钱锺书：《钱锺书散文》，浙江文艺出版社 1997 年版，第 536 页。
⑬ 钱锺书：《写在人生边上 人生边上的边上 石语》，生活·读书·新知三联书店 2002 年版，第 259 页。

动物交配"。Mating 一般不用作人名，除非自动降格。正是因为此，"用这个词儿来寒碜有点儿好色的李梅亭，也算是够挖苦的。"①至于 Professor May Din Lea，钱锺书也有解释如下："那三个拼音在英语里都自有意义：五月、吵闹、草地。"②《围城》中还有这么一句话："'东坡'两个字给鲍小姐的南洋口音念得好像法国话里的'坟墓'（tombeau）。"③把法语里的"坟墓"（tombeau）同诗词书皆绝的"东坡"（居士）联系起来，使原本霉气冲天的词儿一下子文气扑鼻了。

据笔者观察，钱锺书的人名翻译在遣词上不无偏好，以外汉翻译为例，表现之一是喜欢使用"德"字，诸如"康德""歌德""巴德""泼德能""哈葛德""威德门""安诺德""阿卜德""狄德罗""罗来德""迦纳德""李楷德""弗罗斯德""爱理恶德""巴德列治""卜赖德雷""波德来雅""夏士烈德""盖尔哈德""鲁德维希""艾尔德曼""敏斯德保""斯戴德门""希罗多德""沃德培利""考林沃德""堂·吉诃德""雷姆勃朗德""伏尔凯尔德""拉姆泼西尼德斯"，就连莎士比亚的名作 *Hamlet* 也被译作《韩烈德》和《汉姆雷德》。钱锺书在人名翻译中优选"德"字，或许正是言为心声。自古以来，我国便有以德、才、学、识来品评和衡量人才之传统。德、才、学、识之中，德最为重要，离开了德，才、学、识都不足可贵，甚至会走向反面。钱锺书曾赞刘勰与钟嵘具有独立之批评精神，说他们"不为势利转移，未尝违心两舌"④，从中或可看出钱氏对文人之"德"的看重。

## （二）书名翻译

关于书名的重要性，陈原讲过这么几句话："书名给读者一个最初的印象，能吸引人或不能吸引人，符合或不符合时代要求和社会习惯，在相当程度上（虽然不是绝对地）决定一本书在当时当地读者中的命运。"⑤有意思的是，钱锺书即有根据书名而决定是否阅读的情况，他曾举例道："巴蕾斯（Maurice Barrès）有小说《无根人》（*Les déracinés*），余震于其名，尝取读之，皆空发议论，闷钝无味。"⑥钱氏所说"震于其名"，当主要是就图书的名声或

---

① 钱锺书：《围城》，人民文学出版社 1991 年版，第 235 页。
② 钱锺书：《围城》，人民文学出版社 1991 年版，第 148 页。
③ 钱锺书：《围城》，人民文学出版社 1991 年版，第 5 页。
④ 钱锺书：《管锥编》，中华书局 1986 年版，第 1450 页。
⑤ 陈原：《书和人和我》，生活·读书·新知三联书店 1994 年版，第 98 页。
⑥ 钱锺书：《写在人生边上 人生边上的边上 石语》，生活·读书·新知三联书店 2002 年版，第 137 页。

影响而言。不过,对于图书名称,钱锺书也素来注重,《管锥编》《七缀集》《也是集》[4]等书名就个个有来历,而且无一没故事。钱锺书对著作名称的看重从其对部分书名的评论中也可见出端倪,比如,他认为将《冰雪小品》更为《近代散文钞》不仅不当,而且后来居下,原因如下:

> 据沈先生(即沈启无——引者)《后记》讲,本书原名曰《冰雪小品》,我以为比《近代散文钞》来得妥当,至少可以不用"近代"那种招惹是非的名词。张宗子不是也选过一卷《冰雪文》么? 更有进者,本书所钞的都是冰清雪净的冷文章,并且是没有人注意到的冷文章——冰和雪总够得上冷了。古语云:"艳如桃李,冷若冰霜",霜雪一家,可以"连坐"的,一语双关,比"散文钞"有诗意得多。①

说到钱锺书对图书拟名的慎重,不妨再来看看他对丁敦龄(Tin-Tun-Ling)有关做派的看法。事情是这样的:法国人朱迪斯·戈蒂埃(Judith Gautier)曾选译中国古今人诗歌成集,取汉语名称《白玉诗书》(*Le Livre de Jade*,1867)。该书名称的拟定或许与戈氏的中文教师丁顿龄密切相关。而关于丁氏,人们多有批评,钱锺书也有附和,他说:"观译诗汉文命名,用'书'字而不用'集'或'选'字,足见一斑。"②即便是外文书名的拟定,钱氏也比较在乎,曾说:"德国十七世纪小说家格力默尔斯好森(H. J. Ch. von Grimmelshausen)以《老实人》(*Simplicissimus*)一书得名。余尝谓其书名与伏尔泰(Voltaire)小说《坦白者》(*Candide*)[5],天造地设一对偶。"③在谈及本纳特(E. S. Bennett)所著《一种哲学的纲要》(*A Phylosophy in Outline*)时,他更指出:"书名是很值得我们注意的;它并不是普通的'哲学纲要'(an outline of philosophy),而是'一种哲学的纲要'(a philosophy in outline),着重在'一种'两字,顾名思义,自然,我们希望书中有作者自己的创见。"④从以上文字可以看出,钱锺书对书名喜欢咬文嚼字。再比如,对于西方史学鼻祖古希腊大史家希罗多德(Herodotus)所著《历史》(*Histories*,钱氏译为《史记》)一书,钱锺书给有这么一个注解:"考林沃德(R. G. Collingwood)《史的观念》(*The Idea of History*)(1964)18—19页说希罗多德的书名在

---

① 钱锺书:《钱锺书散文》,浙江文艺出版社1997年版,第106—107页。
② 钱锺书:《谈艺录》,中华书局1984年版,第372页。
③ 钱锺书:《钱锺书散文》,浙江文艺出版社1997年版,第517页。
④ 钱锺书:《钱锺书散文》,浙江文艺出版社1997年版,第75—76页。

希腊语里就有'考究探讨'(investigation or inquiry)的意思。"①从上述文字还可看出,钱氏对书名或其中某些表述极为敏感,这从他对弥尔顿等人有关书名的分析中同样可以见出,他说:"弥尔顿的诗题,恰像亚理奥士多和塔索的名著的题目,都采用了拉丁语法;译为《乐园的丧失》(不是《丧失的乐园》)、《奥兰都的疯狂》(不是《疯狂的奥兰都》)、《耶路撒冷的解放》(不是《获得解放的耶路撒冷》),才切合意义而不误解语法。"②令人意外的是,钱氏有关提醒似乎没能引起学界和译界应有的重视,恰如有关论者所言:"目前学界、翻译界是一直不从此说,仅有王永年译塔索史诗时题作《耶路撒冷的解放》。"③不难看出,钱锺书对图书译名也很上心,对于其中不确者,都会尽力指出。再比如,本书曾提及西人对中国图书《好逑传》的翻译,书名译作 Hau Kiou Choaan,但副标题译作 The Pleasing History。钱锺书认为,上述书名的翻译并不准确,副标题的翻译就不是如有关译者所言是从原名直译而来(The translation of the title *Hau*(good) *Kiou*(pair) *Chuaan* (history of biography) into *The Pleasing History* is already a bit free and suspiciously inexact, because as we gather from Vol. IV, p. 168 that "The Pleasing History" was meant to be a literal translation of the original title and not an evaluating caption.)④。《好逑传》是我国明末清初的才子佳人小说之一,又名《侠义风月传》。不知 The Pleasing History 是否是"侠义风月传"的字面直译? 如果是,钱氏上述评论则还可商榷。对于自己图书名称的翻译,钱锺书是否也会"斤斤计较"呢?《围城》书名的用典众人皆知,可该书的日语译者却将书名改译成了《结婚狂诗曲》。对于上述改译,有人批评其是"低级趣味",钱锺书却"毫不在意"。⑤ 不过,钱锺书对自己作品名称的翻译也并非总是"毫不在意"。比如,哈佛大学亚洲研究中心 1998 年曾出版《管锥编》英语节译本:*Limited Views*:*Essays on Ideas and Letters*,译者为艾朗诺(Ronald Egan)。从该书序言可知,上述题目英译出自钱氏本人之手(this is Qian's own English rendering of the Chinese title,*Guanzhui* 管锥编)。⑥[6]

---

① 钱锺书:《七缀集》(修订本),上海古籍出版社 1994 年版,第 185 页。
② 钱锺书:《钱锺书散文》,浙江文艺出版社 1997 年版,第 234 页。
③ 张治:《钱锺书学案》,《上海文化》2016 年第 12 期,第 90 页。
④ 钱锺书:《钱锺书英文文集》,外语教学与研究出版社 2005 年版,第 239 页。
⑤ 荒井健:《机智幽默,绰乎有余——〈围城〉译后记》,杨联芬:《钱锺书评说七十年》,文化艺术出版社 2010 年版,第 232 页。
⑥ Ronald Egan:*Limited Views*:*Essays on Ideas and Letters*,the Harvard University Asia Center,1998. p. 1.

从上可知，《管锥编》的英语译名是钱锺书本人的手笔，下面再来看钱氏（参与）名称翻译的一些个案。《谈艺录》《管锥编》等著述中频频援引18世纪德国作家诺瓦利斯(Novalis)*Fragmente*中的文字，*Fragmente*系作者死后他人所编，汇集了诺氏生前未问世之残稿，书名也是编辑者所拟，意为"断片""杂碎""残稿"。对于该书名及其中译，他人有记述如下："前几年我曾在自己的文章里谈及此书，却怎么也译不好书名，曾想译成《箴言录》或《格言集萃》，总觉得不完全合乎原意，只得直译为《片断集》，读到钱先生的译名《碎金集》时，不由得拍手称好。"①"碎金"二字无疑能为书名增色不少，一般人也许难以拈出，钱锺书则有所不同，他对北宋晁迥（晁文元）所撰《法藏碎金录》②等文献是熟悉的，"借鉴"一下不难。钱锺书的图书译名中让人"拍手称好"的不在少数。又比如，*Rubaiyat*多译作《鲁拜集》，钱氏虽也沿用该译名，但也有新译《醹醅雅》，对于后者，有人嘉其"可谓别出机杼，另有一番风采"③。温源宁早年曾于英国剑桥大学国王学院修读法学，不过他真正醉心的是文学，英文造诣甚高，回国后执教于北京大学和清华大学，培育出大量英语人才，钱锺书即其中之一。温氏曾用英文写就人物随笔集*Imperfect Understanding*，连载于1934年《中国评论周报》(*The China Critic*)，次年挑选其中17篇交由上海别发书局(SHANGHAI：KELLY AND WALSH，LIMITED，一译"上海别发洋行")出版单行本。此书以素描的方式、"春秋"的笔法写下作者对胡适、辜鸿铭、吴宓、周作人、徐志摩、梁遇春等17位中国现代文化名人的印象记。该书问世后，林语堂曾邀钱锺书撰写书评，后刊于《人间世》第29期（1935年6月5日）。在上述书评中，钱氏将原书名译作《不够知己》，得林语堂激赏，谓之"雅切"④。顺便补充一句，"雅切"二字让人联想到他人对上述钱译《碎金集》的又一评价："Fragment(Fragmente?)一词作为书名不易译，钱先生译成《碎金集》，十分妥切。"⑤

应该说，《碎金集》《醹醅雅》《不够知己》等译名都很雅致，但这并不表明钱锺书对书名的翻译唯雅是求。王之春《使俄草》日记中曾出现《鸿池》一

---

① 张佩芬：《我所熟悉的钱锺书》，《中华读书报》，2001-01-23。
② 钱锺书：《谈艺录》，中华书局1984年版，第288页。《管锥编》，中华书局1986年版，第878页。
③ 郑延国：《翻译方圆》，复旦大学出版社2009年版，第174页。
④ 钱锺书：《写在人生边上 人生边上的边上 石语》，生活·读书·新知三联书店2002年版，第235页。
⑤ 张绍芬：《"偶然欲作最能工"》，丁伟志：《钱锺书先生百年诞辰纪念文集》生活·读书·新知三联书店2010年版，第167页。

说,钱锺书考证并评论道:"《鸿池》正是《天鹅湖》的最早译名,借用了汉代御沼的现成名称。也许因为译名太古雅了,现代学者没有对上号来。"①在这里,钱氏虽然没有直接对"古雅"译名说好歹,但他对书名翻译中的雅俗应该是有考虑的。事实表明,钱锺书所译书名中也有比较通俗者,诸如,将柏拉图(Plato)的 *Phaedrus* 译作《斐都篇》或《菲得洛斯》②,将莎士比亚的 *Much Ado about Nothing* 译作《白费心力》③,将莱考夫(G. Lakeoff)与约翰逊(M. Johnson)所著 *Metaphors We Live By* 译作《我们赖以生活的比喻》④,等等。

在书名翻译方面钱锺书不乏出彩之作,而在书名翻译评论中他则不时有惊人之语。在《灵感》一文中,他借美国时髦小说 *Gone With the Wind* 的中译而揶揄过他人的翻译观,即如果为求"忠实"与"保险",该书名当可音译作《中风狂走》。⑤ 在评述霍克斯(David Hawkes)英译的《红楼梦》时,他更有锐评如下:"All other translators of the 'Story' found it 'stone' and left it brick."⑥大家知道,*The Story of the Stone* 系霍克斯英语译本采用的书名,钱氏评语既利用了英文名言,又巧妙地把译名融入了其中,堪称俏皮又精辟。

值得说明的是,对于钱锺书所译或提议的书名,学界也并非总是称道或认可。周汝昌曾有回忆,说其当年的本科毕业论文是英译陆机《文赋》,有关前言介述刊于 *Studia Serica*,其中提到钱锺书为林文庆英译《离骚》所作英文序言中将《文赋》译为 *A Fu-poem on Literature*。对于这一译名,周氏说:"我觉得 Literature 涵义太泛,不如改为……on Writing——因为《文赋》本旨在于'为文之得失',即写作经验心得之事也。"⑦[7] 又比如,许渊冲曾英译《古诗词六百首》,英文名拟作 *Song of the Immortals*。许氏将该译著赠送钱锺书后得如下意见:"'Song of the Immortals'书名不甚惬鄙意。'Immortals'等字皆 Asiatic or Babu English 气味甚浓,而'Song'单数尤不可理解,岂大合唱一歌耶? captious carping。聊供参考。"⑧钱氏提出了个人看

---

① 钱锺书:《七缀集》(修订本),上海古籍出版社 1994 年版,第 166 页。
② 钱锺书:《写在人生边上 人生边上的边上 石语》,生活·读书·新知三联书店 2002 年版,第 33、261 页。
③ 钱锺书:《七缀集》(修订本),上海古籍出版社 1994 年版,第 174 页。
④ 钱锺书:《七缀集》(修订本),上海古籍出版社 1994 年版,第 134 页。
⑤ 钱锺书:《围城》,人民文学出版社 1991 年版,第 4 页。
⑥ 张隆溪:《关于〈我们仨〉的一些个人回忆》,《万象》2003 年第 10—11 期,第 31 页。
⑦ 周汝昌:《红楼无限情:周汝昌自传》,北京十月文艺出版社 2005 年版,第 216 页。
⑧ 许渊冲:《诗书人生》,百花文艺出版社 2003 年版,第 129 页。

法,许氏并不"言听计从",他说:

> 信中提到的"Song of the Immortals"(不朽之歌)是美国女作家给《古诗词六百首》取的英文名字,我写信去问她,她说《圣经》中的 Song of Songs or Song of Solomon 也是单数,并不是大合唱;"不朽"更不能算是亚洲英语或印度英语,英国大诗人雪莱就在悼念济慈的 Adonais 一诗中用了 the Sire of an immortal strain,正是"不朽诗歌之父"的意思。但是英国企鹅图书公司出版我的《古诗词三百首》时,却把 Song 改成复数 Songs,可见这是见仁见智的问题[8],钱先生也不算 captious carping(吹毛求疵)。①

### (三)它名翻译

除开人名和书名,钱锺书对其他一些名称的翻译也时有涉及,以地名为例(包括国名、州名、国名别称等),《汉译第一首英语诗〈人生颂〉及有关二三事》一文中即出现过"'华国'诗人"(a poet of the Flowery Land)、"欧罗巴人""泰西""美国佬"(a Yankee)等说法。关于国名,上文还曾引汪康年的一条记载,说明当时有些顽固的官僚对西洋观念的漆黑一团,有关文字如下:"通商初,万尚书青藜云:'天下哪有如许国度!想来只是两三国,今日称"英吉利",明日又称"意大利",后日又称"瑞典",以欺中国而已!'又满人某曰:'西人语多不实。即如英、吉、利,应是三国;现在只有英国来,吉国、利国从未来过。'"②说到地名的翻译,钱锺书还曾述及清季海通以来一些人在大洲译名上的"得意忘言"和"以文害字",他举平步青《霞外攟屑》卷二道:"瑶耽幼侍其父,远历西洋,周知夷诡,谓:利玛窦《万国全图》,中国为亚细亚洲,而以西洋为欧罗巴洲;'欧罗巴'不知何解,以'太西'推之,亦必夸大其词,若'亚'者,《尔雅·释诂》云:'次也',《说文解字》云:'微也',《玉篇》云:'小也',华语'次小次洲'也,其侮中国极矣!"③

在《猫》一文中,钱锺书又记有这么一个故事:一只"淘气"的猫又黑又美,它有个很雅致的名字 Dark Lady(莎士比亚诗歌中现成名字),不过,不论是主人还是客人,都嫌这名字太长,主人李太太于是将其简称为 Darkie。对于这一新名,人们不禁连连称"妙",猫见那么多人都学着自己的叫声,禁

---

① 许渊冲:《诗书人生》,百花文艺出版社 2003 年版,第 130 页。
② 钱锺书:《七缀集》,上海古籍出版社 1994 年版,第 144 页。
③ 钱锺书:《管锥编》,中华书局 1986 年版,第 1461 页。

不住也和着"妙！妙"(miaow! miaow!)起来。因为 Darkie 已不是"黑美人"而是主人嫌俗的"小黑"，后来，一位大名鼎鼎的老者支招道：既然中国人一向喜欢黑里俏的美人，就像妲己，古文作"姐己"，就是说她又黑又美。①"姐"者，白而有黑也。

《围城》中有这么一段话："当天颐谷吃了午饭回来办公，又知道要写这个游记，在笔述建侯的印象之外，还得参考美国《国家地理学会杂志》《旅行杂志》、'必得过'(Baedeker)和'没来'(Murray)两公司出版的大城市指南，寻材料来补充。"② 经查，"必得过"是德国品牌，是该国埃森地方出生的老贝德克(Karl Baedeker, 1801—1859)创建的一家出版社，以出版世界各国旅游指南而闻名。"没来"的公司信息一时不得而知，想来也应该是一家较有来头的"指南"出版商。应该说，"没来"和"必得过"之类公司译名与前文所说人名谐译是同一路数，经钱先生这么一"谐"，译文有滋有味多了。

1935 年，钱锺书与杨绛双双赴牛津大学深造，"但牛津课程呆板，文风保守，令钱锺书大失所望，所以他把住所 Norham Gardens 取名恼人园，又将他常去的 Bodleian 图书馆，戏称为饱蠹楼。"③值得说明的是，钱锺书本人说，"饱蠹楼"系 Bodleian Library 之"音译"④，但它显然也可以说是"谐译"。将 Bodleian Library 译作"饱蠹楼"自然有"戏"的成分，或许也不尽然，因为钱氏写过这么一段话：

我们试看："古史散左右，诗书置后前，岂殊蠹书虫，生死文字间！古道自愚蠢，古言自包缠；当今固殊古，谁与为欣欢？独携无言子，共升昆仑颠……"这明明是说自己用功读书忽然厌烦无聊起来了，要开开眼界、换换空气，……可见"古言包缠"的"蠹书虫"是自叹……⑤

顺便提一句，《文汇读书周报》曾不定期推出"饱蠹懒笔"专栏，其中的"饱蠹"二字或许参考过钱锺书的有关译名。

---

① 钱锺书：《钱锺书选集》(小说诗歌卷)，南海出版公司 2001 年版，第 18—19 页。
② 钱锺书：《围城》，人民文学出版社 1991 年版，第 85 页。
③ 赵一凡：《胡适说儒之后——纪念钱锺书先生之一》，《书城》2017 年第 6 期，第 27 页。
④ 罗厚：《钱锺书书札书钞续一》，牟晓明、范旭仑：《记钱锺书先生》，大连出版社 1995 年版，第 322 页。
⑤ 钱锺书：《钱锺书散文》，浙江文艺出版社 1997 年版，第 178 页。

## (四)译名统一

从以上叙述(及下文)不难看出,就人名、书名等的翻译而言,钱锺书没能做到统一,有的还比较混乱。再以人名 T. S. Eliot 为例,其笔下便至少有"艾略特"(《谈教训》)、"爱略脱"(《七缀集》)、"爱理恶德"(《作者五人》)、"爱利恶脱"(《谈艺录》)及"爱利恶德"(《谈教训》)等多种译名。对于"爱利恶德"之译,世人多有评论,褒贬不一:好之者或说其"具有象征意义"[①],或评其"音意双关,情趣盎然"[②];不以为然者斥其为"恶作剧",甚至愤愤不平道:"这位英美诗宗,如果懂得中文,当年应考虑以诽谤罪兴讼。"[③]T. S. Eliot 业已作古,钱锺书也已鹤化西去,"以诽谤罪兴讼"已无可能。值得一提的是,对于钱氏的谐音意译人名,"当事人"也有满心喜欢的,Monika Motsch 即曾表示:"我原来的中文名字叫莫尼克(莫斯科的莫,尼古的尼,克服困难的克),一个常引人笑话的名字。先生知道后,随便给我起了一个既好听又好记的名字——'莫芝宜佳'"。[④] 引言中虽用了"起"字,实则是钱锺书根据莫氏德语姓名谐音意译而来。

译名不一,混乱及至错误皆可能由此而生。正因为此,世人对一名数译多不待见。对于钱锺书的一名多译,人们自然也可能看不顺眼,《钱锺书散文》编者就曾表示:"人名按钱先生自己的一种译法统一,书名也统一到钱先生的一种译法上。"[⑤]也许是钱锺书的译名实在已"乱"出水平,更或许是编辑同志对有关情况估计不足,《钱锺书散文》中的译名远未能实现划一,比如:同一书名仍有《爱丽斯异乡游记》《爱丽斯梦游奇境记》等不同表述;同一人名多种译文的情况俯拾皆是:Montaigne 既是"蒙田"也是"孟太尼",Gide 既是"颐德"也是"纪德",Lesage 既是"勒萨日"也是"勒帅治",Novalis 既是"诺娃利史",也是"诺梵立斯",还是"诺瓦利斯"。[⑥] 其实,《钱锺书散文》中不仅没能做到译名统一,倒出现了诸多"自找麻烦,反授人以柄"的情况,诸

---

[①] 许渊冲:《诗书人生》,百花文艺出版社 2003 年版,第 207 页。
[②] 范旭仑:《钱锺书散文纠谬》,冯芝祥:《钱锺书研究集刊》(第一辑),上海三联书店 1999 年版,第 383 页。
[③] 黄维樑:《丽典·可乐·美酡露——"雅译"漫谈》,郭著章,李庆生:《英汉互译实用教程》,武汉大学出版社 2003 年版,第 178 页。
[④] 莫芝宜佳:《"道人出山去"》,丁伟志:《钱锺书先生百年诞辰纪念文集》生活·读书·新知三联书店 2010 年版,第 297 页。
[⑤] 钱锺书:《钱锺书散文》,浙江文艺出版社 1997 年版,第 588 页。
[⑥] 范旭仑:《钱锺书散文纠谬》,冯芝祥:《钱锺书研究集刊》(第一辑),上海三联书店 1999 年版,第 384 页。

如:"罗登巴煦"(Rodenbach)被易名为"罗登巴赫",天生一体的"日旦(诺夫)"给更名为"日丹","斯宾塞"(Spencer)变成了"斯宾塞尔",歌德的"《有喻》(Ein Gleiches)"被篡为"《漫游者的夜歌》"。① 或许正是因为此,对于他人对钱氏译名竟要行统一之劳,有论者甚表忧虑:"我一看就知道这非抹杀钱译风格不可,钱著非乱套不可。"②在相关人士看来,"钱先生是拈弄文字的高手,滑稽游戏,幽默俏皮,译名也充满机趣。"③上文曾列举钱锺书对T. S. Eliot 的多个译名,在相关论者眼中,"那可是钱先生最有趣味的译名呀"。④ 有鉴于此,他人才要正告道:"据我考察,钱氏译名初不屑讲究'统一',一名往往多译。译名随时地而殊,一时一地之篇章复因体制而殊,须各还其本来面目;若夫齐万殊为一切,削足适履,以求统定于一尊,斯无谓矣。"⑤或许是对上述教训和意见皆有所领会,晚于《钱锺书散文》面世的《钱锺书集》中有了如下交代:"而作者的原序、原译名、原用字等,为了保持历史原貌,一般不作更动。"⑥"一般不作更动"看似难得,实则也非上策。以英国湖畔派诗人 Samuel Coleridge 为例,以往所见钱氏译名分别为"枯儿立治"(《论不隔》)、"枯立治"(《小说识小》)、"柯尔律治"(《谈艺录》)及"柯律治"(《谈艺录》),《钱锺书集》之《写在人生边上 人生边上的边上 石语》中所见译文却是"柯尔立治"(《外国理论家作家论形象思维》)和"柯勒律治"(《粉碎"四人帮"以后中国的文学情况》),不知末尾二译名是钱氏自己的手笔还是他人(编辑、文稿整理人员)"动"的结果?

有关论者认为"钱氏译名初不屑讲究'统一'",这大致是正确的。对于译名统一问题,钱锺书本人都持什么态度呢?不妨来看少许实例。当年,傅雷家属编辑《傅雷译文集》时曾请钱"参加意见",他表示:"译文集既然为傅雷毕生心血的实录,内容文字应该不作改动,即使旧译人名地名等与现今通

---

① 范旭仑:《钱锺书散文纠谬》,冯芝祥:《钱锺书研究集刊》(第一辑),上海三联书店 1999 年版,第 385 页。
② 范旭仑:《钱锺书散文纠谬》,冯芝祥:《钱锺书研究集刊》(第一辑),上海三联书店 1999 年版,第 383 页。
③ 同上。
④ 范旭仑:《钱锺书散文纠谬》,冯芝祥:《钱锺书研究集刊》(第一辑),上海三联书店 1999 年版,第 384 页。
⑤ 范旭仑:《钱锺书散文纠谬》,冯芝祥:《钱锺书研究集刊》(第一辑),上海三联书店 1999 年版,第 383 页。
⑥ 钱锺书:《写在人生边上 人生边上的边上 石语》,生活·读书·新知三联书店 2002 年版,第 1—2 页。

行的有出入,亦应维持原样,以存原貌。"①在为钟叔河主编《走向世界——近代知识分子考察西方的历史》一书所作序言中,钱氏又说过这么几句话:"叔河同志在主编此丛书时,费力既勤且精:……每种书后又增附《人名索引》和《译名简释》,对原书人名、地名的异译都加注原文和今译。这都是麻烦费力的笨功夫,实堪佩服。"②从上述文字不难感知出钱锺书对"旧译人名地名"及"原书人名、地名的异译"等的处理意见。不过,对于译名统一,钱锺书也有通情达理的时候,比如,他1984年11月25日致何新的信件中即有这么一个答读者问:"'爱略脱'宜从俗作'爱略特',兄言是也,亦请改定为荷。"③

**注解:**

[1] 钱锺书笔下有"家常体"(familiar style)(《钱锺书散文》,第105页)。本文的"家常"二字借鉴自钱氏,但意义有别。

[2] 从词源上讲,翁方纲所用"肌理"一词当出自杜甫《丽人行》里的"肌理细腻骨肉均"。(潘纯琳:《译释并举——论钱锺书对中国古代文论术语的翻译方法及其意义》,《社会科学研究》2006年第2期,第186页)对于Edith Sitwell笔下的texture,邵洵美有如下解读:"西脱惠尔最注重于诗的Texture(这Texture一字,曾由钱锺书先生译为肌理),即是说,字眼的音调形式,句段的长短分合,与诗的内容意义的表现及点化上,有密切之关系。……'肌理'的重要性无可讳言的,换句话说,便是一个真正的诗人非特对于字的意义应当明白,更重要的是对于一个字的声音、颜色、嗅味,都要能肉体地去感觉及领悟。"(陈子善:《洵美文存》,第134—135页)此外,还有一种被他人译作"肌质"的texture,即功能语言学派的主要代表Halliday & Hasan在论述语篇粘连(cohesion)时提出的:"他们认为语篇之不同于非语篇,在于语篇是一个连续统一的整体,此即语篇的肌质,而这种连续性或整体性的主要外在表现即为超ული句法结果的粘连手段,如语法上的指称、省略、替代以及词汇选择上的复现、搭配等。"(张韧:肌质的重建——一则译例的语言学评注,《外国语》1995年第6期,第46页)

[3] 关于"泰山"解作"地狱",胡适1961年9月14日有过这么一段谈话:"我昨夜有一个大发现,非常高兴。我看《法苑珠林》这一部唐人的书,说泰山就是地狱。我初时还不敢相信。再翻《大藏经》里的《六度集经》,说到泰山地狱的好多处。我越看越有兴趣,看到一点多钟了,怕要打破我的自律,才放下了。《六度集经》是三国时代译的。那时民间已有死上泰山的迷信,所以译者就利用这点译泰山地狱,地狱泰山了。这个发现,我们把'十殿阎王'里的泰山王和泰山府君都连起来了。我特别高兴。"(胡颂平:《胡适之晚年谈话录》,第204页)

[4] 《也是集》是一册小书,收文四篇,最先在香港出版,后与《旧文四篇》合并,删去一篇,成《七缀集》。在《七缀集》附录里,钱锺书于《也是集原序》后,添了一段"附识"述及《也是集》的书名:"我后来发现清初人写过一部著作,也题名《也是集》。吴庆坻《蕉廊脞录》卷五:'江阴李本(天根)《爝火录》三十二卷……引用书目,附录于左:……《也是集》,自非逸叟.'即使有一天那部著作找到而能流传,世界虽然说愈来愈缩小,想还未必容不下两本同名的书。"对于钱氏这段文字,有人指其"几乎行行有错",具体意见如次:"第一,'自非逸叟'的那本书并没有失传,甚至也不算冷僻。

---

① 沉冰:《听傅敏谈钱锺书先生》,沉冰:《不一样的记忆:与钱锺书在一起》,当代世界出版社1999年版,第287页。

② 吴泰昌:《我所认识的钱锺书》,上海文艺出版社2005年版,第127页。

③ 罗厚:《钱锺书书札书钞续一》,牟晓明、范旭仑:《记钱锺书先生》,大连出版社1995年版,第339页。

相反,其书在晚清民初,不止一次翻印,见于各种丛书,如《明季野史汇编》、《中国内乱外祸历史丛书》等。研究晚明史的人,也许要认为是常见书。今人所编的《四库禁毁丛书》史部第33册,也收入了。其次,那本书的书名,确切地说,也不是'也是集',而是《也是录》。其详,可见谢国桢的《增订晚明史籍考》。一字之差,虽不致'谬以千里',但钱先生的解释,不免有欠圆满了。第三,那本书的作者,一般是题为'自非逸史',其人真名为邓凯,各种目录书,都是作晚明人的。全祖望的《鲒埼亭集》、邵廷采的《思复堂集》等,均载有其人事迹。钱先生说是清初人,虽不错,但不确,恐怕是未检原书之故。顺带一提,光绪三十三年(1907),天津的大公报馆也出版过一种《也是集》。作者为英华,字敛之,也是近代史上有名的人。严复曾为此书作序,收入王栻编《严复集》。晚清的文献是钱先生博览的一个方面,而尤其瘖壘堂的诗文,是钱先生所烂熟的,但不知这一篇何以竟筛眼里走漏了。不然,最后一句的数目字,便该易为'三人行'之'三'了"。(王培军:钱锺书的《也是集》及其他,《博览群书》2008年第12期,第101—102页)

[5] 钱锺书将伏尔泰的小说 *Candide* 译作《坦白者》。对于该书名的翻译,傅雷曾发表意见,大意如下:人们过去将 Candide 音译为"戆第特"不妥,因为 Candide 在原文中是个常用的字,正如《天真汉》的原文 Ingénu 一样。既然原作者在书首曾说明主人翁命名的缘由,改用意译才好,因为这样做既可"使作者原意更为显豁",又"更能传达原文的风趣"。后来,傅雷将上述二作合成一册,书名定为《〈老实人〉——附〈天真汉〉》。(怒安:《傅雷谈翻译》,第6、44页)

[6] 也有文献说,英文书名 *Limited Views:Essays on Ideas and Letters*(《有限的观察:关于观念与文学的札记》)是钱锺书"所认可的"(陆文虎:《围城内外》,第78页),证之以艾氏原始文字,此说似不确。

[7] 对于周氏此则记述,范旭仑有如下跟进:钱锺书不曾为林文庆所译《离骚》(*The Li Sao:An Elegy on Encountering Sorrows*,1929)作英文序,故 Fu-poem 是否为钱氏手笔不得而知。可以肯定的是,钱氏曾将《文赋》译作 *A Prose-poetry on Literature*,分别见于"Su Tung-po's Literary Background and His Prose-poetry"及"Hsuan-lan-t'ang Ts'ung-shu, Second Series"等文。范氏同时结合钱锺书对西人所译《文赋》之批评文字而唏嘘道:"周汝昌浑然'未见'钱先生如此'想法',洵《管锥编》第四九八页引西谚所谓'无知即是福'(Ignorance is bliss)也"。(范旭仑:《五位老人的五则记事错误》,http://blog.sina.com.cn/s/blog_4e45c12201008f2h.html.)

[8] 据观察,song 一字用于书名确多使用复数形式,比如:*Complete Sung Songs*(《钱锺书英文文集》,第402页);David Hawkes 的第一部译作《楚辞》,其英文名为 *The Songs of the South*.(1959年牛津版)(林以亮:《文思录》,第64页)不过,书名中有 song 而又使用单数形式者也是有的,十三世纪英国政治讽刺诗《刘易斯之歌》,其原文便是 *The Song of Lewes*。(李赋宁:《人生历程》,第189页)至于 immortal 一字,在钱锺书看来,"在一切欧美哲学家中,只有威廉·詹美士才够得上'immortal'这个字。""因为他在人类文化上贡献之伟大可以使他的'大名垂宇宙'——名不朽,而据白克夫人的《让我们进来》的报告,他老人家的灵魂又方逍遥于冥漠之乡——'神不灭'"。(《钱锺书散文》,第108、110页)

# 第十章　钱锺书与诗词及名言翻译

在第三章，我们对钱锺书的诗歌翻译思想进行了简要梳理与探讨，内容涉及翻译原则、翻译方法、翻译选材及可译性限度等。关于诗歌是否可译，钱氏更倾向于认为诗不可译。有一点需要说明，即诗不可译与不可译诗是两回事，诗歌不可译并不意味着诗歌不必译。钱锺书虽认为诗歌具有抗译性，但对别人的译诗却不乏嘉评，他本人也曾参与《毛泽东诗词》的英译定稿等工作，还曾亲手翻译过部分诗词。所谓"名言"，其实就是著名的话。钱锺书所著《管锥编》及《谈艺录》等书中有很多著名的话。在陈原看来："世间所谓'名言'是一种浓缩了的思想，一种纯化了的话语，一种结晶了的语词组合，它迸发出思想火花——带着社会习俗或社会伦理以及时代特征的'思想火花'，这些火花在它闪现以后久久不会熄灭。"[1]正因为此，名言的翻译多不容易，陈氏甚至称其为"灵魂的冒险"[1]。[2] 关于名言的翻译，钱锺书也曾发表意见。比如，在为乃师温源宁《不够知己》所写书评中，他即表示是书中"名言隽语""络绎不绝"，"怕译不好，索性不引"。[3] 笔者认为，有的名言与诗歌之间并不泾渭分明，换句话说，部分诗句其实亦可作名言观。下面拟对钱锺书与诗歌及名言翻译简作讨论，具体内容或为对相关历史的钩沉，或为对相关译例的评析，又或为对相关翻译个案的考证。

## 一、诗词翻译

就诗词翻译而言，不论是汉译外还是外译汉，钱锺书都或多或少做过一些，这其中，前者主要见诸《毛泽东诗词》，后者主要散见于《管锥编》和《谈艺

---

[1] 孙致祥：《西方引语宝典》，商务印书馆 2001 年版，序。
[2] 同上。
[3] 钱锺书：《钱锺书散文》，浙江文艺出版社 1997 年版，第 158 页。

录》等著述。下面对这两种情况分别简作梳理或介绍。

## (一) 毛泽东诗词英译

钱锺书曾参与《毛泽东诗词》之英译工作,主要是定稿相关译文。因为工作是集体性质,一段时间里,相关成员都分别做了什么以及各有什么表现,外界所知并不多。近年来,当年曾参与该项工作的部分同志不时有回忆文字,一些知情者也时有忆及,这让我们对有关情况能多少有些了解。下面即循着他人的文字简要梳理一下钱锺书当年参与《毛泽东诗词》英译定稿工作之情况,先来看这么一段记述:

> 1960年初,以袁水拍为组长的毛泽东诗词英译定稿小组成立,乔冠华、钱锺书、叶君健为委员。袁、乔主要负责诗词的解释,钱锺书和叶君健主要负责对诗词的翻译和译文润色。1963年,小组又增加了赵朴初和苏尔·艾德勒二人。他们共同合作,开始在《中国翻译》上对外翻译介绍毛泽东诗词。①

据当年曾参与相关工作的叶君健回忆,毛泽东诗词英译定稿小组的任务是"修订或重译全部毛诗,最后出单行本"。② 在该小组里,钱锺书和叶氏"主要是做翻译和译文的润色工作。"③钱锺书参与英译和润色过哪些内容呢?不妨还是来看叶君健的有关记述:

> 1963年12月人民文学出版社和文物出版社,同时出版了《毛泽东诗词》的单行本,共37首,其中包括未发表过的《人民解放军占领南京》等10首。为了全面修订旧译,并翻译这新的10首,小组又增加了赵朴初,并请英文专家苏尔·艾德勒协助译文的润色工作。这10首新诗词于1965年夏天初步完成翻译工作。本来小组也要即将着手修订旧译,但不久"文化大革命"到来了,袁水拍得接受审查,钱锺书靠边,至于乔冠华,我也无法与之联系,接着我自己也被专政。整个工作停下来了。④

---

① 孔庆茂:《钱锺书传》,江苏文艺出版社1995年版,第175—189页。
② 叶君健:《回忆翻译毛泽东诗词》,许钧:《翻译思考录》,湖北教育出版社1998年版,第437页。
③ 同上。
④ 叶君健:《回忆翻译毛泽东诗词》,许钧:《翻译思考录》,湖北教育出版社1998年版,第437—438页。

不难看出,钱锺书当年参与翻译和润色的毛泽东诗词仅有 10 首,而这 10 首中究竟哪些是钱氏所译却还不大清楚。叶君健在上段引文中提到毛泽东诗词的"旧译",它都是什么时候的版本呢? 它又是由谁翻译而成? 叶氏下段话提供了相关答案。

> 《毛泽东诗词》,以《长沙》为首的 18 首,是在 1957 年臧克家主编的《诗刊》上发表的。我那时是我们对外英文刊物《中国文学》的负责人,自然应该尽快在刊物上发表这些诗词的英译。当时我们曾与"毛选翻译委员会"联系过,希望他们能给我们提供译文。他们认为这是文学作品,不在他们工作计划之内,未能提供。我们只有自己设法来完成翻译的任务——在这方面外文出版社英文组的负责人于宝榘曾协同作过很大的努力,因为外文出版社也要出毛诗的英译的单行本。这 18 首诗词的英译文终于在 1958 年完成,在该年《中国文学》第 3 期上发表,同年 9 月外文出版社也出了英译单行本。并加入了 1958 年《诗刊》上发表的《蝶恋花·答李淑一》一首,共 19 首。①

根据上段文字,毛泽东诗词"旧版"由叶君健等人英译,叶氏的合作者分别是谁,不得而知,但明显不包括钱锺书。从叶氏记述来看,《中国文学》(英文版)1958 年曾经刊登毛泽东诗词的英译,据《中国翻译词典》,由袁水拍、叶君健、劳尔·艾德勒等合译的《毛泽东诗词》10 首也曾刊于《中国文学》(Chinese Literature)5 月号(1966 年)。② 据此,他人前文所记毛泽东诗词英语译文曾载于《中国翻译》杂志一说显然有误。由于种种原因,毛泽东诗词的翻译没有一气呵成,部分工作是等到"文革"之后才又继续下去,请看叶君健的有关回忆。

> 1974 年秋天,袁水拍和我都可以开始自由行动。我们见了面,所谈的第一件事就是如何最后完成毛诗全部译文的定稿工作。他看了一下我在靠边站前夕整理出来的译文,说剩下的问题不多,可以去会同钱锺书和艾德勒作出初步的译文定稿。这项工作不久也完成了。于是袁建议我和他一起去上海、南京、长沙、广州等地,向那里一些大学外语系的师生及有关人士征求意见。……回京后,小组根据各地提的意见,对

---

① 叶君健:《回忆翻译毛泽东诗词》,许钧:《翻译思考录》,湖北教育出版社 1998 年版,第 436 页。
② 林煌天:《中国翻译词典》,湖北教育出版社 1997 年版,第 472 页。

译文做了最后加工。乔冠华因外事太忙，推荐外交部的周珏良代他参加讨论。经过多次的反复推敲，译文终于得以定稿，由袁负责送有关的上级审核，在1976年"五一"节那天，《毛泽东诗词》的英译本终于由北京外文出版社正式出版了。①

学界曾有传闻，说1976年初刊于报上的《井冈山》和《鸟儿问答》二首毛泽东词系钱锺书所译，对此，钱氏回应以"想风闻之误耳"。②

下面来看看当年毛泽东诗词英译的质量。外文出版社《毛泽东诗词》（汉英对照）2003年3月第3次印刷本"出版前言"中有这么几句自说自话："每本图书的编选、翻译过程均极其审慎严肃，精雕细琢，中文作品及相应的英译版本均堪称经典。"不过，学界对官方版毛泽东诗词英译文的质量却时有针砭，朱光潜对四、五种毛泽东诗词译文进行比读后，称其中"最差的还是官方译本"，因为它没有能表达出"原作的精神风韵"，早期发表的尤其如此。③也有人将毛泽东诗词与《毛选》的英译进行比较并得出结论：后者实现了"信、达、雅"，也基本上达至化境，而前者"似乎可以说并没有达到他所标举的'化'境。"④对毛泽东诗词的英语译文有过微词者还有赵甄陶与许渊冲等人，具体意见此不赘。

毛泽东诗词官方英语译文质量不尽如人意，究其原因，朱光潜以为主要有两点："一是根本没有懂透原诗，一是外语表达能力不够。"⑤朱文振在评述当年所出《重上井冈山》英语译文时说过这么几句话："可以想象，国内有关报刊当时接到任务代表官方发表此词的英译，一方面时限甚紧，另一方面又战战兢兢唯恐译文对'毛主席原作'走样，因而匆忙和拘谨必将在译笔上留下痕迹。"⑥笔者认为，当初"拘谨"的"译笔"很可能是影响译作质量的一个重要原因。今天的译者也许不大能想象得出当年有关翻译工作者之处境，不妨来看看许渊冲在翻译毛泽东诗词中曾有过的遭遇。1958年，许氏开始把毛泽东诗词译成格式与韵律兼顾的英、法文，然而事与愿违，不但译文没能出版，在"文化大革命"中，红卫兵还说他的翻译篡改了毛泽东思想，而这让他倒了邪霉。结果，笔杆犯"错"，屁股受过，被抽了一百鞭子，很长时

---

① 叶君健：《回忆翻译毛泽东诗词》，许钧：《翻译思考录》，湖北教育出版社1998年版，第438页。
② 许渊冲：《诗书人生》，百花文艺出版社2003年版，第108页。
③ 许渊冲：《诗书人生》，百花文艺出版社2003年版，第184页。
④ 孔庆茂：《钱锺书传》，江苏文艺出版社1995年版，第190页。
⑤ 许渊冲：《诗书人生》，百花文艺出版社2003年版，第184页。
⑥ 朱文振：《翻译与语言环境》，四川大学出版社1987年版，第50页。

间连落座都困难。①

## (二)英诗中译

关于钱锺书与诗歌,杨绛曾有描述如下:"他酷爱诗。我国的旧体诗之外,西洋德、意、英、法原文诗他熟悉的真不少,诗的意境是他深有领会的。"②钱锺书熟悉西洋诗歌,也曾汉译部分西洋诗歌或诗句,《管锥编》《谈艺录》中即有些许,下面来看几个实例并对译文简作点评。

原文:not too slender nor too stout, but the mean between the two. (古希腊赞美人诗句)

译文:不太纤,不太浓,得其中。

点评:译文得意忘言,读来如诵汉语三字经,节奏强,音韵美。

原文:One shade the more, one pay the less,/ Had half impair'd the nameless grace which waves in every raven trees,/ Or softly lightens o'er her face. (拜伦赞美人诗句)

译文:发色增深一丝,荣光减退一忽,风韵便失半。

点评:译文地道,"竹竿型"句子结构明显,读来不禁让人联想起楚国辞赋家宋玉《登徒子好色赋》里所谓"增之一分则太长,减之一分则太短;著粉则太白,施朱则太赤"。

原文:Then peep for babies, a new puppet play,/ And riddle what their prattling Eyes would say. (17世纪诗人亨利·沃恩之诗句)

译文:诸女郎美目呢喃,作谜语待人猜度。

点评:对于原文,钱锺书称其堪与洪亮吉"与我周旋,莫斗眉梢眼角禅"相媲美。译文虽不押韵,义美与形美却并存。

原文:Hunger puts an end to love, or if not hunger, time. (希腊一小诗中诗句)

译文:患相思病者之对治无过饥饿,岁月亦为灵药。

---

① 张经浩,陈可培:《名家 名论 名译》,复旦大学出版社2005年版,第196页。
② 杨绛:《钱锺书对〈钱锺书集〉的态度》,钱锺书:《写在人生边上 人生边上的边上 石语》,生活·读书·新知三联书店2002年版,第2页。

点评：英汉两种语言各有其妙，原文里 hunger 出现两次，有繁冗之嫌，可 time 一词孑然而立，却又简洁之至。译文中"亦"字从 or if not 化来，"无过"与"灵药"从字里行间增益而出，皆匠心独运之笔。

原文：Now reigns / Full-orb'd the moon, and, with more pleasing sight, / Shadowy sets off the face of things—in vain, / If none regard. (《失乐园》中诗句)

译文：圆月中天，流光转影，物象得烘托而愈娱目，然了无人见，平白地唐捐耳。

点评：译文形到义随，文字既经得起与原文比对，意思又一无失落，端的是可遇而不可求。

原文：In summer I'm disposed to shirk, / As summer is no time for work. / In winter inspiration dies / For lack of outdoor exercise. / In spring, I'm seldom in the mood, / Because of vernal lassitude, / The fall remains. But such a fall! / We've really had no fall at all. (当代美国作家一小诗)

译文：炎夏非劬之时；严冬不宜出户游散，无可即景生情，遂尔文思枯涸；春气困人，自振不得；秋高身爽，而吾国之秋有名乏实，奈何！

点评：译文以散文形式呈现，形式虽有变，原有意境与韵味犹存，正是"躯体换了一个，而精魂依然故我。"从翻译手法上看，直述、添加、颠倒者有之，阐释、概括者亦有之，谨而不拘，严而能纵。

## 二、名言翻译

有人说：法兰克福学派杰出思想家本雅明曾经宣传自己的"最大野心"是"用引文构成一部伟大著作"。结果，"他没有能做成这件事，中国的钱锺书做成了。"[1]读过钱氏著述者，大抵会同意此一说法。据敏泽统计，仅《诗可以怨》一文，钱锺书联类到西方的近现代作家和理论家就有弗洛伊德、黑格尔、歌德、海涅、雪莱、爱伦坡、济兹、缪塞、费歇尔、威勒克等。[2] 钱氏引经

---

[1] 张建术：《聪明君子钱锺书》，《科技文萃》1996 年第 7 期，第 74 页。
[2] 敏泽：《论钱学的基本精神和历史贡献》，李明生、王培元：《文化昆仑：钱锺书其人其事》，人民文学出版社 1999 年版，第 381 页。

据典的能耐在《管锥编》中体现得尤为淋漓尽致,全书引自西方的材料涉及著作多达2000种左右。① 相关引言中,名言俯拾即是,而为了使其与相关著述整体风格一致,对于所引西语名言,钱氏一律自译。《毛选》中也有名言隽语不少,其翻译与钱锺书不无瓜葛,有的据称还是钱氏亲笔。下面即选取钱氏英汉名言互译实例少许并于必要处简作评说或跟进。

## (一) 英汉名言翻译

本篇引言部分曾经指出,在钱锺书译作中,其最为人所知所好所乐者莫如《管锥编》和《谈艺录》中的西语雅译。从现有评论来看,人们对钱氏此类翻译无不啧啧称颂,而且认为他们皆实现了他自己提出的"化境"标准。孔庆茂对《管锥编》中有关译文即有评论如下:"全用文言文译成,译得天然凑泊,……一点不漏翻译的痕迹,如没有后面的外文原文或出处,几乎分辨不出哪些地方是根据外文原著翻译来的,这种功夫真正达到了翻译的'化'境。"② 钱氏相关翻译"全用文言",其用意何在?其效果又如何?不妨先来看几个实例。

原文:A genius differs from a good understanding, as a magician from an architect; that raises his structure by means invisible, this by the skillful use of common tools. (爱德华·杨论诗语)

译文:天才与聪慧之别,犹神通之幻师迥异乎构建之巧匠;一则不见施为,而楼台忽现,一则善用板筑常器,经之营之。

原文:Just as we see the bee settling on all the flowers, and sipping the best from each, so also those who aspire to culture ought not to leave anything untasted, but should gather useful knowledge from every source. (古希腊某文学家语)

译文:独不见蜜蜂乎,无花不采,吮英咀华,博雅之士亦然,滋味遍尝,取精而用宏。

原文:None can care for literature in itself who do not take a special pleasure in the sound of names. (史梯芬生论美国地名语)

---

① 陆文虎:《围城内外——钱锺书的文学世界》,解放军出版社2004年版,第473页。
② 孔庆茂:《钱锺书传》,江苏文艺出版社1995年版,第206页。

译文:凡不知人名地名声音之谐美者,不足为文。

原文:and the earth looked black behind them,/ as though turned up by plows. But it was gold,/ all gold—a wonder of the artist's craft. (《荷马史诗》描摹金盾语)
译文:犁田发土,泥色俨如黑。然此盾固纯金铸也,盖艺妙入神矣。

原文:For myself,though it be my business to set down that which is told me,to believe it is none at all of my business; Let that saying hold good for the whole of my history. (希罗多德《史记》中语)
译文:有闻必录,吾事也;有闻必信,非吾事也。斯言也,蔽吾全书可也。

原文:... that particular kind of borrowing which thinks to disguise itself by inserting or extracting "nots". (某学士评尼采论述)
译文:取古人成就,是其所非,非其所是,颠倒衣裳,改头换面,乃假借之一法耳。

原文:Why,at the height of desire and human pleasure—worldly, social amorous, ambitious on even avaricious—does there mingle a certain sense of doubt and sorrow? (拜伦语)
译文:人世务俗,交游应酬,男女爱悦,图营势位,乃至贪婪财货,人生百为,于兴最高,心最欢时,辄微觉乐趣中杂以疑虑与忧伤,其何故耶。

阅读上述译文,字里行间的"之""乎""者""也"等字眼在在表明译文所用文言语体。在翻译《谈艺录》和《管锥编》中相关西语名言时,钱氏为何要使用文言呢?请看郑延国的相关解读:

> 钱氏既已悬出"化境"这一最高理想,自当身体力行,执著追求。今观其《谈艺录》中诸多译句,似句句入于"化境",与最高理想庶几贴而近之。这些译句首先就语体而言,均为文言……既然钱氏本人谈艺的真知灼见业已容纳于文言语体当中,对于他山之石,钱氏自然亦以最经济曼妙的文言译出。可谓融中外于一体,会众芳于笔端。其次,在具体翻译过程中,钱氏调动了各种翻译手段,努力做到译句在行文与风味上和原文整体效果保持一致,使"化境"这一最高理想有所体现。[①]

---

① 郑延国:《钱锺书"化境"论与〈谈艺录〉译句管窥》,《翻译学报》1999年第3期,第17页。

原来,《谈艺录》与《管锥编》等学术著作主要用典雅文言撰成,为保持全书风格一致,书中所引西方文献皆译以文言。在《与张君晓峰书》中,钱锺书对"五四"新文化运动以来的文言与白话之争发表过意见,认为文言、白话各有其价值,可以相互补充。① 上段引文中提到译文的"风味",在笔者看来,钱氏采用文言语体也有"提味"之效。林语堂曾说过这么几句话:"夫白话诚难做,病在浅易平凡,少精到语,少警惕语,令人读了索然无味。今人欲矫之,乃在白话中放入文言,使得幽深之气。"②读上述钱译,不得不承认他们一点也不索然无味。

## (二)汉英名言翻译

就汉英翻译而言,钱锺书参与最多当是《毛选》的英译定稿工作,他是否曾亲自翻译其中某些篇章或文字,至今不得而知,但从相关文献来看,《毛选》中部分名言的翻译极可能是其手笔,或至少与其有着非常密切之关系。有关名言主要有两个:一是熟语"三个臭皮匠,合成一个诸葛亮",二是习语"吃一堑,长一智"。下面即对上述二名言的英译分别简作介绍并于必要处再作些评说与商榷。

"三个臭皮匠,合成一个诸葛亮"一说见于《毛选》第三卷《组织起来》一文,其英语译文为"Three cobblers with their wits combined equal Chukeh Liang the master mind."③ 平日所见该熟语的参考英译稍有不同,为"Three cobblers with their wits combined equal Zhuge Liang the master mind."对于后一译文,有人说它是钱锺书的手笔。④ 也有人指出,钱锺书确乎翻译过上述熟语,但译文为"Three cobblers combined, makes a genius mind"。⑤ 由于有关论者皆语焉不详,以上二结论是否属实,还值得考证。迄今为止,我们还只能说由钱锺书等人组成的《毛选》英译委员会曾将"三个臭皮匠,合成一个诸葛亮"译作"Three cobblers with their wits combined equal Chukeh Liang the master mind."

许是考虑到人名书写规范与读者接受等因素,1978年版《汉英词典》中所给"三个臭皮匠,合成一个诸葛亮"译文为"three cobblers with their wits com-

---

① 钱锺书:《钱锺书散文》,浙江文艺出版社1997年版,第410页。
② 王兆胜:《闲话林语堂》,中国国际广播出版社2002年版,第40页。
③ Mao Tse-tung: *Selected Works of Mao Tse-tung*(Volume III), Foreign Language Press, 1975, p. 158.
④ 许渊冲:《诗书人生》,百花文艺出版社2003年版,第108页。
⑤ 吴卫:《人名的翻译技巧》,《英语知识》2007年第5期,第38页。

bined equal Zhuge Liang the master mind—the wisdom of the masses exceeds that of the wisest individual."①很显然,本句英文中,前一部分为译文,后一部分系对译文的解说。对于上述词典译文的出笼,相关人士有回忆如下:

> 《汉英词典》确实是集体智慧的结晶。编辑们看着那些最后定稿的英译,深感来之不易,没有一个人能说哪一条是他个人的功劳。但是,不容讳言,有些词条做得不同一般,给我这个有幸参加全部改稿的人留下的印象特别深刻,至今还能回忆起一些词条的最后定稿过程。例如"三个臭皮匠,合成一个诸葛亮"这个谚语,记得曾经这样译过:"three cobblers pooling their wits together equal Zhuge Liang in brains"。做到五稿定稿时,主编吴景荣把后半部分改成"equal Zhuge Liang the mastermind,"使它有所改进。戴维看到这一改动,得到启发,他灵机一动,脱口而出:"three cobblers with their wits combined equal Zhuge Liang the mastermind。"一个和原文完全对应、前后对称又押韵的佳译终于形成。②

引文中的"戴维"即 David Crook,当年曾出任《汉英词典》英语顾问。值得注意的是,吴景荣系《汉英词典》主编,③也曾参与《毛选》英译。因此,吴氏将初译"equal Zhuge Liang in brains"润改为"equal Zhuge Liang the mastermind"是否参考过《毛选》之英译本,似不能断然否定。巧的是,外国专家戴维的"灵机"定稿与《毛选》中的英译竟几乎不差分毫,不同处仅体现在"诸葛亮"人名的译写上。

《毛选》中习语"吃一堑,长一智"的英译也与钱锺书颇有关系,请看金岳霖的有关记述:

> 提起《实践论》,我又想起钱锺书先生。英译处要我多负一点英译责任,我碰到"吃一堑 长一智",不知如何办才好,我向钱先生请教。他马上翻译成 A fall in the pit, and a gain in your wit。这真是再好没有了。④[2]

引文中"吃一堑 长一智"的译文与《毛选》英译本稍有出入,即前者在 the pit

---

① 北京外国语学院英语系《汉英词典》编写组:《汉英词典》,商务印书馆 1978 年版,第 585 页。
② 李正凌:《柯鲁克夫妇在中国》,外语教学及研究出版社 1995 年版,第 100 页。
③ 北京外国语学院英语系《汉英词典》编写组:《汉英词典》,商务印书馆 1978 年版。
④ 李洪岩:《钱锺书与近代学人》,百花文艺出版社 1998 年版,第 51 页。

前使用了介词 in,而后者使用的是 into。不知是金氏当初所记不确还是《毛选》英译委员会后来对钱氏参考译文进行过微调？估计一时半会难以找出答案。查阅相关工具书可以发现,在英文单词 fall 之后及短语 the pit（或 a pit)之前既可以用介词 in 也可以使用 into,例如:《中国语言文化背景汉英双解词典》中有关译文是 a fall in a pit①,《英语搭配大词典》之 pit 下有 a fall in the pit,a gain in your wit,但 fall 与 wit 二词条下则又是 a fall into the pit,a gain in your wit。②

　　将"吃一堑,长一智"译作 A fall into the pit,a gain in your wit,好评从来不乏。罗斯认为其"具有对仗的形式,'pit'和'wit'又押韵,富有习语的味道。"③当年曾参与《毛选》英译工作的庄绎传对上述译文亦多夸赞:"译文不但对称,而且押韵,很像谚语的样子";④"简洁而且押韵,译出了成语的特色,是非常成功的译例";⑤"没想到天下竟有这样好的译文,它本身就像一句谚语,然而它又与原文如此接近,如此吻合,使我惊讶不已"。⑥ 对于上述译文,许渊冲更是有好评连连:或论其采用了"等化"的翻译方法;⑦或称其远比据说同样出自钱氏之手的毛泽东词《井冈山》和《鸟儿问答》"翻得好";⑧或赞其为"'入于化境'的名译";⑨或说其"形音义三美俱备,令人叫绝";⑩再或评其"译文却不但有对仗,还押了韵,不但有形美,还有音美,使散文有诗意了,真是妙译。"⑪

　　出人意料的是,对于钱氏（或《毛选》里)"这样好的译文"甚或"再好没有了"的译文,不以为然者也是有的。天涯论坛里便有人斥其"蹩脚"甚至是"翻译的反面教材"⑫。杨思梁更还写出专文《钱锺书译〈毛选〉真的"妙语惊

---

① 沈善洪:《中国语言文化背景汉英双解词典》,商务印书馆 1998 年版,第 51 页。
② 苏州大学《英语搭配大词典》编写组:《英语搭配大词典》,江苏教育出版社 1991 年版,第 1295、679、1920 页。
③ 罗斯:《习语英译法》,商务印书馆香港分馆 1978 年版,第 103 页。
④ 庄绎传:《英汉翻译简明教程》,外语教学与研究出版社 2004 年版,第 307 页。
⑤ 庄绎传:《汉英翻译 500 例》,外语教学与研究出版社 1981 年版,第 133 页。
⑥ 庄绎传:《翻译漫谈·翻译的乐趣》,http://www.douban.com/group/topic/28404481。
⑦ 许渊冲:《诗书人生》,百花文艺出版社 2003 年版,第 108 页。
⑧ 同上。
⑨ 许渊冲:《译学要敢为天下先》,《中国翻译》1999 年第 2 期,第 4 页。
⑩ 许渊冲:《诗书人生》,百花文艺出版社 2003 年版,第 108 页。
⑪ 许渊冲:《忆锺书师》,丁伟志:《钱锺书先生百年诞辰纪念文集》,生活·读书·新知三联书店 2010 年版,第 129 页。
⑫ 公子镞:《钱锺书的蹩脚翻译,中国学生的终身杯具》,见 http://www.tianya.cn/publicforum/content/english。

人"吗?》①并历数相关译文之种种不是。许是既涉及钱锺书又出语惊人,杨文刊布后转载纷纷。在仔细阅读相关文字后,我们发现杨文其实并经不起推敲。下面即来看看该文并谈谈其中可能存在的问题。杨文不长,仅有短短的5段,兹照转其中前4段并于每段之后简作点评或分析。

  《人民日报》海外版2003年9月29日环球文汇版转载《文汇报》陈怡的文章,"钱锺书妙语惊人",说金岳霖问钱锺书如何翻译《毛选》中的成语"吃一堑,长一智",钱脱口而出,A fall into the pit, A gain in your wit。陈怡赞叹此译文"形音义三美俱备,令人叫绝"。外研社1997年版《汉英词典》中该成语从钱译。

关于本段引文,有一个问题必须首先予以澄清,即其中所说"钱锺书妙语惊人"一文的作者,他其实并非"陈怡"而是北京大学的许渊冲。对此,2003年9月2日《文汇报》在刊登该文时交代得再清楚不过:"陈怡摘编""摘自《诗书人生》,许渊冲著,百花文艺出版社,2003年1月版,23.00元。"许渊冲曾问学于钱锺书,后来还与钱多有(书信)往来,他对钱氏无疑是比较了解的。对钱锺书的为人为文,许氏从来称颂有加。另外,许氏本人在诗词翻译上一直标举"三美"原则,即"音美、义美、形美"。因之,所谓钱锺书(写文章和说话)"妙语惊人"及其译文"形音义三美俱备"云云,其出自许氏之口自在情理之中。需要说明的是,许氏所讲"钱锺书妙语惊人"并不限于杨文所涉译例,而是对其行文与讲话的总体评价。

  上段引文最后一句话颇有弦外之音,那就是权威若《汉英词典》竟也将钱锺书的有关译文收入其中了! 笔者以为,钱译入典正说明其已经得到学界认可。事实也正如此,不独《汉英词典》收录了有关译文,其他汉英辞书在相应词条下没有纳入钱译者也绝无仅有,而且钱译在其中要么是首选,要么就是唯一。需要补充的是,部分工具书之相关词条下所给译文虽略有不同,但也分明带有钱译"胎记":《远东汉英大辞典》(新华出版社远东图书公司,1995)所给译文为"A fall into the pit, a gain in one's wit";《中国语言文化背景汉英双解词典》(商务印书馆,1998)所给译文为"A fall in a pit, a gain in wit";《简明汉英搭配词库》(中国农业出版社,2002)所给译文为"A fall into a pit, a gain in your wit"。对这么一个"放之四海而皆准"的译文提出质疑,当事人勇气之嘉不言自明,不过在学术问题上仅有勇气是不够的,还必须求真并以理

---

① 杨思梁:《钱锺书译〈毛选〉真的妙语惊人吗?》,《中华读书报》,2004-03-05。

服人。下面不妨继续来看杨文之理是否能让读者心悦诚服。

  钱锺书是公认的语言大师,但他的这句译文却有问题,实在称不上"形音义三美俱备"。"吃一堑,长一智"这一成语,见于毛泽东的《实践论》。不知毛从何处得来。估计是民间俗语。刘万国、侯文富主编的《中华成语词海》收入了明·王阳明的"经一蹶者长一智"和冯梦龙的"经一失长一智"。堑,《康熙字典》解释为:坑。解放前的《辞海》解释为:1.绕城水;2.掘。只有新版的《辞源》添加了"挫折"解,引例也只有毛说。不过,该成语的起源并不重要。即使毛说属独创,在汉语里也应该可以成立。因为汉语早已习惯于把挫折和失败比喻为跌倒。但英文中却无此习惯,所以英文读者很难把 fall into the pit(掉进坑里)理解成中文的"吃一堑"。"长一智"的智在此应作"智慧"解,而 wit 则指"巧稚、敏捷、智谋",多有即兴或随意发挥(impromptu)的意思。一般只在 wit and wisdom 中才有智慧的意思。英文读者显然不能理解,掉进坑里和 wit 的增长有什么关系。

本段引文开门见山地对钱译进行了定性——"有问题""实在称不上'形音义'三美俱备"。但在笔者看来,其后所做分析却比较牵强。首先,作者以为英文读者很难把 fall into the pit 理解成中文的"吃一堑"之说不尽成立。诚然,由于种种原因,英语中的 fall into the pit 与汉语中的"吃一堑"之间确乎不能画等号,但他们之间的"共性"(相似性、近似性)也是不容否认的。从有关论者"汉语早已把挫折和失败比喻为跌倒"一句不难看出,汉语中的"失败"与"跌倒"其实是有密切关联的。英文中的 fall(跌倒)是否也可与"失败"相关呢? 答案是肯定的,因为明摆着有 Pride shall have a fall(骄者必败)和 Pride goes (comes) before a fall(骄者必败)等成语,而其中的 fall(跌倒)显然含有"失败"之意。至于 wit 一字,它虽多指"巧稚、敏捷、智谋"等,但又绝非连一点"智慧"都没有。英语习语 mother wit(天生智慧,常识)及 at one's wit's end(智穷计尽,束手无策)中的 wit 即可解作"智慧";英谚 Wit sparkles(智慧闪露)及 Wit once bought is worth twice taught(付出代价长一智,胜过别人教两次。/ 一次亲身体验胜过两次老师指导。)中的 wit 当也含有"智慧"的成分。值得指出的是,原作者所举 wit 表示"智慧"之例倒有不确,即在 wit and wisdom 一语中,wit 和 wisdom 已经发生转义,分别表示"智者"与"哲人",合在一起则是"贤人哲士"。另外,关于成语"吃一堑,长一智"之来历,我们还见过这么一种说法:语出《左传·昭公二十九年》:"卫侯公献其乘马,曰启服,絷而死。"杜预注:"堕絷死也。""吃一堑"是指受到一次栽到沟里的教训,也引申为受一次挫折。①

  为了证明该译文的正确与否,我请教了三位从事写作的美国同事。三人均不知何意。有一位后来在网上查到吴仪女士最近在香港演说的英译文,根据上下文推出了原意,但觉得把 wit 改成 wisdom 更容易理解;不过这一改又破坏了钱译的押韵。另两位的猜测分别为:1. 如果你出了洋相,要学会幽默地给自己找台阶下(把掉进坑里解为出洋相);2. 可能是某种类似于高尔夫球的游戏的记分方法(把掉进坑里作字面解释,导致对 wit 的误解)。

通过本族语受众了解译文之可接受性本无可厚非,但也要区分情况,切忌不问青红皂白而唯老外是从。据老外意见,将本例中的 wit 易以 wisdom 将"更容易理解"。即便原作者的老外同事所说在理,我们也不主张轻易"言听计从"。为什么呢?不妨先来看看 wit 与 wisdom 二词之间的区别。凭直觉,wisdom 多指炎炎大智,而 wit 则主要是闲闲小智。原作者所询老外是否懂得汉语"吃一堑,长一智"的精髓不得而知,但国人至少是明白这么一个道理的:一个人(不慎)掉进一个(小)坑,他谅必不会就此变得大彻大悟或者大智大慧。对于征询老外的意见,我们觉得应该注意这么一些"技术"问题:询问多少老外比较合适?被询老外的代表性如何?被问老外学识水平怎样?受问老外对原文是否了解?在这方面,我们此前是吃过一"堑"的。就笔者所知,国人将"精神文明"译作 spiritual civilization,将"亚洲四小龙"译作 the four Asian Dragons 以及将"新北京 新奥运"译作"New Beijing, Great Olympics"等都先后遭遇过部分英语国家读者的质疑,其理由分别是 spiritual 含有宗教情愫,dragon 是可怕的怪兽,great 一字没有什么具体含义。② 笔者没有要全然否定老外的意思,但上述译文后来的实际"生存"情况(适者生存也)却也说明,老外的意见并非总是可以无条件地照单全收。对于老外的外语水平,钱锺书也曾有评:"报章及教科书中英文常有问题,不可迷信外国人;正如中国人写中文,不通者常有。"③"不可迷信外国人",钱

---

① 林宝卿:《汉语与中国文化》,科学出版社 2003 年版,第 203 页。
② 杨全红:《汉英词语翻译探微》,汉语大词典出版社 2003 年版,第 6—22 页。
③ 罗厚:《钱锺书书札书钞续二》,范旭仑、李洪岩编:《钱锺书评论》,社会科学文献出版社 1996 年版,第 296 页。

氏确是这么认为的,不妨再看看他给别人信函中的几句话:"译者常因为文字把握不准,疑神疑鬼,于原文错误或毛病认为含有奥妙意义;文学翻译中更多此类(大文学家笔下不保无疵)。故必须眼光准,胆量大,千万不要拜倒在外国人写的英文面前。"①尤其需要指出的是,既能理解又还认可上述钱译的老外终究有之。坊间有一册《ABC汉英谚语词典》,其中对"吃一堑,长一智"的释义为:"(lit)Fall in a ditch〔and〕grow in wisdom.(fig)'A fall in a pit, a gain in wit';one learns valuable lessons from setbacks.〔Cited in Mao Zedong's *On Practice*〕"②《ABC汉英谚语词典》作者罗圣豪系美国汉学家,从其上述释义来看,他对"吃一堑,长一智"之钱译显然是认同并接纳的。

下面,我们不妨再换个角度,看看有关论者所提问题是否经得起推敲。杨思梁本人也承认"钱锺书是公认的语言大师",而如前文所论,钱锺书还不是一般的"语言大师",换句话说,他的中、英文水平都是一级棒。有鉴于此,有关译文是否能为目的语读者所理解,钱氏应该能有基本的判断。其次,从相关文献来看,钱锺书是应金岳霖之问而译,而金氏也绝非一般学人,其英文与中文修养同样少有人能及。因此,如果钱氏无意中疏忽了,作为第一读者的金岳霖也应该有所察觉才是。再者,当时负责英译《毛选》的是一个不小的班子,其中始终有资深外籍友人参与(审稿与定稿)。如果说钱锺书的译文有"问题",那些对译文负有把关责任的老外也应该能及时发现并匡正才是。他们怎么就没吭声呢?难道他们没有看出问题之所在?抑或他们是在明知而故"纵"?其他不论,就从《毛选》翻译的严肃性而言,他们是不会也不能出此下策的。由此看来,人们的确不能动辄便把老外的话当作金石之声,也不可随意拿他们的意见来否定国人。

> 英文中也有表达从挫折和失败中增长智慧的表达方式,如 Wisdom cometh by suffering(智从苦中来);To learn by going to school of hard knocks(挫折(或受苦)学校学真才);Experience teaches at the cost of mistakes(经验靠错误教诲人)等等,但却没有和中文一一对应的表达法。可见语言的差异其实是文化的差异。退一步说,即使钱译的用词是对的,也应该写成"A fall into the pit is a gain in your wit",

---

① 林子清:《钱先生两封复信的说明》,范旭仑、李洪岩编:《钱锺书评论》(卷一),社会科学文献出版社1996年版,第8页。

② 罗圣豪:《ABC汉英谚语词典》,汉语大词典出版社2002年版,第20页。

才算语法正确。英文中不能有两个并列的分句。

在本段引文中,作者首先列举了部分表示从挫折和失败中增长智慧的英文表达,其实,类似的表达应该还有一些,诸如:Experience is the mother of wisdom. / By falling we learn to go safely. / In doing, we learn. / One receives a lesson from a setback and grows wiser. 这显然还不是我们能够找到的全部"译文"。常言道:译无定译,"吃一堑,长一智"的翻译自不例外。换句话说,译者不仅可以而且应该根据具体的语境或语域选择不同的英语表达方式,因此,一定情况下,前述有关英语表达法无疑可以用来传达"吃一堑,长一智"之意。[3]对于本段引文之最后一句,即钱译"语法"有错云云,我们颇不以为然。杨氏对"分句"作何定义不得而知,但英文中结构如 A fall into the pit, a gain in your wit 者并不鲜见,比如:No pain, no gain. / Out of sight, out of mind. / Penny wise, pound foolish. / Pretty face, poor fate. 将"吃一堑 长一智"译作"A fall into the pit, a gain in your wit"是否有语法问题姑且再论,有关论者建议的新译(A fall into the pit is a gain in your wit)语法上倒是正确,可钱译那鲜明的节奏和优美的对仗却没了,这样做如果说还够不上得不偿失,至少也是得于此而失于彼吧。

## 三、译文比较

前文里曾经提及,对于《管锥编》及《谈艺录》等著述中诸多西语引言,钱锺书一概自译。自译云云,这暗示某些原文其实有着他译,只是钱氏不愿借鉴或直接拿来罢了。事实上也正是如此,不论是诗歌还是名言,同一原文先有他译而后有钱译者皆有之。下面来看看部分实例并对钱译与他译略作比较。

原文:Some books are to be tasted, others to be swallowed, and some few to be chewed and swallowed.

钱译:书有只可染指者,有宜囫囵吞者,亦有须咀嚼而消纳者。

他译:书有可浅尝者,有可吞食者,少数则须咀嚼消化。(王佐良译)

点评:原文系培根《论读书》(Of Studies)中的一句话。《论读书》先后有译文种种,流传最广者当数王佐良版本。客观而论,钱译与王译皆为佳构,彼此之间似难分出伯仲。如果挑剔一点,钱译似没能将 few 一词忠实译出。

原文:When I am assailed with heavy tribulations, I rush out among my pigs, rather than remain alone by myself. The human heart is like a milestone in a mill; when you put wheat under it, it turns and grinds and bruises the wheat to flour; if you put no wheat, it still grinds on, but then 'tis itself it grinds and wears away. So the human heart, unless it be occupied with some employment, leaves space for the devil, who wriggles himself in, and brings with him a whole host of evil thoughts, temptations and tribulations, which grind out the heart.

钱译:吾遭逢大不如意事,急往饲牧吾猪,不欲闲居独处。人心犹磨房石碢,苟中实以麦,则碾而成面;中虚无物,石仍轹转无已,徒自研损耳。人心倘无专务,魔鬼乘虚潜入,挟恶念邪思及诸烦恼以俱来,此心遂为所耗蚀矣。

他译:当我为沉重的苦难所困扰时,我奔向我饲养的猪群之中,而不是独自厮守。人的心像磨坊的石磨,你放进麦子,它转啊磨啊,把麦子碾成面粉;如果你不放进麦子,它仍旧不断地磨,但是这样它就只是磨自己,把自己磨损。所以,除非心有所专,人类的心就给魔鬼留下空隙,魔鬼乘隙慢慢爬进去,并且带着许许多多邪恶的思想、诱惑和苦难爬进去,这一切就把心磨碎了。(汤永宽译)

点评:原文语出马丁·路德著 Hazlitt 英译之《语录》(Table Talk)。如果没有钱译在一旁分庭抗争,汤译其实不错,毕竟原文的意思已基本传出。钱译寥寥数语却神貌俱出,仔细阅读,其中可资咀嚼处甚多。比如,grind 一词在原文中先后出现三次,译文中却分别表以"碾""研""耗蚀";又比如,原文 it turns and grinds and bruises the wheat to flour 中一连出现三个动词(即 turn, grind 和 bruise),译文却又糅译为一个"碾"字。不难看出,钱译收放自如,既可以一分为三也可糅三为一,不愧是眼手俱高。

原文:I would have broke mine eyestrings, crack'd them but / To look upon him, till the diminution / Of space had pointed him sharp as my needle; / Nay, followed him till had melted from / The smallness of gnat to air, and then / Have turn'd my eyes and wept.

钱译:极目送之,注视不忍释,虽眼中筋络迸裂无所惜;行人渐远浸小,纤若针矣,微若蠛蠓矣,消失于空濛矣,已矣!回眸而潸其泣矣!

他译:为了望他,我甘心望穿我的眼睛,直到辽邈的空间把他缩小得一枚针尖一样;我要继续用我的眼睛追随他,让他从蚊蚋般的微细直至于完全消失在空气中为止,那时候我就要转过我的眼睛来流泪。(朱生豪译)

点评:原作是《辛白林》第一幕第三场里伊摩琴思念丈夫波塞摩斯远行语。有道是"多情自古伤离别",读莎翁原文,其观察不可谓不细,而其对挥泪场景的描摹与对人物心理的刻画又不可谓不恰到好处。朱生豪系我国翻译大家之一,其所译莎剧素来为人称道,但以本例而言,其文字似不敌钱译。比如,"让他从蚊蚋般的微细直至于完全消失在空气中为止"一句,不仅有些拖沓,听上去还不怎么像中国话。反观钱译,其中可圈可点处不少,其他不论,就凭人称变化(译文没了第一人称,读来更像第三人称)和用语考究(如一连使用五个"矣"字),相信就非一般人所敢用而又能用者。

原文:Ein gleiches / Uber allen Gipfeln / Ist Ruh' / In allen wipfeln / Sp rest du / Kaum einen Hauch. / Die Voglein schweigen im Walds. / Warte nur, balde / Ruhust du auch.

钱译:漫游者的夜歌

微风收木末,

群动息山头。

鸟眠静不噪,

我亦欲归休。

他译1:暮霭落峰巅

　　　无声

　　　在树梢枝间

　　　不闻

　　　半丝轻风;

　　　鸟雀皆已展翼埋头,

　　　不多时,你亦将神游

　　　睡梦之中。(朱湘译)

他译2:流浪者之夜歌

　　　一切的峰顶

　　　沉静

　　　一切的树尖

　　　全不见

　　　丝儿风影。

　　　小鸟们在林间无声。

等着罢:俄顷
你也要安静。(梁宗岱译)

他译3:漫游者的夜歌
一切的山之顶
沉静,
一切的树梢
全不见
些儿风影;
小鸟儿们在林中无声。
少时顷,你快,
快也安静。(郭沫若译)

他译4:游行者之夜歌
一切山峰上
是寂静,
一切树梢中
感觉不到
些微的风;
森林中众鸟无音。
等着吧,你不久
也将得着安宁。(宗白华译)

他译5:
一切峰顶的上空
静寂,
一切的树梢中
你几乎觉察不到
一些声气;
鸟儿们静默在林里。
且等候,你也快要
去休息。(冯至译)

点评:原文是歌德诗作。据传,这首短诗是歌德夜宿在山顶一幢猎人的小木楼中即兴吟成并将其书写在木楼的板壁上。五十多年后,即将告别人世的歌德故地重游,再次读到壁板上的"且等候,你也快要/去休息"时,感慨无限,潸然泪下。原诗朴素简练,只有短短八行,几乎没任何藻饰,但意境高远,似乎还含有某种永恒的哲理,被公认为歌德作品中的绝唱。他译皆注意形神兼备,既忠实也还有诗的特质。钱译颇有几分不同,它不仅将原诗行进行了压缩,还将原本每行并不固定的音节统一处理成了五言,不无改写之痕迹。至于钱氏这样做妥还是不妥,估计会言人人殊,不过从本书第三章钱氏本人的某些诗歌翻译思想来看,他这样做倒也无可厚非。

**注解:**

[1] 钱锺书笔下也有"灵魂之冒险"一说,但不是就名言的翻译而言,而是有关读书,具体文字如下:"盖读书,本为'灵魂之冒险',须发心自救,树之为规律,威之以夏楚,悬之以科甲,以求一当,皆官员文章而已!"(《钱锺书散文》,第410页)

[2] 关于该段文字,《钱锺书与近代学人》1998年版本里有之,2007年版没了,不知何故。从钱氏生前同事回忆来看,金岳霖在中国科学院哲学所逻辑小组会议上曾经讲述过钱锺书在《毛选》中部分成语英译中的不俗表现。(倪鼎夫:《琐忆钱锺书先生》,《光明日报》,2018-12-19)

[3] 如平日所见,绝大多数词典所给"吃一堑,长一智"的英译仅有钱译一种。相关工具书如果不仅收录钱译,同时还给出部分其他参考译文,或许更有可取之处。在这方面,《汉英双语现代汉语词典》(外语教学与研究出版社,2002)与《新世纪汉英大词典》(外语教学与研究出版社,2003)等算是带了个好头,即除开钱译,还收录了以下候选译文:experience through suffering; experience teaches;/ experience teaches; learn from one's mistakes; know it to one's cost; wisdom grows out of experience.

# 附录:相关论文3篇

# 壹　翻译研究须"小心的求证"

## ——以钱锺书翻译思想研究为例

本文所谓"翻译研究",主要指中国的翻译研究,又侧重指中国学人对中国传统译论的研究。近些年来,我国的翻译研究取得了较为可喜的成绩,但也还存在一些问题。以对钱锺书翻译思想(以"化境"论为中心)的研究为例,成绩似主要见诸"大胆的假设",而问题主要在于"小心的求证"不足。据笔者观察,就整个中国传统译论研究而言,"小心的求证"都有缺失之嫌。中国传统译论研究要健康地前行,亟须大力提倡并践行胡适当年一再推介的治学方法——"大胆的假设,小心的求证",又特别是"小心的求证"。

## 一、胡适的治学方法及其启示

1952年12月5日至6日,胡适在台湾大学作过一次讲演(共三讲),题为《治学方法》。他在讲演中指出:"所有的学问,研究的动机和目标是一样的。"①[1]"凡是做学问、做研究,真正的动机都是求某种问题某种困难的解决,所以动机是困难,而目的是解决困难。""所有的学问,做研究的动机是一样的,目标是一样的,所以方法也是一样的。""我说方法是一样的,方法是什么呢？……有两句话也许可以算是讲治学方法的一种很简单扼要的话。那两句话就是:'大胆的假设,小心的求证。'"

什么是"假设"呢？胡适说:"所谓假设,就是当问题出现后,'假定有某几种可以解决的方案'。"什么又才是"大胆的假设"呢？胡适的理解如下:"我们的经验,我们的学问,是给我们一点知识以供我们提出各种假设的。所以,'大胆的假设'就是人人可以提出的假设。因为人人的学问,人人的知识不同,我们当然要容许他们提出各种各样的假设。"此外,"大胆的假设"还

---

① 胡适:《胡适的声音:1919—1960:胡适演讲集》,广西师范大学出版社2005年版,第107页。

可以是"小胆的假设"之反面,这从胡适论及《醒世姻缘》一书之考证时说过的几句话中不难拈出,他说:"西周生究竟是什么人呢?于是我作了个大胆的假设,这个假设可以说是大胆的。(方才说的,我对于《红楼梦》的假设,可以说是'小胆的假设')。"何谓"求证"?胡适的解释如下:"求证就是要看你自己所提出的事实是不是可以帮助你解决那个问题。""小心的求证"又具体何指呢?胡适认为,"小心"即谨慎。他说:"谨是不苟且、不潦草、不拆烂污。……一点一滴都不苟且,一字一笔都不放过,就是谨。谨,就是'小心求证'的'小心'两个字。"

关于"大胆的假设"与"小心的求证"之关系,胡适也有论及。他说:"要大胆地提出假设,但这假设还得想法子证明。所以小心地求证,要想法子证实假设或否证假设,比大胆的假设还更重要。"在胡适看来,"小心的求证"确乎重要,他指出:"如果一个有知识有学问有经验的人遇到一个问题,当然要提出假设、假定的解决方法。最要紧的是还要经过一番小心的证实,或者否证它。如果你认为证据不充分,就宁肯悬而不决,不去下判断,再去找资料。所以,'小心的求证'很重要。"

胡适在台湾大学讲演期间,台大校长对其治学方法有过如下点评:"学理、工、农、医的人应该注重在上一句话'大胆的假设',因为他们都已比较地养成了一种小心求证的态度和习惯了,至于学文史科学和社会科学的人,应该特别注重下一句话'小心的求证',因为他们没有养成求证的习惯。"对于此一意见,胡适的反应是"我大体赞成"。胡适继而跟进道:"单说方法是不够的,文史科学和社会科学的错误,往往由于方法的不自觉。方法的自觉,就是方法的批评:自己批评自己,自己检讨自己,发现自己的错误,纠正自己的错误。"

有论者曾指出:"胡先生最爱写的对联是'大胆的假设,小心的求证;认真的作事,严肃的作人。'……这一联有如双翼,上联教人求学,下联教人作人。"[1]在胡适的心里与笔下,"求学"与"作人"确是不可分的,他曾说:"无论是在科学上的小困难,或者是人生上的大问题,都得要严格地不信任一切没有充分证据的东西:这就是科学的态度,也就是做学问的基本态度。"胡适曾以"勤、谨、和、缓"四个字概括做学问的好习惯。在他看来,"谨"不仅可解作上文所说的"小心",也可理解为恭敬的"敬",他并举例道:"夫子说'执事敬',就是教人做一件事要郑重地去做,不可以苟且;他又说,'出门如见大宾,使民如承大祭',都是敬事的意思。"回到段首那副对联,有人曾念道:"我

---

[1] 梁实秋:《梁实秋怀人丛录》,中国广播电视出版社1991年版,第194页。

不知道胡先生这一联发生了多少效果"。① 对联的"效果"究竟有多大似不易测定,但也许并不能小觑。比如,吴健雄是世界上杰出的实验物理学家,有"物理女王""中国居里夫人""华人之光"等美誉,当有人向她请教成功的秘诀时,她说:"我们要有勇气去怀疑已经成立的学说,进而去求证。是胡院长'大胆的假设,小心的求证'教育和鼓舞了我!"② 又比如,顾颉刚曾编著《古史辨》,该书出版后曾轰动史林,一个新的史学学派"古史辨派"因之而诞生,然顾氏在《古史辨·自序》中却坦陈道:"如不是亲从适之先生受学,了解他的研究方法,我也不会认识自己最亲近的学问是史学。"③

从以上叙述可见,胡适十分看重治学方法及其自觉,从中不难见出他的学术操守与精神。而从上文吴健雄和顾颉刚等的表白来看,胡适的治学方法对其学术成就的取得至关重要。就我国近些年的翻译研究而言,胡适的治学方法也有一定的体现,主要是"大胆的假设"不时可见。美中不足的是,胡适认为更要紧的"小心的求证"相对欠缺一些。此一说法是否在理呢?不妨以对钱锺书翻译思想的研究为例来看看实际情况。

## 二、钱锺书翻译思想研究中"大胆的假设"举例

有论者曾慨叹道:"有文章说,不懂钱锺书,是国人的悲哀,同样,不识钱氏译艺谈,也是译界的不幸。"④ 所谓"钱氏译艺谈",实际就是钱锺书的翻译思想。而在钱氏译论著述中,《林纾的翻译》被判"最为钜观"⑤,甚至被尊为"传统译论中最精彩的一篇"⑥。《林纾的翻译》一文何以能跻身"钜观"?相关论者解释道:"文中妙绪纷披,胜义络绎:……博瞻综赅,融中西学理之长;深识创建,成钱氏一家之言。"⑦ 誉之所至,谤亦随之。在最近几年的有关研究中,学界对《林纾的翻译》这一佳作很是多出一些质疑甚或批判来,其中一些"假设"不失为"大胆",诸如:

---

① 梁实秋:《梁实秋怀人丛录》,中国广播电视出版社 1991 年版,第 194 页。
② 黄团元:《胡适的谦和雅量》,湖北人民出版社 2007 年版,第 77、79 页。
③ 黄团元:《胡适的谦和雅量》,湖北人民出版社 2007 年版,第 112 页。
④ 罗新璋:《钱锺书的译艺谈》,《中国翻译》1990 年第 6 期,第 10 页。
⑤ 罗新璋:《钱锺书的译艺谈》,《中国翻译》1990 年第 6 期,第 8 页。
⑥ 张佩瑶:《钱锺书对翻译概念的阐释及其对翻译研究的启示》,《中国翻译》2009 年第 5 期,第 27 页。
⑦ 罗新璋:《钱锺书的译艺谈》,《中国翻译》1990 年第 6 期,第 8 页。

例1:化境的意义是难以确定的,即便是钱锺书本人也无法彻底阐释清楚。此外,根据新批评中的"意图谬误"(intentional fallacy),钱先生的语言也未必能准确地体现自己的意图。①

例2:80年代,钱锺书先生把"化境"作为文学翻译的"最高理想",此后,翻译界学者对"化境"的阐释和研究都极力推崇这一主张。然而,从钱先生"化境"说的内涵可以看出,"化"中存在着一些不可避免的"讹",全部的、彻底的"化"是不可能实现的理想。因此,笔者认为将"化境"定为翻译的最高理想具有一定的时代局限性,显然欠妥,"化境"说只能是继"信、达、雅"之后的又一新的翻译标准。②

例3:钱锺书的"化境"无论是指翻译标准还是翻译的理想,都是对翻译本身的否定,因而应弃却而不是接受。……钱氏的"化境"翻译思想其实质是对翻译的消解,其表述本身含有难以消除的矛盾,……尽管《林纾的翻译》其行文及注释在收入钱氏不同的作品时都有一定的改动,但有关"化境"的一节改动后仍有内在矛盾:……这里有必要指出,最初版本的"文学翻译的最高标准是'化'"其中"最高标准"已在后来的版本中改为"最高理想"。但内在矛盾仍未避免:"化境"是"最高境界","译"本身"虚涵数意",就涵有"讹",而"讹"与"化"成一体,"译"本身怎样才能达到这个"最高境界"? ……其首要原因在于它将理想与现实混合了起来。③

例4:《英国浪漫派散文精华》21页上说:"人们发现蒲伯较之荷马有着更多闪光的比喻和动情的描写,总体上也显得更内容丰富,文采飞扬,细腻深入了。"关于这个问题,钱先生在《林纾的翻译》一文中也说过:"最近,偶尔翻开一本林译小说,出于意外,它居然还没有丧失吸引力。我不但把它看完,并且接二连三,重温了大部分的林译,发现许多都值得重读,尽管漏译误译随处都是。我试找同一作品的后出的——无疑也是比较'忠实'的——译本来读,……就觉得宁可读原文。这是一个颇耐玩味的事实。"我认为这说明了钱先生的矛盾:理智上要直译,情感上爱意译。④

例5:"保留原作精神姿致"和"译文读起来不像译本"分明是一对矛盾,要同时做到这两点几乎是不可能的。……化境是在兼顾译语的前提下对原文的高度忠实。可是,钱锺书在下文论述林纾的漏译、增译、误译时,却认为

---

① 朱鸿亮:《化境的缺席与在场》,《解放军外国语学院学报》2006年第2期,第81页。
② 谭建香、唐述宗:《钱锺书先生"化境"说之我见》,《语言与翻译》2010年第1期,第50页。
③ 蔡新乐:《试论"化境"的反翻译倾向及"不隔"的理论意义》,《外语与翻译》2000年第1期,第22—28页。
④ 许渊冲:《山阴道上:许渊冲散文随笔选集》,中央编译出版社2005年版,第224页。

这些"讹"具有"抗腐作用";与此同时,他还严厉批评了林纾后期那些似乎更为贴近原文的翻译,认为那是"懒汉、懦夫或笨伯的忠实"。此外,在谈到林译和哈葛德原著时,他又直言不讳地说"宁可读林纾的译文,不乐意读哈葛德的原文",因为林译"轻快明爽",比哈葛德的原文高明多了。于是问题产生了:且不论化境能否实现,它作为翻译"向往的最高境界",至少代表了一种追求方向。如果化境的内涵是忠实和尊重原文,那么,林纾在前期翻译中无意甚至有意删改加工原作的行为显然是与这种方向背道而驰的,钱锺书又怎会对之褒多贬少呢?但是如若不是,他所说的"忠实得不像译本"又该做何解释呢?换言之,无论化境的实质是不是忠实,钱锺书先生都面临着两难的悖论。①

例 6:钱锺书在写《译事三难》时至少对"信"是持支持态度的,那么其之前在《林纾的翻译》一文中却用"某种程度的'讹'又是不能避免的毛病"来为林纾的漏译误译开脱,甚至赞扬他的主动性和创造性,称林译"讹"中最具特色的成分正是出于林纾本人的明知故犯,也恰恰是这部分的"讹"能起一些抗腐作用。那么是钱锺书先生的观点前后矛盾,还是他对"信"的态度发生了根本性的改变。如果他的"化境"论是反对"信"的,那么为什么他会在其后的《译事三难》中又肯定了"信"的原则?②

通览上述各例文字,其"假设"(对钱氏及其翻译思想的批评)不可谓不"大胆":或谓钱氏对"化境"的意义阐释乏力(例1),或谓钱氏对"化境"提法的修改(即将"最高标准"易为"最高理想")欠妥(例2),或谓钱氏对"化境"的某些表述有问题(例3),或谓钱氏在翻译方法上有纠结(例4),再或谓钱氏在"信"上前后矛盾(例6)。部分论者在行文时还使用了"显然"(例2)、"分明"(例5)等字眼,个中意思,不难感知。让人尤其始料未及的是,上引诸例中直言钱锺书或其翻译思想有"矛盾"者不在少数。

钱锺书也是凡人,从理论上讲,他和他的翻译思想也难免有矛盾。学问贵在求真,从这个意义上来讲,有关论者完全可以"不为尊者讳"。不过,就本人的初步学习来看,上文种种"矛盾"似乎并不成立。限于篇幅,这里对此一"大胆的假设"不能给予"小心的求证",不妨从形而下的方面先谈点看法。首先,钱锺书乃学问大家,有"文化昆仑"之誉,而《林纾的翻译》一文又经他多次润改,因此,钱氏及其该文中的翻译思想应该不会动辄有错甚或"矛

---

① 朱鸿亮:《化境的缺席与在场》,《解放军外国语学院学报》2006年第2期,第80—81页。
② 罗选民:《翻译与中国现代性》,清华大学出版社2017年版,第178页。

盾"。1936 年 12 月 14 日,胡适曾致函苏雪林,信中说:"今年美国大选时,共和党提出兰敦州长来打罗斯福总统,有人说,You can't beat somebody with nobody,你们不能拿小人物来打大人物,胡适说我们对左派也可以说,You can't beat something with nothing,你们不能拿没有东西来打有东西的。"①有关"矛盾"论者虽非 nobody,但钱锺书更是不折不扣的 somebody,前者要在有关翻译思想的表达、阐释等方面"打垮"后者,想来殊非易事。其次,笔者注意到,钱锺书也曾认为他人的翻译思想有"矛盾",具体见诸《林纾的翻译》,有关文字如下:"意大利一位大诗人认为好翻译应备的条件看来是彼此不相容乃至相矛盾的:译者得矫揉造作,对原文亦步亦趋,以求曲肖原著者的天然本来的风格。"②[2]对于本引言后半句及《林纾的翻译》中类似行文,罗新璋有评说如下:"钱公博辩纵横,《林纾的翻译》里就有不少快论隽语,正言若反,纳矛盾于一语,足可辑出一篇'译论诡论'。"③笔者猜测,上述认为钱锺书或其翻译思想有"矛盾"者是否可能被钱氏的"译论诡论"给绕迷糊了?

## 三、钱锺书翻译思想研究中"小心的求证"不足举例

　　胡颂平曾向胡适提出这么一个问题:"记性好的人,是不是都是天分高的?"胡适的回答如下:"不。记性好的并不是天分高,只可以说,记性好可以帮助天分高的人。记性好,知道什么材料在什么书里,容易帮助你去找材料。做学问不能全靠记性的;光凭记性,通人会把记得的改成通顺的句子,或者多几个字,或少几个字,或者变通了几个字,但都通顺可诵。这是通人记性的靠不住。引用别人的句子,一定要查过原书才可靠。"④笔者发现,在钱锺书翻译思想研究中,人们在征引相关文字时好多时候并未查过原书。以钱氏立论"化境"的一段文字为例(详见下文),引用中失察甚或走样的情况便屡有发生,诸如:

　　例 7:十七世纪有人赞美这种造诣的翻译,比为原作的"投胎转世"(the transmission of souls),换了一个躯壳,而精神姿致依然故我。⑤

---

① 翟华:《大师的"口误"》,《中华读书报》,2009-07-22。
② 钱锺书:《林纾的翻译》,《林纾译著经典》,上海辞书出版社 2013 年版,第 1 页。
③ 罗新璋:《钱锺书的译艺谈》,《中国翻译》1990 年第 6 期,第 9 页。
④ 胡颂平:《胡适之先生晚年谈话录》,新星出版社 2006 年版,第 211 页。
⑤ 马祖毅:《中国翻译通史》(四),湖北教育出版社 2006 年版,第 311 页。

例8:1964年,钱锺书在《林纾的翻译》中提出,"文学翻译的最高标准是'化',把作品从一国文字转变成另一国文字,既能不因语文习惯的差异而露出生硬牵强的痕迹,又能完全保存原有的风味,那就算得入于'化境'。"①

例9:文学翻译的最高标准是"化"。把作品从一国文字转变成另一国文字,既能不因语文习惯的差异而露出生硬牵强的痕迹,又能完全保存原有的风味,那就算得入于"化境"。17世纪有人赞美这种造诣高的翻译比为原作的"投胎转世"(the transmigration of souls),躯体换了一个,而精魂依然故我。②

例10:文学翻译的最高理想可说是"化"。把作品从一国文字转变成另一国文字,既能不因语文习惯的差异而露出生硬牵强的痕迹,又能完全保存原作的风味,那就算得入于"化境"。十七世纪一个英国人赞美这种造诣高的翻译,比为原作的"投胎转世"(the transmigration of souls),躯体换了一个,而精魂依然故我。(原载《旧文四篇·林纾的翻译》,钱锺书,上海古籍出版社,1979)③

以上各例中,例7全为引文,文字虽也"通顺可诵",但与钱氏原文有出入。例8声称其中引文采自1964年版《林纾的翻译》,例10则注明其文字引自1979年版《林纾的翻译》。事实上,上述二例中的引文与相关版本并不(严格)对应。例9不曾注明出处,但跟哪一个版本中的文字都对接不上。顺便提一句,《林纾的翻译》最先发表于1964年,学界却有人将其误作1979年并以此为据讨论"一个翻译理论往往带有译者所处的时代的特征"④,这显然也有失"小心的求证"。为了让读者能够明察上述各例中的征引失误,兹将《林纾的翻译》几个主要版本中探讨"化境"的一段文字转引于次:

**1964年版**:文学翻译的最高标准是"化"。把作品从一国文字转变成为另一国文字,既能不因语文习惯的差歧而露出勉强造作的痕迹,又能完全保存原有的风味,那就算得入于"化境"。十七世纪有人比这种境界为"转世还魂"(transmigration of souls),躯壳换了一个,而精神姿致依然故我。⑤

---

① 胡志国:《"化境"说翻译理想的哲学基础及再阐释》,《西南科技大学学报》(哲学社会科学版)2006年第3期,第74页。
② 郑延国:《翻译方圆》,复旦大学出版社2009年版,第288页。
③ 张经浩、陈可培:《名家 名论 名译》,复旦大学出版社2005年版,第99页。
④ 崔永禄:《传统的断裂:围绕钱锺书先生"化境"理论的思考》,《外语与外语教学》2006年第3期,第48页。
⑤ 钱锺书:《林纾的翻译》,文学研究集刊编辑委员会:《文学研究集刊》(第一册),人民文学出版社1964年版,第1—2页。

**1979 年版**：文学翻译的最高标准是"化"。把作品从一国文字转变成另一国文字，既能不因语文习惯的差异而露出生硬牵强的痕迹，又能完全保存原有的风味，那就算得入于"化境"。十七世纪有人赞美这种造诣的翻译，比为原作的"投胎转世"(the transmigration of souls)，躯壳换了一个，而精神姿致依然故我。①

**1985 年版**：文学翻译的最高理想可以说是"化"。把作品从一国文字转变成另一国文字，既能不因语文习惯的差异而露出生硬牵强的痕迹，又能完全保存原作的风味，那就算得入于"化境"。十七世纪一个英国人赞美这种造诣高的翻译，比为原作的"投胎转世"(the transmigration of souls)，躯体换了一个，而精魂依然故我。②

笔者发现，在钱锺书翻译思想之研究中，还有另外一种"大胆的假设"，即某些观点颇与众不同甚或耸人听闻，可他们也并经不起"小心的求证"，例如：

例 11：鉴于译界对有关"化境"说的种种误解，钱先生在 1985 年对"化"的提法作了修订，将"化"由"最高标准"易为"最高理想"。③

例 12：研究认为，钱氏主张的化境和"投胎转世"说与钱学精相契合，是诗歌翻译中独树一帜的理论。④

例 13：20 世纪 60 年代钱锺书先生在《林纾的翻译》中提出的"化境"说逆转了以"信"为本的翻译传统，开创了以追求"美"为标准的现代翻译理论，也为当代翻译理论研究指明了新的方向。⑤

例 14：钱先生虽然认为"化境"是翻译的理想，但他并没有以此为绝对标准。反之，他接受存在的现实，并坦言：有翻译就有讹误、有曲解；翻译是借体寄生，是加工再造。对于翻译乃违反、重写、叛逆的说法，他显然抱持包容的态度。⑥

例 15：林纾增添原文所造成的讹错，……却产生了出人意料的效果，"恰恰是这部分的'讹'能起一些抗腐作用，林译因此而免于全被淘汰。"……

---

① 杨晓蓉：《二元·多元·综合——翻译本质与标准研究》，上海外语教育出版社 2012 年版，第 138 页。
② 钱锺书：《林纾的翻译》，《翻译通讯》1985 年第 11 期，第 2 页。
③ 许建平：《钱锺书"化境"说新释》，清华大学学报(哲学社会科学版)1997 年第 1 期，第 93 页。
④ 杨成虎：《钱锺书的译诗论》，天津工业大学学报 2001 年第 2 期，第 11 页。
⑤ 谭建香，唐述宗：《钱锺书先生"化境"说之我见》，《语言与翻译》2010 年第 1 期，第 50 页。
⑥ 张佩瑶：《钱锺书对翻译概念的阐释及其对翻译研究的启示》，《中国翻译》2009 年第 5 期，第 28 页。

这些"讹"所产生的效果,竟然让钱氏愿意读林纾的译作,也不愿读原作。①

例16:钱锺书对林纾的翻译的批评,是非常认真的。一方面,钱先生非常不客气地指出了林纾翻译中由于其助手们语文水平不高而导致的讹错以及林纾自己的"胡乱猜测"而造成的对原文的背离。但另一方面,对于林纾的主动和创造精神却给予非常热情的褒奖和肯定。②

在谈到治学要做到方法自觉时,胡适曾提醒道:"我们要假定有一个律师在那里,他随时要驳斥我们的证据,批评我们的证据是否可靠。"下面,笔者拟不揣冒昧地充当一次"律师"并对上述有关"假设"或"证据"简作"驳斥"或"求证"。例11意在探讨钱锺书对"化境"提法修订之原因,认为那是受众对"化境"说存有"种种误解"而致。钱氏对有关提法进行修订,应该主要是出于自我反省。就笔者所见,在钱氏对相关提法进行修订之前,学界对"文学翻译的最高标准是'化'"这一表述并没有什么误解。至于他人隐射的钱氏当年还对"种种误解"有过反应或回应,那则更不曾耳闻目睹。例12看似在理,但细一分析,问题也是有的:"化境"与"投胎转世"是相对独立的两种翻译理论么?其次,"化境"是文学翻译的"最高理想",但它也一定是诗歌翻译中"独树一帜的理论"么?钱锺书对诗歌翻译多有论及,但其中几不见"化境"之痕迹。例14认为钱锺书"坦言"翻译可以是"借体寄生"和"加工再造",这与事实并不相符,请看钱氏本人的文字:

> 一个能写作或自信能写作的人从事文学翻译,难保不像林纾那样的手痒;他根据个人的写作标准和企图,要充当原作者的"诤友",自信有点铁成金、以石攻玉或移橘为枳的义务和权利,把翻译变成借体寄生的、东鳞西爪的写作。……正确认识翻译的性质,认真执行翻译的任务,能写作的翻译者就会有克己工夫,抑止不适当的写作冲动,也许还会鄙视林纾的经不起引诱。但是,正像背负着家庭重担和社会责任的成年人偶而羡慕小孩子的放肆率真,某些翻译家有时会暗恨自己不能像林纾那样大胆放手的,我猜想。

从"正确认识"和"认真执行"等表述来看,钱锺书对翻译性质的认识可谓明

---

① 王军平,赵睿:《钱锺书"化境"翻译思想新探》,《上海翻译》2014年第3期,第13—14页。
② 崔永禄:《传统的断裂——围绕钱锺书先生"化境"理论的思考》,《外语与外语教学》2006年第3期,第47页。

澈。简言之,在钱锺书看来,翻译就是翻译,不可与写作混为一谈。换句话说,译者并没有"义务"和"权利"将翻译变为"借体寄生的、东鳞西爪的写作"。其实,这一看法从上述引文末尾一句话中也能析出。例15至少有两个问题。首先,钱氏所给译例并不属于"增添原文所造成的讹错"。查阅《林纾的翻译》,钱锺书为了说明自己"宁可读林纾的译文,不乐意读哈葛德的原文"而"随便"举出的译例如下:

> 《斐洲烟水愁城录》第五章:"乃以恶声斥洛巴革曰:'汝何为恶作剧?尔非痫当不如是。'"这是很利落的文言,也是很能表达原文意义的翻译,然而没有让读者看出原文里那句话的说法。在原文里,那句话(What meanest thou by such mad tricks? Surely thou art mad.)就仿佛中文里这样说,"汝干这种疯狂的把戏,于意云何?汝准是发了疯矣!"对英语稍有感性的人看到这些不伦不类的词句,第一次觉得可笑,第二、三次觉得可厌了。

上段文字中给出了哈葛德的原文及林纾和钱锺书的译文,从中不难看出,不论是跟原文比,还是证之以钱译,林译皆无任何"增添"。不仅如此,林译还被钱氏评为"很利落"。其次,"钱氏愿意读林纾的译作"而"不愿读原作"也并不能归功于林译之"讹",请看钱氏本人的文字:

> 林译除迭更司、欧文以外,前期那几种哈葛德的小说也未可抹杀。我这一次发现自己宁可读林纾的译文,不乐意读哈葛德的原文。也许因为我已很熟悉原作的内容,而颇难忍受原作的文字。哈葛德的原文滞重粗滥,对话更呆板,尤其冒险小说里的对话常是古代英语和近代英语的杂拌。……林纾的文笔说不上工致,而大体上比哈葛德的明爽轻快。译者运用"归宿语言"超过作者运用"出发语言"的本领,或译本在文笔上优于原作,都有可能性。……哈葛德小说的林译颇可列入这类事例里——不用说,只是很微末的事例。

可以看出,钱锺书是以"文笔"而切入有关问题的。关于文学翻译,钱氏确乎看重"文笔"(主要体现为"译笔"),这从其对"文笔"和"译笔"的频繁使用中可见一斑。除开上述引文中的有关表述,《林纾的翻译》一文中(包括注)还有不少,例如:"这一节的译笔也很生动";"在它以后,译笔逐渐退步,色彩枯暗,劲头松懈,读来使人厌倦";"他的译笔违背和破坏了他亲手制定的'古文'规律";"那可以解释为什么它的译笔比其他林译晦涩、生涩";"最讲究文笔的斐德(Walter Pater)";"周桂笙的译笔并不出色";"他比能读外文的助手更能领略原作文笔";此外还有"神笔""钝笔"等表述。不知"译本在文笔上优于原作"是否也属于他人所谓"积极的'讹'",即便是,我们恐怕也不能因此而夸大林译之功效,毕竟钱氏曾有明确交代如下:"哈葛德小说的林译颇可列入这类事例里——不用说,只是很微末的事例。"例 16 意在探讨钱锺书对林纾及其助手各自之"讹"的态度,有关归结似也不确。在《林纾的翻译》中,有关"讹"的讨论占了相当篇幅。认真阅读该文可以发现,钱氏讨论林译之"讹"的目的之一是要分清责任。在钱锺书看来,林纾无疑是林译之"讹"的主犯,其助手虽也难辞其咎,但他们的许多"讹误"都还可原谅。从相关文字及语气来看,不论是林纾还是其助手,钱氏都不曾"非常不客气",请看钱氏本人的文字:

> 我对林译的兴味,绝非想找些岔子,以资笑柄谈助,而林纾译本里不忠实或"讹"的地方也并不完全由于他的助手们外语程度低浅、不够了解原文。……这类文字上的颠倒讹脱在林译里相当普遍,看来不能一概归咎于排印的疏忽。……在"讹"字这个问题上,大家一向对林纾从宽发落,而严厉苛责他的助手。……林译有些地方,看来助手们不至于"讹错",倒是"笔达"者"信笔行之",不假思索,没体味出原话里的机锋。……当然,助手们的外语程度都很平常,事先准备也不一定充分,临时对本口述,又碰上这位应声直书的"笔达"者,不给予迟疑和考虑的间隙。忙中有错,口述者会看错说错,笔达者难保不听错写错;助手们事后显然也没有校核过林纾的稿子。在那些情况下,不犯"讹错"才真是奇迹。不过,苛责林纾助手们的人很容易忽视或忘记翻译这门艺业的特点。……一部作品读起来很顺利容易,译起来马上出现料想不到的疑难,而这种疑难并非翻翻字典、问问人就能解决。不能解决而回避,那就是任意删节的"讹";不敢或不肯躲闪而强作解人,那更是胡乱猜测的"讹"。……所以,林纾助手的许多"讹错",都还可以原谅。使我诧异的是他们教林纾加添的解释,那一定经过一番调查研究的。

白纸黑字,"一向""严厉苛责""林纾助手们"的另有其人而非钱锺书。事实上,由于对翻译这门艺业之特点心中有数,就总体情况而言,钱锺书对翻译工作者非但没有"不客气",好多时候还流露出怜悯与同情,请看他对中外翻

译史上有关"成见"和"偏见"的描述:

> 刘禹锡《刘梦得文集》卷七《送僧方及南谒柳员外》说过:"勿谓翻译徒,不为文雅雄",就表示一般成见以为"翻译徒"是说不上"文雅"的。远在刘禹锡前,有一位公认的"文雅雄"搞过翻译——谢灵运。……我国编写文学史的人对谢灵运是古代唯一的大诗人而兼翻译家那桩事,一向都视若无睹。这种偏见也并非限于翻译事业较不发达的中国。

说到对翻译人员的"成见"与"偏见",钱锺书还曾对歌德有过批评,指其"比翻译家为下流的职业媒人"为"很不礼貌"。还是因为对翻译的特点心知肚明,在论及翻译之"讹"时,钱锺书又曾发出过这样的感慨:"可怜翻译者给扣上了'反逆者'的帽子,既制造不来烟幕,掩盖自己的无知和谬误,又常常缺乏足够厚的脸皮,不敢借用博尔赫斯的话反咬一口,说那是原作对译本的不忠实。"所谓"爱屋及乌",因为对译者同情,钱锺书对译品也多有理解甚或包容,以林译为例,他便有过这么"一声叹息"——"我渐渐听到和看到学者名流对林译的轻蔑和嗤笑,未免事态逐炎凉"。

## 四、结语

胡适是一代学问大家,综其一生来看,他对治学方法始终看重并不厌其烦地宣讲之,这里不妨再来听听他的一些教诲:"我为什么要考证《红楼梦》?……在积极方面,我要教人一个思想学问的方法。我要教人疑而后信,考而后信,有充分证据而后信。""我为什么要替《水浒传》作五万字的考证?我为什么要替庐山一个塔作四千字的考证?我要教人知道学问是平等的,思想是一贯的。……肯疑问'佛陀耶舍究竟到过庐山没有'的人,方才肯疑问'夏禹是神是人'。有了不肯放过一个塔的真伪的思想习惯,方才敢疑上帝的有无。"在问到投入那么多时间研究《水经注》是否"值得"时,胡适的回答也大同小异,他说:"我是提示一个治学的方法。前人著书立说,我们应该是者是之,非者非之,冤枉者为之辩诬,作伪者为之揭露。我花了这么多力气,如果能为后人指示一个做学问的方法,不算是白费。"①在好多题字场合,胡适念念不忘的也是治学方法,例如,曾为罗尔纲题写"不苟且"三字,又

---

① 梁实秋:《梁实秋怀人丛录》,中国广播电视出版社1991年版,第259页。

为吴晗题写过"大处着眼,小处着手;多谈问题,少谈主义",还为江南名刹开山老殿题写过"有几分证据说几分话,做一天和尚撞一天钟"。① 值得欣慰的是,学界对胡适的有关治学方法多有响应,以《林纾的翻译》一文为例,有论者即说过这么几句话:"作者独特的论述方式也是学界注意的一个角度。据说这是清代乾嘉学派的做法。人文学科特别是中国传统的治学方式一向有自己的特点,内中对真知的追索精神应是为学者所共有的。"② 所谓"清代乾嘉学派的做法",它显然就是考证。就笔者所见,钱锺书在翻译研究中就有大量考订而且多有发现,有关成果不独见于《林纾的翻译》,也见于其他一些文献。遗憾的是,在对钱锺书翻译思想的研究中,相关论者似乎"大胆的假设"有余而"小心的考证"不足。更糟糕的是,就整个中国传统译论的研究而言,"小心的求证"皆有所欠缺。要改变此一现象,亟需回归胡适的有关治学方法并将其落到实处。

**注解:**

[1] 本文引用胡适文字甚多,下文中所引胡适文字凡未注明出处者皆出自《胡适的声音:1919—1960:胡适演讲集》(广西师范大学出版社,2005)。

[2] 本文引用《林纾的翻译》中文字甚多,下文中所引钱锺书文字凡未注明出处者皆出自《林纾译著经典》(上海辞书出版社,2013)。

---

① 黄团元:《胡适的谦和雅量》,湖北人民出版社2007年版,第106、90、108页。
② 杨晓荣:《二元·多元·综合——翻译本质与标准研究》,上海外语教育出版社2012年版,第138页。

# 贰 钱锺书翻译思想中有"矛盾"?

——与《钱锺书翻译思想中的矛盾》一文作者商榷

平日学习发现,坊间文献中不乏认为钱锺书翻译思想(以"化境"译论为中心)中有矛盾者,2014年6月27日《文汇读书周报》即载相关文章一篇,其标题即唤作《钱锺书翻译思想中的矛盾》(下文简称《矛盾》)。该文所谓"矛盾",是指钱氏"在译者的隐身与现身问题上的态度存在着矛盾",其具体表现如下:"一方面,他在其著名的'化境'说和《林纾的翻译》一文中的一些地方延续着自马建忠、严复、傅雷以来的中国传统译学观点,即对译者的现身并不持肯定态度;但另一方面,他在面对林纾作为译者在翻译时不止一处地'现身'的实例时却又难掩其赞赏之情。"[1] 就笔者对钱锺书翻译思想的考察来看,上述"矛盾"并不成立。具体而言,说钱锺书延续了某些中国传统译学观是真,而说其情不自禁地"赞赏"林纾在翻译中的"现身"实例又或说其"坦然"承认并肯定以林译为代表的译者的现身的事实及其价值则有些言过其实。

## 一、钱锺书与中国传统译学观

《矛盾》一文称钱锺书延续了自马建忠以来的中国传统译学观点。从该文来看,上述传统译学观指的是"原文至上"和"翻译必须忠实原文"。对于以上译学观,钱锺书是否不离不弃呢? 对此,《矛盾》一文仅有结论,这里不妨略作敷说。

先来看看钱锺书对"原文至上"都持什么态度。1982年7月28日,许渊冲曾致信钱氏,信中"可能谈到译诗求真是低标准、求美是高标准的问题",并以刘禹锡的《竹枝词》为例。对于许氏相关译文,钱锺书在8月11日的回信中评论道:"'veiled','basks'似乎把原句太 flesh out;'as...as'似乎未达原句的 paradox"。对此,许氏解读道:"钱先生在信中说:'戴面纱,晒太阳,'用字太形象化;又说:'情郎唱歌有情还是无情,就像天晴又在下雨一样,'没有传达原文似非而是的口气;说得都非常对,可见他把传真看得重于求美,认为翻译不是创作。"[1]事实表明,钱锺书"认为翻译不是创作",故而将"传真看得重于求美"。1983 年某日,许渊冲又曾偕夫人照君拜访钱锺书,言谈中,"我们也谈了译诗传真和求美的矛盾,钱先生说:'这个问题我说服不了你,你也说服不了我,还是各自保留意见吧'。"[2]"你也说服不了我",这表明钱氏对于"传真"翻译观的坚守。上述有关"传真"文字系他人之表述或转述,不妨来看看钱锺书本人的相关文字。蔡廷幹曾英译《千家诗》,对其翻译,钱氏有慨叹如下:"至其遗神存貌,践迹失真,斯又译事之难,译诗为甚。"[3]引言中有"失真"二字,而从有关语气来推测,它其实正说明钱氏对"传真"的在乎。所谓"传真",那自然是传原文之真。换句话讲,"传真"与"原文至上"当属一脉相通。值得说明的是,以上所谈"传真"虽皆就诗歌翻译而论者,但它未尝不代表钱氏对整个文学翻译的看法。谓予不信,不妨留意一下后文中"失真"及"保存原有的风味"等表达及其语境。

翻译中主张"传真"或"原文至上","忠实"自然是题中应有之义。上文说钱锺书坚守"原文至上",对于"忠实",他是否同样不离不弃呢?笔者以为,答案是肯定的。众所周知,"化境"乃钱锺书翻译思想中最耀眼者,而在阐释此一思想时,作者即曾表露出"忠实"之翻译观,他说:

> 文学翻译的最高理想可以说是"化"。把作品从一国文字转变成另一国文字,既能不因语文习惯的差异而露出生硬牵强的痕迹,又能完全保存原作的风味,那就算得入于"化境"。十七世纪一个英国人赞美这种造诣高的翻译,比为原作的"投胎转世"(the transmigration of souls),躯体换了一个,而精魂依然故我。换句话说,译本对原作应该忠实得以至于读起来不像译本,因为作品在原文里决不会读起来像翻译出的东西。[2]

从上段文字末尾一句来看,钱锺书无疑是高张"忠实"大旗的。"忠实"都具体何指呢?在谈到林译之"讹"时,钱氏说过这么一句话:"林纾译本里不忠实或'讹'的地方也并不完全由于他的助手们语文程度低浅、不够理解

---

[1] 许渊冲:《山阴道上:许渊冲散文随笔选集》,中央编译出版社 2005 年版,第 230—233 页。
[2] 许渊冲:《山阴道上:许渊冲散文随笔选集》,中央编译出版社 2005 年版,第 235 页。
[3] 钱锺书:《钱锺书散文》,浙江文艺出版社 1997 年版,第 154 页。

原文。"不难看出,在钱锺书心目中,"不忠实"与"讹"乃"一丘之貉"。那么,什么又才是翻译之"讹"呢？钱锺书的界定是译文"失真和走样"以及"在意义或口吻上违背或不很贴合原文"。

笔者以为,钱锺书笔下的"忠实"与"信、达、雅"之"信"大致也是互通的。对于严复的"译事三难",钱锺书曾有评论如下:"译事之信,当包达、雅;达正以尽信,而雅非为饰达。依义旨以传,而能如风格以出,斯之谓信……雅之非润色加藻,识者犹多;信之必得意忘言,则解人难索。译文达而不信者有之矣,未有不达而能信者也。"①很显然,钱氏笔下的"信"包括了"达",而且"达正以尽信"。怎么才能实现达以尽信呢？钱氏所给秘籍为"信之必得意忘言"。相信正是因为此,在以"得意忘言"言论翻译时,钱氏才要引考厄(P. Cauer)的话说:"尽可能忠实,必要时尽可能自由。"②不难看出,以"得意忘言"为媒,钱氏让"信"与"忠实"就此牵上了手。

对于"信之必得意忘言",钱锺书声称"解人难索",这话不幸而言中。在谈到部分林译之复译时,钱氏慨叹道:"我试找同一作品的后出的——无疑也是比较'忠实'的——译本来读,譬如孟德斯鸠和迭更司的小说,就觉得宁可读原文。"引言中"忠实"二字加了引号,其所隐射的也许正是相关译本没能做到"得意忘言"。事实上,所谓的"忠实"的确难以入钱锺书之目。比如,林纾曾将"spoils me"译为"敝我"并将"reçu le comte"译为"收伯爵",对此,钱氏评论道:"字面上好像比'使我骄恣'、'接纳伯爵'忠实。不幸这是懒汉、懦夫或笨伯的忠实,结果产生了两句外国中文(pidgintranslatorese),和'他热烈地摇动(shake)我的手'、'箱子里没有多余的房间(room)了'、'这东西太亲爱(cher),我买不起'等话柄,属于同一范畴。"

值得补充的是,"得意忘言"也还有个度的问题。周桂笙曾提出:"凡译西文者,固忌率,亦忌泥。"对此看法,钱氏以"还是很中肯的"相评说。结合上文"必要时尽可能自由"之表述,钱锺书似乎更倾向于翻译中的"率"和"自由"。不过,钱氏也并不总是这么认为,在某些情况下,他其实又更注重"拘"。在评点蔡廷幹英译《千家诗》时,他即认为"宁失之拘,毋失之放"。③究其原因,他解释道:"虽执著附会,不免削足适履之讥,而其矜尚格律,雅可取法。向来译者每译歌行为无韵诗,衍绝句为长篇,头面改异,迥异原作。蔡君乃能讲究格式,其所立例,不必全是,然循例以求,不能读中国诗者,尚

---

① 钱锺书:《管锥编》,中华书局1986年版,第1101页。
② 同上。
③ 钱锺书:《钱锺书散文》,浙江文艺出版社1997年版,第153页。

可想象得其形式之仿佛,是亦差强人意者矣"。①

## 二、钱锺书与林译评价

从上文来看,钱锺书对"原文至上"及"翻译必须忠实原文"等中国传统译学观无疑是继承并弘扬的。情况既如此,"钱锺书翻译思想中的矛盾"要成立,则只能是钱氏对"林纾作为译者在翻译时不止一处地'现身'的实例""难掩其赞赏之情"。实际情况是否如此呢?

阅读《矛盾》一文可以发现,作为译者的林纾,其"现身"主要"现"在译文屡屡有"讹"。而对于翻译之"讹",钱锺书又是什么态度呢?他曾明文指出:"彻底和全部的'化'是不可实现的理想,某些方面、某种程度的'讹'又是不能避免的毛病。"在这里,钱锺书的观点很明确,即"讹"乃"不能避免的毛病"。在笔者看来,钱氏既将"讹"视为"毛病",他便不大可能对有关"译者现身"点赞。钱锺书为何要视"讹"为"毛病"呢?不妨来看他对林译的一则评论:"他在翻译时,碰见他心目中认为是原作的弱笔或败笔,不免手痒难熬,抢过作者的笔代他去写。从翻译的角度判断,这当然也是'讹'。尽管添改得很好,终变换了本来面目,何况添改处不会一一都妥当。""从翻译的角度判断"一说表明,钱锺书把翻译分得很清楚;而从"本来面目"来分析,他又把翻译看得很严肃。关于这一点,钱氏在另一地方表达得更为掷地有声,他说:

> 一个能写作或自信能写作的人从事文学翻译,难保不像林纾那样的手痒;他根据个人的写作标准和企图,要充当原作者的"诤友",自信有点铁成金、以石攻玉或移橘为枳的义务和权利,把翻译变成借体寄生的、东鳞西爪的写作。……正确认识翻译的性质,认真执行翻译的任务,能写作的翻译者就会有克己工夫,抑止不适当的写作冲动,也许还会鄙视林纾的经不起引诱。

"正确认识"与"认真执行"等表述可谓上纲上线,而这正反映出钱锺书对翻译的本质看法。说到翻译的严肃性,这从钱氏对翻译这门艺业特点的描述中也可见出端倪,他说:

---

① 钱锺书:《钱锺书散文》,浙江文艺出版社1997年版,第153—154页。

苛责林纾助手们的人很容易忽视或忘记翻译这门艺业的特点。我们研究一部文学作品，事实上往往不能够而且不需要一字一句都彻底了解的。……翻译可就不同，只仿佛教基本课老师的讲书，而不像大教授们的讲学。原作里没有一个字可以滑过溜过，没有一处困难可以支吾扯淡。

从理论上讲，由于对翻译的性质和特点有着如此明澈的看法，钱锺书对所谓的"译者现身"及相关译例便不大可能啧啧称颂。实际情况是否如此呢？下面不妨按图索骥，对《矛盾》中所引"赞赏"译例逐一简作观照。该文所列第一例为《滑稽外史》第十七章中的一段，遗憾的是，本例并不能说明有关论点，具体缘由详见后文。《矛盾》中所举第二类"赞赏"译例为"增补原作"，最典型者如"认为原文美中不足，这里补充一下，那里润饰一下，因而语言更具体、情景更活泼，整个描述笔酣墨饱。"对于此种"献身"，钱锺书的看法很客观，也很辩证，他说："作为翻译，这种增补是不足为训的。"《矛盾》一文所选第三种"赞赏"译例有二：一是许多林译都还"值得重读"，二是"宁可读林纾的译文，不乐意读哈葛德的原文"。在这里，钱锺书是从文笔和译笔的角度讨论译文与译文以及译文与原文等的比较，其是否属于"译者现身"之范畴尚可商榷。即便属于，我们对所谓钱氏好评也不能夸大。钱锺书指出："译者运用'归宿语言'超过作者运用'出发语言'的本领，或译本在文笔上优于原作，都有可能性。"他并举例道："哈葛德小说的林译颇可列入这类事例里——不用说，只是很微末的事例。"引言中破折号后面那句话，有关论者似乎没有注意到，而这句话对于判定钱锺书的评价基调至为关键。

如前文所述，他人所谓"译者现身"主要体现在译文有"讹"。而对于翻译之"讹"，钱锺书虽将其定位为"毛病"，但也并不全然否定。事实上，钱氏对"讹"是有着分类和区别对待的。比如，在谈及翻译之特点时，他即曾谈到过两类"讹"，他说："一部作品读起来很顺利容易，译起来马上出现料想不到的疑难，而这种疑难并非翻翻字典、问问人就能解决。不能解决而回避，那就是任意删节的'讹'；不敢或不肯躲闪而强作解人，那更是胡乱猜测的'讹'。"至于说钱锺书对"讹"并不全盘否定，是指他对少许林译之"讹"（主要是林纾明知故犯的那一部分）有过肯定，称其不乏"特色"并具有一定的"抗腐作用"。有关论者之所以认为钱锺书在译者"隐身"和"现身"的态度上存在着矛盾，主要是放大了其对林译的"肯定和推崇"。事实上，对林译予以"推崇"的更可能是有关论者本人。举例来说，《林纾的翻译》中使用过"锦上添花"这一表达，但那是针对《滑稽外史》之一段林译中的某些遣词而说的，原话如下:"什么'按其子之首'、'力聚而气张'、'牛羊之脂,由食足也'等等都出于林纾的锦上添花。"但在《矛盾》一文中,作者进行了概念替换,有文字为证:"钱锺书把林纾这样'捐助自己的"谐谑"、为迭更司的幽默加油加酱'的译法称之为'林纾的锦上添花'。"不难看出,有关论者将"锦上添花"泛化成了林纾的翻译方法,不仅如此,他还将文中所引译例悉数归于其下。实际上,只要认真通读《林纾的翻译》,我们不得不承认,钱锺书对林译之贬远远大于赞,说其"坦然承认并肯定以林译为代表的译者的现身的事实及其价值",不免言过其实。

## 三、《矛盾》一文可能存在的问题

从上文叙述与分析来看,钱锺书的翻译思想或者说钱氏在对译者"隐身"和"现身"的态度方面并无矛盾。顺便提一句,《林纾的翻译》一文中倒是曾经使用"矛盾"一语,原话是这么说的:"意大利一位大诗人认为好翻译应备的条件看来是彼此不相容乃至相矛盾的:译者得矫揉造作,对原文亦步亦趋,以求曲肖原著者的天然本来的风格。"对于引言中后半部分及类似行文,罗新璋有评论如下:"钱公博辩纵横,《林纾的翻译》里就有不少快论隽语,正言若反,纳矛盾于一语,足可辑出一篇'译论诡论'。"[①]罗氏文字中也有"矛盾"二字,但它显然不是说钱锺书或其翻译思想有矛盾,而是说钱氏在表述翻译中的有关矛盾时颇能出笔不凡。钱锺书或其翻译思想没有矛盾,《矛盾》一文本身是否可能有矛盾呢?不妨先来看其中的这么一段话:

> 确切地说,他在译者的隐身与现身问题上的态度存在着矛盾。一方面,他在其著名的"化境"说和《林纾的翻译》一文中的一些地方延续着自马建忠、严复、傅雷以来的中国传统译学观点,即对译者的现身并不持肯定态度;但另一方面,他在面对林纾作为译者在翻译时不止一处地"现身"的实例时却又难掩其赞赏之情。譬如他举出《滑稽外史》第十七章中林纾的一段译例,说"那段'似带讴歌'的顺口溜是林纾对原文的加工改造,绝不会由于助手的误解或曲解。……批评家和文学史家承认林纾颇能表达迭更司的风趣,但从这个例子看来,他不仅如此,而往

---

[①] 罗新璋:《译艺发端》,湖南人民出版社2013年版,第77页。

往是捐助自己的'谐谑',为迭更司的幽默加油加酱"。

上段引文至少有这么几个问题:一是将"化境"说与《林纾的翻译》并而论之欠妥,前者是翻译理论,后者为该理论之出处。二是对"中国传统译学观点"时限的表述与文中其他地方彼此扞格:全文三次使用"千百年来",一次使用"两千年来",一次使用"自马建忠、严复、傅雷以来"。掐指一算,末一说法与前二者之间相差不可以里计。三是行文欠谨严,主要是"林纾的一段译例"并不能支撑钱氏"难掩其赞赏之情"。经查,有关"译例"是钱锺书用以说明"林纾译本里不忠实或'讹'的地方也并不完全由于他的助手们外语程度低浅、不够了解原文。"钱氏查核"译例"原文后,对其译文"颇为失望",他继而话中有话地批评道:"写作我国近代文学史的学者未必读过迭更司原著,然而不犹豫地承认林纾颇能表达迭更司的风趣"。有关论者错将钱锺书的委婉批评看作了对相关人士的称许。还有一点也被有关论者忽略了,即对于上述"译例",钱锺书在后文还有跟进,他说:"上面那个女士带哭带唱的一节就有问题。……林纾的改笔过火得仿佛插科打诨,正所谓'太戏!不像!'了。"对于"过火"的"改笔"和"太戏""不像"的译文,钱锺书怎会"赞赏"呢?如此看来,他人误读也误判了钱锺书,"赞赏之情"实为美丽之误会。此外,关于林氏之"幽默"及"谐虐"等,钱氏也并不心仪,这从《林纾的翻译》文后相关注解(注18、65)中不难见出。说到《矛盾》在行文方面可能不够严谨,不妨再来看其中另一段文字:"国内翻译界一直都相当推崇钱锺书的'化境'说,但在我看来,钱先生翻译思想中更值得关注、更耐人寻味、且最具翻译史价值和意义的内容,恐怕还是钱先生翻译思想中的矛盾。"恰如有关论者所述,国内译界对钱锺书的"化境"论从来推崇有加,这也从一个侧面证明其价值不菲。"化境"译论是否就那么值价也许还可讨论,但将其与"钱先生翻译思想中的矛盾"对而论谈则明显不妥。根据《矛盾》一文,钱锺书翻译思想中的矛盾主要表现为:一方面坚守"忠实"之"教条"[3],一方面又对林译之"讹""难掩其赞赏之情"。须知,不论是"忠实"还是翻译之"讹",他们都是"化境"译论的有机组成部分。由此观之,说"钱先生翻译思想中的矛盾"较其"化境"译论"更值得关注"甚至"最具翻译史价值和意义",这在逻辑上首先就有几分不通。

## 四、"忠实"与"现身"

在"忠实"与译者"现身"之关系上,《矛盾》一文的观点可谓一贯明了,但现实似乎也很让人尴尬。比如,有关作者对当今"首席翻译家"葛浩文翻译莫言作品时的"连译带改"(言下之意有违"忠实")十分认可①,但葛氏本人在接受他人访谈时却一再表示:"忠实是大前提,也必须以读者为中心";"我的责任就是尽可能忠实地'再造'(reproduce)作者的意思,或者更准确地说,是我所理解的作者的意思。"②又比如,有关论者认为"莫言在对待他作品的外译者时表现得特别宽容和大度"③(弦外之音允许译者现身),但莫氏也明确表示:"翻译的基本原则还是'信、达、雅'。有人说翻译家是'暴徒',或是'叛徒',我认为翻译家要做'信徒'。'信徒'符合翻译最基本的原则,就是准确、可信。"④有关论者结论在先,而葛、莫二人上述言论在后,有关论者读到相关言论后也许可以来一句戏言,说"那是他们对本人的不忠实"(仿拟《林纾的翻译》中"那是原作对译本的不忠实")。

众所周知,讨论译者"隐身"与"现身"问题最重要的文献当是韦努蒂所著《译者的隐身》,而该书开篇引有诺曼·夏皮罗(Norman Shapiro)论译者"隐身"的一段话,他说:

> 我认为,译文应力求透明,以致看起来不像译文,好的翻译像一块玻璃,只有玻璃上的一些小小的瑕疵——擦痕和气泡。当然,理想的是最好什么也没有,译文应该永远不会引起读者感到他们是在读译作。⑤

如果将《林纾的翻译》中讨论"化境"的那段文字(见上文)与本段引文对读,二者何其相似乃尔!而"化境"译论系《林纾的翻译》一文之"纲",因之,有关论者从《林纾的翻译》中取材并以其为"现身"译论张目,即便不会弄巧成拙,至少也不够明智。

本节标题中的"忠实"可以说是"隐身"的代名词。从《矛盾》一文来看,"忠实"与"现身"之间是非此即彼的二元对立关系。对此,笔者不尽同意。常识告诉人们,有翻译几乎就少不了"现身",恰如黄维樑所分析的那样:"面对原文,译者在翻译时,有他个人的理解、诠释以至创造空间,加上译者在翻译时要考虑的读者对象、时代潮流、文化风俗、政治气候等因素,译者对原文

---

① 谢天振:《莫言作品"外译"成功的启示》,《文汇读书周报》,2012-12-14。
② 孟祥春:《"我只能是我自己"——葛浩文访谈》,《东方翻译》2014年第3期,第47页。
③ 谢天振:《莫言作品"外译"成功的启示》,《文汇读书周报》,2012-12-14。
④ 莫言:《翻译家要做"信徒"》,《人民日报》,2014-8-24。
⑤ Lawrence Venuti, *The Translator's Invisibility*, London and New York: Routledge,1995:1.

内容的斟酌损益以至大幅度增删,就成为可能甚至必须了。"①笔者因此想,翻译中兴许可有"忠实"下的"现身",也就是首先尽力做到"忠实",但也不刻意忌讳"现身"。葛浩文的翻译大概即有此种意味,葛氏之"忠实"原则前文已引,下面再来看看他对"现身"(及"隐身")的有关论述:

> 先向韦努蒂致敬!但韦努蒂所说的"译者隐形"根本不可能(Invisibility is impossible)。我有我喜欢用的词语和句法,如果把这些全放弃,转而接受作者的用词,我翻译不出任何东西。我一定要用我能把握的、我习惯的、我欣赏的东西去翻译。有人认为,我的翻译太葛浩文化了,英语读者不是在读莫言,而是在读葛浩文,对此,我只能说声对不起。我做翻译,作者与读者往往满足不了,但总有一个人能满足,那就是我自己。译者永远不能"放弃自我"(surrender one's ego)。我只能是我自己,我只能是葛浩文。②

关于译者"现身"都有哪些具体表征,学界似无定于一尊之看法,而《矛盾》一文也语焉不详。在某些情况下,所谓译者"现身"其实也就是发挥译者的主体性,葛浩文上段文字可作如是观。如果此一意见在理,那么,翻译中便可在尽量"忠实"的前提下适当发挥译者之主体性了。

## 五、结语

本文就《矛盾》一文进行商榷,主要是该文涉及钱锺书翻译思想能否自圆其说、"化境"译论是否价值不俗以及我国传统译论向现代译论视角转变的切入点是否准确等诸多严肃问题,可谓兹事体大。笔者认为,钱锺书的翻译思想中并不存在有关论者所形容的矛盾。所谓矛盾,必须既有矛也有盾。由于钱氏对翻译之性质及特点等皆心中有数,这便注定了他对林译之"讹"(即"译者现身"之表现)不可能那么"赞赏"或"推崇"。综而观之,钱锺书对林译并不怎么认可,也因为此,有关"矛盾"说便少了一个要件。在笔者看来,"译者现身"与译者主体性有时并无二致。果如是,则"忠实"与"现身"在

---

① 黄维樑:《文情复杂,翻译不忠——从谢天振〈隐身与现身〉说起》,《东方翻译》2014年第5期,第65页。
② 孟祥春:《"我只能是我自己"——葛浩文访谈》,《东方翻译》2014年第3期,第49页。

一定程度上当能并行不悖。

**注解：**

［1］ 见《钱锺书翻译思想中的矛盾》。本文引述该文文字甚多，下文所引该文作者文字，凡未注明者皆出自本文。

［2］ 见《林纾的翻译》（载《林纾译著经典》，上海辞书出版社，2013年）。本文引用钱氏该文文字甚多，下文所引钱氏文字，凡未注明者皆出自本文。

［3］ "教条"二字见于《钱锺书翻译思想中的矛盾》一文，有关文字如下："钱先生的伟大在于他没有被翻译界的教条牵着鼻子走，而是坦然承认并肯定以林译为代表的译者的现身的事实及其价值"。

# 叁　他们仨：翻译连着你我他
## ——傅雷、钱锺书、杨绛之间的翻译轶事

抗日战争即将取得胜利前夕，傅雷、钱锺书及杨绛在上海宋淇家首度见面，至1963年杨绛从北京赴上海看望杨必时对傅雷的拜访，傅与钱两家人之间的联系保持了差不多二十年。那多年里，傅、钱二家一直"不离不弃"，其间一定有着某种难以割舍的东西。有论者指出，"维系这种关系的纽带可以说主要是'翻译'二字"①。这一说法是否在理呢？杨绛曾经这样追忆过傅雷："他经常写信和我们讲究翻译上的问题，具体问题都用红笔清清楚楚录下原文。这许多信可惜都已毁了。"②傅敏在回忆父亲时也说过类似的话："有关翻译问题谈论最多的应该是致钱锺书杨绛夫妇的信函，可惜十年'浩劫'，这批珍贵资料，荡然无存。"③从"讲究""谈论""经常""最多"等字眼推测，翻译确是傅雷与钱锺书及杨绛之间的焦点话题之一。值得一提的是，在钱锺书与杨绛伉俪之间，翻译也是重要的"纽带"，这从杨绛大量的回忆文字中可以见出。傅雷与钱锺书及杨绛"讲究"翻译的信件虽然俱已不在，不过从其他文字中我们仍可见出些许端倪。此外，在其他一些知情人的笔下，我们也还可以缕出部分线索。为了让大家对三位翻译家彼此之间的翻译"瓜葛"能有一比较清晰的了解，下面分别以傅雷与钱锺书，傅雷与杨绛，傅雷与钱锺书及杨绛，钱锺书与杨绛为题，对有关当事人和知情人的文字简作梳理与分析，必要时再做些说明或阐释。

## 一、傅雷与钱锺书

关于傅雷与钱锺书之间的翻译事宜，先来看他人的一段文字：

---

① 郑延国：《翻译方圆》，复旦大学出版社2009年版，第245页。
② 杨绛：《杂忆与杂写》，生活·读书·新知三联书店1999年版，第205页。
③ 怒安：《傅雷谈翻译》，辽宁教育出版社2005年版，第267页。

叁　他们仨:翻译连着你我他

　　"文革"高潮中,傅雷家被抄。抄出的东西中有一摞信件,令抄家者大费琢磨:这些字迹洒脱的信,其主人都是谁呢? 多年后,真相大白。原来,当初傅雷翻译巴尔扎克《人间喜剧》的时候,每遇到难点、疑点,便写信过来向钱锺书讨教、切磋。钱每信皆复,写出自己的意见和答案。①

　　证之以前文杨绛和傅敏所记,说傅雷在翻译《人间喜剧》中曾经"向钱锺书讨教、切磋"过,当非虚言。须知,傅雷本人在与他人言及翻译时,也每每表露出对钱锺书的佩服。比如,在为翻译巴尔扎克《幻灭》三部曲做准备时,他即曾慨叹:"倘有钱伯伯那种记忆力,生字可减至数十。"②这里的"钱伯伯"即钱锺书,因为是写给儿子的家书,作者所以用了那样的称呼。又比如,在谈到《泰德勒》一书时,傅雷说自己只能读懂其中三分之一,"其余只有锺书、吴兴华二人能读"③。至于钱氏是否"每信皆复",杨绛在《我们仨》中有着这样的记述:"锺书每天第一事是写回信,他称'还债'。他下笔快,一会儿就把'债'还'清'。这是他对来信者的一个礼貌性的答谢。"④傅敏也说过:"钱锺书有个好处,回信从不拖延,你给他写信总是很快就能接到回信"。⑤

　　由于种种原因,今人无缘得见傅雷与钱锺书关于翻译问题通信的原始文字,不过,在傅雷写给他人的信函中,我们却还有幸拾到一些片言只语:1951年12月5日致宋淇的信中便有这么几句:"锺书报道,燕京有一狂生,未识面,为蒋天佐《匹克威克》校出错误三千余条,写成稿纸四百页寄《翻译通报》,以'态度不好'退回。附告以博一粲。"⑥在1953年11月9日致宋淇的信中,傅雷又写道:"叶君健译《嘉尔曼》,据锺书来信说:'叶译句法必须生铁打成之肺将打气筒灌满臭气,或可一口气念一句耳'。"⑦以上二引皆涉及钱锺书对他人译作的评价,傅雷既然愿意将其转告友人,加之对钱氏又始终以"锺书"相称,他与钱对翻译问题的共同关注以及彼此之间无话不说的亲密跃然纸上。

　　笔者发现,傅雷与钱锺书二人,既各有对别人译文的评论,也偶有对彼此译作的批评:1983年,钱曾说傅译的中文表达尚有"可推敲处"⑧;而在谈

------

① 张建术:《聪敏君子钱锺书》,《科技文萃》1996年第7期,第74页。
② 怒安:《傅雷谈翻译》,辽宁教育出版社2005年版,第59页。
③ 怒安:《傅雷谈翻译》,辽宁教育出版社2005年版,第29页。
④ 杨绛:《杨绛作品精选》(散文II),人民文学出版社2004年版,第132页。
⑤ 沉冰:《不一样的记忆:与钱锺书在一起》,当代世界出版社1999年版,第285页。
⑥ 郑延国:《翻译方圆》,复旦大学出版社2009年版,第245页。
⑦ 同上。
⑧ 同上。

及杨绛所译《吉尔·布拉斯》时,傅雷也说:"闻杨译经锺书参加意见极多,惟锺书'语语求其破俗',亦未免矫枉过正"。① 从有关语气看,傅与钱二人对对方的批评皆比较客气,不过,这并不表明他们在翻译上就一点"摩擦"也没有。1956年3月26日傅雷在写给傅聪的家书中提到这么一件事:"去年四月译完的巴尔扎克,在'人文'搁了十一个月,最近才来信说准备发排了。他们审查来审查去,提不出什么意见,倒耽误了这么久。"②表面上看,此事与钱锺书全然无涉,实际情况却并非如此。事情的原委如下:1955年4月,傅雷将巴尔扎克小说《于絮尔·弥罗埃》译稿交人民文学出版社。同是法国文学翻译家的赵少侯在审读中对译文风格提出了一些意见。为了慎重起见,傅雷的老朋友、人民文学出版社负责人之一楼适夷请钱锺书重新审阅有关译稿。楼氏想,钱既是傅的好友,又最受傅的"敬佩",请他重审再合适不过。出人意料的是,傅既不愿意让钱审读自己的书稿,对他的一些意见也"难以接受",还说了些"气愤的话",向钱"开火",结果使钱"陷入此一纠纷",也使楼适夷"很难回答"他的一些气话。③ 为了善后,楼又请语言学家叶圣陶对上述傅译"从中文提提意见",叶氏读后说道:"词语方面并无不妥适处。"④就这样,傅译《于絮尔·弥罗埃》经过几番折腾,最终于1956年11月在人民文学出版社付梓成册。

说到傅雷与钱锺书二人在翻译方面的"龃龉",还有一事也值得一提。傅雷曾为1954年于北京召开的翻译会议写过一份《意见书》。许是行文太过直截,又许是用语比较尖刻,再或是方法欠当,其在大会上传布后引来不少非议。事后,钱锺书专门去信"责备"他,对此,习惯秉笔直书的傅雷心里自然不好受,"读到锺书责备他的信,气呼呼地对我们沉默了一段时间"。⑤不过,傅与钱之间毕竟友情不薄,"不久就又恢复书信来往"⑥。

## 二、傅雷与杨绛

杨绛曾应傅敏之邀并"出于友谊"而为傅雷《傅译传记五种》写就一篇

---

① 怒安:《傅雷谈翻译》,辽宁教育出版社2005年版,第44页。
② 怒安:《傅雷谈翻译》,辽宁教育出版社2005年版,第56—57页。
③ 金梅:《傅雷传》,湖南文艺出版社1999年版,第236页。
④ 金梅:《傅雷传》,湖南文艺出版社1999年版,第236—237页。
⑤ 杨绛:《杂忆与杂写》,生活·读书·新知三联书店1999年版,第205页。
⑥ 同上。

《代序》，其中有这么一段话：

> 傅雷的认真，也和他的严肃一样，常表现出一个十足地道的傅雷……傅雷对于翻译工作无限认真，不懈地虚心求进。只要看他翻译的这传记五种，一部胜似一部……傅雷从不自满——对工作认真，对自己就感到不满。他从没有自以为达到了他所悬的翻译标准。①

关于傅雷在译事上的"认真"，坊间文献不时有记，此不赘述。说傅雷在翻译上"不懈地虚心求进"，有的人也许会不同意，因为早就有人形容他"高傲如云间鹤"云云。对此，杨绛不无感慨地指出："他们实在是没见到他虚心的一面。"②其他不论，仅以对自己译文的评价而论，傅雷便谦虚得可以。他曾对傅聪说："我自己常常发觉译的东西过了几个月就不满意；往往当时感到得意的段落，隔一些时候就觉得平淡得很，甚至于糟糕得很。"③在1951年6月12日写给宋淇的信中，他曾说："至此为止，自己看来还不讨厌的（将来的如何不得而知），只有《文明》与《欧也妮·葛朗台》。"④可是，不出数月，也就是同年10月9日，在写给宋氏的又一信件中，他便对当初"看来还不讨厌"的《文明》译文进行反省了——"至于《文明》，当时下过苦功（现在看看，又得重改了）。"⑤傅雷还曾说："古人每惭少作，晚于翻译亦具同感。"⑥不难看出，就译事而言，傅雷确是"不懈地虚心求进"的。

上段引文末一句话说傅雷从未认为实现了自己所提出的翻译标准，这也是实情。大家知道，傅雷所悬翻译标准为"神似"。对于译作是否达到此一标准，他曾有过自说自话。在1951年10月9日写给宋淇的信中，他说："我回头看看过去的译文，自问最能传神的是罗曼·罗兰。"⑦不过，在1963年1月6日写给罗新璋的信中，他却又"悲观"地说道："对自己的译文从未满意……传神云云，谈何容易！年岁经验愈增，对原作体会愈深，而传神愈感不足。"⑧

说到傅雷的谦逊，这让笔者想起他对杨绛某段译文的夸赞以及杨绛对

---

① 杨绛：《杂忆与杂写》，生活·读书·新知三联书店1999年版，第205页。
② 杨绛：《杂忆与杂写》，生活·读书·新知三联书店1999年版，第206页。
③ 怒安：《傅雷谈翻译》，辽宁教育出版社2005年版，第58页。
④ 怒安：《傅雷谈翻译》，辽宁教育出版社2005年版，第32页。
⑤ 怒安：《傅雷谈翻译》，辽宁教育出版社2005年版，第37页。
⑥ 怒安：《傅雷谈翻译》，辽宁教育出版社2005年版，第52页。
⑦ 怒安：《傅雷谈翻译》，辽宁教育出版社2005年版，第37页。
⑧ 怒安：《傅雷谈翻译》，辽宁教育出版社2005年版，第84页。

有关夸赞的感受,请见杨氏的记述:

> 有一次他称赞我的翻译。我不过偶尔翻译了一篇极短的散文,译得也并不好,所以我只当傅雷是照例敷衍,也照例谦逊一句。傅雷怫然忍耐了一分钟,然后沉着脸发作道:"杨绛,你知道吗?我的称赞是不容易的。"……我实在很感激他对一个刚试笔翻译的人如此认真看待。而且只有自己虚怀若谷,才会过高地估计别人。①

经查,得到傅雷称许的译文是杨绛在阅读哥尔密斯(Oliver Goldsmith)的散文《世界公民》时"随便翻译"的"其中一小段"②。当是时,杨绛在翻译上"刚试笔",用她自己的标准衡量,"译得也并不好"。然就是这"并不好"的一段译文却得到大翻译家傅雷的褒奖,这除了说明杨绛在翻译方面确乎能耐,也能折射出傅雷的谦虚胸襟。傅雷说"我的称赞是不容易的",这也是事实。还是以翻译为例,他即这样"贬损"过国人:"破除了情面,百分之九十九点九的翻译书都要打入冷宫。"③既然整个翻译界被判芜滥如此,具体的译作要得到他的青目自然不多,难怪人们在阅读《傅雷谈翻译》一书时,所见多是他对鲁迅、董秋斯、周煦良、赵少侯、罗念孙、西禾等所译作品的批评。不过,话说回来,只要译作真有质量,傅雷还是不吝于表扬的。仍以杨绛的译作为例,傅雷不仅赞许过《世界公民》中那"一小段",还间接称颂过《小癞子》,称宋淇译十八世纪作品时"颇可作为参考"④。此外,他对杨绛(及杨必)的译文风格也曾给予过表扬,他说:

> 这几日开始看服尔德的作品,他的故事性不强,全靠文章的若有若无的讽喻。我看了真是栗栗危惧,觉得没能力表达出来。那种风格最好要必姨、钱伯母那一套。我的文字太死板,太"实",不够俏皮,不够轻灵。⑤

引言中的"必姨"即杨必,"钱伯母"即钱钟锺的夫人杨绛。从上段文字中,我们再次见到一个谦逊而求实的傅雷。不过,傅雷就是傅雷,不论是自己还是别人的译文,他在评价时总是客观其事。仍以杨绛为例,傅雷对其译作虽屡

---

① 杨绛:《杂忆与杂写》,生活·读书·新知三联书店1999年版,第205页。
② 杨绛:《杨绛作品精选》(散文 II),人民文学出版社2004年版,第228页。
③ 怒安:《傅雷谈翻译》,辽宁教育出版社2005年版,第34页。
④ 怒安:《傅雷谈翻译》,辽宁教育出版社2005年版,第38页。
⑤ 怒安:《傅雷谈翻译》,辽宁教育出版社2005年版,第53—54页。

有好评,但于《吉尔·布拉斯》,却在承认其为"水平以上的好译文"的同时,指出"语气轻重与拆句方法仍多可商榷处"。① 对于该部译作,杨绛本人也说过一句话:"觉得翻译得很糟,从头到尾,没有译出能让读者流口水的段落。"②两相对照,傅雷所言当不无道理。

上文曾谈及钱锺书写信"责备"傅雷对有关译事的处理,对于这件事,傅雷本人 1954 年 10 月 10 日致宋淇的信中有过简要说明,内容如下:

> 我在五月中写了一篇对"文学翻译工作"的意见书,长一万五千言,给楼适夷,向今年八月份全国文学翻译工作会议的筹备会提出……据报告:周扬见了这意见书,把他原定七月中交人民文学出版社的修订本 *Anna Kalerina*,又抽下来,说"还要仔细校过"。③

如傅雷本人所言,该《意见书》在会议上分发以后"曾经引起不少人的情绪"④。至于有关"情绪"究竟闹至何种程度,参加过此次会议的杨绛应具有一定发言权,她说:

> 1954 年在北京召开翻译工作会议,傅雷未能到会,只提了一份书面意见,讨论翻译问题。讨论翻译,必须举出实例,才能说明问题。傅雷信手拈来,举出许多谬误的例句;他大概忘了例句都有主人……他拈出例句,就好比挑出人家的错来示众了。这就触怒了许多人,都大骂傅雷狂傲;有一位老翻译家竟气得大哭。⑤

傅雷的用意虽好,结果却事与愿违。傅雷实话实说,人们本来没有理由要苛责于他,可如果是"结果好"才"一切好",那么,杨绛的意见也许不无借鉴之处,她说:

> 平心说,把西方文字译成中文,至少也是一项极烦琐的工作。译者尽管认真仔细,也不免挂一漏万;译文里的谬误,好比狗身上的跳蚤,很难捉拿净尽。假如傅雷打头先挑自己的错作引子,或者挑自己几个错

---

① 怒安:《傅雷谈翻译》,辽宁教育出版社 2005 年版,第 44 页。
② 杨绛:《杨绛作品精选》(散文 II),人民文学出版社 2004 年版,第 229 页。
③ 怒安:《傅雷谈翻译》,辽宁教育出版社 2005 年版,第 46—47 页。
④ 怒安:《傅雷谈翻译》,辽宁教育出版社 2005 年版,第 7 页。
⑤ 杨绛:《杂忆与杂写》,生活·读书·新知三联书店 1999 年版,第 204 页。

作陪,人家也许会心悦诚服。假如傅雷先和朋友商谈一下,准会想得周到些。①

其实,"先和朋友商谈一下"不独在指人译文错误时结果会好一些,在翻译研究上,适时地和朋友"商谈"一下,效果也会好出许多。杨绛是这么说的,实际生活中也是这么做的。1963年,她去上海探视妹妹杨必时曾专程拜访傅雷,两人见面后饶有兴致地探讨了一些翻译问题,其中之一是关于译名处理的,具体内容如次:

> 傅雷很有兴趣地和我谈些翻译上的问题。有个问题常在我心上而没谈。我最厌恶翻译的名字佶屈聱牙,而且和原文的字音并不相近,曾想大胆创新,把洋名一概中国化,历史地理上的专门名字也加简缩,另作"引得"或加注。我和傅雷谈过,他说"不行"。我也知道这样有许多不便,可是还想听他谈谈如何"不行"。②

关于人名、地名等的汉译,杨绛的看法可谓一以贯之。明代天启癸亥(1623)年,耶稣会的意大利神父艾儒略曾用中国文言撰就《职方外纪》。对本书中有关名称的翻译,杨绛颇不以为然,指出:"书上许多西方人名、地名以及没有同义字的官职和学科的名称,都用音译,读来很费猜测。"③若干年后,杨绛在翻译《斐多》时,再次申明了自己的主张:"一个名字需用许多字,这一长串毫无意义的字并不能拼出原字的正确读音,只增添译文的涩滞,所以我大胆尽量简化了。"④

为避免译文佶屈聱牙,杨绛想在翻译中将洋名一律中国化,对历史地理的专名词也统统加以简化。对此,傅雷说过"不行",至于为什么不行,大家都不得而知。分析起来,这也许与傅雷坚持传达原文之音的主张不无关系。在1961年4月22日《致人民文学出版社社长》一信中,他曾强调:"至尊处所提译名统一问题,除'流行广泛、历有年数'之译名一律遵命改正以外,其余在发音观点上难以附和者仍保持原译。"⑤而在附录于该信之后的《对于译名统一问题的意见》一文中,他又补充道:"至何种译名与原音为最接近,

---

① 杨绛:《杂忆与杂写》,生活·读书·新知三联书店1999年版,第205页。
② 杨绛:《杂忆与杂写》,生活·读书·新知三联书店1999年版,第206页。
③ 杨绛:《杂忆与杂写》,生活·读书·新知三联书店1999年版,第218页。
④ 苏格拉底著,杨绛译:《斐多——柏拉图对话录》,中国国际广播出版社2006年版,第1—2页。
⑤ 怒安:《傅雷谈翻译》,辽宁教育出版社2005年版,第79页。

非一二人所能解决,有赖于作译者长时期摸索,从错误与正确中逐渐减少错误,接近真理。"①不过,译名问题向来复杂,想拟出几条放之四海而皆准的原则显然并不现实。或许因为此,傅雷也并不死守"音译"一途。尤其值得一提的是,他的译名观中其实有着与杨绛相一致的地方,因为他曾说过这么一句话:"译音不但要尽量符合或接近原音,还要照顾过去的习惯用法,照顾吾国人名不宜太长(以致难记),从而力求简化等。"②

## 三、傅雷与钱锺书及杨绛

先来看看傅雷在与友人谈论翻译时涉及钱锺书和杨绛夫妇(及杨必)的一段文字。在1951年2月7日给宋淇的信中,他写道:

> 杨必译的《剥削世家》初稿被锺书夫妇评为不忠实,太自由,故从头再译了一遍,又经他们夫妇校阅,最后我又把译文略为润色。现在成绩不下于《小癞子》。杨必现在由我鼓励,正动手萨克雷的 *Vanity Fair*,仍由我不时看看译稿,提提意见。③

在这里,傅雷对杨必所译《剥削世家》和杨绛所译《小癞子》进行了比较,认为前者经过润色后成绩不亚于后者。《小癞子》是杨绛到清华后翻译的一部"篇幅不大的西班牙经典之作",最先从英译本"认真地翻译",后又从法文本和西班牙原文本分别重新译过。④ 对于该译作,杨绛本人也并不怎么满意,认为"译得太死"⑤。傅雷既是在1951年2月7日给友人的信函中对《小癞子》等进行点评的,他当时所见版本应该是杨绛自英语重译的。关于上述比较,有一点也值得一提:傅雷虽然认为当初的《小癞子》比不上润色后的《剥削世家》,但他也并不否认前者的优点,否则,他谅不会建议友人宋淇在翻译18世纪作品时将其作为参考了。⑥ 除了对比有关译文,上段引文更记述了杨必从译的一些情况,在这一问题上,杨绛的表述有所不

---

① 怒安:《傅雷谈翻译》,辽宁教育出版社2005年版,第15页。
② 怒安:《傅雷谈翻译》,辽宁教育出版社2005年版,第14页。
③ 怒安:《傅雷谈翻译》,辽宁教育出版社2005年版,第39页。
④ 杨绛:《杨绛作品精选》(散文II),人民文学出版社2004年版,第228页。
⑤ 怒安:《傅雷谈翻译》,辽宁教育出版社2005年版,第38页。
⑥ 怒安:《傅雷谈翻译》,辽宁教育出版社2005年版,第37页。

同,她说:

> 傅雷曾请杨必教傅聪英文。傅雷鼓励她翻译。阿必就写信请教默存指导她翻译一本比较短而容易翻的书,试试笔。默存尽老师之责,为她找了玛丽亚·埃杰窝斯的一本小说。建议她译为《剥削世家》。阿必很快译完,也很快就出版了。傅雷以翻译家的经验,劝杨必不要翻译名家小说,该翻译大作家的名著。阿必又求教老师。默存想到了萨克雷名著的旧译本不够理想,建议她重译,题目改为《名利场》。阿必欣然准备翻译这部名作,随即和人民文学出版社订下合同。①

从以上二段引文看,在杨必的翻译中,傅雷是有过帮助的,不仅"鼓励"她从事翻译并就翻译选材提出意见,还曾为《剥削世家》"略为润色",对《名利场》译稿也"不时看看"并"提提意见"。不知怎的,当有人指出在杨必翻译《剥削世家》工作中"傅雷可能出过些力"时,杨绛却于1992年专门致函《文汇读书周报》,称有关说法"缺乏事实根据"并给出理由如次:"傅雷专攻法语,杨必专攻英语,所译《剥削世家》和《名利场》皆英文经典。"②言下之意,是说傅雷对英文经典的翻译可能不太有发言权。这话自有一定道理,但傅雷终究也还懂得英语,更为要者,他对翻译有着丰富的经验(杨绛也说傅雷有着"翻译家的经验"),即便是不对照原文,他也当能为杨必的翻译提些意见或者润润色什么的。还有一点也值得关注,即傅雷对杨必从译素来关注并多有称颂。说"关注",他1953年9月14日写给宋希信中的一句话可以旁证:"杨必译的 *Vanity Fair* 约明年上半年可以印出,共有六十万字以上,也是一部大书。"③说"称颂",傅敏的一句话可从旁辅证:"我父亲一生唯一推荐的翻译家就是杨必,她的第一本译作《剥削世家》和代表译作《名利场》都很了不起。"④不过话说回来,杨绛毕竟是杨必的姐姐,钱锺书又毕竟做过杨必的老师,而他们俩的英文还实在好,因此,在杨必的翻译生涯中,钱与杨给予的帮助也许比傅雷要多一些又或更具体一些。

前文提及过,傅雷与钱锺书及杨绛之间曾就翻译有过不少"讲究",事实

---

① 杨绛:《杨绛作品精选》(散文I),人民文学出版社2004年版,第228—229页。
② 沉冰:《不一样的记忆:与钱锺书在一起》,当代世界出版社1999年版,第287页。
③ 怒安:《傅雷谈翻译》,辽宁教育出版社2005年版,第51页。
④ 沉冰:《不一样的记忆:与钱锺书在一起》,当代世界出版社1999年版,第285页。

上正是如此,这从杨绛的下则记述中也可见出,她说:

> 他曾自苦译笔呆滞,问我们怎么使译文生动活泼。他说熟读了老舍的小说,还是未能解决问题。我们以为熟读一家还不够,建议再多读几家。傅雷怅然,叹恨没许多时间看书。①

引文中的"他"即傅雷,"我们"即钱锺书与杨绛夫妇。从引文看,傅雷在翻译过程中曾经"熟读了老舍的小说"。从写给宋淇的信件中可知傅雷曾经"多学老舍"达三年之久②。傅雷这么做一定事出有因,其中之一当是老舍作品中的句法值得借鉴,他甚至说:"老舍在国内是唯一能用西洋长句而仍不失为中文的唯一的作家。"③ 然而,随着时间的推移,他后来发现老舍的文字并不如想象的理想,故在1954年9月28日晚写给傅聪的信中对老舍的《四世同堂》提出了直率的批评:

> 近来又翻出老舍的《四世同堂》看看,发觉文字的毛病很多,不但修辞不好,上下文语气不接的地方也很多。还有硬拉硬扯,噜哩噜嗦,装腔作势,前几年我很佩服他的文章,现在竟发现他毛病百出。可见我不但对自己的译文不满,对别人的创作也不满了。翻老舍的小说出来,原意是想学习,结果找不到什么可学的东西。④

有道是,希望越大失望便也可能越大,傅雷那么执著于老舍作品的学习,结果却"还是未能解决问题",许是因为此,他后来转而学习《红楼梦》等其他古籍,⑤而这也正应了钱、杨的建议——"再多读几家"。

前文中曾引有杨绛的一句话:"傅雷的认真,也和他的严肃一样,常表现出一个十足地道的傅雷。"不难看出,傅雷性格中确不乏"严肃"的一面。对此,杨绛应该曾经有所"领教",要不,她当不会说钱锺书也许是唯一敢当众打趣傅雷的人了。⑥ 巧的是,在翻译上,钱锺书也曾"打趣"傅雷,《容安馆札记》中的一段文字可以为证:

---

① 杨绛:《杂忆与杂写》,生活·读书·新知三联书店1999年版,第205—206页。
② 怒安:《傅雷谈翻译》,辽宁教育出版社2005年版,第42页。
③ 怒安:《傅雷谈翻译》,辽宁教育出版社2005年版,第30页。
④ 傅敏:《傅雷家书》(精选注释本),天津社会科学出版社2008年版,第42—43页。
⑤ 怒安:《傅雷谈翻译》,辽宁教育出版社2005年版,第42页。
⑥ 杨绛:《杂忆与杂写》,生活·读书·新知三联书店1999年版,第200页。

六年前绛为英国文化委员会译小册,以稿示傅怒庵,怒庵谓过于拘谨。绛告予,予以此诀授之,绛如言。怒庵果坠计中,尚沾沾自负为观书月眼也。①

读到这里,读者一定想知道钱氏所谓"此诀"都是什么招儿,它其实就是重抄旧稿冒充改稿进而应对有关"判官"。该计"原型"见于《容安馆札记》,其中说某上司批评秘书所拟信函不佳,秘书将信件原原本本重抄一遍呈上,不料却得到上司的认可与夸赞。②

## 四、钱锺书与杨绛

钱锺书与傅雷之间,杨绛与傅雷之间,傅雷与钱、杨夫妇之间尚且有着那么多翻译往事,钱锺书和杨绛在翻译上自然更有交集。据笔者观察,在钱锺书与杨绛的翻译过往之中,主要是钱锺书对杨绛施以援手,分别涉及翻译选材、译作校对和注解、译名确定等,下面简要谈谈。

杨绛从事翻译之初,钱锺书曾为她推荐过原作,请看杨氏有关记述:"锺书大概觉得我还能翻译,就让我翻译一个小册子:《一九三九年以来英国散文作品》。"③其实,杨绛当初敢于从事某些翻译,也得益于钱锺书的鼓励。杨绛曾请教钱锺书这么一个问题:"我读西班牙文,口音不准,也不会说,我能翻译西班牙文吗?"钱氏回答说:"翻译咱们中国经典的译者,能说中国话吗?"这一不答之答的作用可不小,杨绛说:"他的话安了我的心。"④在谈及《吉尔·布拉斯》之翻译时,杨绛又谈到钱锺书为其做校对之事,她说:

我求锺书为我校对一遍。他答应了。他拿了一枝铅笔,使劲在我稿子上打杠子。我急得叫他轻点轻点,划破了纸我得重抄。他不理,他成了名副其实的"校仇",把我的稿子划得满纸杠子。他只说:"我不懂。"我说:"书上这样说的。"他强调说:"我不懂。"这就是说,我没把原文译过来。⑤

---

① 陆灏:《东写西读》,上海书店出版社 2006 年版,第 6 页。
② 陆灏:《东写西读》,上海书店出版社 2006 年版,第 5 页。
③ 杨绛:《杨绛作品精选(散文II)》,人民文学出版社 2004 年版,第 228 页。
④ 杨绛:《杨绛作品精选(散文II)》,人民文学出版社 2004 年版,第 231 页。
⑤ 杨绛:《杨绛作品精选(散文I)》,人民文学出版社 2004 年版,第 229 页。

从上段话来看,钱锺书名义上是校对者,他似乎并没提出什么具体意见,但其"校仇"很管用,杨绛从中受益良多,她说:"我领悟了他的意思,又再译。他看了几页改稿,点头了,我也摸索到了一个较高的翻译水准。"①值得补充的是,对于《吉尔·布拉斯》,钱锺书还曾专心为其做注,杨绛对此有说明如下:"译本里有好多有关哲学和文艺理论的注是锺书帮我做的。很好的注,不知读者是否注意到。"②杨绛所译《吉尔·布拉斯》于1956年1月初版。关于这本译著,傅雷说他"闻杨译经锺书参加意见极多"③。从杨绛上述有关叙述来看,傅氏所"闻"不虚。近来,有论者经过考察后表示:"钱先生的劳作不光是润色,有些章节直是钱先生亲手翻译的",因此该书正确的题署应该是"杨绛钱锺书合译"或"杨绛初译/钱锺书再治"。④

上文提到钱锺书曾为杨绛的译作做注,这在《一九三九年以来英国散文作品》小册子上也有体现,即钱氏为其加过一个详注,说明 Screwtape 乃写信魔鬼之名,收信魔鬼名 Wormwood,皆地府大魔鬼之"特务"。略微遗憾的是,"这条注释只留在我仅存的本子上,因为小册子未再版"⑤。上文说到《吉尔·布拉斯》其实是钱锺书和杨绛之"合译",事实上,杨绛的某些翻译确实是和钱锺书一道完成的。1965年,杨绛翻译了亚里士多德的《诗学》,其蓝本为《勒勃经典丛书》英译本,同时参照其他版本。在该书翻译过程中,其中"重要名称"皆钱氏与杨绛"一同推敲译定"的。⑥

人们常说,钱锺书与杨绛之间有着可遇而不可求的旷世情缘,笔者以为,翻译或许是维系这情缘的纽带之一。拜伦曾为其情人写过一句很有名的诗:"Everything is the same, but you are not here, and I still am. In separation the one who goes away suffers less than the one who stays behind."钱锺书将这句话译作:"此间百凡如故,我仍留而君已去耳。行行生别离,去者不如留者神伤之甚也。"对于该译文,学人辄有好评。至于钱氏何以能出此妙译,有人给出过如下答案:"译者曾有《围城》之作,颇谙男女私淑之情,故有此佳译。"⑦这一说法固然有理,钱氏能出此佳译,或许更与其曾经有过感同身受而密切相关,而这感同身受就见诸杨绛的笔端:"锺书每和我

---

① 杨绛:《杨绛作品精选(散文Ⅰ)》,人民文学出版社2004年版,第229页。
② 杨绛:《杨绛作品精选(散文Ⅱ)》,人民文学出版社2004年版,第231页。
③ 怒安:《傅雷谈翻译》,辽宁教育出版社2005年版,第44页。
④ 范旭仑:《钱锺书翻译〈吉尔·布拉斯〉》,《南方都市报》,2018-05-20。
⑤ 杨绛:《杨绛作品精选(散文Ⅱ)》,人民文学出版社2004年版,第228页。
⑥ 范旭仑:《钱默存在吴宓后半生日记中》,《万象》2009年第1期,第117页。
⑦ 郑延国:《钱锺书译艺举隅》,《上海科技翻译》2001年第1期,第43页。

分离，必详尽地记下所见所闻和思念之情。"①在《第一次下乡》一文中，杨绛又透露道：1958年"拔白旗"后"大跃进"时的10月下旬，她等一行二十来人奉命下乡接受社会主义教育，在此后两个月里，"默存留在家里，三天来一信，两天来一信，字小行密，总有两三张纸。"②对于这些信件，杨绛评论道：

  这是默存一辈子写得最好的情书。用他自己的话："以离思而论，行者每不如居者之笃"，"惆怅独归，其'情'更凄戚于踽凉长住也"。用他翻译洋人的话："离别之惆怅乃专为居者而设"，"此间百凡如故，我仍留而君去耳。行行生别离，去者不如留者神伤之甚也。"③

关于钱锺书与杨绛两人之间的翻译"瓜葛"，还有一点也值得一提，那就是杨绛对钱锺书"翻译人生"的某些记录。以钱锺书的翻译实践为例，他曾参与《毛泽东选集》及《毛泽东诗词》之英译定稿工作。由于种种原因，今人对钱氏该段译事所知不多，尽管近年已有知情人（如程镇球、叶君健、王佐良等）陆续撰文披露有关情况。令人欣喜的是，杨绛所撰《我们仨》中对钱氏该段翻译历史有较为详细的记录，兹择要转引如下：

  锺书到清华工作一年后，调任翻译毛选委员会的工作，住在城里，周末回校，仍兼管研究生。翻译毛选委员会的领导是徐永煐同志，介绍锺书做这份工作的是清华同学乔冠华同志……翻译委员会的工作于一九五四年底告一段落……锺书在毛选翻译委员会的工作，虽然一九五四年底告一段落，工作并未结束。一九五八年初到一九六三年，他是英译毛选定稿组成员，一同定稿的是艾德勒。一九六四年，他是英译毛主席诗词的小组成员。"文化大革命"打断了工作，一九七四年继续工作，直到毛主席诗词翻译完毕才全部结束。这么多年的翻译工作，都是在中央领导下的集体工作。集体很小，定稿组只二三人，翻译诗词组只五人……一九六三年锺书结束了英译毛选四卷本的定稿工作，一九六四年又成为"翻译毛主席诗词五人小组"的成员……一九七四年冬十一月，袁水拍同志来访说："江青同志说的，'五人小组'并未解散，锺书同志当把工作做完。"……一九七五年的国庆日，锺书得到国宴的请帖，他

---

① 杨绛：《杨绛作品精选》（散文II），人民文学出版社2004年版，第128页。
② 杨绛：《杂忆与杂写》，生活·读书·新知三联书店1999年版，第146页。
③ 同上。

请了病假……毛主席的诗词翻译完毕,听说还开了庆功会,并飞往全国各地征求意见。反正钱锺书已不复是少不了的人;以后的事,我们只在事后听说而已。①

---

① 杨绛:《杨绛作品精选》(散文 II),人民文学出版社 2004 年版,第 97—122 页。

# 主要参考书目

Allman, Norwood. *Shanghai Lawyer*. New York: McGraw-Hill, 1943.

Gentzler, Edwin. *Translation and Rewriting in the Age of Post-Translation Studies*. New York: Routledge, 2016.

Huters, Theodore. *Qian Zhongshu*. Boston: Twayne Publishers, 1982.

Lefevere, Andre. *Translation, Rewriting and the Manipulation of Literary Fame*. Shanghai: Shanghai Foreign Language Education Press, 2004.

Mao Zedong. *Selected Works of Mao Tse-tung* (Vol. 3). Beijing: Foreign Languages Press, 1965.

Munday, Jeremy. *Introducing Translation Studies: Theories and Applications*. London & New York: Routledge, 2001.

Newmark, Peter. *A Textbook of Translation*. Shanghai: Shanghai Foreign Language Education Press, 2001.

Nida, Eugene & Taber, Charles. *The Theory and Practice of Translation*. Shanghai: Shanghai Foreign Language Education Press, 2004.

Nida, Eugene. *Toward a Science of Translating*. Shanghai: Shanghai Foreign Language Education Press, 2004.

Nida, Eugene. *Toward a Science of Translating: With Special Reference to Principles and Procedures Involved in Bible Translating*. Leiden: E. J. Brill, 1964.

Nord Christiane. *Translating as a Purposeful Activity—Functionalist Approaches Explained*. Shanghai: Shanghai Foreign Language Education Press, 2001.

Qian Zhongshu. *Limited View: Essays on Ideas and Letters*. Selected and trans. by Ronald Egan. Cambridge and London: Harvard University Asia Center, 1998.

Robinson, Douglas. *Western Translation Theory: from Herodotus to Nietzsche*. Beijing: Foreign Language Teaching and Research Press, 2006.

Steiner, George. *After Babel: Aspects of Language and Translation*. Shanghai: Shanghai Foreign Language Education Press, 2001.

Venuti, Laurence (ed.). *The Translation Studies Reader* (Reprinted). Routledge: London and New York, 2001.

Venuti, Lawrence. *The Translator's Invisibility: A History of Translation*. London and New York: Routlege, 1995.

Wilss, Wolfram. *The Science of Translation: Problem and Methods*. Shanghai: Shang-

hai Foreign Language Education Press,2001.
Yang Xianyi. *White Tiger：An Autobiography of Yang Xianyi*. Beijing：The Chinese University Press,2002.

〔波斯〕奥马珈音：《鲁拜集》（双语插图本），菲茨杰拉德英译，黄克孙中译，南京，译林出版社,2009年。
蔡新乐：《文学翻译的艺术哲学》，开封，河南大学出版社,2001年。
沉冰：《不一样的记忆：与钱锺书在一起》，北京，当代世界出版社,1999年。
陈福康：《中国译学理论史稿》，上海，上海外语教育出版社,2000年。
陈文伯：《英汉成语与对比翻译》，北京，世界知识出版社,2005年。
陈原：《书和人和我》，北京，生活·读书·新知三联书店,1994年。
陈子谦：《钱学论》，成都，四川文艺出版社,1994年。
陈子谦：《论钱锺书》，桂林，广西师范大学出版社,2005年。
陈子善、范玉吉：《西滢文录》，沈阳：辽宁教育出版社,2000年。
陈子善：《淘美文存》，沈阳，辽宁教育出版社,2006年。
程镇球：《翻译论文集》，北京，外语教学与研究出版社,2002年。
丁伟志：《钱锺书先生百年诞辰纪念文集》，北京，生活·读书·新知三联书店,2010年。
董桥：《荡漾着优越感的语文》，沈阳：辽宁教育出版社,1999年。
〔波斯〕莪默·海涌：《怒湃译草》，爱德华·菲茨杰拉德英译，柏丽汉译，北京，中国人民大学出版社,1990年。
范存忠：《中国文化在启蒙时期的英国》，上海，上海外语教育出版社,1991年。
范旭仑、李洪岩：《钱锺书评论》(卷一)，北京，社会科学文献出版社,1996年。
方梦之：《译学词典》，上海，上海外语教育出版社,2004年。
方梦之：《译林夕照》，上海，复旦大学出版社,2011年。
方梦之：《中国译学大词典》，上海，上海外语教育出版社,2011年。
冯芝祥：《钱锺书研究集刊》(第一辑)，上海，上海三联书店,1999年。
冯芝祥：《钱锺书研究集刊》(第二辑)，上海，上海三联书店,2000年。
冯芝祥：《钱锺书研究集刊》(第三辑)，上海，上海三联书店,2002年。
傅敏：《傅雷家书》(精选注释本)，天津，天津社会科学院出版社,2008年。
葛桂录：《中英文学关系编年史》，上海，上海三联书店,2004年。
龚刚：《钱锺书 爱智者的逍遥》，北京，文津出版社,2005年。
龚益：《社科术语工作的原则与方法》，北京，商务印书馆,2009年。
辜正坤、史忠义：《国际翻译学新探》，天津，百花文艺出版社,2006年。
辜正坤：《中西诗比较鉴赏与翻译理论》，北京，清华大学出版社,2003年。
郭延礼：《中国近代翻译文学概论》，武汉：湖北教育出版社,1998年。
韩洪举：《林译小说研究——兼论林纾自撰小说与传奇》，北京，中国社会科学出版社,2005年。
何威、徐晨亮：《清华名流》，武昌：长江文艺出版社,2002年。
胡范铸：《钱锺书学术思想研究》，上海，华东师范大学出版社,1993年。
胡光利、姜永仁：《季羡林文丛 学问之道》，沈阳：沈阳出版社,2002年。

胡适:《胡适的声音:1919—1960:胡适演讲集》,桂林,广西师范大学出版社,2005年。
胡颂平:《胡适之先生晚年谈话录》,北京,新星出版社,2006年。
黄邦杰:《译艺谭》,香港,三联书店香港分店,1990。
黄杲炘:《柔巴依集》(英汉对照),武汉,湖北教育出版社,2007年。
黄克武:《惟适之安:严复与近代中国的文化转型》,北京,社会科学文献出版社,2012年。
黄裳:《故人书简》,北京,海豚出版社,2012年。
黄团元:《胡适的谦和雅量》,长沙,湖北人民出版社,2007年。
黄维樑、江若水:《余光中选集·语文及翻译论集》,合肥,安徽教育出版社,1999年。
黄延复:《水木清华:二三十年代清华校园文化》,桂林,广西师范大学出版社,2001年。
黄恽:《钱杨撷拾:钱锺、杨绛及其他》,北京,东方出版社,2017年。
黄振定:《翻译学——艺术论与科学论的统一》,长沙,湖南教育出版社,1998年。
黄忠廉:《严复变译思想考》,北京,商务印书馆,2016年。
季进:《钱锺书与现代西学》,上海,上海三联书店,2002年。
[唐]贾公彦:《周礼注疏》,郑玄注,彭林整理,上海,上海古籍出版社,2010年。
姜治文,文军:《翻译标准论》,重庆,重庆大学出版社,2000年。
金克木:《书读完了》,上海,汉语大词典出版社,2006年。
金梅:《傅雷传》,长沙,湖南文艺出版社,1999年。
金圣华:《认识翻译真面目》,香港,天地图书有限公司,2002年。
金圣华:《江声浩荡话傅雷》,北京,当代世界出版社,2006年。
孔慧怡,杨承淑:《亚洲翻译传统与现代动向》,北京,北京大学出版社,2000年。
孔慧怡:《重写翻译史》,香港,香港中文大学出版社,2005年。
孔庆茂:《钱锺书传》,南京,江苏文艺出版社,1995年。
鲲西:《推窗集》,北京,中国社会科学出版社,2000年。
黎难秋:《中国科学翻译史》,合肥,中国科学技术大学出版社,2006年。
李赋宁:《人生历程》,北京,北京大学出版社,2005年。
李洪岩:《钱锺书与近代学人》,天津,百花文艺出版社,1998年。
李怀宇:《家国万里:访问旅美十二学人》,北京,中华书局,2013年。
李景端:《心曲浪花》,石家庄,河北教育出版社,2003年。
李景端:《如沐春风——与名家面对面》,天津,百花文艺出版社,2006年。
李景端:《翻译编辑谈翻译》,武汉,湖北教育出版社,2009年。
李明生,王培元:《文化昆仑:钱锺书其人其事》,北京,人民文学出版社,1999年。
李奭学:《得意忘言:翻译、文学与文化评论》,北京:生活·读书·新知三联书店,2007年。
李亚舒,黄忠廉:《科学翻译学》,北京,中国对外翻译出版公司,2004年。
李治华:《里昂译事》,北京,商务印书馆,2005年。
梁启超:《佛学研究十八篇》,上海,上海古籍出版社,2001年。
梁实秋:《梁实秋怀人丛录》,北京,中国广播电视出版社,1991年。
廖七一:《胡适诗歌翻译研究》,北京,清华大学出版社,2006年。
林宝卿:《汉语与中国文化》,北京,科学出版社,2003年。
林楚平:《在花毯背面》,郑州,大象出版社,2000年。
林煌天:《中国翻译词典》,武汉,湖北教育出版社,1997年。

林纾:《林纾译著经典》,上海,上海辞书出版社,2013年。
林以亮:《文思录》,沈阳,辽宁教育出版社,2001年。
刘靖之:《翻译工作者手册》,香港,商务印书馆(香港)有限公司,1991年。
刘青:《中国术语学研究与探索》,北京,商务印书馆,2010年。
刘绍铭:《文字岂是东西》,沈阳,辽宁教育出版社,1999年。
刘绍铭:《情到浓时》,上海,上海三联书店,2000年。
刘绍铭:《文字不是东西》,南京,江苏教育出版社,2006年。
刘绍铭:《文字还能感人的时代》,南京,江苏教育出版社,2006年。
刘绍铭:《一炉烟火》,南京,江苏教育出版社,2006年。
刘云虹:《翻译批评研究》,南京,南京大学出版社,2015年。
柳鸣九:《"翰林院"内外》,北京,长江文艺出版社,2006年。
陆谷孙:《余墨集》,上海,复旦大学出版社,2004年。
陆谷孙:《英汉大词典》(第二版),上海,上海译文出版社,2007年。
陆灏:《东写西读》,上海,上海书店出版社,2006年。
陆文虎:《围城内外——钱锺书的文学世界》,北京,解放军出版社,2004年。
陆文虎:《钱锺书研究采辑》(2),北京,生活·读书·新知三联书店,1996年。
(美)罗圣豪:《ABC汉英谚语词典》,上海,汉语大词典出版社,2002年。
罗斯:《习语英译法》,香港,商务印书馆香港分馆,1978年。
罗新璋、陈应年:《翻译论集》(修订本),北京:商务印书馆,2009年。
罗新璋:《翻译论集》,北京,商务印书馆,1984年。
罗新璋:《译艺发端》,长沙,湖南人民出版社,2013年。
罗选民:《外国文学翻译在中国》,合肥,安徽文艺出版社,2003年。
罗选民:《翻译与中国现代性》,北京,清华大学出版社,2017年。
罗银胜:《杨绛传》,北京,文化艺术出版社,2005年。
骆玉明:《近二十年文化热点人物述评》,上海,复旦大学出版社,2001年。
吕澂:《中国佛学源流略讲》,北京,中华书局,1979年。
马红军:《从文学翻译到翻译文学》,上海,上海译文出版社,2006年。
马祖毅:《中国翻译通史》(四),武汉,湖北教育出版社,2006年。
毛泽东:《毛泽东著作选读》,北京,人民出版社,1986年。
(德)莫芝宜佳:《〈管锥编〉与杜甫新解》,石家庄:河北教育出版社,2002年。
牟晓明、范旭仑:《记钱锺书先生》,大连,大连出版社,1995年。
南方都市报:《最后的文化贵族》,广州,南方日报出版社,2007年。
怒安:《傅雷谈翻译》,沈阳,辽宁教育出版社,2004年。
彭卓吾:《翻译理论与实践》,北京,外语教学与研究出版社,1998年。
钱定平:《破围——破解钱锺书小说的古今中外》,天津,百花文艺出版社,2002年。
钱林森:《光自东方来——法国作家与中国文化》,银川,宁夏人民出版社,2004年。
钱之俊:《钱锺书生平十二讲》,上海,上海社会科学院出版社,2013年。
钱锺书:《谈艺录》,北京,中华书局,1984年。
钱锺书:《管锥编》,北京,中华书局,1986年。
钱锺书:《围城》,北京,人民文学出版社,1991年。

钱锺书:《七缀集》(修订本),上海,上海古籍出版社,1994年。
钱锺书:《钱锺书散文》,杭州,浙江文艺出版社,1997年。
钱锺书:《钱锺书选集》(小说诗歌卷),海口,南海出版公司,2001年。
钱锺书:《写在人生边上 人生边上的边上 石语》,北京,生活·读书·新知三联书店,2002年。
钱锺书:《钱锺书英文文集》,北京,外语教学与研究出版社,2005年。
钱锺书:《槐聚诗存》,北京,三联书店,2007年。
邵斌:《诗歌创意翻译研究:以〈鲁拜集〉翻译为个案》,杭州,浙江大学出版社,2011年。
申小龙:《汉语与中国文化》,上海,复旦大学出版社,2003年。
沈善洪:《中国语言文化背景汉英双解词典》,北京,商务印书馆,1998年。
沈苏儒:《论信达雅——严复翻译理论研究》,北京,商务印书馆,1998年。
释慧皎:《高僧传》,北京,中华书局,1992年。
舒乙,傅光明:《在文学馆听讲座 挑战与和解》(精华本),北京,华艺出版社,2003年。
思果:《翻译研究》,北京,中国对外翻译出版公司,2001年。
宋炳辉:《润物有声:谢天振教授七十华诞纪念文集》,上海,复旦大学出版社,2013年。
宋以朗:《宋家客厅:从钱锺书到张爱玲》,广州,花城出版社,2015年。
孙昌武:《佛教与中国文学》,上海,上海人民出版社,1988年。
孙景尧:《简明比较文学——"自我"和"他者"的认知之道》,北京,中国青年出版社,2003年。
孙迎春:《张谷若翻译艺术研究》,北京,中国对外翻译出版公司,2004年。
孙致礼:《1949—1966:我国英美文学翻译概论》,南京,译林出版社,1996年。
孙致礼:《翻译:理论与实践探索》,南京,译林出版社,1999年。
孙致祥:《西方引语宝典》,北京,商务印书馆,2001年。
谭载喜:《翻译学》,武汉,湖北教育出版社,2000年。
汤晏:《一代才子钱锺书》,上海,上海人民出版社,2005年。
汤溢泽:《透视钱锺书》,长沙,湖南人民出版社,2006年。
汤用彤:《汉魏两晋南北朝佛教史》,北京,中华书局,1955年。
汪荣祖:《书窗随笔》,北京,中国人民大学出版社,2007年。
王秉钦:《20世纪中国翻译思想史》,天津,南开大学出版社,2004年。
王东风:《功能语言学翻译研究》,广州,中山大学出版社,2006年。
王宏印:《中国传统译论经典诠释——从道安到傅雷》,武汉,湖北教育出版社,2003年。
王宏印:《文学翻译批评论稿》,上海,上海外语教育出版社,2006年。
王宏志:《重释"信、达、雅"——20世纪中国翻译研究》,北京,清华大学出版社,2007年。
王栻:《严复集》,北京,中华书局,1986年。
王水照:《鳞爪文辑》,西安,陕西人民出版社,2008年。
王向远:《翻译文学导论》,北京,北京师范大学出版社,2004年。
王向远:《坐而论道》,北京,中央编译出版社,2014年。
王兆胜:《闲话林语堂》,北京,中国国际广播出版社,2002年。
王佐良:《翻译:思考与试笔》,北京,外语教学与研究出版社,1998年。
王佐良:《论诗的翻译》,南昌,江西教育出版社,1992年。
(德)威尔斯:《翻译学——问题与方法》,祝珏、周治谟译,北京,中国对外翻译出版公司,1988年。

温秀颖:《翻译批评——从理论到实践》,天津,南开大学出版社,2007年。
巫和雄:《毛泽东选集英译研究》,北京,中国社会科学出版社,2013年。
吴谷平:《听听那风声》,上海,文汇出版社,2004年。
吴海勇:《中古汉译佛经叙事文学研究》,北京,学苑出版社,2004年。
吴其尧:《庞德与中国文化——兼论外国文学在中国文化现代化中的作用》,上海,上海外语教育出版社,2006年。
吴汝纶:《吴汝纶全集》,合肥,黄山书社,2002年。
吴泰昌:《我认识的钱锺书》,上海,上海文艺出版社,2005年。
吴芝麟:《苹果的报复》,上海,文汇出版社,2007年。
伍立杨:《语文忧思录》,郑州,大象出版社,2002年。
习近平:《科学与该国——严复思想新探》,北京,清华大学出版社,2001年。
夏志清:《文学的前途》,北京,生活·读书·新知三联书店,2002年。
夏志清:《岁除的哀伤》,南京,江苏文艺出版社,2006年。
萧立明:《翻译学论稿》,北京,中国对外翻译出版公司,2001年。
谢天振:《译介学》,上海,上海外语教育出版社,1999年。
谢天振:《翻译的理论建构与文化透视》,上海,上海外语教育出版社,2000年。
谢天振:《隐身与现身:从传统译论到现代译论》,北京,北京大学出版社,2014年。
谢泳:《杂书过眼录》,北京,中国工人出版社,2004年。
许钧:《文字·文学·文化——〈红与黑〉汉译研究》,南京,南京大学出版社,1996年。
许钧:《翻译思考录》,武汉,湖北教育出版社,1998年。
许钧:《文学翻译的理论与实践——翻译对话录》,南京,译林出版社,2001年。
许钧:《译事探索与译学思考》,北京,外语教学与研究出版社,2002年。
许钧:《翻译论》,武汉,湖北教育出版社,2003年。
许钧:《译道寻踪》,北京,文心出版社,2005年。
许抗生:《僧肇评传》,南京,南京大学出版社,2001年。
许龙:《钱锺书诗学思想研究》,北京,中国社会科学出版社,2006年。
许明:《中国佛教经论序、跋记集》,上海,上海辞书出版社,2002年。
许渊冲:《追忆逝水流年》,北京,生活·读书·新知三联书店,1996年。
许渊冲:《诗书人生》,天津,百花文艺出版社,2003年。
许渊冲:《文学与翻译》,北京,北京大学出版社,2003年。
许渊冲:《山阴道上:许渊冲散文随笔选集》,北京,中央编译出版社,2005年。
许渊冲:《翻译的艺术》,北京,五洲传播出版社,2006年。
许渊冲:《续忆逝水流年》,武汉,湖北人民出版社,2008年。
杨绛:《杂忆与杂写》,北京,生活·读书·新知三联书店,1999年。
杨绛:《从丙午到"流亡"》,北京,中国青年出版社,2000年。
杨绛:《我们仨》,北京,生活·读书·新知三联书店,2003年。
杨绛:《杨绛作品精选》,北京,人民文学出版社,2004年。
杨联芬:《钱锺书评说七十年》,北京,文化艺术出版社,2010年。
杨全红:《翻译史另写》,武汉,武汉大学出版社,2010年。
杨全红:《汉英词语翻译探微》,上海,汉语大词典出版社,2003年。

杨宪益:《去日苦多》,青岛,青岛出版社,2009年。
杨宪益:《漏船载酒忆当年》,薛鸿时译,北京,北京十月文艺出版社,2001年。
杨晓荣:《翻译批评导论》,北京,中国对外翻译出版公司,2005年。
杨晓荣:《二元·多元·综合——翻译本质与标准研究》,上海,上海外语教育出版社,
　　2012年。
杨自俭,刘学云:《翻译新论》,武汉,湖北教育出版社,1994年。
姚小平:《语言文化十讲》,北京,外语教学与研究出版社,2006年。
叶兆言:《陈旧人物》,上海,上海书店,2007年。
于德英:《"隔"与"不隔"的循环:钱锺书"化境"论的再阐释》,上海,上海译文出版社,
　　2009年。
〔美〕宇文所安:《中国文论:英译与评论》,王柏华、陶庆梅译,上海,上海社会科学院出版
　　社,2003年。
喻岳衡:《曾纪泽集》,长沙,岳麓书社,2005年。
张柏然,许钧:《面向21世纪的译学研究》,北京,商务印书馆,2002年。
张岱年,邓九平:《草堂怀旧》,北京,北京师范大学出版社,2005年。
张经浩,陈可培:《名家 名论 名译》,上海,复旦大学出版社,2005年。
张隆溪、周振鹤等:《智术无涯》,天津,百花文艺出版社,2002年。
张佩瑶:《传统与现代之间:中国译学研究新途径》,长沙,湖南人民出版社,2012年。
张岂之,周祖达:《译名论集》,兰州,西北大学出版社,1990年。
张文江:《管锥编续解》,上海,上海古籍出版社,2005年。
张智中:《许渊冲与翻译艺术》,武汉,湖北教育出版社,2006年。
赵彦春:《翻译归结论》,上海,上海外语教学出版社,2005年。
郑海凌:《文学翻译学》,郑州,文心出版社,2000年。
郑鲁南:《一本书和一个世界》(第二集),北京,昆仑出版社,2008年。
郑诗鼎:《语境与文学翻译》,重庆:西南师范大学出版社,1997年。
郑延国:《翻译方圆》,上海,复旦大学出版社,2009年。
郑延国:《潇湘子译话》,武汉,武汉大学出版社,2015年。
中国翻译工作者协会、《翻译通讯》编辑部:《翻译研究论文集(1949—1983)》,北京,外语
　　教学与研究出版社,1984年。
钟少华:《中国近代新词语谈薮》,北京,外语教学与研究出版社,2006年。
钟叔河:《走向世界——近代中国知识分子考察西方的历史》,中华书局,1985年。
周克希:《草色遥看集》,上海,华东师范大学出版社,2017年。
周汝昌:《红楼无限情:周汝昌自传》,北京,北京十月文艺出版社,2005年。
周振甫:《周振甫讲〈管锥编〉〈谈艺录〉》,南京,江苏教育出版社,2005年。
周振鹤:《随无涯之旅》,北京,生活·读书·新知三联书店,1996年。
朱文振:《翻译与语言环境》,成都,四川大学出版社,1987年。
朱志瑜,朱晓农:《中国佛籍译论选辑评注》,北京,清华大学出版社,2006年。
庄绎传:《汉英翻译500例》,北京,外语教学与研究出版社,1980年。
邹振环:《影响中国近代社会的一百种译作》,北京,中国对外翻译出版公司,1996年。

# 后　　记

　　本书绪论部分曾谈及选题缘由，即发轫于当初的博士论文选题。而当初之所以选择"钱锺书翻译思想研究"，缘由很简单，就因为有论者认为钱锺书的翻译理论完全可以有一本专著"精研详论"，而一段时间里并未见着相关成果，自己于是壮着胆子吃起螃蟹来。而一进入实际写作，马上发现当初的自告奋勇颇有几分自不量力，也端端正正地应验了钱锺书那句话——"盲目无知往往是勇气的源泉"。其他不谈，要读懂钱氏著作，哪怕仅是其中涉及翻译的部分也绝非易事。开弓便没了回头箭，读不懂硬着头皮也得读。费尽了九牛二虎之力，论文初稿终于赶了出来。承蒙相关老师手下留情，论文盲审及答辩皆顺利通过。在学习钱锺书翻译思想之过程中，自己发现钱氏在翻译实践上也卓有成绩，心想何不在博士论文的基础上继续跟进？还是凭着那份愚勇，想到后即付诸行动。后来竟有机会将"钱锺书译论译艺研究"申报为重庆市社科联科研项目。项目得以批准后，更大的压力接踵而至，毕竟得有阶段成果。好在压力也可变成动力，没过多久，项目得以结项。按理说，论文成了，项目结了，之后就该考虑成果的出版，但扪心自问，相关成果完全没有达到出版水平，出版之事于是搁了下来，而这一搁就是好几年！常言道，躲得了初一躲不过十五。2014年春，书稿出版一事再次被激活，原因是自己还曾将其申报为了所在单位的后期资助项目，而根据规定，后期项目成果应该及时出版。正所谓哪壶不开提哪壶，笔者不得不再次面对书稿。令人欣慰的是，这一次捡起书稿的同时居然也捡起几分自信来。这自信都源自何处呢？首先，恩师蓝仁哲在序言中多有奖饰溢量，虽然那些好词佳句并当不得真。其次，终究有部分阶段成果得以发表于《中国外语》《中国比较文学》《外国语文》《东方翻译》《中华读书报》等报刊，其中一文还被《中国社会科学文摘》全文转载。其三，《二元·多元·综合——翻译本质与翻译标准研究》之《林纾的翻译》一文"编者札记"中附有这么几句话："钱锺书的翻译思想已成为一个单独的研究领域，杨全红的博士论文（上海外国语大学 2007 年）即以《钱锺书翻译思想研究》为题，其中第四章专门探究其

'化境'思想,这大概是迄今为止最为集中的研究了。"最后,刘士聪读过部分拙文后,写来邮件鼓励道:"从你写的关于钱锺书的文章,我对钱有了更多了解,……你在推介钱的工作上有功。继续写。"此外,查 cnki 可知,当初的博士论文仍有一定数量的读者。以上种种让笔者明白,书稿虽不理想,但也并非完全一无是处。以此为动力,自己抓紧时间对书稿进行再打磨和校对。

书稿打磨过程中,自己试着用其申报 2016 年度国家社科后期资助项目。许是时来运转,又许是托了"百年老店"(商务印书馆)的福,再许是书稿多少还有点价值,有关申报居然获得批准。国家社科基金后期资助项目针对的是至少已完成百分之八十的学术成果。换句话说,这次申报成功,说明学界对本成果还是基本认可的。让笔者始料未及的是,项目申报成功的"获得感"很快消失,"元凶"是与立项通知联袂而至的专家匿名评审意见。五位专家,意见不一而足,加在一起,可是足够自己喝一壶的,其中部分意见既让人脸红,也颇有些不知所措。几位专家所提意见主要有这么几点:理论价值不高;缺乏国际视野;逻辑性及系统性不强;分析和升华不够;未能打通中西;少许内容值得商榷;外文参考文献偏少。对于以上问题,笔者其实也心中有数。个中原因,得具体问题具体分析。举例来说,对钱氏翻译思想的研究没能中西融贯,原因主要是观念不到位、功力不济、学术不自信,等等。所谓观念不到位,是说对钱锺书翻译思想的研究可有多种路数,而自己选择了相对固步自封的一种;所谓功力不济,主要指学养及学术积累欠火候;所谓学术不自信,是担心勉强为之可能弄巧成拙甚至画虎不成反类犬。针对专家指出的不足和问题,笔者不敢怠慢,于是认认真真地改进和提高。

书稿在 2016 年 4 月之后经历的又一件事情是出版社的责编审读、二审和三审。三位审读老师分别为张显奎、刘军怀和周治淮。三份审读意见加在一起足有 10 页之多,其中都有些什么具体意见呢?张显奎在"责编审读报告"中写道:"本书稿毕竟经过作者多年的反复修改和认真打磨,总体质量令人满意。……行文流畅,改动较少。"刘军怀在"二审报告"中点评和建议道:"大量的引用是该专著的一大特点,但责编和二审均已发现引文中有错讹,建议责编将一校样寄作者逐一严格核对引文,确保引文(文字及标点)及其出处无错讹。"周治淮在"三审报告"中指出:"同意二审'将一校样寄作者逐一严格核对引文,确保引文(文字及标点)及其他出处无错讹'的建议。钱老是学界泰斗,……无论是出于对钱老的尊重,还是对作者声誉的维护,都需进一步提高该稿的质量。"不难看出,几位"把关人"念兹在兹的是质量,生怕引文等出现错讹。上述审读报告中还夹有其他一些文字,诸如:"引文'的译'是何意,对吗?""本稿作者把引文删节号前的标点符号去掉了,请教过我馆相关编辑,建议加上"。为了切实把好质量关,几位编审老师也是拼了,他们或存疑、或问询、或查阅工具书,简直到了锱铢必"校"的地步!再看书稿校样,其模样已明显生变,上面出现了各种修改符号和文字,另外还有为数不少的贴条和附页。从以上种种,笔者看到了商务人的训练有素及其"工匠精神"。面对如此优秀的"对手",笔者立刻感知到责任和压力。周治淮特别提到"对钱老的尊重",这让笔者想起钱锺书本人的几句话,他说:"我对自己的著作不断修改,除改正误排的,补充新发现的材料外,也有改正自己发现或别人指出的误引或不恰当引用的。"①很显然,钱氏对自己学术成果的修改和校订是在乎的,也是认真的。其实,钱锺书的严谨治学从其帮助杨绛校对《吉尔·布拉斯》中也可见出,杨氏下列记述可以为证:"他拿了一支铅笔,使劲在我稿纸上打杠子。我急得求他轻点轻点,划破了纸我得重抄。他不理,他成了名符其实的'校仇',把我的稿子划得满纸杠子。他说:'我不懂。'我说:'书上这样说的'。他强调说:'我不懂。'这就是说,我没把原文译过来。"②一般人对"仇"多不待见,杨绛却不然,她从"校仇"中领悟到钱锺书的意思,"又再译",渐渐"摸索到了一个较高的翻译水准"。③ 事实摆在那里,不论是打磨自己的著作,还是校对他人的稿件,钱锺书都不曾苟且。我们今天尝试做一点所谓"钱学",哪有资格可以得过且过?周氏在审读报告中还提到"对作者声誉的维护",这对笔者也不啻当头棒喝。其他不论,就凭书稿末附有《翻译研究须"小心的求证"——以钱锺书翻译思想研究为例》一文,自己就没有理由不"执事敬"。遗憾的是,不论是上述拙文还是书稿正文,其中皆有不小心或不够小心的地方。以文字书写为例,书稿中似是而非者即不在少数:"姚秦"写成了"妖秦","瑞恰兹"写成了"润恰兹","捉摸"写成了"琢磨","钓饵"写成了"诱饵","兴味"写成了"性味","视若无睹"写成了"熟视无睹","虚涵数意"写成了"虚涵数义",等等。说到"小心的求证",不禁又想起胡适在论及考据学时说过的一句话:"我们要假定有一个律师在那里,他随时要驳斥我们的证据,批评我们的证据是否可靠。"④在笔者看来,相关编辑、著述涉及的当事人和广大读者皆可以是作者的"律师"。毫无疑问,上文提到的评审专家和出版社的编审老师就是本人的"律师",而文稿涉及的当事人钱锺书先生无疑也是。

---

① 吴泰昌:《我认识的钱锺书》,上海文艺出版社2005年版,第87页。
② 杨绛:《我与〈吉尔·布拉斯〉》,郑鲁南:《一本书和一个世界》,昆仑出版社2005年版,第1—2页。
③ 杨绛:《我与〈吉尔·布拉斯〉》,郑鲁南:《一本书和一个世界》,昆仑出版社2005年版,第2页。
④ 胡适:《胡适的声音:1919—1960:胡适演讲集》,广西师范大学出版社2005年版,第122页。

钱锺书的同窗好友郑朝宗生前曾一再嘱咐其弟子："爱护钱先生的最好的办法就是不去打扰他。"①大约十年前，笔者不经意间"打扰"了钱锺书，之后便断断续续地"打扰"个没完。遗憾的是，虽多有"打扰"，成果却不怎么拿得出手。好在钱锺书翻译思想与翻译实践业已成为学界的研究热点，"打扰"钱氏者有增无减，其相关成果当可弥补本书之种种不足。

本书能写成，还要真诚地感谢平日给予笔者诸多鼓励与帮助的良师益友，他们是 蓝仁哲 、 陆谷孙 、 陆国强 、冯庆华、廖七一、许渊冲、罗新璋、刘士聪、郑延国、周开鑫、张经浩、罗益民、刘全福、汪小玲、李美、温建平、赵美娟、张红玲、张平春、云虹。与此同时，本书最终能付梓，也多亏家人的付出与宽容。

2018 年 12 月 20 日

---

① 陈子谦：《论钱锺书》，广西师范大学出版社 2005 年版，第 296 页。